李亮 —— 作品

游侠、豪族与名士

三国争霸时代的
权力格局

中国出版集团 现代出版社

图书在版编目（CIP）数据

游侠、豪族与名士：三国争霸时代的权力格局 / 李
亮著 . -- 北京：现代出版社，2023.3
ISBN 978-7-5231-0093-6

Ⅰ. ①游… Ⅱ. ①李… Ⅲ. ①中国历史－研究－三国
时代 Ⅳ. ① K236.07

中国版本图书馆 CIP 数据核字 (2022) 第 245060 号

游侠、豪族与名士：三国争霸时代的权力格局

作　　者：李　亮
责任编辑：张　霆　邓　翃
出版发行：现代出版社
通信地址：北京市安定门外安华里 504 号
邮政编码：100011
电　　话：010-64267325　64245264（兼传真）
网　　址：www.1980xd.com
印　　刷：三河市中晟雅豪印务有限公司

开　　本：710mm×1000mm　1/16
印　　张：22.75　　　　　　字　　数：323 千
版　　次：2023 年 3 月第 1 版　　印　　次：2023 年 3 月第 1 次印刷
书　　号：ISBN 978-7-5231-0093-6
定　　价：86.00 元

序 言

德国哲学家 E. 胡塞尔在 20 世纪初至 30 年代中期创立了现象学，从而引发了持续的现象学思潮，对所有现代社会科学都产生了巨大影响，特别是历史学、社会学和心理学。

胡塞尔认为随着人类文明的发展，我们离真实世界越来越远，生活在一个混沌和主观创设的世界中，因此他提出了"直观本质"和"现象性还原"的方法论。1936—1938 年，胡塞尔在晚年出版的《欧洲科学危机和超验现象学》中，更是尖锐地提出，随着科学（包含人文社会科学）的高速发展和知识的积累，人类在研究科学时，更加肆无忌惮地借助各种工具和资料，而且学科之间的壁垒越发严重，人类离真实的自我和世界会越来越远。胡塞尔这些深刻的洞察直接引发了欧美从 50 年代开始的自然科学和人文科学的变革，人类越发认识到学科的整体性思考和融合，对本质和真实的追求越来越高。《游侠、豪族与名士——三国争霸时代的权力格局》正是在这种思潮驱动下写成的。

所谓"三国"，是指曹操凭借"关东政治集团"开创的魏国，刘备借助"益州的豪强大族和名士"建立的西蜀，以及孙坚父子集结"江东豪族和名士"创建的东吴。三国鼎足的局面形成后，以曹氏为首的"曹魏政治集团"，刘备、诸葛亮为核心的"西蜀幕府集团"，孙氏为首领的"孙吴开发集团"，逐渐成为中华五大地域型文化圈的雏形。可以说，这种区域格局的结构是自春秋战国开始形成的晋齐文化、秦文化、楚文化、吴越文化和巴蜀文化的延续和巩固，三国时代只是从政治和经济层面对暂时统一的两汉帝国的一种瓦解和重构，这种重构以东汉末年第一次党锢事件（166）为起点，一直延续到两晋。而当代中国的中原文化圈、西北文化圈、江南文化圈、荆楚文化圈、西南文化圈，就是这种重构的直接产物。

一般认为，三国时代是从建安元年（196）算起，以这一年作为起点，这是因为曹操将东汉的末代皇帝汉献帝从"白波贼军"手中抢夺过来，从而"奉天子以令不臣"，逐渐成为当时最大的领主势力；而当时的刘备还是一名不为人知的小人物；孙氏集团正经历孙坚早逝，孙策刚刚起事的二次创业时期，三足鼎立的格局是后话。

这时的曹操没有故步自封，而是以一个政治家的气魄，采取"先舍后得"的策略，通过几年的东征西讨、南征北战，重新建立了被各路领主势力摧残得四分五裂的"关东政治集团"，他也成为新集团的领袖。只是新"关东政治集团"不再以关东世家大族为核心，而以大姓名士和新兴地主阶层为支撑，是一种崭新的政治和经济形态。这种转型标志着中国即将结束中古时代，迎来整个社会的结构型巨变，开始以更加昂扬和充满活力的姿态走入中世纪，为大唐盛世奠定基础。从189年董卓进入洛阳开始，到280年晋灭吴为止，这个时期虽然短暂，却是一个承上启下的历史节点，足以与持续五百余年的春秋战国相媲美，影响深远，意义非凡。

"乱世造英雄，英雄适时势"，这是一个风云变幻，社会结构发生巨变的时期，各路英雄抱着不同的心态和目的登上历史舞台，期望在这个乱世一展抱负、建功立业，使这个短暂的历史节点成为一个英雄辈出、智慧和谋略爆发的时代，上演着一场场悲欢离合、精彩纷呈的大戏，让人眼花缭乱，目不暇接。

为了展现这个时代，各路文人也是不甘寂寞，纷纷拿出手中的笔，用自己的视野和思考书写着这个时代，逐渐形成持续千年的"三国热"，使三国成为一个巨大的"IP"。不仅有三国及西晋陈寿撰写的《三国志》，还有南朝刘宋裴松之的注。裴松之感到《三国志》虽然史学价值巨大，但叙述却简略，而且"多为时讳"，对当时掌权阶层隐讳粉饰多，有些地方甚至出现彼此矛盾、叙述不同的情况。三国史粉丝裴松之就杂采当时（三国时代）或之后（南朝前）的史籍，博观约取，仔细筹划，详尽地为《三国志》作注，裴注实际上已经超越了注释者的角色，对原书做了大量的补充和纠正，相当于写了一部"裴氏三国志"，为后人留下了很多宝贵的史料。可以说，如果没有裴松之的注，仅有陈寿的《三国志》，后人将难以翔实地了解和感受这个群星璀璨的时代。

由于三国时代太精彩纷呈了，这个时代成为与春秋战国并驾齐驱的、教科书式的时代，曹操、刘备、孙权、诸葛亮、关羽等也成为后人争相效仿和追捧的明星。逐渐的，通过《三国志》和裴松之的注释，通过国家的文化和政治宣传，三国从知识分子逐步走向了民间，不仅后来的士大夫，民间还流传着很多关于三国的故事、谚语，甚至是传说，三国逐渐成为中华文化一道亮丽的风景线，影响着一代又一代中国人。

宋代是整个中国社会、政治、文化和经济的第二个转型期，通过理学的渗透，中国又经历了一场社会重构式的革命，中国思想文化逐渐转内向。纵横恣肆、辉煌一时、充满外向活力的中国知识分子和他们所构建的多元文化，在官方所推行的正统理学的笼罩下被瓦解和解构，转而趋向内向、保守、封闭、自省和失去活力，中国开始进入一个封闭的时代。三国叙事也受到这种思想文化的冲击，为了适应理学的需要，逐渐被官方利用和改造，成为适应正统观念的"教化型"范本，并且，走出一批宣讲师，从社会层面对市民进行"洗脑"。宋代"说话人"中的"讲史"一派就是所谓的"说三分"，即说三国时代的历史故事，与现在的"平话"、说大书是一个系统。

元朝的《三国志平话》，就是那个时代"说三分"的脚本，这时的三国故事已经不再以智慧和韬略为主，而是掺杂了很多忠君爱国的内容。颠倒历史的故事，随意放大、断章取义、混淆事实的叙述，使真实的三国逐渐被"平话"三国所取代，老百姓却是听得不亦乐乎，以假当真，真实的三国历史逐渐被挤压到少数知识分子圈内，进而被"遮蔽"和遗忘了。终于，到了元末明初，一位落魄的底层知识分子，在大量宋元平话的基础上，以《三国志平话》为蓝本，经过加工和改造，炮制出一部雅俗共赏、老少皆宜的《三国志通俗演义》，后来的说书人便抛弃其他三国平话，以这本书为吃饭糊口的脚本了。

清代的章学诚在《丙辰札记》中说"三国演义，七分事实，三分虚构，以致观者往往为所惑乱"。其实，如果对真实的三国历史相当精熟，再仔细审阅和推敲《三国志通俗演义》，会发现就是这七分事实，也是为了故事的需要恣意拼凑、任意取舍，脱离了真实的时代轨迹，与整体的时代背景、社会状况相去甚远，误导和迷惑性很大。但毋庸置疑，《三国志通俗演义》通俗易懂，适合文化程度总体不高的市民社会的精神需要，也适应了官方的政治需要。由于说书人的宣讲，这本离真实三国很远的小说深入人心，最终"假作真时真亦假"，使市井人认为这就是真实的三国。

如果用人类学的表述，《三国志通俗演义》属于广场文艺，它的叙述方式是由文学和艺术的混合体广场文艺来完成的。广场文艺一个很大的特点便是虚构性和随意取舍性。

如果说得偏激一些，《三国志通俗演义》就是底层知识分子通过理想化的笔法，构建了另一个平行的三国时代，一个适应官方需要和市井文化的混沌场域。《三国志通俗演义》终究是演义，是另一个脱离了真实历史的三国，如果仔细推敲，很多情节是前后矛盾、错误百出的，是经不起进一步验证的，这等于在接受者中架起了一个大幕，使接受者难以窥探大幕背后的真实。

清末开始，很多学者也在试图还原真实的三国，但大都从历史学的角度去审视和思考，纠缠在史料中，成为一堆死的史料的奴隶。法国年鉴学派认为，研究历史不仅是研究史料本身，更为重要的是要跳出史料，在史料的基础上，研究当时的社会史、政治史、经济史和文化史，才能全面地还原当时的历史状况，建立起整体历史观。历史社会学就是在现象学思潮和法国年鉴学派的指引下诞生的一门交叉学科。

历史社会学主要有三个功能：第一，区分无关紧要的人类日常活动与改变社会结构的罕见时刻；第二，解释具有变革性的事件在特定时间和地点发生，而并未发生在别时他处的原因；第三，解释一个事件如何引发其后的事件。因此历史社会学主要采取"案例／叙事研究法"来研究历史，并且对事实的叙述都是基于对社会、政治、经济和文化的整体考虑。

历史学家的三国，往往过于拘泥史料的取舍，而忽略了对特定社会中政治、文化、经济、社会结构、社会变迁、社会分层的思考，脱离了整体历史观，很难全面地反映时代状况，历史社会学可以弥补这一缺陷。

本书以《三国志》《后汉书》《资治通鉴》《东观汉记》等为史料基础，借鉴陈寅恪、吕思勉、陈垣、蒙思明、福原启郎、田余庆等历史学家的观点,采取纪事本末体的叙述形式,以历史社会学为"经",以历史地理学为"纬",以政治社会学、权力社会学、民族政治学(政治人类学)为范式,通过史料、考证、叙述、分析四位一体的方式,以东汉末年(166)至袁绍灭公孙瓒、曹操灭吕布、孙策占据江东(200)为界限,用这段时间作为引发与黏合器,以人物为叙述主线,通过人物的活动轨迹来分析这一时期的社会、文化、政治、经济、外交和军事。这个阶段正好处于中国中古时代,具有承上启下的作用,是中国从领主封建社会向君主制官僚社会过渡的时期。

通过历史学和社会学的多层视角,层层剥开三国的面纱,给读者还原一个真实的三国和三国英雄,还原这些英雄的本来面目,纠正汉末三国的历史谬误,既辨明读者关心的基本问题,也通过人物和事实,给读者提供为人、处世、用人、做事的智慧和韬略,以启发读者思索历史的奥义。本书兼具学术性及普及性,既可供专业读者参考,又可供历史爱好者品读,"重"而不"繁"、"轻"而不"俗",力求给读者提供一个不同于通俗演义的三国。同时,这也是作者在研究社会学、历史学之余,对普及历史学和社会学的一种尝试和探索。

屈子《离骚》曰"路漫漫其修远兮,吾将上下而求索",其与广大读者共勉乎!

李亮

2022 年 12 月 24 日于北京华清窝所知了斋

目　录

第一篇　帝国：从建立到崩溃

第三篇　争霸：新权力格局的建立

旧秩序的解体：汉帝国传统的终结

豪族支持下建立的东汉政权

为何说东汉政权是在豪族支持下建立起来的？只要梳理这些新兴皇族和开国功臣们的家世与社会地位，就明白了。

《后汉书·光武纪上》说："地节三年（西汉宣帝前 67）南阳荒饥……光武避吏新野，因卖谷于宛。"同书注引《东观汉记》说："时南阳旱饥，而上田独收。"同在南阳，别人田荒而唯独光武的田有收成，别人缺粮而唯独刘秀有余谷出售。这说明，他的田是不怕水旱的"上田"，他家里有食用不尽的积粮，显然，刘秀是一位大地主。《后汉书·董宣传》记载，湖阳公主忿光武不能制裁董宣，责备他说："文叔为白衣时，藏亡匿死，吏不敢至门；今为天子，威不能行一令（指董宣）乎？"这是刘秀当皇帝后，他的胞姐对其当年非法行为的揭露。既然能"藏亡匿死，吏不敢至门"，刘秀显然是当地一位土豪了。

以上两条史料，是从有关光武本人的记载来证明他是豪富阶层。而豪富阶层的婚姻，也是要门当户对。《后汉书·樊宏传》记载光武的外祖父樊宏说："（樊姓）为乡里著姓，父（樊）重字君云，世善农稼，好货殖……其营理产业，物无所弃，课役僮隶，各得其宜，故能上下戮力，财利岁倍，乃至开广田土三百余顷。其所起庐舍，皆有重堂高阁，陂渠灌注……赀至巨万……其素所假贷人间数百万。"说明樊宏出身世家，是当地的大地主，属于豪富阶层。

《后汉书·邓晨传》记载光武的姐夫邓晨："世吏二千石……汉起兵，晨将宾客会棘阳。汉兵败……新野宰乃污晨宅，焚其冢墓，宗族皆恚怒曰：家自富足，何故随妇家人入汤镬中。"显然，邓晨也出身于世家，是当地的豪族。《后汉书·皇后纪上·郭皇后》记载光武的岳父郭昌，为真定著姓（即大姓），"有田宅财产数百万"。《后汉书·阴兴传》记载光武的另一位岳父阴氏，其先世也是"巨富，田有七百余顷，舆马仆隶，比于邦君"。这些光武的姻亲都是世家，不仅富厚而且具有较高的社会地位，是光武开国的功勋人物。

不仅光武本人和他的姻亲是豪富阶层，他所领导以夺取政权的武力集团，也多是豪富阶层中人，这与西汉创立者刘邦所领导的无赖游侠集团恰好形成了鲜明的对比。根据《后汉书》的记载，光武的这个集团中，有"世以货殖著姓"的李通；有"世为著姓"的寇恂；有"家富给"的祭遵；有"家累千金"的王丹；有"为郡族姓……余财数百万"的张堪；有役属数百家宾客的马援；有"率宗族宾客聚兵数千人"的刘植；有"率宗族宾客二千余人"的耿纯；有"率子弟宗族宾客千余人"的阴识；有"聚宾客招豪杰作营堑以待所归"的冯鲂。这一大批为光武攻城夺地、聚众助资的大小将士们，或者是世姓见尊，或者是富厚称雄，或者是宗强族大，或者是宾客盈门，他们都是当时社会的豪族阶层，掌握着政治经济大权。

由于东汉政权是在豪族支持下建立的，所以东汉皇后也大多出身于贵族之家。比如汉明帝的马皇后，就是伏波将军马援的女儿；汉章帝的窦皇后是大司空窦融的曾孙女；汉和帝的阴皇后是执金吾阴识的曾孙女，另一位邓皇后是太傅邓禹的孙女；汉安帝的阎皇后是尚书阎章的孙女；汉顺帝的梁皇后是大将军梁商的女儿。这说明，东汉诸家外戚，多出身豪势权门之家。《后汉书·皇后纪下》说的"春秋之义，娶先大国"，已成为东汉皇室纳后的标准，实际上反映了"族姓""门第"等观念的与日俱增，这些都是东汉政府培育的结果。

总之，东汉政权的创建，在名义、实质、皇室血统、政权属性上，都是西汉末年旧政权的复活与延续。它是王莽大刀阔斧急剧变革下的产物，又是西汉末年贵族政权的改头换面。秦汉之际一度出现的"平民化"趋势，超出了当时社会发展的一般状态，还不能克服当时社会的早期特征，比如宗族纽带和宗族观念的强韧性，超宗族的经济、政治、法律和文化关系，还极不成熟。所以，在某种意义上，东汉政权的建立，是对当时社会发展的一种适应性纠正，因为贵族政治符合两汉至南北朝社会和历史发展的规律。

与此同时，从东汉中期开始，作为社会精英的知识分子，即名士，开始逐渐与豪族融合，大姓名士群体形成了。因为在当时，如果只是纯粹的豪族或官僚，其家族没有名士则没有多大影响。日本学者东晋次对士大夫豪族和非士大夫豪族加以区分："前者拥有为数众多修习儒学的儒生（士大夫），又继续不断地产生出员数非寡的中央官僚和地方州郡吏；后者虽然也拥有士大夫，但为官范围大致限于县廷。"（[日]东晋次：《后汉的选举与地方社会》，刘文俊主编《日本中青年学者论中国史·上古秦汉卷》，上海古籍出版社，第582—583页。）

这些名士家族负海内盛誉，公府州郡礼命不决。这反映出汉末，名士与大姓豪族开始合流，名士固然不一定从大姓豪族中产生，但出于大姓豪族的一定占多数。当名士成为豪族家庭的核心成员后，这些单纯的豪族自然会演化为大姓名士。可以说，大姓名士群体是聚合政治、经济、思想资源的社会势力集团。

"士"与"族"的结合，最终形成一种发展最少受阻、选官受到最大优遇的势力，豪族和大姓名士成为魏晋"士族"的基础。

秦汉的"游侠之风"与"游侠豪族化"

秦汉的"游侠之风"由来已久，构成了秦汉独特的社会风尚，这种社会风尚既是秦汉国民"价值取向"的一种反映，也是"民间秩序"的一种体现。

两汉是士族社会（秦至南北朝）的萌芽期。在这个阶段，各种国家秩序逐步建立起来，特别是地方统御机构，开始呈现精细化的管控模式。但是应该看到，两汉的国家秩序只是社会整体秩序的外部轮廓，是国家权力的法制性展现，从这一点来看，这不过是被规定的规则化的生活骨架。这样的骨架在构建过程中，又会催生出一套相反的骨架，这种骨架就是社会动机、社会取向和与国家秩序冲突矛盾的感情系统，这套系统构成了极其复杂且固定的现实生活形态。

正是有了这种有具体目的、动机与生活情感上表现出的行为者心态，从而给社会生活的外部轮廓注入了"灵与肉"体验。也正是这种生活体验中不可估量的要素，才真正给时代与民族固有的性格赋予了全新的要素，使社会生活更有活力。

这样，国家秩序构成了社会生活的外部轮廓，它的保障机制是法制和国家权力，以及国家权力的集大成者——君主。民间秩序构成了生活的内部架构，它的存在基础是个体的动机、情感和价值取向，也就是社会性格，这种性格在秦汉就是"任侠精神"。可以说两汉帝国的建立，以及汉末的社会变革，都是这种"任侠精神"的直接产物。刘邦集团，汉末诸民间自治集团是其具象化的展现。

游侠的初期形态是战国时代形成的新型人际结合纽带，即"养士"之风，而"养食客数千人"的战国四公子是其中的代表。他们既是贵族卿相，又能谦恭礼士，争相蓄养门客，并以任侠的高名闻世。依赖这种人际结合关系形成强大的政治势力，战国四公子成为国家的精神领袖，也成为各国君主敬畏的对象。《史记·魏公子列传》记载"诸侯以公子贤，多客，不敢加兵"。

战国的"任侠"还不能称为民间秩序，它只是国家秩序的一种附庸，是为国家秩序服务的，可以称为"养客集团"，从文献上看，这种养客之风，早在春秋中期以后已见端倪。游侠之风开始成为民间秩序的存在，是在秦汉之际形成的。重承诺、舍身救助穷困的所谓任侠精神，如果从功能主义的角度来看，成为当时极其重要的、支撑社会关系的精神纽带。

东汉时期，游侠之风更盛，任侠习俗涉及社会各个阶层，对固有民间秩序的性格具有影响，而且呈现出"游侠豪族化"的趋势。在这个层次意义上的豪侠、土豪形成了各自的强者秩序，分布在民间的各个基层。当中央的控制力量放松时，他们便会伺机蜂起。王莽末年，南阳起事的汉光武帝，就是豪族弟子，"喜游侠斗鸡走马"，而且还"藏亡命、匿罪人"。

东汉末年，游侠之风遍布全国，当时很多豪族具有"任侠精神"。在冀州起事的袁绍是权门豪族弟子，是一位"豪侠"，与游侠张邈、侠士何颙年轻时代便结为好友。曹操年少时"任侠放荡"，跟随他的将领李通、臧霸、许褚、典韦等人，是威立乡曲间的"豪杰"，也是游侠。刘备"好交结豪侠，年少争附之"，是民间的"游侠"。孙坚是富春的土豪，更是一位"轻狡"的游侠；孙权也"好侠养士"，吴国的将相鲁肃、周瑜、甘宁、凌操等也是民间游侠。

这些游侠兼豪族的人物，给汉末争霸战争注入了新的因素。当时各地的军阀势力，大都是豪族游侠集团，任侠精神是他们结合的群体基础，豪族身份是他们联合的价值属性。而且，正是注入了游侠与豪族的因素，才使单纯意义的"藩将"演化为具有政治意义的"领主"。

可以说，汉末是"游侠"和"豪族"主导的社会，他们借助汉末的乱局，建立起民间自治集团，从而将民间秩序转化为社会的主导力量。通过兼并战争，民间秩序又改造了国家秩序，建立起新的社会秩序。两汉帝国两种秩序的此消彼长，其实反映了中古时代社会变革的状况。

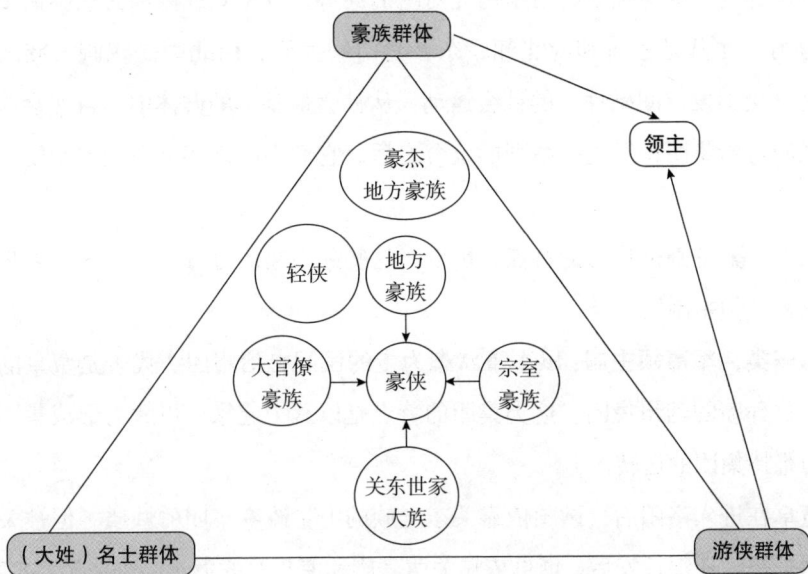

图 0-1　汉末至三国时代社会集团网络

汉末的五种领主制形态

东汉末年，董卓通过在凉州的"权力繁殖"，逐步割裂了中央与地方的连接，建立起以凉州（关中）为根据地，以凉州（关中）地方豪族为依托，以李傕等为将领，以"凉并"劲旅为战斗单位，以董卓为首脑的"凉州集团"。这是董卓起家，以及最后控制东汉政权的资本。

凉州集团是东汉末年第一个民间自治集团，它的创立引发了巨大的社会震荡，使"领主制"回光返照，进一步加剧了汉末"豪族领主化"的倾向。虽然魏晋时期，在九品中正制的作用下，士族社会逐步确立，在一定程度上阻止了领主化的倾向，但这个过程却呈现出漫长而反复的状态。尤其是东晋南北朝时期，长期的分裂导致领主化倾向不断滋长，尤其是分裂的倾向呈现出细分的状态，出现了领主化与反领主化的长期博弈。

国家权力经常处于变动的状态，社会结构极其脆弱，即使在魏吴、东晋、南北朝局部统一的情况下，由于南北对峙的局势，各个政权内部必然会倚重当地大族势力，尤其是东晋和南北朝，东晋是门阀大族，南北朝是权阀大族。而南北对峙又会引发"间歇性"的社会运动，从社会最基本的群体中，自然会产生自卫的民间自治集团，经过一系列的统合之后，它们中的许多都在国家制度下变成军队。

根据汉末各割据势力的特点，可以将这些武力集团分成五类。这五类集团会形成五种"领主制"。

第一类，军事领主制：以军事状态为主的民间自治集团。代表是董卓的凉州集团，公孙瓒的幽州集团。这类集团的特点是以武力起家，以武力形成集团，再以武力维持集团的运转。

董卓在进入洛阳后，试图依靠关东士族的力量改变集团的性质，但被关东士族集团排挤。迁都长安后，董卓依靠关西豪族和凉州军的力量，建立起关西朝廷。再依靠关西朝廷的力量，将凉州集团演化为关西集团。关西集团从军事集团逐步转变为军政一体的集团。

董卓死后，虽然李傕、郭汜、樊稠等继续掌握了凉州军，维持了凉州集团在关西的统治，并再度控制东汉政权，但这仅是昙花一现。因为李傕等破坏了这种演化路径，军事将领再度成为集团的核心，使关西集团又退化为军事性质的集团。最终演化成集团内部的军事冲突，整个集团四分五裂，直至瓦解。董卓及凉州集团控制东汉政权，"挟天子以令不臣"的事业也完全失败。

第二类，雇佣领主制：是军事领主制的一种变异形态，它以军事力量为资本，受雇于另一群体，为其完成既定任务。其代表是吕布的并州集团。

由于吕布出身"轻侠"，身份低微，始终被关东士族轻视，而只是他们实现目标的工具，一旦目标完成，双方的雇佣关系行将解体。吕布先受雇董卓，控制东汉政权；后受雇王允诛杀董卓；再受雇袁绍攻打黑山军；后来又被陈宫、张邈利用，夺取兖州，对付曹操；最后又与袁术结盟夺取徐州，对抗曹操。吕布的这些行为，一方面是其轻侠特点的表现，另一方面是并州集团内部结构的特点造成的，它最终被曹操消灭。

第三类，宗亲领主制：以血缘关系为纽带维持整个集团的运转，领地与武装力量由各个宗亲统领，这些宗亲逐渐形成与中央集团并立的地方集团，最终会演化为"封臣"，这类集团最具封建领主制的特点。其代表是袁绍集团。

冀州集团是在河北士族（豪族）和颍川士族（豪族）的联合支持下形成的，是当时最大的割据势力。内部便形成了河北集团和颍川集团，两派素来不合，争权夺利，互相倾轧。

袁绍为了控制四州，分别派儿子袁谭、袁熙和外甥高幹统管青、幽、并三州。他让儿子袁尚在冀州，协助自己处理军政，并打算将大位传给袁尚。除袁熙和高幹外，袁谭、袁尚都具有一定才能，但兄弟不和，争权不止。河北集团支持袁尚，颍川集团支持袁谭。这样，两派的矛盾又影响并发展到袁氏家族的内部，袁谭与袁尚在两派的支持下逐渐演变为地方领主，目的都是争夺河北地区的最高权力。

这种宗亲性质的集团，内部结构非常不稳定，即使没有曹操集团的打击，最终也会引发宗亲之间的权力战争，使集团走向瓦解。官渡之战只是加速了集团覆亡的进程。

第四类，政治领主制：这类集团依然以武装力量为资本，武将依然是整个集团的核心，但集团的运转动力已经调整为政治目标，大姓名士成为集团的主导力量，军事力量和武将被置于政治的统控之下。其代表是曹操集团，以及在此基础上建立的曹魏政权。

这类集团最为成熟，已经具有建立统一政权的基础，最终的演化趋势，必然是建立中央集权型的政权。秦末的刘邦集团，东汉初期的刘秀集团，曹魏末期的司马氏集团，都属于这种类型，最终建立起两汉帝国和西晋王朝。

第五类，开发领主制：这类集团处于开发中的长江以南地区，受当地社会形态的极大影响，通过不断开发，来维持集团的运转，代表是孙坚、孙策父子创立的孙氏集团，以及在此基础上建立的孙吴政权，还有西蜀政权。

豪族领主化与汉末争霸战争

东汉末年的领主争霸战争，实际上是在豪族主导、（大姓）名士参与下进行的军阀混战。那些在第一线建立割据政权的军阀是他们实现目的的依靠力量。同时，这些大小领主多出身豪族，很多豪族又兼具名士身份。可以说，这场旷日持久的战争，就是豪族领主化引发的一场社会改造运动，目的是保持家族在当地的势力。

东汉时期，由于政治地位和文化修养的优越性，豪族群体是产生名士的温床；同时，由于宗族、乡里组织所起的作用，以及豪族在当地政治、经济领域方面的影响力，豪族的代表人物又有能力组织武装队伍，从而成为领主。

名士和武装队伍的豪帅有时相兼。比如，资助曹操起兵的陈留孝廉卫兹，不仅能散家财组织武装，成为太守张邈的部将，又是受到郭泰赞扬的名士。还有鲍信，其父鲍丹官至少府，"世以儒雅显"，显然是泰山当地的豪族；同时，鲍信也是何进当国后举用的名士之一，何进曾命他以骑都尉名回泰山募兵，但当鲍信率领募兵到洛阳时，何进已死，他又返回泰山，再次募集了步兵二万，骑兵七百，以此为资本，参加了讨伐董卓的战争。王匡，也是泰山人，情况与鲍信相同。可见，鲍信、王匡不仅是豪族名士，同时又能在本乡募集武装队伍，成为豪帅，即割据领主。还有刘表、刘焉等，也属于这类军阀。

当然，也有出自同族，而名士与豪帅却各有其人。《三国志·魏书·王脩传》说："胶东人公沙卢宗强，自为营堑，不肯应发调，脩独将数骑，径入其门，斩卢兄弟。公沙氏惊愕，莫敢动。脩抚慰其余，由是寇少止。"

《后汉书·方术传》记载有公沙穆，北海胶东人，孝廉出身，官至弘农令，六子皆知名。同书注引谢承《后汉书》记载公沙穆子（公沙）孚，也是孝廉，官至上谷太守。《后汉书补注》引《北海耆旧传》说："公沙孚字允慈，与（荀）爽共约，出不得事贵势。而爽当董卓时，脱巾未百日，位至司空。后相见，（公沙孚）以爽违命，割席而坐也。"荀爽是当时声望极高的豪族名士，他能与公沙孚交好，说明公沙孚也是名士。

这些说明，公沙氏是胶东的大姓豪族，这个家族，既能培养出公沙穆父子这样的名士；也能产生公沙卢兄弟那样自立营堑，拒绝调发，而且还兼做抵御寇掠的豪帅。汉末领主战争中，这类豪帅占多数，他们本身就是豪族，但在同族中，不一定是名士，比如董卓、曹操、袁绍、孙坚父子、刘备等。

但是，无论是相兼还是分离，在出身豪族这一点上，两者是相同的。同时，也反映出豪族名士化的趋势越来越强，因为在社会上没有声望的豪族，其影响力是非常有限的。而且，豪族名士化，也为汉末豪族集团与（大姓）名士的联合创造了条件。

豪族拥有很多宗族成员，分属于各个贫富不等的家庭。族内的显贵成为首领，他们凭借其财富、权势控制宗族，并收纳和庇护了很多外来的逃亡者作为"宾客"，以扩充自己的势力。宗族成员和宾客的身份虽然不同，但对于宗族首领都存在着从属关系，他们构成了豪族的武装力量。宗族首领对于族内成员和族外宾客，相当于家长的地位。自然，在乱世中，这些宗族首领就成为豪帅了。

宗族在长江中下游被称为宗部，首领称为宗帅；在北方诸州那种以宗族、宾客组织武装的豪族，如曹操、袁绍、任峻、李乾、李通、吕虔、许褚等，就是豪帅。这些人就是汉末领主战争的主角。

名士群体与豪族势力的联合，也是汉末政治形势发展的必然趋势。前面提到，在党锢事件中，清流派名士遭到了政府的弹压，两者从此分道扬镳，这就好比两个圆进入了不同的运行轨道。被打压的清流派名士，并没有因为部分首脑的流放、处刑而消极颓废，名士集团的声望和力量反而在这场政治斗争中变得愈加强大。

以幸免于难的陈寔一家为中心，新的名士不断涌现，彼此之间也建立了新的联络。《三国志·魏书·管宁传》说："（管宁）与平原华歆、同县邴原相友，俱游学于异国，并敬善陈仲弓（陈寔）。"《后汉书·郑太传》记载，山东义兵起时，郑太向董卓下说词时，说："东州郑玄学该古今，北海邴原清高直亮，皆儒生所仰，群士楷式（楷模）。"可见，邴原是与郑玄比肩的大名士，为士人敬仰。

这些党人名士为了积攒实力反抗宦官，开始与豪族相交结。《三国志·魏书·荀彧传》注引张璠《汉纪》记载何颙："及党事起，颙亦名在其中，乃变名姓亡匿汝南间，所至皆交结其豪桀（豪族）。颙既奇太祖（曹操）而知荀彧，袁绍慕之，与为奔走之友。是时天下士大夫多遇党难，颙常岁再三私入洛阳，从绍计议，为诸穷窘之士解释患祸。"这说明党人何颙也是潜行于地下，积极交结豪族，同日后的各个领主首脑建立了联系。

处于汉末的动乱时期，原本就只有兵力才是可以依赖的力量。然而纯粹的名士，几乎手无寸铁，所从一开始便处境艰难，飘摇不定，在反宦官斗争中处于劣势，他们急需武力的支援。而割据军阀需要稳固自己的地位，维持统治地区的安定，同时还要与其他军阀相竞争，因此长于谋略者不可或缺，知识和政治素养较高的名士便成为重要的存在。东汉末期，随着中央朝廷的衰落，各地领主势力的崛起，我们看到，那些享誉全国的大名士都顺次归于各个领主旗下。这些领主之间征伐不断，弱肉强食，通过兼并战争，最终形成了三国鼎立的局面。

在领主战争过程中，众多（大姓）名士都投到了曹魏一方，比如名士集团核心存在的颍川派与北海派，颍川集团以荀氏、钟氏、陈氏为核心，北海集团以大儒郑玄及北海相孔融为核心。

另一部分名士则分别投向了吴、蜀两方，《三国志·吴书·诸葛瑾传》注引《吴书》说："初瑾为大将军，而弟亮为蜀丞相……族弟（诸葛）诞又显名于魏，一门三方魏冠盖，天下荣之。"还有代表性名士许靖、张昭各自在蜀、吴担任了高官。

还有一个特别现象，虽然这些名士分属各国，但彼此之间的感情纽带依然存在，仍然保持着相互联系。《三国志·蜀书·许靖传》注引《魏略》收录了曹魏的王朗写给许靖的三封信，反映出两人在灵魂深处的亲密友谊。给许靖去信的不止王朗，《许靖传》说："始靖兄事颍川陈纪，与陈郡袁涣、平原华歆、东海王朗等亲善，歆、朗及纪并子群，魏初为公辅大臣，咸与靖书，申陈旧好，情义款至。"

名士群体已经结成了牢不可破的价值纽带，成为一个共同体了。如果把各个领主政权比拟为相互排斥的圆圈的话，那么名士集团在这些政权的根底处，结成了彼此相连接的一个圆圈。这都为魏晋士族群体的形成打下了坚实的基础。

I PART

第一篇

帝国：从建立到崩溃

第一章

中央：两汉帝国中枢权力的嬗变

内朝与外朝：两汉"党争"的温床

西汉武帝时期已经强化的天子对官僚的单方面的权力关系，随着武帝之死，开始发生崩溃。这一情况发端于昭帝时期，霍光摄政的时候。这是伴随着内朝对外朝的优势地位发生互相转化的结果。

武帝在死前，给以霍光为首、金日磾和上官桀这样的亲近侍中下了诏书，任命霍光为大将军，金日磾为车骑将军，上官桀为左将军，以此辅助昭帝执政。武帝时期的将军，其职能是领兵出征，不得参与国政。然而霍光身为大司马大将军，却"领尚书之事"，其家族中人和幕僚兼任天子近侍的侍中、给事中等职，通过摄政，在内朝垄断政权。而此时作为外朝的以丞相、御史大夫及以下官员构成的制度上的中央政府，渐渐成为日常事务的执行机关，国政大权转移到了内朝。

随着政权的转移，侍中、给事中、尚书等天子侧近的臣僚开始直接干预国政，尤其是尚书的势力有明显增大的趋势。《汉书·石显传》说："尚书，百官之本"，为了掌握实权，统领尚书就成了为政之要事。因此，中央的政治机构由实质上政府的内朝和形式上政府的外朝构成，而且外朝事实上已经变成单纯意义上的执行机构了。这样的后果是，全体官僚机构的运作缺乏统一性，这在两汉王朝国家权力消长的问题上产生了重大影响。

汉初以来国政的运作方式是，国政大纲由丞相、御史大夫，加上九卿廷议形成，再经过天子的裁断，最后由丞相向郡国太守和国相传达，这是一种具有连贯性的组织运作模式。可是当内朝与外朝的二元体制形成后，掌握国政实权的人，在天子和丞相之间，通过摄政，安插了拥有巨大权力的中介，这个中介，以天子的近侍内臣为心腹，确立在宫中的支配势力。于是，在内朝中形成了一个实质性的政府，而天子只是悬浮在全体官僚组织上的一个象征符号而已。当然，不久以后，天子为了打破内朝摄政的专权，积极谋划形成强化君权的新的人员基础。与此同时，与内朝相对抗的外朝官僚势力也开始抬头，双方开始交结相争，形成了各式各样的"党派"。

"党争"，导致整个官僚组织在唯一权力来源的天子统一支配下发挥作用已经成为不可能的事。首先，昭帝死后，宣帝即位，为了对抗霍光的专权，宣帝把以前身份卑微、完全无法跟权门显族搭上边的近侍放在身边加以录用，豢养了一批可以听从自己意志、作为自己手足的人。而被选用的这批人，都是出身卑贱的外戚许氏、史氏和宦官。这批人逐渐摧毁了霍光死后其家族拥有的优势，取代霍光家族独占了内朝。同时，被霍氏一族独占的，作为天子耳目的尚书之职，便由宦官中书令暂时掌管，这也是宦官群体此后受到重用的开始。

这样，宣帝渐渐肃清了霍氏家族的势力，把对霍氏专权抱有反感的外朝官僚都收拢到他的统治之下，从而将内朝和外朝的政权统统掌握在手里，再一次树立了天子单方的权力体系。宣帝死后一直到元帝，作为宣帝手足的外戚、宦官，再一次成长为可以支配内朝的强大势力。

宣帝死后，以近侍宠臣外戚史高为大车骑将军，统领尚书，辅佐元帝执政。元帝信任与外部党派没有任何关系的宦官石显，将国政委任给他。不久，石显任中书令，与大司马史高相勾结，掌握了内朝的实权，又与中书仆射牢梁、少府五鹿充宗、御史中丞伊嘉"结为党友"，控制尚书，在内朝独霸政权。于是，官职体系丧失了其本来的功能，中央和地方官僚勾结或者对抗，形成数个党阀，争权不止。之后即位的成帝，起用外戚王氏为近侧，压制石显一党。最后，王氏一族掌控了内朝，再一次让天子的权力名存实亡，最终王莽篡夺了帝位。可见，西汉帝国的崩溃，"党争"起了推波助澜的作用。

外戚集团与宦官集团的斗争

内朝拥有绝对优势，以及外戚和宦官在内朝中掌握政权的现象，早在西汉中期以后已现端倪，进入东汉，更是以极端露骨的形态走向了前台。

东汉章帝以后，天子必定是幼主，这是母后临朝幼主即位造成的现象。赵翼在《廿二史劄记·东汉多母后临朝》条中说："按章帝时窦后专宠，有梁贵人生和帝，窦后养为己子。章帝崩，和帝即位，窦为太后称制。和帝崩，皇后邓氏为太后，立殇帝嗣位。殇帝殂，太后又立安帝，终身称制。安帝崩，皇后阎氏为太后，立北乡侯懿嗣位，身自临朝。未岁懿殂，宦官孙程等迎立顺帝，太后乃归政。顺帝崩，皇后梁氏为太后，立冲帝，身自临朝。冲帝殂，太后又立质帝，犹秉朝政。质帝为梁冀所酖，太后又立桓帝，数年归政。桓帝崩，皇后窦氏为太后，立灵帝，仍自临朝。后其父武为宦官所害，太后亦迁于南宫。灵帝崩，皇后何氏为太后，立子辩嗣位，身自临朝，寻为董卓废弑。"

可见，东汉王朝从和帝到刘辩，先后有窦、邓、阎、梁、窦、何六后临朝听政。母后为了长久拥有权力，给自己家族的外戚赐以高官显爵，使他们成为支持自己的力量，这是外戚势力壮大的原因。

章帝死后，和帝年幼，窦太后临朝，其兄窦宪为大将军，控制了内朝的政权。和帝死后，邓太后立出生才百余日的殇帝，自己亲自临朝，并任命自己的兄弟邓骘为车骑将军。翌年殇帝死，邓太后与兄弟邓骘谋策，迎立十三岁的安帝，继续主持朝政，更任命邓骘为大将军。顺帝死后，梁皇后成为太后临朝，兄弟大将军梁冀与太后迎立幼主即位，图谋专权，可是当幼主质帝不愿意顺从时，梁冀将其鸩杀，立了十三岁的桓帝，终于随心所欲专权朝政。桓帝死后，窦太后临朝，太后与父亲窦武商议，迎立十二岁的灵帝，窦武成为大将军。

章帝以后大多数情况是幼主即位，但实际上他们大多非太后的亲生子。太后临朝，为了保证其家族能长久控制政权，故意从外藩诸王的子弟中选立幼弱者的情况极多。一旦幼帝成年，必然对内朝中的外戚专权抱有反感。此时天子所能依赖的只有近侍的宦官了。而宦官因为跟天子有着直接的联系，权势变得越来越大，成为与内朝中的外戚相对立的势力。于是，或是在天子暗中的授意下，或是向天子诬告，诛杀外戚，夺取政权。于是，外戚与宦官的斗争成为一种常态。

和帝时期，外戚大将军窦宪被宦官郑众谋杀。安帝驾崩，邓太后临朝后，外戚邓骘为大将军，但是迫于宦官的压力，最后竟然不得不自杀了。顺帝末年至桓帝初年的大将军梁冀，也被对立面的宦官诛杀。灵帝时期的大将军窦武，因为排挤宦官，在党锢之祸中被宦官集团诛杀。这样看，章帝以来，实际上拥有内朝政权的外戚们大多逃脱不了被宦官诛杀的末路，而宦官集团凭借在打击外戚集团上的功劳，权力也是越滚越大，成为一股黑暗腐败的势力！

东汉的皇权与宦官

对于东汉皇权来说，除了豪族、名士以外，它所能信赖和依靠的力量只能是宦官和外戚。而在和外戚、宦官的斗争中，皇权又只能紧紧依靠宦官。

宦官本来是皇帝的仆役，并非一种政治力量，但在一定条件下，他又是最黑暗腐朽的存在。在各自政治力量的分离组合中，唯有宦官是与皇权共生存的，是皇权最为放心最为亲近的势力。可以说，没有皇权，就没有宦官，而就宦官个人来说，无论他的势力有多大，始终是一团肉身，是孤零零的皇帝奴仆。在皇权最孤立无援或受制于人的时候，只有宦官能扮演皇权最忠诚的卫士。宦官时时刻刻像警犬一样，注视着大臣的言行，唯恐他们有任何不轨之举，成为威胁皇权的隐患。因此，在皇权看来，宦官就是自己。

东汉时，皇权在危难时刻，如果需要进行种种密谋策划，它总是通过宦官去实现。结果，皇权与宦官或者同归于尽，或者在斗争中取得胜利，从而使皇权对宦官的依赖日益加深，最终成为宦官的工具。

宦官没有人格，社会地位极为卑贱，常常被士人蔑视地称为"阉竖"，羞与为伍。因此，宦官与豪族、知识分子存在着天然的对立。事实上两者的利益也不能相容。只要宦官掌握了权力，他必然会拿豪族和大姓名士开刀，将各种流氓、无赖，以及各种没有名望、地位的人提拔起来，授予官爵，赠予权力和财富，使之充当鹰犬，成为自己的权力基础。而豪族、名士们的地位和利益必然备受摧残。因此，东汉中后期，随着皇权对豪族和士人的疏远，对宦官的重用，豪族、名士与宦官（包括外戚）之间的矛盾也就越来越尖锐。

一般来说，豪族、名士与皇权、宦官，以及皇权与外戚的斗争越激烈，政局就越不稳定，皇权和宦官就越相依为命。东汉政权从和、安两帝起，越来越深地依赖宦官，和帝依赖郑众，安帝宠幸樊丰等人，桓帝依靠宦官铲除外戚，结果东汉的皇权日益成为宦官手中的玩物。

事实上，皇权与宦官的结合，并不全是皇帝幼小、无能造成的，和帝、桓帝都是很有计谋和魄力的君主，他们之所以依赖宦官，既是政治格局决定的，又是皇帝自觉选择的结果。

王夫之《读通鉴论》卷七对东汉皇权依赖宦官做过深刻的分析："其开自光武乎！崇三公之位，而削其权，大臣不相亲也；授尚书以政，而卑其秩，近臣不自固也。故窦宪缘之制和帝不得与内外臣僚相亲，而唯与阉宦居。非（窦）宪能创锢蔽之法以钳天子与大臣也，其家法有旧矣。……西汉之亡也，张禹、孔光悬命于王氏之手而宗社移矣。光武弗知惩焉，厚其疑于非所疑者，使冲人（皇帝）孤立于上，而权臣制之，不委心膂于刑人，将其委乎？明主一怀疑而乱以十世，疑之灭德甚矣哉！"

王夫之的分析是符合历史情况的。事实上和帝信任宦官，不是由于昏弱或幼小；桓帝依靠宦官，打击外戚，显示了空前的政治手腕和勇气，其策划密谋之周全，非昏庸幼弱之徒可比。虽然王夫之没有看到光武"疑"大臣并非一时的失误，而是社会权力分配的政治格局引发的必然结果，但他指出东汉后期的宦官专权，起因于光武对大臣的防范，是由来已久的"家法"，不能不说触及了事情的本质。《资治通鉴·汉纪》卷四十九说汉末对大臣的防范日益严重，"灵帝时，朝议以州郡相党，人情比周，乃制婚姻之家及两州人士不得对相监临。至熹平四年（175），复有三互法。婚姻之家及两州人不得交互为官"。

总之，宦官是东汉政治中一束奇葩的毒草，东汉后期的"党争"，以及割据体制的形成，直接或间接都与宦官集团有着联系，可以说，宦官势力的壮大加速了东汉王朝覆亡的步伐。

第二章

汉魏时代的地方治理

中国古代地方治理的雏形

中国地方行政治理制度，有史料记载的是从周代开始。周以前的时代，没有可信的书籍传世，至于古籍中所说的大禹时代的"九州五服之制"，更是后人假托古人的杜撰，理想色彩浓厚，更不可信。

春秋开始，各大诸侯国都致力于开疆拓土，积累争霸的资本，尤其是楚、秦两国的崛起，使"中国"的地理范围愈推愈大，逐渐有了统一的倾向，于是就有了划分"天下"的需求，《吕氏春秋》《尚书·禹贡》《尔雅》《周礼·职方》等书开始有具体的"九州制度"。但是各书所记载的州制与地域范围略有不同，只有《吕氏春秋》记载得最为近古，托古的色彩较少。

《吕氏春秋》记载："河、汉之间为豫州，周也；两河之间为冀州，晋也；河、济之间为兖州，卫也；东方为青州，齐也；泗上为徐州，鲁也；东南为扬州，越也；南方为荆州，楚也；西方为雍州，秦也；北方为幽州，燕也。"

这样看来，"九州"区划，其实就是东周，尤其是战国时代各国疆域的反映。划分天下的州制，起源于战国人的理想。这类州制在战国只是学者口中和书上的描述，实际上并没有将天下划分为若干便于管控的地方组织。州制起源于西汉，东汉的州制与西汉基本相同，略有差异。

西汉初年，高祖刘邦对朝廷制御天下颇感力不从心，不得不借重"封建"之法，大封同姓王和异姓王，实施郡国并行的制度。汉初，全国约五十四郡，直属朝廷的不过十五郡，由藩国管辖的达三十九郡，藩国与中央所属人口比例，约为10∶5.29(柳春藩：《秦汉封国食邑赐爵制》，辽宁人民出版社,1984，第42页)，齐、楚、吴尤其辽阔。《史记·吴王刘濞传》说藩国"分天下半"，处于半独立状态，《汉书·贾谊传》描述道："天下之势，方病大掊。一胫之大几如腰，一指之大几如股。"这时整个帝国实际上实施的是一种"弱联邦制"的治理体制，形式上统一，实际上各自为政，终于引发了帝国的权力战争。

不过，经过战国到秦朝的"社会改造"，中国已经没有封建制生长的土壤，大一统才是时代的趋势。尤其是西汉帝国，对关东征发徭役、用兵平乱、发布法令、派遣官员等活动，以及日益频繁的民间经济、文化交往，无形中强化着关西朝廷与关东藩国的联系。联邦制与大一统是背道而驰的，这是谁都改变不了的历史定律。

文帝、景帝着手消藩，平定了"七国之乱"，皇权最终战胜了宗权，中央集权得到了巩固，郡县制成为地方治理的常态。为了拱卫王权和制约地方官僚系统的需要，朝廷并没有废除"封国制"，但是下令诸侯王不能自己治理藩国，官吏都要由中央任命和授权。此后藩王只享"衣食租税而已"，封土而不临民。到武帝继位时藩国已经被充分削弱了。

武帝继位后，采纳主父偃的建议，下令诸侯王推私恩，将王国的食邑分封子弟。又颁布了左官律、附益法等，辅助推恩令来解析和压制藩国。于是藩国越分越小，诸侯王的实力越发屡弱，分封最后只是对宗室和功臣的优遇。藩王只享受食邑，而不能管理地方行政、不能任免地方官吏、不能自征赋税、不能自铸货币、不能自行纪年等，中央派驻的国相才是藩国的实际长官，国相与郡守序秩一样。这样，封国就不构成割据分权的因素，逐渐下降为郡县的附庸了。中国开始进入"君主封建制"时期，建立起"郡国并行，以郡为体"的地方治理结构，为君主政体和大一统帝国的健康发展打下了坚实的基础。

通过这些社会改造，帝国臣民的社会身份认同方式也发生了巨变。西汉前期，"齐人""鲁人""楚人"仍然是主要的身份认同方式和常用的籍贯地域符号；后来，逐渐被冠以郡国的身份认同和籍贯符号取代了。郡县制已经是帝国臣民安身立命的基本社会场域。

武帝前 { 封建制（封臣制、封土制）
中央—郡县制（官僚制）

武帝后 { 代理制（官僚制）
分封制（封爵制，封土不临民）

（封爵制，封爵不封土）

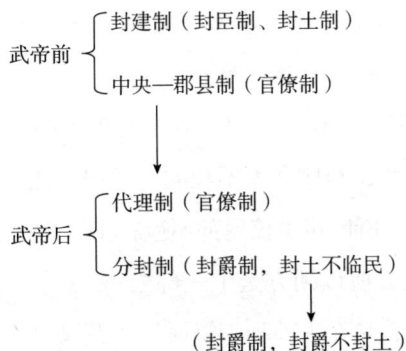

图 2-1　汉武帝前后地方治理演变示意图

武帝中晚期，西汉帝国完成了对匈奴帝国的战略性打击，边疆基本稳定。这时的帝国控制的土地极为广阔，民族构成非常复杂，东西、南北的文化差异也相当巨大，造成了中央对地方管控的难度。郡县制已经成为地方治理的常态，中央和藩国的矛盾基本解决了，但是郡县繁多，这种过于分散的地方组织形态不利于管理，也不利于资源调动、配置与整合的需要。而且郡守权力较大，如果不加监督与控制，会成为帝国新的隐患。

更为重要的是，今文经学已经成为支撑帝国运转的主体思想。在"罢黜百家，独尊儒术"的治国理念推动下，"大一统"成为帝国的治国方略。但是整个帝国却残存着东周时代"诸侯王国"的影子，有再次分裂的可能。为了彻底消除隐患，必须要用地域概念代替"王国概念"。于是在中央与郡国之间添加一层管理机构的需要便提上了议事日程。

西汉的地方治理：建立大一统帝国的需要

《汉书·百官公卿表》说："（武帝）元封五年（前 106），初置刺史部，掌奉诏条察州，秩六百石，员十三人。"《汉书·地理志·总序》说："武帝攘却胡、越。开地斥境，南置交阯，北置朔方之州，兼徐、梁、幽、并夏、周之制。改雍曰凉，改梁曰益，凡十三州，置刺史。"这是十三州依托所谓夏、周旧制的"冀、兖、青、徐、扬、荆、豫、梁（改名益）、雍（改名凉）、幽、并十一州"，外加新设置的交阯、朔方两部而成，是武帝"托古改制"的策略。

要说明一点，《汉书·地理志》正文并没有提到朔方、凉州二部，却增加了司隶，而交阯被称为交州，与序文大不相同。根据考证，司隶校尉设置在后，而十三州刺史部设置在前，所以司隶校尉部不应在十三州中。西汉时，平当、萧育、翟方进都当过朔方刺史，所以朔方是十三部之一，《志》文以朔方属并州，是东汉的制度。交阯称交州，是在王莽到东汉时期，西汉时代时通称交阯。至于《地理志》没有提到凉州，可能是班固遗漏的缘故。《汉书》成书于东汉和帝时，班固误将东汉制度写入汉书是极有可能的。总之，《地理志·总序》所叙述的比正文具有更高的可信度。

因为司隶通管京畿，功能特别重要，所以加上司隶校尉部，西汉实际上设立了十四州。西汉是州制的形成期。

司隶校尉部：武帝征和四年（前89）初置，比元封五年（前106）设立州制晚了二十年。武帝在设置州制不久，又设置了司隶校尉，"捕巫蛊，督大奸猾"，负责京师治安，后来管辖范围包括京师、三辅（帝国行政中枢）、三河（河南、河东、河内）、弘农七郡，俨然一州长官；而且还可以纠察太子、三公以下及相邻的州郡国，监察的范围很广、责任非常重要。东汉大幅度缩减了司隶校尉的管辖范围，将洛阳称为司隶。管辖京兆、扶风、冯翊、弘农、河内、河南、河东七郡，汉昭帝始元元年（前86），改河内属冀州，河东属并州。地理范围包括今天的陕西中部、山西南部、河南开封以西、南阳许昌以北大部分区域。

冀州刺史部：管辖魏、巨鹿、常山、清河四郡，赵、平干（宣帝时改为广平）、真定、中山、信都、河间六国。地理范围包括今天河北西半部。

幽州刺史部：管辖渤海、上谷、渔阳、右北平、辽西、辽东、玄菟、乐浪、涿、代十郡，广阳一国。地理范围包括今天河北东半部及南部、辽宁大部、朝鲜半岛北部。

并州刺史部：管辖太原、上党、西河、朔方、五原、云中、定襄、雁门、上郡九郡。地理范围包括今天山西大部、内蒙古南部。

青州刺史部：管辖平原、千乘、济南、北海、东莱、齐六郡，甾川、胶东、高密三国。地理范围包括今天山东东北部。

兖州刺史部：管辖陈留、山阳、济阴、泰山、东郡五郡，城阳、淮阳、东平三国。地理范围包括今天山东西南部、河南东端、江苏西北部。

徐州刺史部：管辖琅邪、东海、临淮三郡，泗水、广陵、楚三国。地理范围包括今天江苏中北部、山东东南部，安徽东北端。

豫州刺史部：管辖颍川、汝南、沛三郡，梁、鲁二国。地理范围包括今天河南东端及南端、安徽北部、江苏以北部分地区。

朔方刺史部：地理范围包括今天陕西北部，内蒙古中部，山西、宁夏二省一角。

凉州刺史部：管辖陇西、金城（汉昭帝设置）、天水、武威、张掖、酒泉、敦煌、安定、北地九郡。地理范围包括今天甘肃大部，青海、西宁一带，宁夏南部。

扬州刺史部：管辖庐江、九江、会稽、丹杨、豫章五郡，六安一国。地理范围包括今天江苏南部，安徽中南部，浙江、江西、福建三省。

荆州刺史部：管辖南阳、江夏、桂阳、武陵、零陵、南郡六郡，长沙一国。地理范围包括今天湖北、湖南二省，河南南端，贵州东端，广东北端，广西东北端。

益州刺史部：管辖汉中、广汉、武都、犍为、越巂、益州、牂柯、蜀郡八郡。地理范围包括今天四川、云南、贵州三省，陕西南部汉中一带，甘肃、湖北少部分地区。

交阯刺史部：管辖南海、鬱林、苍梧、交趾、合浦、九真、日南七郡。地理范围包括今天广东、广西二省。

西汉州郡分布相当疏密，可以反映出，当时中国文化成熟的地区，主要集中在现在的山东、河南、河北三省，以及与三省交界的江苏北部、安徽北部，这个区域正好是殷商文化，也就是广义的关东文化地带，东方和北方的优势十分明显。但有个现象不容忽视，西汉的文化中心虽然在齐、鲁、梁、宋，但首都却在关西，维持着"关西出将，关东出相"的格局。这时的西汉朝廷对关东人士不无轻蔑，尤其是关东的儒士，文化与权力中心是分离的。

到了东汉建都洛阳，进一步强化了关东文化中心的地位，洛阳、南阳、颍川、汝南、河南、陈留成为文化中心的核心地带，这些地方正是名士辈出的地方，这样文化中心与政治中心就由分离而重合，东汉完成了对整个帝国的社会重组。东方和北方的优势更加明显，关东大族控制了整个帝国的中枢。在新一轮的东西和南北对峙中，西部和南部处于暂时的劣势，这也是关西出身的董卓，江南出身的孙坚，受到关东集团轻视和敌视的根本原因。

孔子说："齐一变，至于鲁，鲁一变，至于道"，关东地区是整个中古（东周到西晋）社会文化的中心地带，实至名归。

武帝设立州制的理论基础是今文经学。今文经学的核心是"大一统"思想，具体的理论是"统三通"，方法是《春秋》当新王说"和"《春秋》改制说"。武帝"托古改制"是经学思想的进一步实践化。今文经学，和东汉时代的古文经学，是两汉立国和治国的理念，它的兴衰势必会引发整个帝国，从社会到政治层面的巨大变革。

东汉的地方治理：从刺史到藩将

东汉时代，帝国全面承袭了西汉的政治制度，君主政体得到了进一步的巩固。同时沿用了"分封制"，并且在执行层面比西汉时代更为严格。藩王依然"封土而不临民"，只享受地方的食邑而已。这些措施，不仅保证了君权的强大和中央政府的高效运转，同时，进一步加强了中央对地方的有效控制。中国开始逐渐由"君主封建制"向"君主官僚制"过渡。士大夫的政治地位和话语权得到提升，国家机器的正常运转更加依赖"官僚"群体的维系，尤其连接中央和地方一级的封疆大吏，作用更为凸显。

（甲）东汉的州和刺史

西汉州制在王莽时稍有改动，但没有实质性变化。改凉州为雍州，改交阯为交州，取消朔方、司隶两部为十二州。东汉是州制的发展期。

东汉光武帝曾经全盘继承，恢复了西汉旧制，但不久又改用王莽的制度。但总体来说，东汉基本沿用了西汉的制度，变化不大，主要有三点不同：（1）降司隶校尉部为十三部之一，与十二部并列，管辖范围仅限于河南。（2）撤销朔方刺史部，并入并州刺史部。（3）正式确认交阯改为交州刺史部。根据管理的需要，将其余州部的地域稍加变动，如徐、兖、青、豫、冀、凉、幽等州的疆界都略有变化，但出入不大，而且调整主要集中在关东地区，南方四州基本没有变化。

在这些改变中，有两个微妙但十分重要的变化，对汉末的政治格局产生巨大的影响。一个是凉州地位的提升，从侧面反映了西北羌胡对整个帝国的安全已经构成巨大的威胁。一个是幽州地位的加强，说明北方边境的乌桓也给帝国带来了巨大的困扰。这都给董卓、公孙瓒这些边将带来了机遇，成为他们据州争霸的资本。

西汉初期，十三州刺史部没有固定的治所，到了西汉后期，刺史在地方上逐渐有了固定的治所和下属，并且增加了"可以岁举秀才、尤异"的选举权力。东汉逐渐将治所和刺史属官定型。《通典》记载："十三部不常治所，后汉司隶治河南，豫治谯（安徽亳州），兖治昌邑（山东济宁金乡县），徐治郯（江苏徐州睢宁县），青治临淄（山东青州），凉治陇（甘肃天水秦安县），并治晋阳（山西太原），冀治鄗（河北高邑县），幽治蓟（北京西），扬治历阳（安徽马鞍山和县），荆治汉寿（湖南常德），益治雒（四川广汉），交治广信（广西梧州）。"

需要说明的是，西汉和东汉前期，刺史虽然位高但权不重，对地方行政机构（郡和藩国）只有日常监察权，没有法定的管理权，还不能算一级正式的地方组织。职能很像明代的巡按监察御史（品低权重），但权力没有巡按御史大。而且，武帝设置刺史部时，各州的刺史序秩不过六百石。所以两汉，特别是东汉，郡国依然是整个帝国运转的核心。郡守掌管着一郡的财政、司法、监察、军事大权，序秩两千石，还有自辟僚属和察举的权力，可以说"位高权重"，比后世地方官的权力大得多了。汉宣帝说："太守，吏民之本也。"西汉中期到东汉前期地方治理的特点，可以说是中央政府直辖一百多个郡国，再通过刺史监察地方，不仅利于监管，也利于郡守（国相）自主处理郡务，层次的简洁，反映了管理的有效性，使郡国成为贯彻政务的中心。

据王应麟的《通鉴地理通释·历代州域总叙中》记载，东汉保留了西汉大部分郡国，只做了五次小范围的调整。

光武帝：撤了八个郡国，即城阳、淄川、高密、胶东、六安、真定、泗水、广阳。

明帝：新置永昌郡。

章帝：新置吴郡，新设任城国。

和帝：新设济北国，恢复广阳国。

顺帝：临淮郡改为下邳郡，千乘郡改为乐安郡，天水郡改为汉阳郡；改淮阳国为陈国，楚国为彭城国，济东国恢复为东平国，信都国改为安平国。

桓灵：桓帝新置高阳、高凉、博陵三郡。灵帝新置南安、鄱阳、庐陵、汶山四郡。

这样，截至灵帝时，东汉撤了西汉八个郡国，改旧名七个，新设置了12个，总计沿用了西汉96个郡国，郡国总数达到了108个。西汉的基层组织（县邑道侯国）约有1587个，数量庞大。光武帝为了恢复生产，消除冗官冗员，缩减政府预算，撤并了约397个基层单位，将帝国的基层组织控制在1180个。

还有一点非常重要，西汉哀帝时郡国约103个，东汉顺帝时郡国约105个，其中郡占了79个，剩余的26个藩国由中央派驻的官员直接进行管理，封王只享受食邑，不能染指日常管理。同时，通过刺史对藩国进行监管。国与郡基本没有区别了，而且日益成为郡县的附庸。

《通典》说："东乐浪，西敦煌，南日南，北雁门，西南永昌，四覆之盛，亦如前汉。"东汉政府在州郡方面的这些调整，进一步加速了中国"君主政体"演化的进程，强化了中央集权，使地方治理更加合理和完善，有效地控制了庞大帝国的日常运转。魏吴基本沿用了东汉的制度。

图 2-2　两汉地方治理示意图

这样看，西汉中期到东汉前期的刺史是"位高权轻"，仅仅是监察官，十三部州实际上是十三部监察区，还不能构成一级行政区。刺史职责有六条：其一是监察强宗豪右；其余五条是监察郡守二千石，监察他们是否不奉诏、不恤疑狱、选署不平、子弟恃权欺弱、违比下公等。藩国也是刺史的重点防禁对象。由于这个阶段郡守的权力很大，所以刺史往往避重就轻，将主要工作就放在了监察藩国身上。王鸣盛在《十七史商榷·汉刺史察藩国》条中说："历考诸传中，凡居此官者，大率以督察藩国为事。"

（乙）东汉州制的突变：从刺史到州牧

刺史的管辖范围虽大，但地位和实权不如郡守和国相，但西汉后期，刺史在地方上已经有了固定的治所和官属（治中、别驾、诸部从事、主簿和功曹等）。东汉前期，刺史权力有所扩大，但依然局限在监察范围，只能说与郡守相当，没有明显的优势。但这种局面到了东汉中期却发生了非常大的变化。

东汉中期以后，各地叛乱四起，往往涉及数郡，需要在若干郡构成的较大范围内统筹军政，统一调配资源，这时刺史就成了最佳人选。于是，中央政府授权刺史统兵，代朝廷去镇压各地的叛乱。刺史既然涉身军政，就有向最高地方军政长官演变的可能。

东汉末年，政局动荡，内乱不止，尤其是黄巾起义，震动朝廷。为了应付外患和维持地方安全，汉灵帝中平五年（188），灵帝采纳了宗室大臣太常刘焉的建议，将部分重要州的刺史改为州牧，增其秩为二千石，以宗室或九卿出任则为中两千石，代表中央管理州务。《后汉书》说："州任之重，自此而始。"

其实，在西汉成帝绥和元年（前8）、哀帝元寿二年（前1），东汉光武帝建武元年（25），曾经三次改刺史为牧，但只是称谓上改变，权力没有变化。但是中平五年（188）的改制却具有实质上的变化，州牧的权力不断扩大，从监察扩展到民政和军事，州开始由监察区演化为行政区，地方治理由郡县两级制开始向三级制过渡，刺史或州牧日益成为郡守或国相的上司了，州官逐渐成为"位高权重"的地方权力中枢。

两汉政府创建州制，设立刺史，原本是为了加强中央集团，强化皇权的至高无上，保证整个帝国的稳定运转。但是没有想到的是，这种制度和各部刺史却成为帝国走向崩溃的掘墓人，为不久后的群雄割据提供了制度上的保证。这就是为什么汉末的割据势力在已经占据一州之后，必须要向朝廷讨要州牧的封号；也可以说明为什么有些手握重兵的割据者反而对实力较弱的州牧不敢轻视。因为充任州牧者大多是大族或名士，出身高贵，名望极高；更为重要的是，他们是朝廷任命的，是代天子管理地方的权力中枢，身份合法，位高权重，必然能得到当地大族的尊重和支持。有了当地大族的支持，这些刺史（州牧）才能立足，变成割据一方的诸侯。州制反而成了割据的制度保障，使争霸变成了合法性的战争。

这些刺史借着"代天子巡视"的威名和"守州为国"的旗号，据州割郡，以州为根据地，扩充实力，积累资本，相互征伐，成为割据一方的藩将，并进一步演化为领主，从而拉启了汉末争霸战争的序幕，加速了帝国的崩溃。

三国两晋的地方治理：从藩将到领主

西汉确立州制，一直到隋朝，都以州作为地方最高治理制度，基本上没有实质的变化。唯有三国到西晋，由于南北对峙和短暂的统一，州制在短短的八十年间，发生了不少变动。三国是州制的演变期。

（甲）三国时代的州制

魏国

曹操在汉献帝时期改十三州为九州，但没有实施几年，到了魏文帝时恢复为十二州，但是各州的地域范围与东汉比变化极大。

据《通典》记载："魏据中原，有州十二：司隶、荆、豫、兖、青、徐、凉、秦、冀、幽、并、扬、雍。有郡国六十八。"扬、荆二州魏、吴共有，吴国占据大部分，魏国扬州的治所在寿春，荆州的治所在襄阳。

《通典》说是十二州，但在列举时却多出了秦州。其实，魏国的十二州是最后的定制，中间有多次的调整。据王应麟的《通鉴地理通释·历代州域总叙中》记载："魏以司隶之三河、弘农，冀之平阳为司州，分雍州河西为凉州、陇右为秦州，分辽东昌黎、玄菟、带方、乐浪为平州，后合为幽州。"秦州、司州、平州都是根据战略或战术的需要设置的，一旦完成既定目标，或撤或并，存在的时间都很短，所以不应该列入十二州。

《晋志》记载了魏国郡国的设置变化："魏武置十二，所省七。文帝置七，明及少帝增二，得汉郡者五十四焉。"魏国保留了东汉五十四个郡国，新增了十四个，尤其是魏武帝时新增的襄阳，明帝时新增的上庸，具有极其重要的战略位置。

司隶：包括今天河南中部、北部和西部，山西西南部。

冀州：包括今天河北大部，山东、河南北端地区。

幽州：包括今天河北北部，辽宁大部，朝鲜半岛北部。

并州：包括今天山西大部。

青州：包括今天山东北部和东部。

兖州：包括今天山东西部，河北南端，河南东端。

徐州：包括今天江苏北部和中部，山东南部，安徽西北端。

豫州：包括今天河南东南部，安徽北部。

凉州：包括今天甘肃西半部，宁夏西部，青海、西宁一带。

雍州：由汉时司隶校尉西部与凉州刺史部东部合并形成，包括今天甘肃东半部、陕西中部。

扬州：仅占有今天安徽中部，大部为吴国占据。

荆州：仅占有今天湖北北部，河南西南部，兼管陕西东南一隅，大部为吴国占据。

吴国

据《通典》记载："吴北据江，南尽海，置交（治所龙编）、广（治所番禺）、荆（治所南郡）、郢（治所江夏）、杨（治所建业）。五州，有郡四十三。"

据王应麟的《通鉴地理通释》记载："吴国分南海、苍梧、鬱林为广州，交趾、日南、九真、合浦为交州。"郢州设置时间很短，范围不过一郡，不应视为一州，吴国实际占据南部四州。

《晋志》记载了吴国郡的设置变化："吴大帝置郡五，少帝、景帝各四，归命侯置十二，得汉郡者十有八焉。"吴国保留了东汉十八个郡，新增了二十五个。吴国新增郡大部分集中在南方比较落后的地区，这对于南方的开发起到了巨大的作用。如果说南方的开发兴起于楚国，那么真正意义上的大规模开发则始于吴国。

扬州：包括今天江苏南部，安徽南部，浙江、江西、福建三省，略涉湖北东端。

荆州：包括今天湖南全境，湖北南半部，广东北端，广西及贵州东北一隅。

交州：包括今天广东西南隅，越南东北部。

广州：吴国的广州、交州就是东汉的交州刺史部。包括今天广东、广西大部地区。

蜀国

蜀国仅有二州和一个统郡都督。虽然设置了凉州，但占地极少，南中诸郡基本自治，其实只占据益州之地。蜀国曾经让建宁太守隔空遥领交州，不是实际占领。

《晋志》记载了蜀国郡的设置变化："蜀先主置郡九，后主增二，得汉郡者十有一焉。"蜀国保留了东汉十一个郡，新增了十一个。

益州：包括今天四川、贵州二省，陕西南部汉中一带，云南东北半省，广西西端。

凉州：仅占据今天甘肃东南端一隅，不能构成一州，实际是一郡。

统郡都督：统管南中诸郡。

三国时代，魏国郡及郡王国以下再设县王国及县公国，实际上与侯国没有什么区别，县与侯国仍然沿用汉制。但不再设置邑、道。吴、蜀州以下仅设置郡，郡下仅设置县与侯国。三国时代，王国基本与郡没有区别，郡县制得到强化，开始走向成熟。

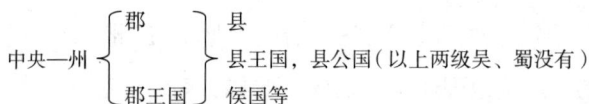

中央—州 ⎰ 郡 ⎱ 县
　　　　 ⎱ 郡王国 ⎰ 县王国，县公国（以上两级吴、蜀没有）
　　　　　　　　　 侯国等

图 2-3　三国西晋地方治理示意图

我们看到，魏国基本控制了北方，南方大部分土地都由吴国占据，蜀国大部分领土都集中在益州。后主刘禅时代，蜀国所以能以一州之地抵御魏国，主要原因就是吴、魏两国全面接壤，尤其是吴国占据了荆、扬二州大部，又有长江作为护卫，建立起了对魏国全线的防御系统，牵制了魏军，使魏国不得不将主力放在东线。

可以说，三国后期的战争，明为魏蜀之争，其实是蜀国采取消极的进攻策略，虚攻实守。魏国对蜀国采取的是积极的防御策略，打消耗战，虚守实攻，双方属于战术层面的博弈。而魏吴之间，是从政治、经济到外交、军事全方位的较量，属于战略层面的博弈，与魏蜀之争不是同一量级。所以，三国鼎立实际上是魏吴之间的对峙，也是中国自东周时代楚与中原诸国南北对峙的延续。西晋的统一是北方暂时取胜；东晋的建立是南方优势的体现。

还有一点非常重要，吴国的疆域与东晋和南朝基本相同；北魏基本继承了曹魏的势力范围。可以说，北魏是曹魏政权的延续；东晋和南朝是孙吴政权的延续；南北朝实际上是魏吴对峙的继续。

（乙）两晋时代的州制

西晋统一后，基本延续了三国时代的州制，只是为了政治和军事的需要，化整为零，对部分州进行拆分，在帝国境内新设置了梁州、秦州、平州、宁州，晋惠帝割荆、扬二州一部设立了江州，晋怀帝割荆、广二州一部设立了湘州。共置二十一州。

西晋时代，中国州名基本齐整，既涵盖了中国上古时代理想的州制（东周前期），也囊括了中古中国的实际州制（汉至三国），成为最完备的州制。至此州制的发展走向顶峰，开始衰落，中国地方治理制度出现周期性紊乱（东晋至南北朝），开始进入新的演化阶段（隋唐）。

西晋时期，塞外游牧民族趁八王之乱进入中原，建立政权，兵戈扰攘，晋元帝（东晋）带着北方若干大族南渡，在东吴故地建立东晋，南方遂成为中国文化、政治的中心。北方为少数民族割据，分为若干政权，混乱不堪，地方制度也混淆失常。北魏统一北方后，设置了38州。北魏虽然设立了刺史，但在战略位置重要的边要建立"镇戍"，州郡反而形同虚设。北魏中期开始，镇戍逐渐增多，形成了制度，镇将逐渐兼理民务，与刺史没有区别了。州制在北方开始衰落。北魏东西分立后，东魏设80个州，西魏设33个州。北周灭北齐后，设210个州。这时的州比汉魏时代的郡还小，州制在北方彻底没落。

东晋至于南朝的州制同样混乱不堪，与北方一样，到南梁时，州数达到了107个，南陈时合并到64个。至此，江南的州与郡已经没有什么区别了，州制在南方彻底退出了历史舞台。

州制是把双刃剑，在整个帝国良性运转的时期，州制相对稳定，具有促进帝国正向运转的作用。当帝国进入紊乱和社会变革的时期，州制便会失控，成为瓦解帝国的助推器。东汉末年的巨变和争霸战争，整个帝国的崩溃，州制的负向破坏性无疑起到了推波助澜的作用。

我们看到，州制的设立，是中国政治文化和制度一种巨大的进步，可以说，从建立州制开始，中国才开始真正进入地方治理的构建阶段，这种演化最终在明代完成和定型。西汉的州制，在唐代演化为道制，设立了巡察使（采访处置使），就是各道的监察官；在宋代演化为路制，设置了转运使，就是各路的财政及监察官；到了明代，演化为布政使司（是元朝行省制的变形），设置巡抚，初期是各边防军事提调督察官，后期则扩大了权力，成为省一级的权力中心，中国地方治理结构至此正式定型。

第三章

边疆：两汉帝国与长城外王朝的战争

危险的边疆：华夏与游牧

　　游牧民族与华夏族之间的交往与冲突早在商周时代就开始了。从根本上说反映了农耕文明与游牧文明之间的交互。

　　傅斯年在《夷夏东西说》一文中提到了这一交互的早期形态。他认为华夏和蛮夷在初期的分化是东西分裂，这与从东周开始的南北分裂完全不同。他把黄土高原的居民与大平原的居民分开。黄土高原的居民聚居在河谷中，平原居民则居住在高地上以避洪水。黄土高原易于防守，并且是对外扩张的基地。大平原则很容易被侵入，也不是良好的对外发展的根据地。黄土高原的农业生产力较差，但却是饲养牲畜的好地方。平原的生产力要高很多，但不利于牲畜的饲养，尤其是在黄河下游的沼泽排干之前，是很难饲养牲畜的。黄土高原有向蒙新草原移民的趋势；大平原有向东北地带迁徙的趋势。

　　平原和高原的居民互相影响。黄土高原的居民有两大群体：一个是集中于汾河河谷并发展到河南的夏；另一个是陕西三大河流，上游都达到甘肃的渭水、泾水和洛河谷底的周。

　　平原则聚集着两大群体：居住在河南北部及河北的商；散居在山东、河南东部、江苏北部以及东北南部的夷。商族控制着黄河下游平原的北部，夷则从这个平原的南部伸展到淮河流域，并通过短近易行的海程，与东北南部及沿海保持原始的交流。商人和夷人不但土地接壤，并且时代相同。但在黄土地区，夏和周之间有一段时间上的空缺。

　　根据傅斯年的观点，我们可以得出这样的结论：这些民族的交替兴起形成了早期华夏文明。夏统治下的第一黄土高原时期，这个时期有夏和夷的战争；商统治下的平原时期，商人利用夷人的人力和经济资源加强了自己的力量；周人统治下的是第二个黄土高原时期。

公元前 770—前 769 年，周人把都城从黄土高原的陕西迁到大平原上，从此，周朝的统治开始衰微。从楚国崛起于南方，尤其是公元前 546 年弭兵之会后，东周"政霸"体制最终确立，形成了"弱联邦"式的政治治理结构。整个华夏由楚、晋、齐、秦共同治理，中国进入了第一循环期南北对峙的局面，这个转变的中枢是长江流域的楚国，加剧这种对峙的是西部的势力秦国。

综上所述，无论是前期的东西对立，还是从东周开始的南北对峙，以农耕为主的华夏文明在这两次对峙中逐渐形成。秦末，反抗的势力主要集中在淮河及长江流域，利用这些反抗势力，公元前 206 年西汉建立起来。这个帝国立刻建都于黄土高原，同时又完成了对长江流域的征服，确立了帝国的统一与北方的优势。东汉帝国的建立更加强化了北方的优势。但是这种优势从孙氏称霸江东开始逐渐被打破。

正当农耕文明在蓬勃发展的时候，蒙新草原、海藏高原、东北地带、云贵高原正在崛起新的力量。尤其是蒙新、海藏的少数民族，成为游牧文明的主体，与华夏文明进行着全方位的博弈。

如果说东周时代是农耕和游牧文明交互的形成期，那么两汉至魏晋便是这两大文明的博弈期。从西汉开始，游牧民族深入中国内地，汉族也更远地深入游牧民族的腹地。双方的势力在边疆地带此消彼长，任何一方都很难彻底征服另一方。尤其是这些游牧民族，被驱赶到游牧生活的根本地带，压缩成较小却更有力量的核心团体，占据着最容易抗拒汉族势力的土地，这些都给华夏帝国的统治造成了极大的困扰。

到了东汉末年，整个帝国内忧外患，尤其是西面的游牧民族，成为威胁帝国安全的隐患，尤其是凉州的羌人，幽州和并州边境的乌桓，以及鲜卑贵族。

羌 ┤
　中国西部边地的原始藏地部落

　与匈奴帝国关联很少

鲜卑 ┤
　受到匈奴帝国统治、位于东北地区的早期东胡部落

　在匈奴的第二次内战中获得自主权

乌桓 ┤
　辽西草原的早期东胡部落，与鲜卑同脉

　受到匈奴与中原王朝的夹击

匈奴 ┤
　发源于鄂尔多斯地区

　将蒙古地区所有的游牧民族统一为单一帝国（公元前 210—公元 48 年）

　之后将草原分为北部与南部（公元 48—155 年）

丁零 ┤
　生活在贝加尔湖地区的北部游牧民族

　被匈奴征服

东胡 ┤
　东北草原东部的游牧民族

　被匈奴吞并

乌孙 ┤
　在公元前 2 世纪从匈奴帝国分离出来

　在月支遗弃的地方建立起政权

月支 ┤
　阿尔泰地区的西部游牧民族

　被匈奴征服

　大月支向西迁徙至妫水流域

　小月支向西南迁徙至藏边地区

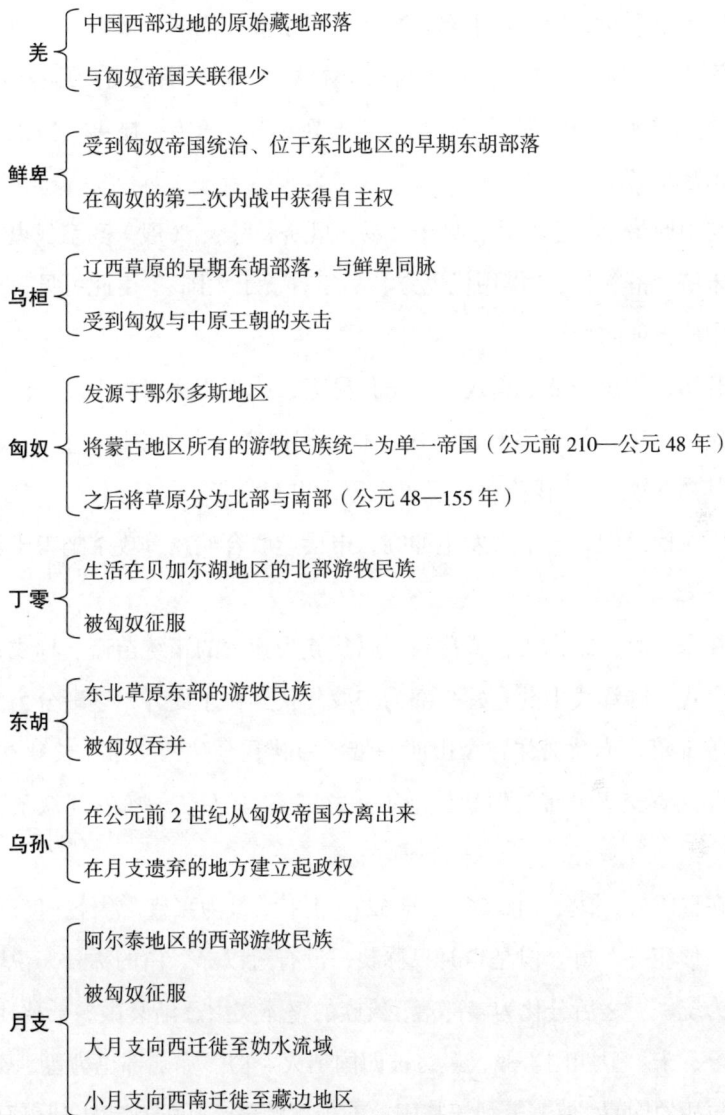

图 3-1　北方少数民族主要部落

说不清的关系：汉王朝与匈奴帝国

匈奴在两周时代居住的范围，据王国维的《鬼方昆夷猃狁考》说："其族西自汧、陇，环中国而北，东及太行、常山间。"又说："中国之称之也，随世异名，

因地殊号，至于后世，或且以丑名加之。其见于商、周间，曰鬼方，曰昆夷、熏鬻；其在宗周（西周）之季，则曰猃狁；入春秋后，则始谓之戎，继号曰狄；战国以后，又称之曰胡，曰匈奴。"钱穆说："王静安考证鬼方、昆夷、猃狁三者同为狄族，见识甚卓。"

匈奴与中原最早发生联系，见于《易·既济爻辞》："（殷）高宗伐鬼方，三年克之。"《未济爻辞》曰："震用伐鬼方，三年有赏于大国。"由此可见，鬼方在殷商时期是中原王朝的劲敌。

西周开始，周王季征伐鬼戎，文王伐昆夷，武王驱逐诸戎于泾、洛以北，西方暂时安定。后来西周王室衰微，戎、狄交相侵扰，暴虐中国。宣王兴师征伐，诗人赞美其功业说："薄伐猃狁，至于太原，出车彭彭，城彼朔方。"到了西周末期，幽王因宠信褒姒，与申侯发生冲突，申侯遂联合畎戎等攻杀幽王于骊山，西周灭亡。

匈奴在东周时代或称戎，或称狄，以狄族为猃狁的正统苗裔。称戎，是因为戎族中的犬戎、陆浑戎中的允姓一部为匈奴。狄族在东周开始逐渐分为赤狄、白狄、长狄等部落。赤狄居住在今山西一带，白狄在今陕西一带，长狄在今山东、河南、河北三省交界一带，但狄族绝不止这三支。《左传》曾有"众狄""群狄"的记载。

狄族在鲁闵公、僖公（前661—前627）时代，最为兴盛，曾经一度歼灭了邢、卫二国，并侵犯齐、鲁。但是当时只称狄，没有冠以赤、白的称号，说明当时狄族部落较为统一。之后分化为多部落，狄族的整体实力逐渐衰微。长狄在春秋时，曾与齐、鲁、宋、卫四国争战，最终被四国铲灭。白、赤二部也为晋、秦消灭。

匈奴与胡的称谓，最早开始于战国，秦、赵兴起后，开疆拓土，将邻近边塞的胡人，逐步征服或驱逐。至秦国开始修筑长城抵御胡人，中原王朝与匈奴的大规模战争才拉开序幕。秦末天下大乱，匈奴趁机渡过黄河向南拓展。到了冒顿单于统治时期，匈奴开始强盛起来，占据了漠南漠北广大土地，匈奴帝国形成。

西汉初年，匈奴与汉军对决，将汉高祖刘邦围困在平城，汉朝只得采取和亲的策略维持汉匈的势力平衡，但仍然不能免除匈奴的侵寇和军事威胁。武帝继位后，立志发愤，改和亲为讨伐，先收河南地，然后设立河西四郡。不久又启动外交策略，派张骞出使西域，联合西域诸国牵制匈奴。这时，乌桓、丁零、乌孙诸族趁机攻打匈奴，匈奴在汉王朝与西域诸国的合击下疲惫不堪。不久，匈奴帝国发生内乱，呼韩邪单于归降汉朝，郅支单于被汉王朝攻杀，匈奴分崩离析，向西汉俯首称臣。

需要说明一点，匈奴的统一开始于冒顿单于，战国时代的匈奴还处于散乱的部落时期。所以，当时中国虽然没有统一，但散居的匈奴没有成为中原的大患。秦始皇派蒙恬驱逐匈奴，收复了河南地（今河套），将六国的长城重新修治并加以扩展，自临洮直达辽东，来抵御匈奴，这是中原王朝与游牧民族长期战争的开始。

王莽篡汉后，匈奴趁机叛乱，脱离了汉王朝的管束。到了东汉初年，匈奴开始分为南北二部，南匈奴归降，被迁移到内地居住，北匈奴仍居住在漠北，与汉王朝为敌。东汉和帝时，大将军窦宪等连破北匈奴，出塞数千里，北匈奴被迫西迁，西入欧洲。南匈奴依然被安置在内地居住，逐渐汉化。

三国时，北方人口减少，（南）匈奴的气势渐渐可畏。曹操当国，又将匈奴分为五部，分而治之。到了西晋末年，内乱迭生，匈奴也趁机起事叛乱，西晋最后亡于这些基本汉化的内迁少数民族领主手里。冉闵篡后赵后，大肆诛杀胡羯，胡人元气大伤，逐渐被汉族同化。因此，从窦宪大破匈奴后，匈奴虽然时时叛乱，但实力却大不如前，没有力量撼动中原政权，不再是中原王朝的大患。

狡猾的敌人：鲜卑"帝国"对中原王朝

蒙新高原除了匈奴，还居住着另一支少数民族，那就是鲜卑和乌桓。

鲜卑、乌桓本为一族，在东周时代被称为山戎，后被称为东胡。鲜卑的名号最早见于《国语》，说鲜卑曾为周人守燎。鲜卑族居住在里海至西伯利亚一带及辽水流域，枝叶繁茂，活动空间广阔。乌桓，据《续汉书》"桓以山名，乌号为姓"可知，乌桓原本是鲜卑酋长的姓名，鲜卑是大称，乌桓是其中的小部。乌桓山，就是以山为种族名。

秦汉时，东胡（即鲜卑）被匈奴攻破，残余部众便分为鲜卑、乌桓。汉迁乌桓于五郡塞外，让他们监控和制衡匈奴。东汉后匈奴衰落，乌桓与汉军夹击匈奴，于是漠南出现了暂时的权力真空。随后，乌桓逐渐迁徙到塞内，成为东汉王朝新的威胁。曹操当国时，大破乌桓于柳城（今内蒙古东），然后将乌桓部属迁徙到了内地，乌桓逐渐被汉化。

鲜卑在乌桓以北，初期依附匈奴，仰仗匈奴的兵威侵扰汉地，后来逐渐归化，反过来与汉军联合夹击匈奴，但仍然时不时侵扰汉地。北匈奴西迁后，鲜卑便迁居到了匈奴的地盘。汉桓帝时，首领檀石槐，统一鲜卑诸部，鲜卑开始强盛。檀石槐死后不久，鲜卑内乱，势力衰微。三国时首领轲比能，奋发图强，鲜卑开始恢复元气，但轲比能被魏人刺杀，其势力又开始衰落。因此，三国以前，鲜卑内部极不稳定，所以对中原王朝的威胁不大。同时，对于鲜卑来说，劫掠才是他们对中原战略的核心，他们很少侵占汉地，以免增加管理成本，这与匈奴有着明显的差异。

匈奴没落后，鲜卑开始崛起，势力范围极广，从今内蒙古西部至辽东一带，逐渐形成了鲜卑帝国。鲜卑成为第一个统治北方的游牧民族。其发展如下：

慕容氏占据今辽宁、内蒙古以东一带；内蒙古以西，为拓跋氏所占据。这是鲜卑最为强大的两大部落。

十六国中，前后燕，是慕容氏所建；北朝的元魏（北魏），是拓跋氏所建。秃发氏，建立了南凉；乞伏氏，建立了西秦；慕容氏的支庶在今青海建立了吐谷浑。

南北朝时，宇文氏建立了北周；北齐高氏虽为汉族，但已经鲜卑化。

以上鲜卑诸部族到了隋、唐后，基本被汉化。唯有吐谷浑至唐中世时，被吐蕃攻灭。

不安分的邻居：羌人与中原王朝的战争

青藏高原上居住着羌人和藏人，对中原威胁最大的是羌人。

羌人在古籍中，或称羌，或称氐羌。《逸周书·王会解》说："氐羌以鸾鸟。"

孔晁《注》解释说："氐地羌，羌不同，故谓之氐羌。今谓之氐矣。"即汉代时的氐，就是古时候的氐羌。

根据章太炎的考证，认为"羌族姜姓"，"羌"即是"姜"，西周时代，他们生活区域在陇、蜀之间，也就是今天的甘肃与四川一带。氐人也是羌人的一支。到了东周时代，有所谓"九州之戎"，其中一支就是姜戎，姜戎即羌。齐、许、申、吕等国也是姜姓，即是羌族中进化比较早的一支，称为华羌。

《国语·周语》说："共（工）之从孙四岳佐之……命以侯伯，赐姓曰姜，氏曰有吕……申、吕虽衰，齐、许犹在。"可见，四岳是共工的从孙，因为辅佐大禹治水，被赐予姓氏，姜为姓，吕为氏。申、吕、齐、许都是其后代，被称为四岳。到了西周时代，周王按四岳的故地封其为列国。姜戎虽然没有完全华（华夏）化，与齐、许等国的文化有明显差异，但因为都是四岳的苗裔，又具有天然的联系。所以说，申、吕、齐、许从西周开始逐步东迁，并且不断华化，成为羌族中先进的一支；姜戎，则是停留在戎族原始状态中的一支。由于两支羌人融入中国的时间不同，才有了华、戎的分别。

羌人自汉以后分为西北、西南、海藏三大支系，其他的余支则散居于域外。而西北羌成为中国最大的隐患。羌人散居在陕、甘、青海一带，有塞内与塞外之分，其中西北羌居住在塞内，史书所称先零、烧当、东羌，都属西北诸羌种。

汉武帝时征伐四夷，北逐匈奴，西攻诸羌，为了隔绝羌人和胡人（匈奴）对边境的侵扰，西汉政府开河西，从武帝元鼎六年（前111）到宣帝元康四年（前62）设置了酒泉、张掖、敦煌、武威四郡，打通了玉门关，建立起战略缓冲带，形成了对羌人和胡人的战略优势。到了汉宣帝元康三年（前63），先零羌与诸羌会盟，要攻打边境，赵充国率兵阻击，大破诸羌。王莽时，天下大乱，羌人趁机侵扰边境，东汉初年被征服，羌人大部被迁徙到塞内。东汉末年，羌人趁乱反叛朝廷，蹂躏边塞，虽然被汉军平息，然而羌人的叛乱却成为东汉灭亡的原因之一。

羌人实力最强、文化最先进的是西北羌。而东汉争霸局面的开启者董卓，就是靠着平定羌人叛乱起家的，在平乱中逐渐建立起自己的私人武装——凉州军，而成为东汉末期第一个割据势力。

抵御边寇：两汉的边塞与防御系统

两汉是中原王朝和游牧民族开始全面对峙的时代，边境冲突不断，斗争异常复杂。那么汉帝国是如何防御敌患的呢？从出土的《居延汉简甲乙编》《汉书·百官公卿表》，以及孙星衍的《汉官六种》等文献中，我们可以了解汉代居延边塞的防御组织。东汉承西汉的制度，边塞防御设置大致与西汉同。

汉代北边诸郡，由于地理上、军事上和经济上的关系，和内郡在组织上稍有不同。两汉时代，北边常与匈奴、羌胡和其他北方游牧民族接触，郡守在防御武备方面有着特别重大的任务；而在边郡，一方面是人口较稀少，一方面是民族较复杂。同时，屯田和转输是直接和武备相联系的。因此边塞的郡守除了直辖诸县的民政事务外，还要管辖两个或两个以上的部都尉，可以说位高权重，统领军政。为了控制郡守的权力，中央在其境内还设立了同时受制于大司农、典属国的农都尉和属国都尉。一为辅佐郡守戍边，一为分割和节制郡守的权力。可以说，边郡比内郡的组织结构更加复杂。

边郡太守和内郡太守一样，有一套治事的官僚组织，即阁下和诸曹，另外还有仓库。太守所属的部都尉，是太守下专门负责军事的武职官员，集参谋、后勤、城防、管理武器装备和指挥战争于一体，位高权重不亚于太守。由于边郡武事重要，部都尉也能开府治事，还有一套类似于太守府的官僚组织，即阁下和诸曹，只是比太守府略小而已。部都尉除了统领官僚系统外，还有一套候望系统（包含候、塞、部、隧），屯兵系统（城尉、千人、司马），屯田系统（田官），军需系统（仓、库），交通系统（关、驿、邮亭、置、传、厩等）。这几套系统也有可能属于郡守管理。其中以候望、屯兵和屯田系统最为重要，是边塞防御组织的关键和核心。

郡的首长称郡守或太守，下属有丞治民，在边郡又有长史掌兵马。《汉书·百官公卿表》说："郡守，秦官，掌治其郡，秩二千石。有丞；边郡又有长史，掌兵马；秩皆六百石。景帝中二年（前148）更名太守。"

表 3-1　两汉太守府和都尉府的内部设置

	太守府	都尉府
官员	太守、丞、长史、郡司马	都尉、丞、候、千人、司马
阁下	掾、卒史、属、书佐……	掾、卒史、属、书佐……
诸曹	主簿、功曹……	主簿、功曹……
仓库	仓、郡库	居延仓、肩水仓
所属	部、郡都尉 农都尉（属大司农） 属国都尉（属典属国） 县	候、塞尉、城尉 部候长 隧长 其他

两府属吏（阁下和诸曹）在汉简上有时不易分辨，但其直系防御组织，即太守—都尉—候—部候长—隧长的等级序列则是很清楚的。

因此，边郡太守兼理本郡的屯兵，所以常在太守名衔上加称"将屯"或"将军"，其所属长史专注兵马事宜。史籍记载边郡被侵扰时，太守往往与都尉一同领兵迎击。在其境内的属国、农都尉，虽然在系统上属于中央典属国与大司农，但也要受所在郡的节制。至于部、郡、都尉，则直接属于郡太守管理。

部都尉兼主屯兵、屯田的工作，所以常在其名衔上加称"将兵护屯田"。张掖郡有两个部都尉，各守塞四五百里；各百里塞设置候官一名；由候官和塞尉（候的下属）管辖若干部；部有候长、候史，下辖若干隧；隧有隧长，统领若干卒。

因此，都尉下虽然为候—部—隧三级，而候和部之间实际上以塞尉为中介，塞和部之间又以驻部的士吏为其联系。百里之塞，以居延汉简中比较大甲渠候官为例，约有二十部，八十隧，则此候官所辖吏员约百人，卒员约三百人。其他候官统辖的人员，可能比甲渠要小。

都尉所驻守的城池设城尉，也称城官，有城仓。都尉管辖的城官、千人官和司马官，均与候官并列或稍低，千人、司马官可能为屯兵官，另外又有田官为屯田官。

按照规定，边郡官吏，二百石以上由中央任命，出现空缺时由都尉系统（候官、城尉、千人、司马）官吏兼任；二百石以下由都尉自行任命和调补。

太守—丞、长史

（1）太守府 ——┬—— 阁下

　　　　　　　└—— 诸曹

（2）部都尉：居延都尉、肩水都尉 ——┬—— 阁下

　　　　　　　　　　　　　　　　　　└—— 诸曹

（3）郡都尉：张掖都尉——（丞）、司马

（4）属国都尉——丞、司马、千长、百长

（5）农都尉

（6）仓／库

（7）县

图 3-2　张掖太守系属简图

都尉—丞相

（1）候望系统：候 ——————— 候长（部）——————— 隧长

　　　　　　　丞、掾　　　　　　候史　　　　　　隧史、助吏、

　　　　　　　令史、士吏　　　　　　　　　　　吏、伍佰

　　　　　　　尉史、候文书

　　　　　　　塞尉：丞、从史、尉史、士吏

（2）屯兵系统：城尉——司马

　　　　　　　城尉千人／骑千人——丞、令史

　　　　　　　司马／骑司马／假司马

　　　　　　　　↓

　　　　　　　丞、令史

（3）屯田系统：田官

（4）军需系统：仓／库

（5）交通系统：驿／置／关……

图 3-3　张掖部都尉系属简图

第四章

党争：一场没有硝烟的战争

"清流派"的形成

汉末豪族、名士集团与宦官集团斗争的直接后果，就是党锢事件的爆发。但这并非单纯的党派之争，而是对于当时掌握政治权力的宦官势力所导致的政治混乱和腐败，那些清流派大姓名士和太学生等知识阶层在全国舆论的支持下进行的一场政治改造运动。

王莽政权灭亡了，在豪族势力的支持下，东汉王朝建立。因此豪族及其代表在东汉初年，享受了空前的尊宠和荣耀。还有一个重要现象，就是东汉时期知识分子地位的提升，这和东汉王朝开国将帅的出身大有关系。因为他们不但出身豪族，还具有相当的文化修养。尊养"三老""五更"，皇帝本人还以充当经学大师的门徒为荣。豪族、知识分子与皇权的蜜月、联姻，使各方都得到最大的利益，从而换来东汉前期的安定与繁荣。

赵翼在《廿二史劄记·东汉功臣多近儒》中说："西汉开国，功臣多出于亡命无赖，至东汉中兴，则诸将帅皆有儒者气象，亦一时风会不同也。光武（刘秀）少时往长安，受尚书，通大义。及为帝，每朝能数引公卿郎将讲论经理。故樊准谓帝（光武帝）虽东征西战，犹投戈讲艺，息马论道。是帝本好学问，非同汉高（刘邦）之儒冠置溺也。"

不仅光武本人善于儒学，东汉诸将也大都通儒好学。根据《后汉书》的记载，邓禹"年十三能诵诗，受业长安，时光武亦游学京师……（其后）天下既定，常欲远名埶，有子十三人，使各守一埶，修整闺门，教养子孙，皆可为后世法"；寇恂"素好学，乃修乡校，教生徒，聘能为《左氏春秋》者，亲受学焉"；冯异"好读书，通《左氏春秋》《孙子兵法》"；贾复"少好学，习《尚书》，事舞阴李生……后知帝欲偃干戈，修文德，不欲功臣拥众京师，乃与高密侯邓禹去甲兵，敦儒学"；

耿弇"父（耿）况，字侠游，以明经为郎，学老子于安丘先生，后为朔调连率。弇少好学，习父业"；李忠"独以好礼修整称……（后）迁丹杨太守……起学校，习礼容，春秋乡饮，选用明经，郡中向慕之"；朱祐"初学长安，帝往候之，祐不时相劳苦，而先升讲舍"；郭凉"虽武将，然通经书，多智略"。其他人，如王霸、耿纯、刘隆、景丹，皆少时游学长安。

可见，东汉的开国皇帝及其将帅，大都"习儒术"，从而形成了尊重儒生，崇尚知识的风气。"太学"的兴盛就是这种风尚的直接反映。

《资治通鉴》卷五十三说："后汉质帝本初元年（146）夏四月，庚辰，令郡、国举明经诣太学，自大将军以下皆遣子受业；岁满课试，拜官有差……自是游学增盛，至三万余生。"胡三省注说："此邓太后临朝之故智，梁后踵而行之，亦干名蹈利之徒。"鼓励太学，是外戚集团打击宦官势力的一种策略，但客观上却促进了太学的壮大，这些太学生后来成为反宦官势力的急先锋。

据《后汉书·仇香传》和《海内先贤传》记载，当时的名士仇香进入太学讲学，与同郡且已享有盛名的符融成为邻居。符融家里常常宾客盈门，还有当时的大名士郭泰家里，同样如此。由此可知，当时的太学是英雄四集、志士结交之地。太学生们"曳长裾、飞名誉"，比起研讨经学，相互游谈之风似乎更盛。为了能被政府辟召，必须先提高自己的名声；同时，通过交结和游谈，显露自己的才华。于是，太学成为这些人走向仕途的一条捷径。

太学生们常常聚集在名士周围，议论时政。当时太学的名士符融、郭泰等，都是大官僚首领李膺的门徒。《后汉书·党锢列传》说："是时，朝庭日乱，纲纪颓弛，膺独持风裁，以声名自高。士有被其容接者，名为登龙门。"这说明，李膺不仅是大姓名士，还是德高望重的大官僚，海内共重，是当时欲求仕途的人们向往交结的人物。但是，太学生想要直接跟李膺交结，是不太现实的。于是，他们转而先跟李膺的门徒交结，在他们那里高谈政治观点，批判当时的政局，以显示自己的才能，就是胡三省说的"干名蹈利之徒"。

太学生之间交结、游谈，形成一种风潮。所游谈的内容有人物评品、政治批判，"清谈由此出"。他们为了扩大影响力，相互标榜，选天下英才三十五人，为他们分等定级。所谓"三君、八俊、八顾、八级、八厨"，即由此而来。比如郭泰被推举为"八顾"之首，所谓"顾"，是指能以德服人者。而且，这三十五人，都是当时的大姓名士。

显然，这种根据人物本身的价值标准进行推荐的做法，与政府的官员任命大不相同。实际上，这是变相批判时政，与宦官势力相对抗的一种方式。久而久之，这些人形成了一个朋党，核心是大姓名士，外围成员就是人数众多的太学生，"清流派"集团逐渐形成了。

"浊流派"势力的壮大

所谓的浊流派，是指宦官集团，也包括广义上的外戚势力。宦官控制政权，首先是东汉帝室外戚长期垄断政权导致的。事实上，外戚的横暴及其对政权的垄断，早在建国之初已显露端倪了。

《后汉书·蔡茂传》记载光武帝皇后阴氏的宾客依仗权势在广汉郡（今四川）横行不法，郡守蔡茂上奏弹劾说："顷者贵戚椒房之家，数因恩势，干犯吏禁，杀人不死，伤人不论。"由于东汉帝室和开国功臣多出身豪族，皇后也常常出自这样的贵戚之家。因此，东汉政权，从一开始就被一部分豪族用来追求私人利益、贯彻私人支配的倾向。

但在汉章帝之前的三代（即光武、明帝、章帝）里，由于皇权的强大，从而自发地抑制了这种倾向的扩张。但是从汉和帝开始，相继由幼主即位，皇太后摄政成为惯例，外戚为了私人利益，滥用权力的状况日趋严重。

公元 88 年，章帝死，和帝即位，由于皇帝年幼，皇后窦氏以太后身份摄政，其家族占据了公卿大臣许多重要职位。《后汉书·袁安传》记载太后兄："（窦）宪、（窦）景等日益横，尽树其亲党宾客于名都大郡，皆赋敛吏人，更相赂遗……其余州郡，亦复望风从之。"像这样由一部分外戚垄断政权，继窦氏之后还有邓氏、阎氏。而接连拥立冲帝、质帝、桓帝三代幼主的外戚梁冀，从公元 140 年至 150 年，一直控制政权，使外戚专政的弊端达到了顶峰。

前面提到，外戚的这种动向，是西汉已经显露苗头的内朝对外朝的优势，在进入东汉后，以更加露骨的形式表现出来。这种局面的直接后果，就是不满外戚垄断政权的皇帝，依靠亲近的宦官，诛杀外戚，从而夺回权力。窦氏，就是宦官郑众设计诛灭的。邓氏以下，也都被宦官势力打倒。不可一世的梁冀，也是死于单超等宦官之手。这样，内朝的权力格局发生了变化，在皇帝利用宦官将权力从外戚手中夺回时，权力无形中又转移到宦官手中去了。宦官势力由此逐渐强大起来，梁冀被杀后，形成了"国命委于阉寺"的局面。

宦官为了巩固和扩充权力，将其亲朋或买来的奴隶认作养子，任命为州郡长官，造成宦官势力向地方政府的蔓延。《后汉书·宦者列传·单超传》记载这些人在各地巧取豪夺，几乎与盗贼没有分别了。

宦官虽然可以通过收领养子拓展家族势力，但他们并非属于"豪族"范畴。不过在为了私人统治利用权力方面，他们与可放入"豪族"范畴内的外戚并无区别。《后汉书·仲长统传》说："权移外戚之家，宠被近习（宦官）之竖，亲其党类，用其私人，内充京师，外布列郡，颠倒贤愚，贸易选举，疲驽守境，贪残牧民，挠扰百姓，忿怒四夷，招致乖叛，乱离斯瘼。"这种状况是宦官和外戚共同的"政治荒谬"造成的。

外戚也好，宦官也好，都是为了在外朝和地方官僚机构中扶植各自的势力，向外朝和各地官僚施加压力，请托选举，将自己的家族以及依附他们的地方豪族子弟送进官府。最终，这种行为使官员选举变得腐败，从而引起了激于乡党舆论的清议，"清流派"势力渐成。

清议是为了反抗宦官势力在人物选荐中的混乱，知识阶层以人物评品的形式发起的一种舆论。它是按儒家的价值标准建立起一种公共舆论的选官方式，相对于宦官势力以私利请托的行为，显然要进步许多，它也是"清流派"势力建立的基础，以及反抗宦官的工具。

外戚和宦官虽然在内朝斗得你死我活，但就其在整个国家与社会中所起的作用来说，二者是没有差别的。因而有理由把他们都包括在与"清流派"势力相对的"浊流派"势力之中，只是由于汉末外戚势力的衰落，从而使宦官成为"浊流派"势力的核心。

这里要说明一点，即豪族与"浊流派"势力的合作。宦官、外戚势力无视乡党，破坏乡村社会的舆论，从而败坏了选举，而作为中间媒介的人物，就是那些与其勾结的地方豪族。这些地方豪族虽说有领主化的倾向，但当时，还没有强大到单靠自身的力量就能推动这种倾向的程度。因而有必要交结上层权贵作为靠山。而能够成为其靠山的势力，再也没有比惯用"相互贿赂"、扩张利权的外戚与宦官更好的对象了。

地方豪族勾结利用外戚、宦官等"浊流派"势力来推进领主化倾向，因而，外戚和宦官虽然在内朝经常处于敌对关系，但从利益相关性方面来看，都站在了豪族领主化路线一边。这说明，豪族集团是自我矛盾的，一方面他们与"清流派"势力一样，是反对宦官、外戚的，另一方面，为了力图推动领主化的倾向，他们又被动地与"浊流派"势力勾结。最终导致豪族集团在党锢之祸中态度上的暧昧，他们没有直接投身于这场政治变革之中，而只是充当了摇旗呐喊的角色。

但豪族集团与"浊流派"势力的合作只能是暂时的，因为在根本上，双方具有不同的价值观和群体属性。党锢之祸后，外戚、宦官集团又将矛头指向了豪族集团，直接引发了豪族与（大姓）名士之间的合作，而且双方的关系愈加密切，因为两者具有相同的群体属性。

预演："清流派"反对宦官、外戚的斗争

皇权越是疏远名士和知识分子，信任宦官、外戚，双方的矛盾就会愈加激烈和深化，这样看，"清流派"与宦官、外戚的矛盾，本质上是皇权与名士集团的矛盾。从而造成以大姓名士为核心的"清流派"势力，利用经学对皇权进行批评，从而拉启了清、浊两派斗争的序幕。

两汉经学的传统和信条是"公天下"、"让贤"、"禅让"和"汤武革命，顺乎天而应乎人"。在经学家看来，皇帝个人只不过是"天革靡常"的工具而已。一旦皇帝脱离了经学的信条，违背了社会整体利益，就可以下台了。

《汉书·盖宽饶传》记载西汉宣帝时，盖宽饶上书说："五帝官天下，三王家

天下，家以传子，官以传贤，若四时之运，功成者去，不得其人则不居其位。"盖宽饶的要求，触动了皇权的大忌，以致被迫自杀，这个事件才平息下去。不过盖宽饶虽自杀，但他敢于这样肆无忌惮地提出让权要求，反映了已经强大起来的豪族知识分子势力的崛起。宣帝过分依赖刑律法制和宦官，这才引起了士大夫官僚的不满。

西汉元成之交，政治黑暗腐败，社会矛盾激化，西汉王朝面临着空前的危机。《汉书·谷永传》记载元延元年（前 12），谷永向成帝上书，再次警告说："臣闻天生蒸民，不能相治，为立王者以统理之，方制海内非为天子，列土封疆非为诸侯，皆以为民也。垂三统，列三正，去无道，开有德，不私一姓，明天下乃天下之天下，非一人之天下也。"如果皇帝失德，恣意妄为，"终不改寤，恶洽变备，不复谴告，更命有德"。谷永的话说得更暴露，直接点出了"（天下）非一人之天下"，一旦皇帝无德，可以立刻更换。

西汉成帝时，甘忠可甚至伪造《天宫历》和《包元太平经》，宣称："汉家逢天地之大终，当更受命。"这是直接向皇权施加政治压力，目的是要求把政权从外戚手里夺过来，变成士大夫和整个豪族地主的公利品。

这些都反映出西汉时期，经学力量的增强和知识分子阶层地位的提高。到了东汉，这种趋势愈加明显。

东汉和帝以后，随着皇权对外戚和宦官的日益依赖，大姓名士凭借经学对皇权的批评，以及对外戚、宦官势力的斗争越来越激烈了。《后汉书·丁鸿传》记载和帝时，外戚窦宪专权，司徒丁鸿上疏说："今大将军（窦宪）虽欲救身自约，不敢僭差，然而天下远近皆惶怖承旨，刺史二千石初除谒辞，求通待报，虽奉符玺，受台敕，不敢便去，久者至数十日。背王室，向私门，此乃上威损，下权盛也。"这是当时的大姓名士，兼大官僚的丁鸿对外戚专权的公开指责。

《后汉书·杨震传》记载安帝时，宦官樊丰及侍中周广、谢恽擅权，作为大姓名士的太尉杨震上疏说："地者阴精，当安静承阳，而今动摇者，阴道盛也。其日戊辰，三者皆土，位在中宫，此中臣近官盛于持权用事之象也。"杨震将宦官比作阴，指出阴盛则阳衰，实质上是说，宦官权力过大必然威胁皇权，造成天下大乱。

《后汉书·左雄传》记载顺帝封乳母宋娥为山阳君，外戚梁冀为襄邑侯，名士左雄上疏皇帝，假托地震天灾，警示皇帝不能任人唯亲，指出"王者可私人以财，不可以官"。

到了顺帝阳嘉二年（133），名士李固、黄琼、杜乔反对宦官、外戚的斗争，显得更加典型与激烈。《后汉书·李杜列传》记载李固向顺帝上书说："今梁氏戚为椒房，礼所不臣，尊以高爵，尚可然也。而子弟群从，荣显兼家，永平建初故事，殆不如此。宜今步兵校尉（梁）冀及诸侍中还居黄门之官，使权去外戚，政归国家，岂不休乎！"接着开始指责宦官："而中常侍在日月之侧，声势振天下，子弟禄仕，曾（增）无限极。虽外托谦默，不干州郡，而谄伪之徒，望风进举。今可为设常禁，同之中臣。"

这次李固的上书，不再单指某人，而是直接指向外戚和宦官集团，要求皇帝"去外戚"，"罢退宦官，去其权重"，这样，才能"论者厌塞，升平可致也"。杜乔的言论比李固更为尖刻，上书说："今梁氏一门，官者微孽，并带无功之绶，裂劳臣之土，其为乖滥，胡可胜言！夫有功不赏，为善失其望；奸回不诘（处罚），为恶肆其凶。"

从和帝开始，一直到桓帝初年，名士借助经学，通过与皇权及其支持者外戚、宦官的斗争，力量不断壮大，终于发展成"清流派"势力。

桓帝初年，宦官在皇帝的支持下，诛杀了梁冀，至此，外戚势力衰落，宦官势力壮大，"清流派"的政敌直接变成了宦官集团。宦官侯览专权，杨秉上书尖锐指出宦官："而今猥受过宠，执政操权。"这说明，"清流派"与宦官的矛盾已经到了势同水火的地步。其根本原因是，宦官和外戚垄断了仕途，侵占了名士集团的政治权力。这是名士及其依附的知识分子（主要是太学生）所不能容忍的。

同传记载杨震上疏说："周广、谢恽（侍中）兄弟，与国无肺腑枝叶之属，依倚近倖奸佞之人，与樊丰、王永分威共权，属托州郡，倾动大臣。"说明，宦官集团掌握了选举权，可以随意任免大臣。自然，宦官所免去的，都是"清流派"的人物。

杨秉也指出："内外吏职，多非其人，自顷所征，皆特拜不试……旧典，中臣（宦官）子弟不得居位秉势，而今枝叶宾客布列职署，或年少庸人，典据守宰，上下忿患，四方愁毒。"

针对宦官、外戚垄断仕途的情况，左雄提出了整改意见。《后汉书·左雄传》说："乡部亲民之吏，皆用儒生清白任从政者，宽其负筹，增其秩禄，吏职满岁，宰府州郡乃得辟举"，又请求"征海内名儒为博士，使公卿子弟为诸生"。

《后汉书·李固传》中李固曾向顺帝谏言："（今）一日朝会，见诸侍中并皆年少，无一宿儒大人可顾问者，诚可叹息。宜征还厚等，以副群望。"李固极力推荐的周举、杜乔、杨伦、尹存、王恽、何临、房植，都是当时的名士。这印证了东汉末年清流派反对宦官、外戚的斗争，其本质是皇权与名士集团的矛盾。最终目的，就是左雄说的"皆用儒生清白任从政者"，从而夺取被"浊流派"势力控制的政治权力，进一步壮大名士集团的力量。

可见，"清流派"与宦官集团的矛盾已经到了不可调和的地步，双方的冲突只能以暴力解决了。

"党锢之祸"："清流派"与"浊流派"的殊死较量

汉顺帝永建六年，即公元 131 年，朝廷下诏修建太学。质帝本初元年（146）在梁太后与外戚梁冀的鼓励之下，太学生的人数达到三万余人。但对于外戚集团的专横，已经有太学生上书予以批判。到了桓帝延熹二年（159），外戚梁冀的专横招致桓帝的不满，宦官势力乘机起事，单超、左悺、徐璜、具瑗、唐衡在桓帝的授意下，将梁冀诛杀，外戚势力衰落。因这一功劳，宦官集团的代表人物被封为万户侯，其势力愈加强大。他们各自为了私利左右朝政，选举请托之风越来越盛，其家族、支派导致的选举混乱，愈演愈烈。

对于这种乱局，太学中的清议更加汹涌澎湃，针对宦官势力的政治批判，从儒教的价值标准出发以品评人物的形式，在"清流派"中更加盛行。同时，被打倒的外戚集团也不会甘心，他们也在积攒力量，以期东山再起。

汉桓帝延熹九年，即公元 166 年，窦后之父窦武作为外戚被特封为侯，窦武为了笼络"清流派"，据说将两宫赏赐的财物悉数散与太学生。此时窦氏不正是利用了在太学生中澎湃而起的批判宦官势力的舆论，在内朝与宦官势力的相互对抗中，以期达到身为外戚而强化自身地位的目的吗？当然，对于外戚集团与"清流派"势力的密切接触，宦官集团不会视而不见。双方斗争的最终结果是酿成了党锢之祸。

汉桓帝延熹九年，第一次"党锢之祸"爆发。《后汉书·党锢列传》详细叙述了这次事件的经过："时河内张成善说风角，推占当赦，遂教子杀人。李膺为河南尹，督促收捕，既而逢宥获免。膺愈怀愤疾，竟案杀之。（当初）初，（张）成以方伎交通宦官，帝亦颇诤其占。成弟子牢修因上书诬告膺等养太学游士，交结诸郡生徒，更加驱驰，共为部党，诽讪朝廷，疑乱风俗。于是天子震怒，班下郡国，逮捕党人，布告天下，使同忿疾，遂收执膺等。"

表面看，党锢事件的起因和借口，实在是微乎其微，不过是李膺杀了张成的儿子。但是由于张成的靠山是宦官和皇帝，他们对清流派的巨大势力和影响力早有戒心，因此，一旦有人发难，他们就会借机大举捕杀党人。"使者四出，相望于道"，以迅雷不及掩耳之势，毫不留情地向党人开刀。这是清、浊二派的第一次对决。

汉桓帝永康元年，即公元167年，桓帝死，窦后以太后身份临朝听政，与父亲窦武订立禁中之策，选外藩十二岁的解渎亭侯刘宏即位，是为汉灵帝，窦武以大将军之职掌握了政权。这是外戚们把持政权的惯用手段。窦武摄政后，立刻任命"清流派"官僚领袖陈蕃为太傅，企图利用清流势力，更加积极地打击宦官势力。

太学生们是否真的不知道自己被利用而对窦武大加称赞，立刻把窦武列为清议所标榜的"三君"之首，并赞美窦武"天下忠诚窦游平"，还在游谈和交会时奔走相告呢？可以看出，"清流派"对人物评论所依据的儒学标准，也不过是名目化和外在化的体现。外戚，本来并不具备德行和功绩，仅仅因为是太后娘家的缘故得到了显赫的地位。况且，窦武与太后共同订立禁中之策，窃取了立天子的权力，为了巩固自己的既得私利，故意迎立幼弱的外藩王侯子弟为君，目的就是要让天子成为傀儡，为己所用。

"清流派"把窦武作为清流派之首，到处奔走，参与对宦官势力的激烈批判，无异于火中取栗。他们在不知不觉中，将自己的清议置于宫中外戚与宦官斗争的泥沼之中，越陷越深而无法自拔，最终引火上身。

汉灵帝建宁二年，即公元169年，第二次党锢爆发。这次党争最为彻底，作为"清流派"的核心，"儒行仁义"的名士官僚遭到重创，他们的势力被排除在了官界之外。建宁三年（170），也就是第二次党锢开始的第二年，素来受到敬仰的陈蕃、李膺等人被杀。"浊流派"宦官势力完全掌握了权力机构，他们更加有恃无恐了。

汉灵帝光和元年，即公元178年，46岁的蔡邕直接向灵帝递交了一份反映宦官胡作非为的秘密文件，被宦官发觉后遭到报复，欲治其罪。此时的蔡邕处境艰难，不得不以"与陟姻家，岂敢申助私党"之语，极力为自己辩解。最终在被判大不敬、弃市之刑后，得到诏减死一等，流放朔方五原的后果。

《后汉书·崔烈传》说："公卿州郡下至黄绶各有差"，也就是以钱换官。说明，宦官控制的政府机构充满了铜臭，完全以财富程度为衡量标准，从而构筑自己的权力体系。

党锢事件是"清流派"与"浊流派"争取权力的殊死搏斗，以"浊流派"的胜利落下帷幕。但是，反宦官势力并没有就此消沉，为了争夺被宦官集团控制的政治权力，他们等待时机，准备反击。只是这次反宦官势力的主角已经由"清流派"名士，变成了豪族派势力，一场更为惨烈的政治斗争即将爆发！

II PART

新秩序：割据体制的形成

第五章

藩将：割据体制的早期形态

关西出将，关东出相：凉州的地缘特点

汉桓帝延熹二年（159），桓帝依靠宦官诛灭外戚大将军梁冀，正式掌握朝政大权。桓帝为了巩固权力，封中常侍单超等为县侯，至此，朝政大权再次由外戚集团转入宦官之手。宦官集团利用桓帝的宠幸，控制朝政，结党营私，卖官鬻爵，使得内政昏暗，朝局动荡。同时，东汉边境狼烟四起，尤其是西北的羌人，趁机纷纷反叛，搅扰边境。桓帝为了应对内忧外患，抵御羌胡，以六郡良家子弟充任羽林郎，跟随中郎将张奂讨伐汉阳的羌人叛乱。董卓便是这些被选拔的良家子弟中的一员，董卓依靠充任羽林郎和讨伐羌人的叛乱走向了历史舞台，拉开了群雄争霸的序幕。

董卓，字仲颖，陇西临洮人。《三国志·魏书·董卓传》注引《英雄记》说："卓父君雅，由微官为颍川纶氏尉。有三子：长子擢，字孟高，早卒；次即卓；卓弟旻，字叔颖。"董卓的父亲董君雅，担任过颍川郡的低级官吏纶氏县尉，就是掌握缉捕"盗贼"的武官。董君雅是武官，世居凉州，与羌胡杂处，必然长于骑射，董卓从小便在父亲的教授下操练骑射，练就了一身"胡服骑射"的本领，为充任羽林郎和今后的军事生涯打下了坚实的基础。

两汉时期的凉州，是一个极其特殊的地方。《后汉书·陈龟传》说："今西州边鄙，土地瘠埆，鞍马为居，射猎为业，男寡耕稼之利，女乏机杼之饶。守塞候望，悬命锋镝，闻急长驱，去不图反。"西州就是凉州。凉州地处边鄙，土地贫瘠，由于羌人常常骚扰边境，侵袭村落，那里的百姓大多无固定的居住场所。凉州百姓既要镇守要塞，也要保护家园，一旦听闻羌人来袭，便操刀执矛，抵御羌敌，出征时，便不打算能活着回来。因此，凉州人大多孔武有力，壮勇刚猛，从小练习骑射，熟悉兵事。

《后汉书·虞诩传》说："谚曰'关西出将，关东出相'。观其习兵壮勇，实过余州。今羌胡所以不敢入据三辅，为心腹之害者。以凉州在后故也。"《汉书·辛庆忌传》说："秦汉以来，山东出相，山西出将……何则？山西天水、陇西、安定、北地处势迫近羌胡，民俗修习战备，高上勇立鞍马骑射。"秦将白起、王翦，西汉的李广、甘延寿、赵充国、辛庆忌，皆山西人。

这里需要说明，秦、西汉时期称"山东""山西"；东汉贯指"关东""关西"，虽然称谓不同，但都以函谷关（崤山）为界。以东的地区，称"山东""关东"，就是河北、河南、山西、山东、徐州北中部、扬州北部一带；以西的地区，称"山西""关西"，就是陕西、青海、甘肃一带。东汉时期，西北的羌人常常寇掠边境，但始终不敢长驱直入进犯长安，就因为有凉州作为关中的屏障。

这样看来，在当时与羌胡长期的对峙中，加以"关西出将"的传统，形成了凉州地区特殊的地缘特点。凉州人大多孔武有力，壮勇刚猛，以"鞍马为居，射猎为业"，从小便练习骑射，熟悉兵事。那种在内地"男寡耕稼之利，女乏机杼之饶"的安乐生活，在凉州几乎很难想象。

当然，土地贫瘠的自然条件，是形成凉州特殊地缘特点的根本原因。凉州的地理位置，加上东汉末年的长期战乱，孕育出善于骑射、以鞍马为业的杰出人物。汉末名将张奂、段颎、皇甫规、皇甫嵩都是凉州籍将领，董卓更是其中的佼佼者，这也印证了"关西出将"不是虚言。

在东汉各州中，能与凉州比肩的恐怕只有并州和幽州了。两汉时期的并州、幽州虽然属于关东地区，但在秦汉，与凉州一样，边邻匈奴、西羌、乌桓、鲜卑等游牧民族，是抵御北方游牧民族侵扰的前沿阵地，经常处于备战状态。尤其是并州，是产生"勇武"之士的地方，当时被称为"并凉劲兵"，吕布、张辽、张杨，皆并州人。这也是董卓畏惧丁原，又与吕布结盟的根本原因。而"文武才力足恃"的公孙瓒就诞生于幽州。

凉州好男儿：关西游侠董仲颖

董卓长期生活在边疆，与羌胡杂处，而且被人们尤其是关东将领和士人，视为"羌胡之种"。这种可能性极大,据《后汉书·列女传》记载,董卓的母亲不是汉族。在这种边疆生活中,形成了董卓特殊的性格和才能。他少年时期便性格豁达,刚猛有谋,不仅颇有才智,而且富有侠义,崇尚文治武功。《三国志·魏书·董卓传》说:"卓膂力过人,双带两鞬,左右驰射",就是说董卓不仅膂力过人,而且骑射精湛,能够身负两弓,在骑马奔驰的时候,左右开弓射箭。又说道:"卓少好侠,尝游羌中,尽与诸豪帅相结。"《后汉书·董卓传》还有"(卓)以健侠知名……为羌胡所畏"两句。说明董卓常常游历于羌人聚集的地区,与羌人的许多部落首领相识并结为朋友。

上面两条史料刻画了董卓的青少年生活,说明他不仅"才武过人",而且善于交友,与同时代的袁绍、曹操一样,是一名游侠。看来东汉末年豪族子弟的游侠风气,不仅在关东,而且在"边鄙"之地的关西地区也很流行。

董卓不仅是一名游侠,而且以此闻名于凉州地区,在当地具有很高的知名度,并为羌胡所惧。这些都为他后期的军事生涯打下了基础。但这些经历又给董卓带来了负面影响,《三国志·魏书·董卓传》注引《献帝起居注》说:"(李)傕边鄙之人,习于夷风。"李傕是董卓手下的一员大将。根据前面的描述,凉州被当时的关东人看成是"边鄙之地",李傕是凉州北地郡人,是典型的"边鄙之人",这种称谓含有极大的轻蔑之意。至于轻蔑,就是因为他长期与蛮夷杂处,与内地的文化传统差异极大,格格不入,在关东人看来,属于文化层次很低的人。李傕是这样,他的同乡董卓自然也一样。

这样看,凉州被当时的关东豪族看作"边鄙"之地,凉州人,包括凉州籍将领,在关东人统治的朝廷很受歧视和排挤。张奂、段颎、皇甫规、皇甫嵩比董卓出仕早,却被关东人接受,这是因为他们很早便在关东活动,已经蜕变为关东豪族,而且他们的家世比董卓要显赫很多。正是董卓在凉州的经历,使他始终得不到关东豪族的青睐,从侧面也反映了关东集团与关西豪族的尖锐矛盾,成为后来"凉州集团"与关东集团长期对峙的重要原因,后面我们会有介绍。

不久,董卓返回家乡临洮从事农耕,其实是为了积累资本,静观时变,等待时机。《三国志·魏书·董卓传》说:"(卓)后归耕于野,而(羌人)豪帅有来从之者,卓与俱还,杀耕牛与相宴乐。诸豪帅感其意,归相敛,得杂畜千余头以赠卓。"从此，董卓在凉州，尤其在羌人中的名望更大了。

董卓有着豁达的性格，过人的才武，长远的见识，他以"侠气"让羌人敬服，以"才武"让羌人畏惧，通过恩威并施在羌人中赢得了威名，为今后镇守和经营凉州打下了坚实的基础，这些都是他"游侠"本色的体现。

《三国志·魏书·董卓传》注引《吴书》说："郡召卓为吏，使监领盗贼。（羌）胡尝出钞，凉州刺史成就辟卓为从事，使领兵骑讨捕，大破之，斩获千计。"这里的郡，当然是指董卓的家乡陇西郡。从担任郡吏，负责"剿贼"，到升任州吏，负责"讨寇"，都是武职，都是董卓才武的体现。他之所以被郡太守和州刺史欣赏，当然也是因为他的才武。这从侧面反映了武将占据历史舞台，群雄争霸的局面即将拉启。

董卓破胡守边有功，被朝廷升为州"兵马掾"，负责镇守边塞。担任"兵马掾"是董卓仕途的一次飞跃，与他今后的军事生涯关系密切。东汉州一级的兵马掾，有关史籍没有具体记载，我们只能从《东汉书》中散见的记载还原这一官职的原貌。

《东夷传》记载："（句骊）复与辽东鲜卑八千余人攻辽队，杀略吏人。（辽东太守）蔡讽等追击于新昌，战殁，功曹耿耗、兵曹掾龙端、兵马掾公孙酺以身（护）捍讽，俱没于陈（阵），死者百余人。"

《乌桓鲜卑传》说："延平元年，鲜卑复寇渔阳，（渔阳）太守张显率数百人出塞追之，兵马掾严授谏曰'前道险阻，贼势难量，宜且结营，先令骑侦视之'，显意甚锐，怒欲斩之。因复进兵，遇虏伏发（击），士卒悉走，唯（严）授力战，身被十创，手杀数人而死。"《刘茂传》对这场战役也有记载："延平中，鲜卑数百余骑寇渔阳，太守张显率吏士追出塞，遥望虏营烟火，急趣（攻）之。兵马掾严授虑有伏兵，苦谏之，不听。显促令进，（严）授不获己，前战，伏兵发，授身被十创，殁于阵。"

居延汉简记载，两汉为了抵御匈奴、羌胡和其他少数民族，在北方边郡建立了严密的防御组织。太守、丞、长史是边郡的重要官吏，其中丞治民，长史掌兵马。《汉书·百官公卿表》记载："郡守，秦官，掌治其郡，秩二千石。有丞；边郡又有长史，掌兵马，秩皆六百石。"东汉与西汉相同。长史是两汉时期边郡的重要武职，公孙瓒就担任过辽东属国的长史，负责幽州的边塞安全。

前三条记录所讲的战役，一个在辽东郡，另两个是同一战事，发生在渔阳郡，这两郡都隶属幽州刺史部，属于边郡。后一条记载了长史是专设在边郡的武职，可以推断出，兵马掾与长史的职责基本相同。这样看，"兵马掾"应该专设在少数民族聚集的边镇地区，任务是协助郡守进行战前和战时策划，并身临前线，与敌人交锋对阵，是边郡的重要的武职。州一级"兵马掾"的职责，应该与郡相同。

这是董卓在凉州担任的第一个具有实权的官职，他开始以武将的身份参与州一级的军事行动。在这个职位上，董卓的才能得到了施展，不但能巡视边塞，投身战斗，还能协助刺史参与军事策划。这是今后董卓统兵征战，破胡讨逆，成为军事统帅一次极为重要的军事锻炼，不仅展露了才能，积累了经验，更为重要的是增加了名望，迈出了走向权力顶峰的坚实一步。

董卓能担任州郡的官吏，不仅仅是他的才武在发挥作用，还有一点不能忽视，就是董卓的出身。因为按照东汉的惯例，刺史、太守、县令等地方长官，由朝廷任命，他们的属吏必须由当地人充任。而地方大姓豪族子弟享有优先任用的权力，即所谓的"衣冠子弟"。董氏世居凉州，父亲又是一郡的县尉，说明董氏应该属于当地的豪族，具有一定的政治地位，这为董卓的仕途打开了方便之门，而不久董卓被选为"羽林郎"，更说明了东汉时期出身的重要性。

凉州成为董卓起家的地方，也成为今后董卓控制东汉朝廷的重要根据地。董卓割据凉州，拉开了汉末群雄割据的序幕，而州郡就成了他们进行争霸战争的最重要资本，也能从侧面反映汉末乱世的地缘特点。

从凉州到洛阳：董卓的成功转型

汉桓帝末年，朝廷从凉、并二州征选良家子弟充任羽林郎，讨伐羌胡叛乱。《后汉书·董卓传》载："（卓）以六郡良家子为羽林郎，从中郎将张奂为军司马，共击汉阳叛羌，破之。""六郡良家子"是什么？因为与董卓的出身和今后的发展关系密切，而且也是两汉一种特殊的选官制度，有必要加以说明。

《汉书·地理志》记载："天水、陇西山多林木，民以板为室屋。及安定、北地、上郡、西河，皆迫近戎狄，修习战备，高上气力，以射猎为先……汉兴，六郡良家子选给羽林、期门，以材力为官，名将多出焉……故此数郡，民俗质木，不耻寇盗。"这段史料反映了汉帝国两个重要的社会状况。

其一，非常生动地描述了边郡的特点。从两汉的地方行政区划来说，天水、陇西、安定、北地四郡属于凉州，上郡、西河两郡属于并州。六郡虽然分属二州，但以自然条件、民风材力、区域功能、战略意义而论，六郡都属于边郡，是抵御北方游牧民族的前沿阵地。而且是护卫京师长安的战略缓冲带，战略功能非常重大。因此，这个区域的居民大多"修习战备，高上气力"，成为政府征兵的重要基地。西汉开始，朝廷就从"六郡良家子"中，选拔"期门""羽林"，即皇帝的卫士，来充实兵源，拱卫京师。民风彪悍，长于骑射只是选拔的条件之一。

其二，反映了汉代社会分层的特点。西汉晚期和东汉是豪族社会的形成期，而豪族的起源是帝国内的豪强豪族，在西汉是"强宗豪右"，在东汉是"大姓豪族"（世家豪族和地方大姓豪族）。而豪族又是构成帝国各级官僚的主要群体，"良家子"便是豪强豪族的子弟，出身"良家"就成为"出仕"的必要条件，无论是充任"羽林"，还是充任其他官吏。

《汉书·地理志》注引如淳的解释，即"医、商贾、百工不得豫也"，"不得豫"即不能出仕。《史记·李将军列传》索隐记载："如淳云'（良家子）非医、商贾、百工也'。"汉代将这三类人家认定为非"良家"，其子弟也不能作为"良家子"。这样，通过官方的设定，基本确立了中古中国（两汉至西晋）社会身份认同的方式，即豪强豪族与非豪族，良家子与非良家子。

这种身份认同方式在中世中国（东晋到隋唐）发生了三次演化：东晋的门阀豪族（以出身门第为标识），南北朝的权阀豪族（以掌握权力为标志），隋唐的望族（以郡望和郡氏族谱为符号）。虽然不同时期族群的边界发生了变化，但认同方式并没有发生质变，出身豪族依然是"出仕"的重要依据，拥有"为官"的优先权。这种认同方式一直持续到中唐，安史之乱和中晚唐的藩镇体系开始瓦解这种方式。

这样，我们就可以梳理出中古至中世中国的社会分层。

```
              ┌ 士族（精英阶层）：社会控制层 ┐
社会分层  ┤ 庶族（民众）：    被控制层   ├ 士族社会
              └ 贱民（次等民众）：被控制层   ┘
```

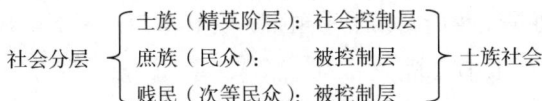

图 5-1　中古至中世中国社会分层简图

很显然，医、商贾、百工属于"庶民"，是不能染指精英阶层所构成的政府的。这样，"良家子"就成为两汉官吏的主要来源。前面提到，董氏是凉州的地方豪族，父亲又担任过县尉，董卓本人也担任过凉州的州郡吏，是标准的"良家子"，当然具备入选"期门""羽林"的条件。董卓由"边鄙之地"的凉州来到权力中枢的京师洛阳，而以"六郡良家子"充任"羽林郎"，又是成为名将的最好途径。根据钱文子《补汉兵志》考证，西汉时期的赵充国、甘延寿就是从"羽林"起家，成为一代名将。对董卓来说，这是他人生的一次重大转折。从此，董卓开始逐渐参与帝国的重要军事行动，不断晋升，并以此为基础逐渐建立起了一支精锐的凉州军团，又逐渐将这支军队私人化。凭借这支军事力量，董卓逐步控制了凉州地区，建立起"凉州集团"，一跃成为当时实力强大的藩将，成为他控制东汉政权的资本。

董卓的忘年交：朋友圈真的很重要

那么"凉州集团"是如何形成的呢？董卓的同乡张奂起到了关键作用。

前面说过，西汉时期，就形成了"关西出将，关东出相"的传统。由于当时的权力中心在关西长安，同时"士大夫"阶层正处在形成期，这时的西汉朝廷对关东人士不无轻蔑，关西出身的将领地位比较高。但到了西汉末期，尤其是东汉，定都洛阳，文化中心与权力中心最终重合，关东人成为整个帝国的实际控制者。虽然依然维持着"关西出将，关东出相"的传统，但关西将领只被当成"守边讨寇"的藩将，很难跻身关东人控制的权力中枢。但张奂却是东汉朝廷中为数不多的凉州籍高级将领。

《后汉书·张奂传》记载："张奂字然明，敦煌酒泉人也。父惇，为汉阳太守。奂少游三辅，师事太尉朱宠，学欧阳尚书。初，牟氏章句浮词繁多……奂减为九万言。后辟大将军梁冀府，乃上书桓帝，奏其章句，诏下东观。以疾去官，复举贤良，对策第一，擢拜议郎。"

这是张奂的早期经历，这条史料，充分反映了张奂能得到关东豪族青睐的原因。最重要的一点，就是他早年在京师居住，并且拜朱宠为师，朱宠不仅官居高位，而且是当时有名的经学大师。张奂师出名门，必然能被关东豪族接纳。而且他精研欧阳尚书，这就有了与崇尚"经学"的关东豪族交往与对话的基础。得到了关东豪族的青睐，进一步加速了张奂关东豪族化的进程。

另一个重要原因就是出身。张奂是敦煌郡人，父亲张惇又曾经出任汉阳太守，汉阳就是西汉时的天水郡，东汉顺帝时改名。敦煌、汉阳同属凉州，说明张氏是当地的豪族，父子两人在凉州具有较高的威望。张奂的出身，为他的仕途打开了方便之门。

通过这条史料，我们可以梳理出关东豪族的群体属性。

首先，游历京师，与关东豪族交往，获取人脉，形成群族效应。

其次，拜名师，潜心研习经学，并且要精通其中的一经，形成与关东豪族对话的文化语境。

再次，不一定是关东人，但出身必须是"良家子"，起码也是县一级的豪族，这是最基本的群体属性。

最后，出仕为官，以政权权力维系家族的社会地位。

这样看，关东豪族是东汉中晚期整个帝国的权力控制者。要想进入权力中枢必须要得到他们的认可。张奂符合这四个属性，可以说已经关东化，因此得到了关东豪族的接纳。董卓虽然符合后面两个条件，但缺乏前两个要素，因此始终被关东人斥责为"习于夷风"的"边鄙之人"。这种轻视最终引发了关东豪族与关西地方豪族之间的冲突。

《后汉书·张奂传》记载："（桓帝）永寿元年，迁安定属国都尉，初到职，而南匈奴……七千余人寇羌稷，东羌复举种应之。"张奂采取"招诱"的策略，先诱降了东羌，然后联合东羌共击南匈奴，连战连捷，大破南匈奴，安定了边塞。这是张奂与北方游牧民族的第一次较量，不仅旗开得胜，而且立威于羌人和匈奴，为他今后的军事生涯，扬威西北，打下了坚实的基础。

同传记载："（奂）迁匈奴中郎将。时休屠各及朔方乌桓并同反叛……乃潜诱乌桓阴与和通，遂使斩屠各渠帅，袭破其众。诸胡悉降。"中郎将是东汉的高级武官，说明张奂已经跻身帝国高级将领的行列。同书记载："（桓帝）延熹元年，鲜卑寇边，奂率南单于击之，斩首数百级。"

汉桓帝延熹二年（159），外戚大将军梁冀被诛，张奂因为早年是梁冀的故吏，也被牵连，被免官禁锢。《后汉书·张奂传》记载："（奂）在家四岁，复拜武威太守。平均徭赋……河西由是而全……举尤异，迁度辽将军，数载间，幽、并清静。"武威属凉州。张奂从延熹六年（163）至延熹九年（166），在边郡为官四年，使凉、幽、并三州边境的游牧民族不敢轻举妄动，也使朝廷和关东豪族更加倚重张奂，这时的张奂已经完全关东化，成为关东朝廷抵御北方游牧民族的重要将领之一。另两位是安定人皇甫规和武威人段颎，与张奂同为凉州籍将领，但两人主要的军事活动集中在凉州，对付羌人，而且在羌人中的威望和军事成就不及张奂。可以说，从东北部的幽州和并州，到西北的凉州，帝国北部边境的安全全靠张奂。

《后汉书·皇甫张段传》说："初，颎（纪明）与皇甫威明、张然明，并知名显达，京师称为'凉州三明'云。"同书赞曰："山西多猛，'三明俪踪'……纷纭腾突，谷静山空。"可以看出，"凉州三明"对东汉帝国北部边疆的稳定起到了中流砥柱的作用。

汉桓帝延熹九年（166），张奂被朝廷拜为大司农，成为东汉帝国最高决策层的成员。张奂离开边境，边塞烽烟又起。《后汉书·张奂传》记载："鲜卑闻奂去，其夏，遂招结南匈奴、乌桓数道入塞，或五六千骑，或三四千骑，寇掠缘边九郡，杀略百姓。秋，鲜卑复率八九千骑入塞，诱引东羌共盟诅。于是上郡沈氏、安定先零诸种共寇武威、张掖，缘边大被其毒。朝廷以为忧，复拜奂为护匈奴中郎将，以九卿秩督幽、并、凉三州及度辽、乌桓二营，兼察刺史、二千石能否，赏赐甚厚。匈奴、乌桓闻奂至，因相率还降，凡二十万口……唯鲜卑出塞去。"

边寇发动的夏季攻势主要是抢粮和打游食，波及面虽广，持久性却弱，属于试探性的扰攘，还构不成大患。而秋季攻势却是实质性的进犯，尤其是羌人的加盟，扩大了这次军事行动的规模，成为这次叛乱的中坚力量。上郡属并州，安定、武威、张掖同属凉州，游牧联军将这次的主攻方向定在了西北的凉州。

这是一次北方游牧民族有计划的联合军事行动，范围广，涉及三州；人数多，前后约二万人；危害程度大，尤其是边寇的秋季攻势，已经危及了帝国在西部的安全。前面我们提到，东汉时期，北匈奴再次被征服，被迫西迁；南匈奴被安置在内地居住，逐渐汉化。匈奴帝国被彻底瓦解，已经没有力量与东汉帝国抗衡，只有少量居住在边塞的南匈奴偶尔骚扰边郡，但没有力量组织大规模的军事行动，只能与其他游牧民族联合寇边。汉桓帝时，鲜卑内乱，逐渐衰微。后有首领轲比能，使鲜卑势力稍涨，但被魏人刺杀，又开始中衰。因为内部分裂，鲜卑没有力量单独与东汉帝国较量，与南匈奴一样，只有与其他游牧民族联合。所以汉末中原王朝的大患不是鲜卑和匈奴，而是北方的乌桓和西北的羌胡。这才造就了像张奂、段颎、董卓、公孙瓒这些名将，可以说羌人成就了董卓；乌桓成就了公孙瓒。

　　游牧民族联合大举进犯边郡，东汉朝廷自然要起用名将张奂。从这次对张奂的任命和授权可以看出，张奂已经得到关东朝廷的充分信任。"九卿秩督幽、并、凉三州"，实质上就是兼任三州的刺史，而且比刺史的权力还大，因为有了军事指挥权。"度辽、乌桓二营"，是指度辽将军和乌丸校尉。汉明帝永平八年（65），朝廷设置度辽将军，屯兵并州五原郡曼柏县。《汉官仪》记载"乌丸校尉吞上谷郡甯县"，上谷郡属幽州。两部统称"汉边二营"，度辽主要监控并州边境的少数民族，乌丸主要监控幽州边境的乌桓人。张奂实际上兼任二营长官，有调动兵马的权力。

　　南匈奴和乌桓未战先怯，投降了朝廷，鲜卑人逃到了塞外。张奂借助自己长期经营边境的威名，成功地平定了这次叛乱。

　　汉桓帝永康元年（167），帝国西部战火又起，这次是羌人发动的叛乱。《后汉书·张奂传》记载："永康元年春，东羌、先零五六千骑寇关中，围祋翊，掠云阳。夏，复攻没两营，杀千余人。冬，羌岸尾、摩螯等胁同种复钞三辅。奂遣司马尹端、董卓并击，大破之，斩其酋豪，首虏万余人，三州清定。"东羌、先零皆属西北诸羌种。

　　这次羌人的叛乱规模较大，发动了春、夏两季攻势，尤其是进犯关中和三辅，直接打到了帝国在西部的屏障，而且连连取胜，直接威胁着帝国的安全，朝廷再次起用张奂。

　　如前所说，身在京师，已经是羽林郎的董卓得到了中郎将张奂的举荐，跟随他回到凉州，以军司马的职位参加了这次对羌人的战争。张奂所以推荐董卓，一则是欣赏他的"才武"，二则基于董卓在凉州的名望。总之，天时已定，地利已成，其他的一切都可以说事在人为了。

从京师回凉州：董卓的三级跳

由凉州到洛阳，是董卓仕途一次重大的转折；由京师再次回到凉州，又是一次重大转折。原因很简单，董卓是土生土长的凉州人，在凉州根基深厚，已经有了很高的知名度，凉州是水，董卓便是鱼，离开了凉州这池水，要想发展自己的军事力量，是十分困难的。之后，董卓离开凉州作战，要么主要任务是防御，没有什么实质的成就；要么非溃即败。但回到凉州讨伐叛乱却屡战屡胜，可以说他的身上已经深深地刻上了"凉州董卓"的烙印，这为凉州集团的创建打下了坚实的基础。

在这次对羌人的战争中，董卓充分展示了自己的军事才能。《后汉书·董卓传》载："共击汉阳叛羌，破之，（卓）拜郎中，赐缣九千匹。卓曰'为者则己，有者则士'，乃悉分与吏兵，无所留。"同传李贤注引说："为功者虽己，共有者乃士"。就是说，董卓认为自己虽然有指挥的功劳，但作战还是要依靠战士，因此，将赏赐的匹缣毫无保留地分给了吏卒。从这条史料中，我们不难看出，董卓不仅"才武"，而且"见识非凡"，已经显示出了大将和军事统帅的气度和才能。他之所以能组建足以和朝廷相抗衡的凉州集团，并控制东汉政权，这是非常重要的原因。

就在西北大捷的同时，东汉帝国的权力中枢又发生了变故。《后汉书·张奂传》记载："（灵帝）建宁元年（168）……时窦太后临朝，大将军窦武与太傅陈蕃谋诛宦官，事泄，中常侍曹节等于中作乱……（窦）武自杀。"

这是外戚集团与"清流派"豪族联合反抗宦官集团的一次斗争，以失败告终，宦官集团牢牢地控制着东汉政权。而这次事件又直接引发了汉灵帝建宁二年（169）第二次党锢之争。汉灵帝建宁三年（170），素来受到敬仰的"清流派"领袖陈蕃、李膺等被杀，第二次党锢之争以宦官与"浊流派"豪族的胜利告终。

这次事件对东汉帝国后期的政治走向影响巨大。不仅引发了党锢之争，还间接引发了黄巾运动，以及汉灵帝中平六年（189）外戚大将军何进联合以袁绍为核心的豪族集团反对宦官集团的斗争。

如前所述，这次平定西北叛乱，是董卓第一次参加与羌人的大规模作战，不仅积累了实战经验，而且展露了自己的军事才能。从这次大战开始，董卓逐渐代替张奂和段颎，成为东汉帝国抵御边境游牧民族的重要藩将之一，另一位是幽州的公孙瓒，还有丁原和他建立的并州军。但从这次战役结束一直到汉灵帝中平元年（184），董卓的主要任务虽然是对付羌胡，但却不在凉州境内。

《后汉书·董卓传》载："（卓）稍迁西域戊己校尉，坐事免。后为并州刺史，河东太守。"同传载："（灵帝）中平元年，（卓）拜东中郎将，持节，代卢植击张角于下曲阳，军败，抵罪。"

我们看到，除了中平元年镇压黄巾起义失败，董卓的大部分时间是在并州刺史和河东太守任上度过的，主要任务是对付羌人。《三国志·魏书·董卓传》注引《英雄记》说："卓数讨羌胡，前后百余战。"前面我们提到，西北羌实力最强，主要活动在关西和凉州一带，凉州以外的诸羌种人数少，以抢粮和打游食为主，实力很弱。这时西北羌主要由段颎抵御。所以董卓所对付的是实力很弱的羌人，打的都是以防御为主的小规模战役。

前后十六年，董卓虽然没有离开过战场，却再次离开了凉州。脱离了发展的土壤，也就失去了发展军事力量的条件，没有一支可靠且实力强悍的精锐部队，是不可能对付力量强大的黄巾军的，也不可能得到朝廷的倚重，也就失去了进一步发展的良机。

但当董卓因为镇压黄巾起义失败抵罪之后，却峰回路转，不但回到了凉州，重新组织军队，而且发展迅速，将这种武装力量发展为规模庞大的"凉州军"，而成为整个东汉帝国举足轻重的人物。

董卓的崛起与汉末割据体制的形成

董卓的崛起，是整个东汉帝国末期的一个缩影，预示中古中国地方政治秩序的变化，将由郡县二级演化为州郡县三级行政区，而割据体制是一种过渡形态。

秦统一六国后，第一次在幅员辽阔而交通落后的历史条件下建立了中央集权的统一帝国，初置三十六郡，后来增至四十余郡，为了有效管理地方，秦朝采取了以御史监察郡守的措施，在诸郡派监御史。

西汉初年实行郡国并行，其数目较秦代增加了近两倍，这样，帝国统辖郡县便有不少困难，武帝元封五年（前106），把全国划分为十三部州，各置刺史以察郡守，其实是秦代监御史制度的一种演化。但这时的刺史仅仅是监察官，十三部州实际上是十三部监察区，虽然中间刺史的权力有所增加，也逐渐有了固定的治所和属吏，但一直到汉末，刺史监察的主要职责并没有发生质的变化。

汉桓帝延熹九年（166）和汉灵帝建宁二年（169）东汉帝国爆发了两次党锢事件。两次党争几乎席卷了帝国所有豪族阶层，造成从中央到地方的权力紊乱。至此，东汉帝国开始了持续性的社会改造运动。东汉中期以后，各地叛乱四起，往往涉及数郡，中央政府往往授权刺史统兵，代朝廷去镇压各地的叛乱。刺史既然涉身军政，就有向最高地方军政长官演变的可能。

汉灵帝中平元年（184）爆发了黄巾、五斗米大起义。这次来自社会底层的有组织的武装斗争给已经孱弱不堪的帝国致命一击。汉灵帝中平四年（187）至中平五年（188），南方的荆州爆发了大规模的叛乱，孙坚被朝廷任命为长沙太守，孙坚借助平乱的机会，在荆州发展起属于自己的武装力量，并与袁术结盟，占据豫州，成为割据一方的势力。

边境的游牧民族也开始了大规模的叛乱，终于引发了汉灵帝中平元年（184）冬边章、韩遂联合"羌胡"的地方自治运动。董卓利用抵御叛乱的机会，创建了属于自己的民间武装组织：凉州集团，成为割据凉州的藩将。汉灵帝中平四年（187）至中平六年（189），幽州境内爆发了张纯联合乌桓贵族发起的叛乱，公孙瓒被任命为骑都尉，公孙瓒利用平定叛乱的时机，逐渐建立起属于自己的私人武装力量：幽州军，以幽州为根据地，成为割据一方的势力。

汉灵帝中平五年（188），灵帝采纳了刘焉的建议，将部分重要州的刺史改为州牧，增其秩为二千石，以宗室或九卿出任则为中两千石，代表中央管理州务。《后汉书·刘焉传》说："州任之重，自此而始。"至此，州开始由监察区演化为行政区，地方治理由郡县两级制开始向三级制过渡，刺史或州牧日益成为郡守或国相的上司了。割据体制由此有了制度上的保障。

汉献帝初平元年（190），关东集团的领袖袁绍联合山东（函谷关以东）牧、守发起了讨伐董卓的战争。大小地方势力纷纷组织武装，参与这次军事行动。三国的创立者曹操、孙坚、刘备也在其中。这次行动的目标与结果截然相反，反而催生出袁绍、曹操等一批地方割据势力。这是规模巨大的一次社会改造运动，直接重组了关东的权力格局。割据体制最终在大江南北建立起来，遂即引发了汉末争霸战争，使东汉帝国走向崩溃，并促使了新秩序的形成。

汉末的州牧制是地方治理秩序的过渡形态，割据体制又是特殊时期催生的一种失控结构。手握重兵的州牧与刺史结合而成割据，是州牧制的一种失控形态，造成了社会秩序的整体偏离，引发了汉末至南北朝领主化的倾向，而割据体制是这种倾向的具体表现形式。这种割据体制从汉末形成，一直持续到隋重新统一北方，地方治理秩序逐步恢复常态，并演化为三级制。

从刺史到州牧，是逐步获得军事指挥权的过程，割据体制是这种过渡形态失控的表现。汉末是由内向外的即时失控，又没有建立起有效的制约机制，更为重要的是中央政府被割据势力控制，中枢系统失灵，从而加快了失控状态的速度。而这个加速器就是董卓和他所建立起的"凉州军"。

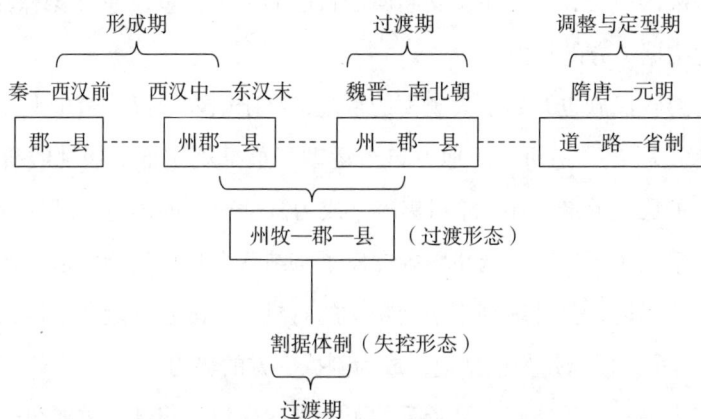

图 5-2　中国古代地方治理秩序演进图

以战养军：有枪便是草头王

州牧的职权向军事领域扩展，成为地方最高权力中心，再以州为依托，巩固权力，积聚实力，逐步割裂中央与地方的连接，由中央的派出机构演化为地方中央组织。这种"权力的非理性繁殖"最终催生出汉末的割据体制，而割据体制必然导致整个社会向领主化方向倾斜，而倾斜的表现就是各个游离于中央政府的民间自治集团的形成。这种军政一体的割据势力通过争霸战争，相互兼并，最终会形成两到三个势均力敌的自治集团，这些自治集团的演化趋势就是摧毁旧的秩序，建立起具有领主化倾向的局部统一政权。而董卓就是汉末割据体制的创立者，剖析"凉州集团"的生长过程，对理解汉末争霸战争具有重要作用。

汉灵帝中平元年（184）冬，凉州再次燃起了反抗中央帝国的烽火，而且愈演愈烈，成为黄巾运动后又一场威胁帝国安全的大规模叛乱。

《后汉书·董卓传》载："其冬，北地先零羌及枹罕河关群盗反叛，遂共立湟中义从胡北宫伯玉、李文侯为将军，杀护羌校尉泠征。伯玉等乃劫致金城人边章、韩遂，使专任军政，共杀金城太守陈懿，攻烧州郡。明年春，将数万骑入寇三辅，侵逼园陵，托诛宦官为名。"

湟中是月氏胡主要活动的区域。《后汉书·西羌传》记载："湟中月氏胡。其先大月氏之别也，旧在张掖、酒泉地。月氏王为匈奴冒顿所杀，余种分散，西踰葱领。其羸弱者南入山阻，依诸羌居止，遂与共婚姻。及骠骑将军霍去病破匈奴，取西河地，开湟中，于是月氏来降，与汉人错居……被服饮食言语略与羌同……其大种有七，胜兵合九千余人，分在湟中及令居。又数百户在张掖，号曰义从胡。"湟中的月氏胡是羌胡的别种，归附朝廷的游牧民族，叫义从，其军队随汉军作战，叫义从军。湟中的羌胡在汉末基本汉化，与当地的汉姓豪族和官吏交往紧密。

北宫伯玉是义从胡的豪帅，叛乱的策划者是凉州义从军的宋建、王国等，边章和韩遂是凉州大人，边章是新安令，韩遂是从事。《后汉书·岑彭传》注："大人，谓大家豪右"，说明韩、边二人是金城当地的大姓豪族；宋建、王国是凉州籍汉人官吏，应该也是当地的豪族。

这是一次以凉州地方豪族为主，羌胡为辅的联合叛乱，实际上反映了关西豪族与关东朝廷的矛盾，计划周密，规模巨大，而且主攻方向定在了关中与三辅，直接威胁着帝国的西部安全。同书载："诏以卓为中郎将，副左车骑将军皇甫嵩征之。"董卓作为皇甫嵩的副手，因而得以再次回到凉州。

皇甫嵩是董卓的同乡。《后汉书·皇甫嵩传》记载："皇甫嵩，字义真，安定朝那人，度辽将军规之兄子也。父节，雁门太守。嵩少有文武志介，好诗书，习弓马。初举孝廉、茂才。太尉陈蕃、大将军窦武连辟，并不到。灵帝公车征为议郎，迁北地太守。"

安定郡属凉州管辖，皇甫嵩的叔叔是"凉州三明"之一的皇甫规，父亲又做过并州雁门郡的太守，皇甫氏应该属于凉州当地的大姓豪族，比董卓家世显赫很多。皇甫嵩与张奂一样，靠着显赫的家世，已经彻底关东化，蜕变为一名关东豪族，受到东汉朝廷的倚重。

汉灵帝中平元年（184），黄巾起义爆发。《后汉书·皇甫嵩传》记载："以嵩为左中郎将，持节，与右中郎将朱儁，共发五校……合四万余人，嵩、儁各统一军，共讨颍川黄巾……会帝遣骑都尉曹操将兵适至，嵩、操与朱儁合兵更战，大破之，斩首数万级。封嵩都乡侯。嵩、儁乘胜进讨汝南、陈国黄巾……并破之。余贼降散，三郡悉平。"三郡指豫州的汝南、颍川、兖州的陈国。同书记载："又进击东郡黄巾……斩首七千余级。时北中郎将卢植及东中郎将董卓讨张角，并无功而还，乃诏嵩进兵讨之。嵩与角弟（张）梁战于广宗……大破之，斩梁……角先已病死，乃剖棺戮尸，传首京师。嵩复与巨鹿太守冯翊郭典攻角弟宝于下曲阳，又斩之……即拜嵩为左车骑将军，领冀州牧，封槐里侯。"

皇甫嵩转战豫、兖、冀三州，靠着杰出的指挥才能，平定了黄巾起义。据《后汉书·皇甫嵩传》说，他是"兵动若神，谋不再计"的杰出将帅，说明皇甫嵩是当时东汉帝国首屈一指的名将，无出其右。

由于皇甫嵩对宦官集团的憎恨，被中常侍张让诬陷为"连战无功，所费者多"，被朝廷征还并遭到处罚。这是董卓与皇甫嵩的第一次合作。

汉灵帝中平二年（185），董卓以破虏将军的名义，与荡寇将军周慎、参军事孙坚一起，在车骑将军张温的统率下，继续在凉州讨伐叛乱。并大破叛军，迫使边章、韩遂退败金城郡榆中县。随后又使三万大军安全撤离了羌人的包围，屯于扶风，封斄乡侯。中平三年（186），张温返回洛阳，从这时起一直到中平五年（188），官军与叛军进入了相持阶段，没有爆发大规模冲突。

通过以战养军，董卓逐渐创建起了自己的私人武装，正是凭着这支队伍，他开始了第二次创业，一跃成为汉末最具实力的关西军阀。

第二次创业：董卓与凉州集团的创立

《后汉书·董卓传》记载："（中平）五年（188），（王国）围陈仓，乃拜卓前将军，与左将军皇甫嵩击破之。"这是董卓与皇甫嵩的第二次合作。但《后汉书·皇甫嵩传》说："本朝失政，天下倒悬，能安危定倾者，唯大人（皇甫嵩）与董卓耳。"这是皇甫郦对叔叔皇甫嵩说的话。说明这时董卓的地位和实力已经和名将皇甫嵩不相上下了，被视为可以安定这个乱世的杰出人物。因为董卓利用在凉州剿贼的机会，在短短的三年时间里，已经组建起属于自己的武装力量：凉州军，有了与名将皇甫嵩和他代言的关东朝廷抗衡的资本。因为这个问题对汉末政局影响非常大，直接导致了关东朝廷的崩溃，所以必须要详加说明，以下五点可以佐证。

《后汉书·皇甫嵩传》记载："（中平）五年，凉州贼王国围陈仓，复拜嵩为左将军，督前将军董卓，各率二万人拒之。"

同传注引《献帝春秋》说："（中平五年）初，卓为前将军，嵩为右将军，俱征边章、韩遂，争雄。"

这两条史料说明了同一个问题，皇甫嵩是董卓的上级，但与董卓各率军队抵御叛军，说明皇甫嵩对董卓没有实际上的领导权。二将争雄，说明董卓统率的是自己的私人武装，皇甫嵩很难调遣。这些都说明两人之间矛盾的起因，也说明了矛盾的表现。由于董卓手握重兵，悬控西北，东汉朝廷自然不放心，只能采取明升暗降的手段，将其调到京师，借以消夺其兵权。

《后汉书·董卓传》记载："（中平）六年（189），征卓为少府，（卓）不肯就。

上书言：'所将湟中义从及秦胡兵皆诣臣曰"牢直不毕，禀赐断绝，妻子饥冻"。牵挽臣车，使不得行。羌胡敝肠狗态，臣不能禁止，辄将顺安慰。增异复上。'"

这条史料非常关键，可以反映两条线索。其一，表明湟中地区部分羌胡和义从军已经归附董卓。其二，"秦胡兵"，战国秦的根据地就是关西地区，秦兵特指凉州的汉兵，胡兵特指归附董卓的非汉族士兵，其中羌胡兵占据多数。说明董卓的私人武装凉州军已经建立起来，兵员包括汉胡二军，而且规模庞大，实力雄厚。

董卓依仗凉州军，拥兵自重，而且挟羌胡以威胁朝廷，语气严厉，拒绝去京师赴任，更拒绝交出军队。在这种剑拔弩张、相互胶着的情况下，东汉朝廷企图利用董卓与皇甫嵩之间的矛盾，借皇甫嵩的力量，以武力铲除董卓。

同传记载："及灵帝寝疾，玺书拜卓为并州牧，令以兵属皇甫嵩。卓复上书言曰：'臣既无老谋，又无壮事，天恩误加，掌戎十年。士卒大小相狎弥久，恋臣蓄养之恩，为臣奋一旦之命，乞将之北州（并州），效力边垂。'于是驻兵河东，以观时变。""相狎弥久""蓄养之恩"，这些词语已经表明凉州军仅属于董卓个人，也只听命董卓，完全可以带到并州，没有必要也不可能交给皇甫嵩，语气更加严厉。

董卓既拒绝交出兵权，又拒绝赴任，反而将军队带到司隶所属的河东郡，河东是进入中原的门户，战略位置重要。说明董卓已经对朝廷有了防范，而且看出了朝廷目前的混乱局面，屯兵河东，既能观看东汉朝廷内部的权力变化，也能观看皇甫嵩的动静。

董卓的举动，自然引起朝廷与皇甫嵩的警觉。这才有了上面皇甫郦说的"能安危定倾者，唯大人（皇甫嵩）与董卓耳"的言辞。皇甫郦劝其叔"今怨隙已结，执不俱存。卓被诏委兵，而上书自请，此逆命也；又以京师昏乱，踌躇不前，此怀奸也……大人今为元帅，仗国威以讨之……此（齐）桓（晋）文之事也"。《后汉书·皇甫嵩传》记载："嵩曰'专命虽罪，专诛亦有责也。不如显奏其事，使朝廷裁之'。于是上书以闻。"这是老谋深算的皇甫嵩的托词，他宁可违背关东朝廷的命令，也不敢与董卓发生冲突，说明董卓的武装力量已经和皇甫嵩相当，而且很有可能超过了皇甫嵩。

从以上五点可以看出，董卓与关东朝廷的关系已经恶化，而且已经有了与东汉帝国抗衡的资本：凉州军。并且基本控制了整个凉州，有了自己的根据地，势力可能已经扩及关中和三辅。

还是老乡靠谱：董卓与凉州豪族

董卓是如何在短短的五年时间里，组建了凉州军，并控制凉州的呢？就是我们前面提到的董卓是土生土长的凉州人，离开了凉州，很难发展起自己的武装力量。董卓中平元年（184）再次回到凉州，开始创建凉州集团，其中最关键的是中平三年（186）至中平五年（188）。

汉灵帝中平三年（186），叛军内部发生内乱。《后汉书·董卓传》记载："其冬，征温还京师，韩遂乃杀边章及伯玉、文侯，拥兵十余万，进围陇西。（陇西）太守李相如反，与遂连合，共杀凉州刺史耿鄙。而鄙司马扶风马腾，亦拥兵反叛……皆与韩遂合。共推王国为主，悉令领其众，寇掠三辅。"这时的叛军已经完全蜕变为以凉州地方豪族为主的集团，马腾和韩遂是实际的首领，打着诛灭宦官的旗号，与关东朝廷对抗。

从中平三年（186）到中平五年（188）叛军再次围困陈仓起，由于没有史料记载，叛军和官军的活动成为空白。但可以做合理的推断，张温已经返回京师，因此，抵御叛军的任务由董卓继续完成。由于叛军集团发生了内乱，实力必然受损，暂时没有力量与官军对抗；董卓刚刚返回凉州，凉州军正处于创建的初期，也没有力量消灭叛军。因此，两军可能只发生过小规模冲突，基本处于相持阶段，董卓的任务主要是防御。因为按照战争法则，双方没有发生大规模的阵地冲突，表明战争处在相持阶段，无论是战略还是战术性的相持。正是利用这段时间，董卓开始发展军事力量，并得到了当地豪族的支持。

前面提到，东汉时期，当地大姓豪族控制着地方权力，要想在当地发展，必须得到这些豪族的支持。韩遂等之所以能在凉州与朝廷对抗，就是得到了当地豪族的支持。可以说，东汉末期的争霸战争，实际上是各地大姓豪族之间的权力博弈。而董卓要想快速在凉州建立割据政权，必须要依靠这些豪族。

《后汉书·王朗传》注引《魏略·薛夏传》："薛夏字宣声，天水人也。博学有才。天水旧有姜、阎、任、赵四姓，常推于郡中。而夏为单家，不为降屈。"《后汉书·裴潜传》注引《魏略·严幹李义传》："严幹字公仲，李义字孝懿，皆冯翊东县人也。冯翊东县旧无冠族，故二人并单家……冯翊甲族桓、田、吉、郭及故侍中郑文信等。"

单家在东汉就是寒族，冠族、甲族就是豪族。天水属于凉州，姜、阎、任、赵为当地的豪族；冯翊属关中，桓、田、吉、郭为当地的豪族。当然，东汉时期每个郡，每个县都有豪族，只是这四家有史料记载。而且郡豪族的政治地位和威望高于县豪族，董氏就属于陇西临洮当地的豪族。董卓能快速在凉州发展，必然得到了包括这四家在内的当地豪族的支持，这是毋庸置疑的。后期董卓迁都长安，建立关西朝廷，而且能快速粉碎关东义军的攻势，牢牢地控制着关中，除了关东集团内部的矛盾外，不能忽视一点，就是得到了包括冯翊四家在内的关中豪族的支持。

还有一点可以佐证，胡轸是凉州集团的核心将领之一，在凉州众将中的资历和威望非常高，可以说是凉州集团的创立者之一。《三国志·魏书·董卓传》注引《九州春秋》说："胡文才（轸）、杨整脩皆凉州大人。"前面我们提到，"大人"，即大家豪右，说明胡轸在凉州享有较高威望，并为李傕等凉州将领所敬重。胡轸不仅是当地的豪族，而且亲自参与了凉州军的创建。

有了当地豪族的支持，有了凉州军，有了一批凉州军将领，有了凉州作为根据地，一个体系完全、规模庞大、军政一体的凉州集团建立起来，这是东汉末期第一个领主化的割据政权。凉州集团的创立，加剧了关东朝廷与关西豪族之间的矛盾，也引发了汉末群雄争霸的局势。

董卓通过在凉州的权力繁殖，逐步割裂了中央与地方的连接，建立起以凉州（关中）为根据地，以凉州（关中）地方豪族为依托，以李傕等为将领，以"凉并"劲旅为战斗单位，以董卓为首脑的"凉州集团"。这是董卓起家，以及最后控制东汉政权的资本。

一个特殊的群体：东汉的宾客与部曲

部曲是汉末割据势力武装力量的重要组成部分，这里有必要简单介绍一下。部曲是宾客的一种形态。客本是外来人，相对于宗族而言，非宗族成员就是客。本来并不含有身份低微的意思。但是到了西汉就出现了"奴客"连称的例子。《汉书·五行志》记载谷永责备汉成帝："崇聚票轻无谊之人以为私客。""无谊"即无行，似乎成帝的私客是一些无赖之徒，充当随从。

到了东汉时期，情况发生了变化，大量破产逃亡的农民以各种名义依托当地的豪族，充当"佃客"或"佃家"，开始以劳动者的身份与豪族发生关系。但是中央政府并不承认这种"私附"和"阴庇"的关系，于是，豪族便将这些劳动者称为宾客。宾客从事劳动生产的例子可以从《后汉书·马援传》中窥探一二。根据记载，马援役属的宾客至少一部分从事畜牧和农业生产。他们又被称为"田户"。收获和马援对半分成。显然马援的宾客是私属，受主人的驱使，从事畜牧和农业生产，作战时又成为马援的部曲。

东汉末期，豪族拥有的客越来越多，人身依附关系越来越强烈。《三国志·蜀书·麋竺传》记载："（麋竺）东海朐人也。祖世货殖，僮客万人，赀产巨亿。"东汉郡属于徐州，说明麋竺是当地的巨富兼豪族，僮客即奴客。同传记载："建安元年，吕布乘先主之出拒袁术，袭下邳……先主转军广陵海西，竺于是进妹于先主为夫人，奴客二千，金银货币以助军资；（刘备）于时困匮，赖此复振。"这二千奴客使刘备得以重整队伍，成为刘备的部曲。所以，当时的奴和客似乎已经没有什么区别了。

建安元年（196），曹操屯田许下，屯田民也称屯田客、租牛客户，不属于郡县，设置田官管理。屯田是国家的私田，屯田客是国家的私客。其实就是曹操的"私客"和"私田"，是曹操发展个人力量、积累资本的一种手段。当曹操战败袁绍，统一关东后，这种"郡国列置田官"便遍布境内。曹魏后期，朝廷把租牛客户（屯田客）赏赐给公卿大臣，成为这些人的"私客"。这样，客的队伍在北方开始普遍存在。

曹操在北方广开屯田，稍后孙吴也在江南广开屯田，还把屯田客甚至一般人民赏给功臣作客，并免除他们的赋役，称为"复客"，逐渐建立起了复客制度，与领兵制度一起，成为孙氏建立江南政权的重要制度。比如吕蒙就受寻阳屯田六百户之多。

这时，南北虽然对峙，但客的私属身份已经确定，这是社会发展的趋势。私客数量越多，部曲也就越多。部曲是军队编制的名称，后来用以指私兵。虽然在各地割据政权中数量占得不多，但因为是私兵，比普通士兵具有更高的从属性、稳定性和忠诚度，往往成为割据势力特别倚重和信任的队伍。曹操的将部任峻、吕虔、李典等曾组织部曲或家兵（参见《三国志》卷十六、十八诸传）。部曲就是他们的宾客，但也只是编成军队才称为部曲。如前所叙，麋竺送给刘备的奴客二千，也就成了刘备的部曲，这样，宾客的身份已经卑微化，部曲也卑微化了。

可知，当时的豪族或豪人（巨富），有着广大的土地，还可能横跨郡国，经营着农业、畜牧业，甚至是商业，奴役着成群的奴婢和成万的徒附，还养着一批在当地有一定知名度的"豪杰"和"刺客死士"为其效力。奴婢和徒附是地位很低的客，而豪杰和刺客是地位较高的客。比如凉州集团的将领杨整脩就是凉州的"大人"，即豪杰；董承，是董卓的女婿牛辅的高级"宾客"。但总体来说，客和部曲在一般人眼中还是卑微的象征，受到普遍轻视。

部曲活跃的时候必然是军事活动频繁的时候，汉末建安时期，西晋永嘉乱后就是佐证。汉末的割据势力，曹操、袁绍、孙坚、刘备等都有自己的部曲，或者属将统领的部曲。

董卓是凉州的豪族，必然有一定数量的宾客，当他开始军事生涯，特别是组建凉州军的时候，也一定会将宾客编成军队，作为基本军事力量而存在。以此推论，支持董卓的凉州豪族也必然会像麋竺一样进行政治投资，将自己的宾客赠送董卓，形成部曲。而且直接跟随董卓创建凉州军的豪族胡轸、牛辅等也一定会像吕虔、李典一样，组织自己的部曲。而杨整脩、樊稠、李蒙、王芳更是从部曲队伍中成长起来的将领。这样，凉州军的将领便分两类：职业将领和部曲将。

凉州集团的构成：职业将领与部曲将

董卓部将的来源有两类，一类是职业军人，一类是"部曲"。进而形成了"职业军派"和"部曲将派"。所以，凉州集团是典型的"军事领主制"。根据《三国志》和《后汉书》的记载，凉州集团的将领资料整理如下。

（甲）职业将领

表 5-1　凉州集团—职业将领表

姓名	籍贯	人物生平
李傕	凉州	《三国志·魏书·董卓传》注引《英雄记》说："（李）傕，北地人。"北地郡属于凉州。同传注引《献帝起居注》记载："（李）傕边鄙之人，习于夷风。"《后汉书·董卓传》注引刘艾《献帝纪》说："傕字稚然。"李傕在军中任校尉，是凉州军重要将领之一。董卓为吕布所杀后，成为凉州（关西）集团的实际首领。 《三国志·魏书·贾诩传》注引《献帝纪》说："傕时召羌、胡数千人……欲令攻郭汜……帝患之，使诩为之方计。诩乃密呼羌、胡大帅。"说明李傕成为凉州集团首领后，继续招引羌胡兵，并有羌胡大帅在内，以充实自己的力量。 汉献帝建安三年（198），被曹操集团联合关西诸将（段煨为首）诛杀，"夷三族"。
郭汜	凉州	《三国志·魏书·董卓传》注引《英雄记》说："（郭）汜，张掖人，一名多。"张掖郡属于凉州。《后汉书·董卓传》记载李傕与郭汜反目，说："郭多（汜），盗马虏耳。"说明在跟随董卓之前，郭汜在凉州是一名以盗马为生的无赖之徒。在军中任校尉，也是凉州军的重要将领之一。董卓被杀后，成为凉州集团地位仅次于李傕的首领。 汉献帝建安二年（197），被部将五习所杀，死于陕西的郿县。
张济	凉州	《三国志·魏书·张绣传》记载，张济是武威祖厉人，武威郡属于凉州。在军中任校尉，也是凉州军的重要将领。董卓被杀后，成为凉州集团的核心将领。 同传记载，汉献帝建安元年（196）："济屯弘农，士卒饥饿，南攻穰，为流矢所中死。"弘农郡属司隶，穰县属荆州南阳郡。 张济的侄子张绣也是凉州军的将领，同传记载："张绣，武威祖厉人，骠骑将军济族子也……董卓败，济与李傕等击吕布……绣随济，以军功稍迁至建忠将军。"张济死后，"绣领其众，屯宛，与刘表合"，成为汉末割据势力之一，宛城属荆州管辖。汉献帝建安四年（199）投降曹操。

姓名	籍贯	人物生平
胡轸	凉州	胡轸，即胡文才。《三国志·魏书·董卓传》注引《九州春秋》说："胡文才、杨整修皆凉州大人。"《三国志·吴书·孙坚传》注引《英雄记》"（胡）轸字文才，性急。"可知，胡轸和杨整修都是凉州的大人。 所谓大人，《后汉书》中对这个词有多种不同的解释。《岑彭传》注："大人，谓大家豪右。"《马援传》注："大家，谓豪杰也。"大家豪右就是豪族，而胡轸既是当地的豪族，而且也被当地人视为"豪杰"，在凉州应该享有较高威望，为其他凉州将领所敬重。 《后汉书·董卓传》记载："王允闻之，乃遣卓故将胡轸、徐荣击之于新丰，荣战死，轸以众降。"同传注引《九州春秋》说："卓以东郡太守胡轸为大督。"可知，胡轸很早便跟随董卓，是凉州军的创始人之一，资历很深，地位当在李傕、郭汜之上。 董卓被杀后，胡轸在长安。《三国志·魏书·董卓传》注引《九州春秋》说："胡文才、杨整修皆凉州大人，而司徒王允素所不善也。及李傕之叛，允乃呼文才、整修，使东解释之。不假借以温颜，谓曰'关东鼠子欲何为邪？卿往呼之'。于是二人往，实召兵而还。"关东是指潼关以东，因为李傕等一直驻守潼关，监视关东义军的行动。李傕等与胡轸、杨整修都是凉州人，王允本来就轻视胡轸，现在又将李傕等比喻为鼠子，其实就是轻视关西人。胡轸借机将凉州军召回长安，并在徐荣死后，率众与李傕合兵一处。至此，史料中再无胡轸的记载，应该是攻占长安不久患病而死。
段煨	凉州	《三国志·魏书·贾诩传》记载："是时，将军段煨屯华阴……与诩同郡。"贾诩是武威姑臧人，段煨也是武威人，武威属凉州。 《后汉书·董卓传》记载："（董卓）乃使东中郎将董越屯渑池，中郎将段煨屯华阴，中郎将牛辅屯安邑，其余中郎将、校尉布在诸县，以御山东。"同传记载："初，卓以牛辅子婿（女婿），素所亲信，使以兵屯陕。辅分遣其校尉李傕、郭汜、张济将步骑数万。"段煨与牛辅同职，李傕等当时是牛辅手下的校尉，而且段煨与牛辅驻守的华阴和安邑是战略要地。因此，段煨应该是董卓的亲信，是凉州军的创建者之一，资历与威望与胡轸相当。 段煨不仅能征惯战，而且颇有治才。同传注引《典略》记载："煨在华阴，特修农事。"说明段煨善待百姓，鼓励生产，在华阴一带素有威望。 段煨在董卓生前死后，一直屯驻华阴，没有参加李傕等围困长安的行动，也没有参与凉州诸将之间的混战。同传注引《典略》记载："天子东归，煨迎，贡馈周急。"说明段煨是凉州诸将中一位颇有战略格局的将领。 汉献帝建安三年（198），东汉朝廷诏命以段煨为首的关中诸将讨伐李傕。拜安南将军，封闅乡侯，官至大鸿胪。段煨与胡轸是凉州集团中唯一善终的将领。

姓名	籍贯	人物生平
徐荣	幽州	《三国志·魏书·公孙度传》记载："同郡徐荣为董卓中郎将，荐（公孙）度为辽东太守。"公孙度为辽东襄平人，徐荣也应该是辽东人，辽东属幽州。同书《武帝纪》记载："（曹操）到荥阳汴水，遇卓将徐荣，与战不利，士卒死伤甚多。" 《后汉书·董卓传》记载："卓先遣将徐荣、李蒙四出虏掠。荣遇坚于梁，与战，破坚，生禽（擒）颍川太守李旻。" 可知，徐荣很可能是凉州集团中唯一的非凉州籍重要将领，而且能征惯战，是凉州集团抵御关东义军的主力大将，屡战屡胜，深得董卓赏识，却受到凉州籍将校的排挤。 董卓死后，徐荣归附王允，脱离了凉州集团。《后汉书·董卓传》记载："（王允）乃遣卓故将胡轸、徐荣击之（李傕）于新丰，荣战死，轸以众降。"据前引《九州春秋》记载，董卓死后，尽管胡轸奉王允之命，游说吕布罢兵，"实召兵而还"，支持李傕围攻长安。当胡轸与徐荣率兵迎击李傕，徐荣却是战死的，说明他被胡轸、李傕等排除在凉州集团之外，并且已经脱离了凉州军。

职业军

```
          ┌───────┬───────┬───────┬───────┬───────┬───────┐
          ↓       ↓       ↓       ↓       ↓       ↓
       ┌─────┐ ┌─────┐ ┌─────┐ ┌─────┐ ┌─────┐ ┌─────┐
       │李   │ │郭   │ │张   │ │胡   │ │段   │ │徐   │
       │傕   │ │汜   │ │济   │ │轸   │ │煨   │ │荣   │
       │军   │ │军   │ │军   │ │军   │ │军   │ │军   │
       │团   │ │团   │ │团   │ │团   │ │团   │ │团   │
       └─────┘ └─────┘ └─────┘ └─────┘ └─────┘ └─────┘
```

（乙）部曲将

表 5-2 凉州集团—部曲将表

姓名	籍贯	人物生平
杨整脩	凉州	杨整脩，即杨定。即惠栋《后汉书补注》卷十六说："整脩，即杨定也。兴平元年（194），为安西将军；二年，迁后将军。"《后汉书·董卓传》记载："安西将军杨定者，故卓部曲将也。"据前引《九州春秋》说："胡文才、杨整脩皆凉州大人。"上面说过，大人既可以是豪右，也可以是豪杰。由此可知，杨定不是豪族，而是凉州的豪杰，在当地有一定的知名度，很早便成为董卓的高级宾客，是从部曲中脱颖而出的重要将领。

姓名	籍贯	人物生平
杨整脩	凉州	杨定虽然受到董卓的信任，但由于是部曲将，遭到职业将领的轻视和排挤。尤其是董卓死后，受到李傕等的排挤，兴平元年（194）才被封为安西将军。樊稠死后，杨定与杨奉等结为一党，护送献帝东归，兴平二年（195），杨定被郭汜围攻，逃亡荆州，至此，再无史料记载，可能病死在异乡。
樊稠	凉州	《三国志·魏书·董卓传》注引《九州春秋》，樊稠在与韩遂的对话中，韩遂曾说："与足下州里人。"韩遂是凉州金城郡人，樊稠也应该是凉州人。同传记载："（李傕）与卓故部曲樊稠……" 由此可知，樊稠是从部曲中提拔的将领，深受董卓信赖，成为部曲派的核心将领，而且在整个凉州军中很得众心。《后汉书·董卓传》注引《献帝纪》说："傕见稠果勇而得众心，疾害之，醉酒，潜使外生（甥）骑都尉胡封于坐中拉杀稠。"果勇即骁勇善战；得众心即深受凉州军将士的爱戴。 董卓死后，樊稠与李傕、郭汜合围长安，重新控制了东汉政府，成为与李、郭并立的凉州集团首领，"共秉朝政"。 兴平二年（195），樊稠被李傕派人刺杀。
王方	凉州	《三国志·魏书·董卓传》记载："（李傕）与卓故部曲樊稠、李蒙、王方等合围长安。"王方也是董卓的部曲。樊稠死后，再无记载，可能被李傕诛杀。
李蒙	凉州	《后汉书·董卓传》记载："（李）傕随道收兵，比至长安，已十余万，与卓故部曲樊稠、李蒙等合。"同传记载，李蒙又曾与徐荣在梁县西南击败孙坚。 《后汉纪》卷二十八记载："（兴平）二年（195），李傕杀右将军樊稠、抚军中郎将李蒙。"

部曲军

```
              部曲军
        ┌───────┬───────┬───────┐
     ┌──┴──┐ ┌──┴──┐ ┌──┴──┐ ┌──┴──┐
     │杨定 │ │樊稠 │ │王方 │ │李蒙 │
     │军团 │ │军团 │ │军团 │ │军团 │
     └─────┘ └─────┘ └─────┘ └─────┘
```

　　《后汉书·王允传》记载："董卓将、校在位者多凉州人"，从上表来看，是完全符合事实的，这十位便是凉州集团的重要将领。除此之外，还有牛辅、董承、杨奉等，也是凉州集团的重要成员。

　　牛辅是董卓的女婿，前引《后汉书·董卓传》记载："初，卓以牛辅子壻（女婿),素所亲信,使以兵屯陕。"汉灵帝中平六年(189),白波军进犯河东,为防止其南下,切断洛阳通往关西的要道,董卓派中郎将牛辅率兵讨伐。牛辅的出身史无记载,但从他与董卓的关系和拥有的部曲来看,可能是凉州地区的豪族。

董承,《后汉书·董卓传》记载:"又以故牛辅部曲董承为安集将军。"《三国志·蜀书》记载:"(董)承,献帝舅也。"同书裴松之注说:"承,汉灵帝母太后之姪(侄),于献帝为丈人。盖古无丈人之名,故谓之舅也。"据《后汉书·皇后纪》记载:"孝仁董皇后讳某,河间人",河间属冀州,董承也应该是冀州人,属于非凉州籍普通将领。

杨奉,《后汉书·董卓传》记载:"傕将杨奉本白波贼帅。"同书《灵帝纪》记载:"黄巾余贼郭太等起于西河白波谷。"西河属于并州,由此可知,杨奉是并州人,在加入凉州军前是白波军的首领之一,后成为李傕的部下,属于非凉州籍普通将领。

后来被董卓兼并的并州军,与凉州军是两个体系,由吕布与张辽统领,董卓迁都长安后,实力有所下降,非凉州集团的主力部队。而且凉州诸将与并州将校素来不合,所以吕布与张辽不属于凉州集团的核心将领,相对独立。

凉州军团的秦胡兵

凉州集团是在军事斗争中逐渐形成和壮大的,与汉末其他民间自治集团一样,武装力量是集团存在和发展的基础。即使是迁都长安后,董卓将它发展成为军政一体的关西集团,军队依然是整个集团的核心。

前引《后汉书·董卓传》所说的"湟中义从"和"秦胡兵"就是凉州军的主要组成部分。湟中义从就是前面我们说的"月氏胡",曾经在北宫伯玉领导下发动过叛乱,遭到皇甫嵩和董卓的镇压。董卓军队中的"湟中义从",其中一大部分应该是这次战争中的降人或战俘。

"秦胡兵",秦是指凉州的汉族士兵,胡则指非汉族士兵,其中"羌胡"占了绝大部分。因此,在《后汉书·董卓传》中,董卓给东汉政府的第一次上书中,曾强调军中的"秦胡兵皆诣臣"，即表明他所掌握的武装力量，不但有凉州"鞍马为居，射猎为业"的汉兵，还有大量非汉族士兵。但无论是汉兵还是非汉兵，都是骁勇善战，战斗力强悍的精兵。当时，在洛阳的女诗人蔡琰，在《悲愤诗》中，曾描绘了她亲身经历过的这个战乱时代，其中四句对董卓军中的大量游牧民族士兵，做了十分生动的写照：

> 卓众来东下，金甲耀日光；
> 平土人脆弱，来兵皆胡羌。

《三国志·魏书·郑浑传》注引张璠《汉纪》说："且天下之权勇，今见在者不过并、凉、匈奴屠各、湟中义从、八种西羌，皆百姓素所畏服，而明公（董卓）权以为爪牙，壮夫震栗，况小丑乎。"这是在洛阳，郑泰（浑）对董卓军事力量的赞誉。可知，除了凉州汉兵、湟中义从、八种西羌外，又增加了匈奴屠各族士兵，皆为"百姓畏服"。这些士兵构成了凉州军团。此外，后来被兼并的丁原的并州军，虽然数量不及凉州军，但同样是"天下之权勇"的精兵，在当时被称为"并凉劲兵"。这支军队构成了"并州军团"。

凉州军团由职业派和部曲派将领统领，属于董卓的嫡系部队，规模庞大，战斗力强，是凉州集团的主力部队；并州军团由吕布和张辽统领，属于非嫡系部队，规模较凉州军小，战斗力相当，相对独立，属非主力部队。

亲兄弟，明算账：职业军派与部曲将派的矛盾

整个凉州集团分两派：职业军派与部曲将派。部曲虽然受到董卓的信赖，但由于身份的卑微化，部曲将领受到职业将领的轻视。《后汉书·董卓传》记载："（献帝）车驾进至华阴。宁辑将军段煨乃具服御及公卿以下资储，请帝幸其营。初，杨定与（段）煨有隙，遂诬煨欲反，乃攻其营。"董卓生前，杨定和段煨都是各派的核心将领，他们尚且"有隙"，其他将校必然也不和。所以，杨定才怀

疑段煨要谋反，扣留献帝，于是率兵"攻其营"。

董卓生前，胡轸、段煨、徐荣是职业派的核心将领；部曲派的核心是杨定、樊稠。董卓死后，李傕、郭汜、张济成为职业派的核心；樊稠是部曲派的领袖。两派相互倾轧，各聚实力，尤其是董卓死后，两派的争夺由明到暗，愈演愈烈，终于引发了内部混战，导致凉州集团的覆灭。

徐荣是唯一受到董卓信赖的非凉州籍大将，但受到两派的轻视与惮嫉。董卓死后，只能脱离凉州集团，依附王允，最后"战死"。徐荣尚且如此，杨奉、董承自然也被两派排挤，最终选择了与部曲派的杨定联系，对付李、郭。《后汉书·董卓传》记载："而张济与杨奉、董承不相平，乃反合傕、汜。"不相平，即不和，说明张济与杨、董积怨颇深。

汉献帝初平三年（192），董卓被杀，两派联合，将关东豪族的代表王允诛杀，同时将关东人为主的并州军挤出了长安，重新控制了东汉政权。为了巩固权力，平衡两派利益，由李傕、郭汜、樊稠"共秉朝政"。段煨仍屯华阴，张济出屯弘农。职业派稍占上风。但两派的和睦是暂时的，争权才是最终目标。

汉献帝兴平二年（195），樊稠被李傕派人刺杀。《三国志·魏书·董卓传》记载："诸将争权，遂杀稠，并其众。"可知，李傕杀死樊稠，主要是为了兼并部曲派的军队。随着樊稠和李蒙的被杀，职业派彻底战胜了部曲派，李、郭成为整个凉州（关西）集团的领袖，并控制了东汉政权。

樊稠被杀后，李傕与郭汜相互争权，《后汉书·董卓传》记载："（杨定）惧傕忍害，乃与汜合谋迎天子幸其营。傕知其计，即使兄子暹将数千人围宫……帝于是遂幸傕营。"杨定利用李、郭的矛盾，扩大冲突，使二人"相攻连月，死者以万数"。

《三国志·魏书·董卓传》记载："傕将杨奉与傕军吏宋果等谋杀傕，事泄，遂将兵叛傕。"《后汉书·董卓传》记载"帝亦思旧京，因遣使敦请傕东归，十反乃许"，并由郭汜、杨定、杨奉、董承护送献帝东归。同传记载："汜遂复欲胁帝幸郿，定、奉、承不听。汜恐变生，乃弃军还就李傕。"至此，定、奉、董联合；郭汜与李傕讲和，"欲劫帝而西"。双方相互攻伐，势均力敌。同传记载："（献帝）遣太仆韩融至弘农，与傕、汜连和（讲和）。傕乃放遣公卿百官，颇归宫人妇女，及乘舆器服。"

经过这场内耗，凉州集团四分五裂，段煨占据华阴，张济占有弘农，李、郭割据三辅。《后汉书·董卓传》记载："初，帝入关，三辅户口尚数十万。自傕汜相攻，天子东归后，长安城空四十余日，强者四散，羸者相食，二三年间，关中无复人迹。"

汉献帝建安三年（198），关东朝廷（曹操为首）联合关西诸将（段煨为首）诛杀李傕，关西（凉州）集团覆亡。

凉州集团覆灭后，整个关西地区尚有两个割据势力，一个是割据关中的马腾、韩遂；一个是陇西人宗建在枹罕建立的割据政权。汉献帝建安十九年（214），马超被天水人杨阜战败，韩遂被部将所杀，夏侯渊击败宗建。至此，关中和凉州的割据势力均被剿灭，曹操最终统一了关西。

如果说董卓之死，是由凉州军与并州军之间的矛盾引起的，实质上反映了关西与关东文化的差异；那么，凉州集团的覆亡，则是集团内部的权力斗争，导致整个集团四分五裂，走向衰亡。

第六章

游侠：割据体制的群体基础

豪侠、豪杰与轻侠

《史记·太史公自序》中说："救人于厄，振人不赡，仁者有乎；不既信，不倍信，义者有取焉。作游侠列传第六十四。"同书《游侠列传》序说："今游侠，其行虽不轨于正义，然其言必信，其行必果，已诺必诚，不爱其驱，赴士之阨困，既已存亡死生矣。"司马迁对重承诺，不顾自身危险，救人于穷境的游侠精神和行动给予了极高的评价，并为朱家、剧孟、郭解之徒立传。司马迁对游侠伦理的高度肯定，与西汉帝国的创立密切相关，因为刘邦集团就是游侠结合的政治组织，其中"亡命无赖之徒"占绝大多数，赵翼称为"布衣将相之局"。即使西汉建国后，对门第出身也不太看重，能容忍这种民间秩序的存在。

然而，东汉的班固却对《史记·游侠列传》加以非难，称其为："序游侠则退处士而进奸雄。"荀悦更是把游侠之徒与游说、游行之徒称为"三游"，其《汉书》卷十云："此三游者。乱之所由生也，伤道害德，败法惑世。"其实，早在战国后期，韩非子就已经把游侠之徒作为乱法蛀国的害虫，列为五蠹之一、奸伪无益的六民之一。东汉与西汉对游侠精神为何会有如此大的反差呢？原因之一，就是东汉的创建者多近儒，包括刘秀在内。尤其是东汉时代大族群体的形成和豪族势力的扩展，势必要对这种社会风气加以否定，对这种民间秩序给予抑制。

可以看出，游侠一方面作为民间秩序的维护者被高度肯定；一方面作为国家秩序的扰乱者被非难。这种对立的态度，其实反映出游侠作为社会功能的重要意义，以及这种功能的关联所表现出的社会诸形态。由于任侠精神是民间秩序的重要的组成部分，即使被国家秩序排除在正式制度之外，其作为社会风尚也难以被扼杀。这样，整个东汉帝国的内部，逐渐形成了两种社会地带：一种是由当地豪族控制的"制度地带"，一种是有游侠活动或维持的"灰色地带"。随着汉末社会秩序的不断紊乱，两种地带逐渐相交在了一起，催生出了汉末的"任侠精神"和游侠风尚。

根据汉末游侠群体的来源、价值取向、性格特征，可以将其分成三类：豪侠、豪杰、轻侠。

游侠中层次最高，也是社会影响力最大的就是所谓"豪侠"。顾名思义，豪即指豪族，说明这类游侠大多出身豪门。既有当地的冠族，他们又累世通过察举和辟举跨出地方，为朝廷登用，成为"世代为官"的世家大族，汝南袁氏中的袁绍、袁术是其代表；也有像曹操一样，出身大官僚豪族；还有出身宗室的地方豪族，如刘焉、刘表、刘备之流；孙坚、董卓、公孙瓒、陶谦、臧洪等，都是"世仕州郡"的地方豪族。他们都成为汉末主要的割据势力。

其次是"豪杰"。豪杰是豪侠的变体，在汉末这个战乱时代，这个词具有特殊意义，两者既有联系，又有区别，比如袁绍既是豪侠，也可称为豪杰。他们大都出身地方豪族，并且是豪族中的杰出人物，其中很多人也是当时的大名士。但他们大多依附豪侠，成为豪侠集团的重要成员，王匡、桥瑁、张邈、何颙、胡轸、李典、许褚、臧霸等是其代表。

最后，就是"骁武"，"尚气力"，并从事"功劫"的"轻侠"。吕布、甘宁、郭汜、张燕、张绣、张鲁等是其代表。

豪侠与豪杰成为汉末大族群体的代言人，尤以关东大族为最，他们与轻侠一起，成为民间秩序的主要力量。三者虽然有不同的性格特征，尤其是轻侠，但他们都具有"游侠"最基本的性格特点，即"以救时难"，并在此过程中实现个人价值。只是豪侠与豪杰影响的范围更为广泛。所以，三者才具有相互连接的可能性，可以说，汉末各割据势力，就是一个个"豪族游侠集团"的组合，从而使游侠成为割据体制的群体基础。

从吕布在并州的早期经历看"轻侠"

我们先从"轻侠"谈起。《史记·游侠列传》说："至若北道姚氏，西道诸杜，南道仇景，东道赵他、羽公子，南阳赵调之徒，此盗跖居民间者耳。"司马迁的这段话，是两汉轻侠的真实写照：大多为盗贼，打家劫舍，轻佻不荡。而汉末的吕布就是轻侠的代表，我们以他为引子，来一探轻侠的社会性格。

吕布是汉末非常关键的一位人物，几乎与汉末的割据势力都发生过联系，尤其是董卓与曹操，而且是汉末诸多关键事件的引发者。尽管《三国志》和《后汉书》都有吕布的列传，其他列传中提到吕布的地方也不少，但大多都是他的后半生的活动，很少提及他的早年生涯。但奇怪的是，在诸传中，我们会发现，吕布的早期生涯影响了他后半生的发展，使他始终被关东大族和当地豪族所轻视，而且大多涉及他的性格和为人，出身寒族反而不是主要原因，这是为什么呢？

《三国志·魏书·吕布传》记载："吕布字奉先，五原九原人也，以弓马骁武给并州。刺史丁原为骑都尉，原屯河内，以布为主簿，甚见亲待。"《后汉书·吕布传》仅将"骁武"改作"弓马骁武"，描述基本相同。吕布在加入丁原的并州军以前，即他在并州的早期经历，对我们来说，似乎是个谜。但是，尽管由于史料不足，不能正面地展现吕布的早期经历，但是，从史料中的某些迹象，或某个侧面的描述，再通过对这些历史片段的分析，仍然可以粗略地还原出历史的真相。

《三国志·魏书·吕布传》记载："司徒王允以（吕）布州里壮健，厚接纳之。"同传记载："（陈）宫说（张）邈曰……'今州军东征，其处空虚，吕布壮士，善战无前，若权迎之，共牧兖州。'""壮健"即"壮士"。"若权"即"权宜之计"，或"暂且之策"。陈宫是东郡人，张邈是东平国人，东郡、东平同属兖州，二人皆兖州的豪族名士，威望很高。

《后汉书·王允传》又说："（王允）素轻（吕）布，以剑客遇之。"王允是并州太原郡祁县人，"世仕郡为冠盖"，说明王氏不仅是并州的大姓豪族，在当地素有威望，而且又累世通过察举和辟举跨出地方，为朝廷登用，成为关东的世家大族，是关东大族的核心成员之一。

这三条史料反映出王允、陈宫、张邈等看重的仅仅是吕布的"壮勇"而已。在王允心目中，吕布不过是一名壮健的"剑客"，两人虽为同乡，地位和名望却相差极大。他所以对这位同乡厚加接纳，目的无非想利用吕布实现他的政治意图，刺杀同样被关东大族轻视的董卓。陈宫同样是想利用吕布为他火中取栗，驱赶占据兖州的曹操。

这就为我们提出了一个疑问，为什么吕布遭到关东大族和官僚们的如此轻视，以致吕布杀死董卓有功，被朝廷任命为奋威将军、晋封温侯之后，王允等依然将他看作"剑客"？为了解决这个谜题，不能不追溯吕布的出身，以及他早年在并州的活动。而"剑客"与"壮士"，是开启这个谜题的钥匙。

两汉的"剑客"与"壮士"

"剑客"一词，在两汉的史籍中多次出现。如《汉书》的《东方朔传》《李陵传》，后汉书的《马援传》《刘陶传》等。

《汉书·李陵传》记载："陵叩头自请曰'臣所将屯边者，皆荆楚勇士奇材剑客也，力扼虎，射命中'。"李陵的部下大多是"剑客"，因为是在向汉武帝陈述，他只是强调了"剑客"的一个特征，即"勇"的一面，至于另一面，则隐而不提。因为西汉的开国功臣，"多出于亡命无赖"，这恰恰是"剑客"的另一个特点。

《后汉书·刘陶传》记载："（顺阳）县多奸猾，（刘）陶到官，宣募吏民有气力勇猛，能以死易生者，不拘亡命奸藏，于是剽轻剑客之徒过晏等十余人，皆来应募。"这是东汉的官员以贼治贼的事例，刘陶在顺阳的举措，可以反映"剑客"的另一个特点。为了对付"奸猾"，刘陶不论其是否是亡命之徒，只要"气力勇猛"，皆可用。于是，就有十几个所谓"剽轻剑客之徒"前来应募。因为东汉"功臣多近儒"，已经不隐讳"剑客"另一个特点，因此到了东汉，"剑客"的地位已然非常低微，奸猾、亡命奸藏、剽轻成为剑客的主要身份象征。

这两条史料非常关键，也很典型，基本能描述出两汉剑客的特征：一个是"勇"，一个是"亡命剽轻之徒"。

所谓"亡命奸藏"，具体指的是什么，从"剽轻"一词，即可说明。《后汉书·袁绍传》说"剽狡锋侠"。同传李贤注引《方言》解释说："僄，轻也。"又说"'僄'或作'剽'，劫财物也"。说明"剽""轻"二字意义相同，李贤在这里将其解释为劫夺财物，是有根据的。

《后汉书·王涣传》记载："（王）涣少好侠，尚气力，数通剽轻少年。"同传李贤注："剽，劫夺也。"这不但可以为"剽轻"一词的解释作补充，而且王涣出身豪族，本人既是游侠，勇猛尚气力，属于豪侠类，又一贯与所谓"剽轻少年"有联系，目的很明显，即结合一帮人以武力劫夺财物。同传记载："州举茂才，（王涣）除温令。县多奸猾，积为人患。涣以方略讨击，悉诛之。"王涣所用的"方略"，与刘陶如出一辙，即以贼剿贼，只是刘陶是招募，而王涣利用的是少年时期结交的剽轻之徒。这种豪侠招募剽轻之徒，为己所用的行为，逐渐演变为东汉的一种社会风尚，并影响了汉末各民间自治集团的形成，后面我们会有详细的介绍。

壮士，在两汉史籍中也出现过。《后汉书·虞诩传》记载："（虞诩）及到官，设令三科以募求壮士，自掾史以下各举所知，其攻劫者为上，伤人偷盗者次之，带丧服而不事家业者为下。收得百余人，诩为缩会，悉贳（赦免）其罪，使入贼中，诱令劫掠，乃伏兵以待之，遂杀贼数百人。"可以看出，虞诩利用的"壮士"，与"剑客"的性质完全一样。

无论是刘陶、王涣，还是虞诩，都利用"剑客"与"壮士"，采取以毒攻毒的策略剿灭"奸猾"，说明这种策略在东汉的基层组织，尤其是县一级的地方，是非常普遍的现象。尤其到了汉末，有些地方，主要是当时还处在开发中的南方等地，基层官吏甚至做起了"官贼"，采取"以贼养军"的方式，扩充兵员，积聚实力，孙坚就是其中的代表。

这反映了一个非常重要的社会现实，即两汉时期，地方基层治理机制还比较脆弱与粗放，必然会催生出一类游离于国家秩序之外的"社会群体"，即"剑客"与"壮士"。逐渐，这类群体会演化为一种社会风尚，形成"非制度型组织"，即所谓的"黑社会"，这种"黑社会"进一步演化，必然成一种不可忽视的民间秩序，而"剑客"与"壮士"也演变成了这类民间秩序的维护者，即所谓的"轻侠"。国家和地方官吏便利用这种民间组织来维护国家秩序的稳定。

东汉末年，外戚和宦官争权，导致朝政混乱，百姓困苦，各个州郡盗贼四起，游牧势力趁机侵扰边境。这一内外困局使"游侠"之风横行整个帝国，其层次也是有差别的。荀悦《汉纪》卷十说："游侠之本，生于武毅，不挠久要，不忘平生之言，见危授命，以救时难而济同类，以正行之者谓之武毅，其失之甚者至于为盗贼也。"荀悦是汉末著名的政论家，表面上所表述的是西汉武帝时的情况，实际上是在评论当时的社会风尚。

荀悦所说的"盗贼"这类游侠，就是所谓的"轻侠"，是游侠中层次最低的。《三国志》的《诸葛诞传》《刘晔传》《鲁肃传》《凌统传》《贺介传》等，都出现过"轻侠"这个词，而具体描述轻侠行径的是《甘宁传》。

《甘宁传》记载："（甘宁）少有气力，好游侠，招合轻薄少年，为之渠帅。群聚相随，挟持弓弩，负毦带铃，民闻铃声即知是（甘）宁……至二十余年，止不攻劫。"同传裴松之注引《吴书》说："（甘）宁轻侠杀人，藏舍亡命，闻于郡中。"甘宁这种杀人越货的行径，正是荀悦所斥责的"失之甚者至于为盗贼"，说明甘宁是活动在南方一带的"轻侠"。

《后汉书·董卓传》记载李傕与郭汜反目，李傕说："郭多（汜），盗马虏耳。"说明郭汜是凉州一带的以盗马为生的"轻侠"。

这样，剑客、壮士和轻侠，是可以画等号的，吕布也应该是并州的一名"轻侠"。吕布的"骁武"或"弓马骁武"，类似于甘宁的"少有气力"和"挟持弓弩"，而"剑客"又是"轻侠"的别称，杀人越货，也应该是吕布在并州的早期行为之一。

"轻侠"是游侠中层次最低的一类，他们特点是"骁武"，并从事"攻劫"，由于他们勇而少谋，贪利好斗，目光短浅，又容易成为被利用的工具，吕布便具有这种性格特征。但毋庸置疑，轻侠是民间力量的重要组成部分，是社会风尚一种重要的展现形式，他们在破坏民间秩序的同时，又具有维持民间秩序的实力，这才有了刘陶、王涣、虞诩"以毒攻毒"的策略。而甘宁、郭汜、吕布也靠着自身实力加入了不同的军事集团，成为核心将领之一。曹操集团也拥有这类轻侠，他通过"质任关系"将其统摄在集团的体系内，成为其成就霸业的有力武器。

"轻侠"是国家秩序利用的工具，却始终得不到国家层面的正式认可，被士人，尤其是关东大族所轻视，只能游离于国家规则之外。但他们通过"同质性连接"，逐渐建立起了群体活动的场域，即民间"灰色地带"，从而构成了社会整体秩序的内部轮廓，使社会具有了内在动机和感情，更加饱满和丰富起来。

根据这种社会风尚，我们可以勾勒出吕布在并州的早期活动，并可以解释，他之所以被关东大族和官僚轻视，之所以与同样遭到他们轻视的董卓联合，之所以被曹操联合徐州的豪族所击败，绝不是偶然的。

任侠精神是汉末一种社会风气，而轻侠只是游侠中层次较低的一类，豪侠与豪杰才是汉末游侠的主要群体。

识时务者为俊杰：东汉末年的"轻侠"画像

除了吕布、甘宁、郭汜这类轻侠外。还有一类轻侠，他们大都出身"寒门"，或县一级的豪族，社会地位不高，却能"顺势而为，借势而起"，抓住汉末动乱的时机，组建军队，割据一方。但不墨守成规，而是善于权变，最终在乱世中得以自存、封侯拜将。这就是《三国志·魏书》卷八说的"（张）燕、（张）绣、（张）鲁舍群盗，列功臣，去危亡，保宗祀"的轻侠。

《三国志·魏书·四张传》记载："张燕，常山真定人也，本姓褚。黄巾起，燕合聚少年为群盗，在山泽间转攻。还真定，聚万余人……燕剽捍捷速过人，故军中号曰飞燕。"旗下有小帅孙轻、王当等各率部众相随，号曰"黑山"，被称为"黑山贼"。同书注引《典略》说："黑山、黄巾诸帅，本非冠盖。"真定属冀州，说明张燕出身"寒族"，身份卑微，但却"剽捍捷速"。张燕先归顺朝廷，被汉灵帝拜为平难中郎将；后来，关东大族成立讨董联盟，张燕"遂以其众与豪杰相连"；最后在曹操将定冀州的时候，率众归降，被封为安国亭侯。

同传记载："张绣，武威祖厉人，骠骑将军济族子。"武威属凉州，张绣是当地县一级豪族，门第不高，当县吏时，曾经为长官复仇，"郡内义之"。后来招合少年，为邑中豪杰。跟随族父张济参加凉州军，张济死后率领部队依附刘表，屯兵宛城。对曹操反复无常，最后归降。死后，被追封为定侯。

同传记载："张鲁字公祺，沛国丰人也。"张鲁出身寒门，祖父是五斗米教的创立者张陵。后来张鲁"据汉中，以鬼道教民"，建立起规模庞大的宗教组织。并教导百姓"以诚信不欺诈……诸祭酒皆作义舍，如今之亭传。又置义米肉，悬于义舍，行路者量腹取足……雄据巴、汉垂三十年"。说明张鲁靠着宗教，已经蜕变为地方割据势力，成为雄霸一方的领主。东汉朝廷"力不能征"，遂拜张鲁为镇民中郎将，领汉宁太守，实际上承认了张鲁领主化的身份。后归降曹操，封阆中侯。

张燕、张绣、张鲁三人，虽然社会地位不高，但身上也具有豪杰的特征。张燕归顺朝廷，"以其众与豪杰相连"，参加讨董战争；张绣为长官复仇，"郡内义之"；张鲁"以诚信不欺诈"，"又置义米肉"。虽然没有达到游侠"以救时难而济同类"的最高准则，但却能"识时务，明大体"，最终得以自存。

由于张燕、张绣、张鲁具有豪杰的特征，与曹操集团具有天然的人格连接，所以他们投降后，曹操没有将他们的部队解散，而是整体保留，直接将其纳为麾下一军。

可以看出，汉末的任侠精神已经成为一种价值取向，从豪族到"单家"（寒门），从权力中枢的洛阳到地方，从关东到关西，从江南到西南。同时，这一社会风尚也成为整个帝国国民性格的一种象征符号。这些都反映出东汉社会正在发生巨变，一场席卷整个社会，并影响历史走向的社会变革即将到来。

东汉的"豪侠"与世家大族

游侠本来是游离于国家秩序之外的群体，是民间秩序的一种力量。但是随着乱世的到来，游侠精神成为一种普遍性的社会风气。当这种风气被国民普遍认同，尤其是被豪族群体所接纳，他们通过自身的力量，不断改造这种风气，最终使任侠精神成为一种影响力巨大的价值取向，成为民间秩序的主导力量，并不断冲击着国家秩序，试图打破旧的体制，建立一套新的社会秩序。汉末反对宦官的斗争，以及割据体制与豪族领主化的倾向，都是豪族群体与游侠群体建立新秩序的体现。豪族是争霸战争的主导力量，而游侠是其实现目标的工具。

前面提到，游侠中层次最高，也是社会影响力最大的，就是所谓"豪侠"。我们主要介绍豪侠的代表人物袁绍与曹操，通过剖析他们早期的活动，一探游侠的特点。

袁绍出身汝南袁氏，是当时东汉帝国最大的世家大族之一。其他如弘农杨氏、颍川荀氏、汝南许氏、范阳卢氏、博陵崔氏、江夏黄氏、东海刘氏、琅邪王氏、太原王氏等，皆属大族，而且世居关东，被称为关东大族，其中以袁、杨、荀为最。他们是东汉大族群体的核心，也是整个帝国中枢权力的实际左右者。

弘农杨氏，《后汉书·杨震传》记载："杨震字伯起，弘农华阴人也。八世祖喜，高祖时有功，封赤泉侯……震少好学，受欧阳尚书于太常桓郁，明经博览，无不穷究。"弘农属司隶部，杨氏在西汉时便是当地的豪强大族。从东汉杨震开始，杨氏开始走出地方，被朝廷登用。杨震官至太尉，其子秉代刘矩为太尉。秉子赐代刘郃为司徒，又代张温为司空。赐子彪代董卓为司空，又代黄琬为司徒，代淳于嘉为司空，代朱儁为太尉，录尚书事。自杨震到杨彪"凡四世，皆为三公"。

颍川荀氏，《后汉书·荀淑传》记载："荀淑字季和，颍川颍阴人，荀卿（荀卿子）十一世孙也。"颍川属豫州，荀氏是当地的豪族，也是当时名望很高的大姓名士。同传记载："（淑）有子八人：俭、绲、靖、焘、汪、爽、肃、专，并有名称，时人谓'八龙'。"荀爽"年十二，能通《春秋》《论语》"，被董卓拜为司空。荀俭子悦"年十二，能说《春秋》"，献帝时被任命为侍中。荀绲做过济南相（相当于太守），子或，被曹操任命为侍中光禄大夫。荀或的族弟荀攸，被曹操任命为尚书令。

荀淑哥哥的儿子荀昱做过沛国相，荀昙做过广陵太守。"兄弟皆正身疾恶，志除阉宦。"

袁绍的高祖父袁安，"好学有威重"，担任过东汉王朝的司空，又做过司徒。其子袁敞、袁京都作为司空。京子袁汤也为司空，后拜太尉，封安国亭侯。汤子袁逢也为司空。袁逢的弟弟袁隗比哥哥先做到三公，官至太傅。自袁安到袁逢、袁隗，袁氏"四世五公"，比杨氏多一公。

可以看出，关东大族除了出身豪门，世代为官，还有一个非常重要的现象，就是以"经术传世"，忠烈成风，虽然家族世居高官，海内名士却认为是官得其人。《三国志·魏书·二袁传》注引《魏书》说："自（袁）安以下，皆博爱容众，无所拣择；宾客入其门，无贤愚皆得所欲，为天下所归。"

袁、杨、荀等氏所以能形成关东的世家大族，就是在发展过程中，以"经学传家"，并得到了"士林、学门"的认可，已经演化成大姓名士家族了。

富二代："豪侠"袁绍的另类生活

杨氏、袁氏，尤其是袁氏，成为当时关东大族的领袖。《三国志·魏书·二袁传》说："自安以下四世居三公位，由是势倾天下。"袁绍在政治上有着这样的优势，按照当时的通例，展现在他面前的，必然是一片锦绣前程。但是，优势又带着劣势，而且在当时看，是个致命的弱点。

同传注引《魏书》说："绍（袁）即逢之庶子，（袁）术异母兄也，出后（袁）成为子。"袁绍不是袁逢的嫡子，而是庶出的，出生后就过继给袁成，袁成是袁逢的哥哥，官至五官中郎将。在当时"子以母贵"的礼法传统下，袁绍是很难得到人们重视的，所以生父才将其过继给袁成。袁逢的嫡子袁术，对袁绍也十分轻视，这是兄弟反目的原因之一。

后来袁绍的政敌，尤其是袁术和公孙瓒，利用这点，对其大肆攻击。当时二袁已经失和，袁术占据南阳，与远在河北的公孙瓒结盟；袁绍与南边的刘表联合，互相牵制。《三国志·魏书·二袁传》说："其兄弟携贰，舍近交远如此。"《后汉书·袁术传》记载，袁术看见豪杰大多归附袁绍，愤怒之下，曾经说："群竖不吾从，而从吾家奴乎！"又写信给公孙瓒说："绍非袁氏子。"袁术将堂兄称为"家奴"，又公开表示袁绍不是袁家的合法继承人，等于以袁氏嫡子的身份将庶出的袁绍驱逐出家族门外，袁绍听后"大怒"。

袁绍的另一个政敌公孙瓒，当时正与袁绍争夺河北地区，也公开上疏汉献帝，指责袁绍。《后汉书·公孙瓒传》记载，公孙瓒上疏说："《春秋》之义，子以母贵，绍母亲为傅婢，地实微贱。"

袁绍的生母是"傅婢"，身份低贱，在当时士人，尤其是大族眼里，这是关系到纲常的大问题。因此，袁术才能站在袁氏嫡子的立场，称袁绍为"家奴""非袁氏子"。公孙瓒也才根据《春秋》大义，作出袁绍"地实微贱"的结论。袁绍对自己这个致命的弱点，非常清楚。为此，他刻意为自己制造名声，凡是有损他的舆论，更竭力避免与掩盖。所以，当他听到袁术指责自己的痛处，立刻"大怒"。

《后汉书·许劭传》记载："同郡袁绍。公族豪侠，去濮阳令归，车徒甚盛，将入郡界，乃谢遣宾客，曰：'吾舆服岂可使许子见。'遂单车归家"。许子即许劭，同传说："许劭字子将，汝南平舆人也。少峻名节，好人伦。多所赏识。"许劭是当时的名士，在士林学门中的声望很高，与郭泰齐名，"天下言拔士者，咸称许、郭"。同时，他和从兄许靖，擅长评论人物，又是所谓月旦评的主持者。同传说："劭与靖俱有高名，好共核论乡党人物，每月辄更其品题，故汝南俗有月旦评焉。"乡党人物即当时的名人，许劭对他们的评论在当时社会的影响非常大。这种"车徒甚盛"的贵公子行为，许劭必然会加以非议，袁绍自然不愿意被其所见，以免引起自己的负面舆论。

《三国志·魏书·二袁传》记载："（袁绍）幼使为郎，弱冠除濮阳长，有清名。"这是袁绍养名的另一种表现。

东汉时期以孝治天下，袁绍抓住这点，大做文章，竭力展现自己的孝行。《三国志·魏书·二袁传》记载："遭母丧，服竟，又追行父服，凡在冢庐六年。"这是袁绍掩盖出身劣势刻意而为的表演。"绍为庶出，此必其嫡母也。然汉臣久不服亲丧，绍为母服三年丧，又能追行父服，此正绍少年养名之时也。"（《三国志集解》引周寿昌言）据《三国志·魏书·武帝纪》注引皇甫谧《逸士传》记载，早在庐墓之前，袁绍的母亲"归葬汝南……会者三万人"，这说明袁绍在当时已经有很大的号召力了。

所谓"养名"，就是袁绍为克服出身"傅婢"的弱点采取的补救措施，从这三条史料来看，应该说是相当成功的。

"养名"只是袁绍作为豪侠的一面，因为在这个战乱与机遇并存的时代，仅仅做一名世族贵戚的代表人物是不够的，除了"养名"，豪侠袁绍的另一面就是"养士"。

《后汉书·袁绍传》记载："服阕（服丧期满），徒居洛阳。绍有姿貌威容，爱士养名。"《三国志·魏书·二袁传》又说："不妄通宾客，非海内知名，不得相见。"同传注引《英雄记》说："（绍）又好游侠，与张孟卓（邈）、何伯求（颙）、吴子卿、许子远（攸）、伍德瑜（伍琼或伍孚）等皆为奔走之友。"伍德瑜为伍琼或伍孚，其余三人，据惠栋《后汉书补注》卷十七说："孟卓名邈，伯求名顒，子远名攸，子卿未详其名。"

除了吴子卿不详，其他四人都是袁绍的"死士"，是所谓游侠中的"豪杰"，当然，袁绍的"奔走之友"肯定不止这四人。此外，袁绍在洛阳时另一个重要朋友，就是曹操，他也是一位游侠。

养名、养士只是袁绍游侠性格的一个方面。《后汉书·袁绍传》是这样总结袁绍游侠生涯的："绍有姿貌威容，爱士养名。既累世台司，宾客所归，加倾心折节，莫不争赴其庭，士无贵贱，与之抗礼，辎軿柴毂，填接街陌。"同时，《后汉书·何顒传》也记载，当党锢之祸开始后，"清流派"大族遭到宦官疯狂打击，袁绍对"变姓名，亡匿汝南"的何顒，不但"私与往来"，结成"奔走之友"，并与"私入洛阳"的何顒计议，对"穷困闭厄"的清流党人进行援助，"以济其患"；至于"被掩捕"的党人，他们又"广设权计，使得逃隐"。在袁绍、何顒的解救下，当时遭到迫害的党人，"全免者甚众"。这种冒着被党人牵连、可能遭到宦官集团杀害的行为，正是荀悦所说的汉末游侠最高道德准则的体现，即"以救时难而济同类"。

《后汉书·袁绍传》记载："内官（宦官）皆恶之。中常侍赵忠言于省内曰：'袁本初坐作声价，好养死士，不知此儿终欲何作。'"叔父太傅袁隗担心袁绍的行为危及整个家族，"闻而呼绍，以忠言责之"，但袁绍"终不改"。这时的袁绍面临内外的巨大压力，外部是权势熏天的大宦官赵忠；内部是袁氏的族长袁隗。在这种严峻的考验下，袁绍依然坚守游侠的本色，态度坚决。

这样看，袁绍不仅是一位"豪侠"，还是豪族中的杰出人士，即所谓的"豪杰"。当他在洛阳崭露头角的时候，所接纳的也主要是这两类人，并得到了他们的拥护，成为反宦官势力的领袖。逐渐地，聚集在袁绍周围的"游侠集团"形成了，这个集团的核心是袁绍，仅次于他的是曹操。这才有了上面赵忠对袁隗"不知此儿终欲何作"的警示。这说明，袁绍的"游侠集团"其实就是党锢之祸后，被宦官集团残酷镇压的清流派名士的延续，目的很明确，就是要铲除宦官集团，是名士集团反对宦官斗争的继续。

乱世枭雄：“豪侠”曹操的政治抱负

袁绍的朋友曹操，出身大官僚家庭，但是，与袁绍一样，他也有一个非常致命的弱点，成为阻碍其发展的潜在危机。曹操的父亲曹嵩是大宦官曹腾的养子，《三国志·魏书·武帝纪》记载：“（曹操）莫能审其生出本末”，这说明曹操的来历不详。“建安七子”之一的陈琳，在后来所写的《为袁绍檄豫州》文中，曾讥斥曹嵩是“乞匄携养”，而曹操是“赘阉遗丑”，直指曹操出身于大宦官家庭。按照常理，曹操应该是宦官集团的代表，为什么却得到那些反宦官大族的推重和信任，并参与了诛灭宦官的政治运动呢？原因很清楚，曹操很早便与袁绍建立起盟友的关系。

首先，两人都是游侠，性格、价值取向、志趣相同，这是他们在洛阳建立友谊的性格基础。《三国志·魏书·武帝纪》记载：“太祖（曹操）少机警，有权数，而任侠放荡。”同书《二袁传》记载：“（袁绍）能折节下士，士多附之。太祖（曹操）少与交焉。”由于袁绍也是一名志向远大的“游侠之士”，能“折节下士”，曹操成了袁绍的盟友。而游侠，也是曹操不愿意与宦官为党的性格基础。

其次，两人都出身豪门，是大官僚家庭的公子。《三国志·魏书·武帝纪》注引《续汉书》记载，曹操的父亲曹嵩曾经为“司隶校尉，灵帝擢拜大司农、大鸿胪，代崔烈为太尉”。曹嵩官至三公，袁绍的父亲袁逢也是三公，这是两人建立友谊的政治基础。

曹操与袁绍都是“豪侠”，以此为基础，为了摆脱出身的弱点，曹操很早便与出身名士家族的袁绍建立了亲密友谊，利用袁氏家族的名望与袁绍的号召力抬高自己，最终成为反宦官集团的核心成员。

有一条故事性的史料从侧面反映了游侠另一个特点，就是“放荡不羁，不拘小节”。这点在曹操身上表现得尤为突出。《世说新语·假谲》记载：“魏武（曹操）少时，尝与袁绍好为游侠，观人新婚，因潜入主人园中，夜叫呼云：‘有偷儿贼！’青庐中人皆出观，魏武乃入，抽刃劫新妇与（袁）绍还出，失道，坠枳棘中，绍不能得动，（曹操）复大叫云‘偷儿在此！’绍惶迫自掷出，遂以俱免。”

尽管这个故事的真实性值得怀疑，但是从中可以反映出曹操与袁绍之间的关系，也能看出当时游侠放荡的一面，并展现了曹操个人的机警和权变。这种放荡豁达，成大事者不拘小节的性格，在曹操的军事生涯中演变成了通达权变，善于出奇制胜的能力，与他运筹演谋，鞭挞宇内，不念旧恶，善于用人的能力相得益彰，一起发挥功效，使其成为乱世中的枭雄，成就了宏图大业。

　　东汉末年，整个帝国正在经历一场社会改造运动，在中央朝廷，宦官成为矛盾的焦点。从东汉中期，反对宦官的斗争一直没有停息。谁能够挺身而出，反对宦官，谁就能得到大族和名士的信任和拥护。当时，大族群体中有才能的人，都面临着选择。东汉后期，尤其是党锢之祸后，宦官权力不断膨胀，家属窃据高位，横行郡国，不仅为民众所切齿，更损害了地方大姓豪族的利益。这时的曹操不是与宦官同流合污，也不是苟且默默、得过且过，他表现出了游侠之士忧思国家的一面，起而反对宦官。但是，正如前说，曹操出身于大宦官家庭，即使选择后者，人们也会以怀疑的眼光看待这种行为，家庭出身无疑成为加在曹操身上的一个标签。

　　如何取得士人的信任呢？这是曹操首先要解决的问题。

"宣传与行动"：曹操的崛起之路

　　对于才能出众，抱负远大的曹操而言，他十分清楚，在这个社会舆论具有很大支配力的时代，必须要广泛地为自己制造正面舆论，才能得到士人的信任和拥护，参与到反宦官的斗争中去。因此，曹操选择了与袁绍交好。何颙也是在曹操尚默默无名时，少数看重他的人之一。《后汉书·何颙传》记载："颙见曹操，叹曰'汉家将亡，安天下者必此人也'"。但是，按当时的条件，袁绍与何颙还没有能力普遍地为曹操制造舆论，让士人接纳。这时，曹操看中了一个极有影响力的人物——太尉桥玄。

　　《后汉书·桥玄传》记载："初，曹操微时，人莫知者，尝往候（桥）玄，玄见而异焉，谓曰：'今天下将乱，安生民者，其在君乎！'（曹）操常感其知己。"《三国志·魏书·武帝纪》记载，曹操作祭文悼念桥玄，特别提到："吾以幼年，逮并堂室，特以顽鄙之姿，为大君子所纳，增荣益观，皆由奖助……士死知己，怀此无忘。"桥玄在当时大族群体中的威望极高，被称为"知人"的"名臣"，他对某人的评价，往往具有广泛的影响力。曹操在祭文中也承认，自己之所以能"增荣"，受到士人的重视，都是因为桥玄"奖助"。

桥玄的赞誉只是让曹操在士人面前崭露头角，要想得到社会层面更广泛的承认，必须得到当时名士的赞赏。在桥玄的推荐下，曹操又获得了许劭的赞誉。《三国志·魏书·武帝纪》注引《世语》记载："玄谓太祖（曹操）曰：'君未有名，可交许子将。'太祖乃造（访）子将，子将纳焉，由是知名。"前面说过，许子将即许劭，是与郭泰齐名的善于识别人才的名士，又是所谓月旦评的主持者之一，他对人物的评论，在当时影响巨大。《后汉书·许劭传》记载许劭评价曹操："君（曹操）清平之奸贼，乱世之英雄。"许劭的赞誉，自然引起士人对曹操普遍的重视，从"君未有名"到"由是知名"，就是许劭为其制造舆论的结果。

除了借助别人为自己制造舆论，曹操还通过实际行动为自己增加知名度。就在曹操得到许劭的赞誉不久，便被朝廷举孝廉为郎，担任洛阳北都尉，迁顿丘令。据《三国志·魏书·武帝纪》注引《曹瞒传》和《魏书》记载，曹操在洛阳时，"不避豪强"，曾诛杀过大宦官蹇硕的叔父，得到人们的"称荐"。后以"能明古学"，又被朝廷征为议郎。在社会舆论极其有利的条件下，曹操抓住时机，在担任议郎时，开始举起反宦官的旗帜。

同传注引《魏书》记载，汉灵帝建宁二年（169）第二次党锢之祸后，"清流派"大族遭到宦官残酷镇压，策划者大将军窦武、太傅陈蕃先后被害。曹操却不畏宦官权势，上书灵帝"陈（窦）武等正直而见陷害"，并斥责宦官"奸邪盈朝，善人壅塞"。

《后汉书·刘陶传》记载，汉灵帝光和五年（182）"（朝廷）诏公卿以谣言举刺史二千石为民蠹害者"。当时，太尉许馘、司空张济接受宦官贿赂，包庇其子弟。陈耽与议郎曹操上书灵帝，指控许馘和张济，并说"公卿所举，率党其私，所谓放鸱枭而囚鸾凤……宦官怨之，遂诬陷（陈）耽死狱中"。曹操不畏强暴，连续上书，斥责宦官。

这些不畏权势的行为，与上面袁绍保护党人的行为一样，都是游侠性格的充分反映，立刻得到了士人的赞誉。这样，在以袁绍为首的政治集团中，曹操逐渐成为仅次于袁绍的核心人物，参加了当时的反宦官斗争。此后，曹操以骑都尉的身份率军镇压颍川的黄巾军，被朝廷迁为济南相，再后来就是与袁绍分别担任西园八校尉，曹操是典军校尉，袁绍是佐军校尉。

从以上对袁绍、曹操的描述，我们可以大致勾勒出游侠的基本性格特征。荀悦《汉纪》卷十记载："立气势，作威福，结私交，以立强于世者，谓之游侠。"又说："游侠之本，生于武毅，不挠久要，不忘平生之言，见危授命，以救时难而济同类，以正行之者谓之武毅，其失之甚者至于为盗贼也。"荀悦是汉末人士，表面上论述的是西汉的游侠，其实是当时游侠风尚的真实反映。当时的游侠，除去那些"其失之甚者至于为盗贼也"的"轻侠"外，就是所谓的"武毅"之人。他们有的在朝廷做官，有的像袁绍、曹操那样出身豪门，有的是"家富于财"的"长者"，还有一些就是出身寒门的游侠。他们虽然出身和社会角色各异，但都能够"以救时难而济同类"，这与西汉游侠是有区别的。

姊妹花：东汉群雄争霸中的豪杰

游侠的第二类就是豪杰。"豪杰"一词在西汉时代就已经出现，《淮南子·泰族训》记载："故智过万人者谓之英，千人者为之俊，百人者谓之豪，十人者谓之杰。"在东汉末期这个战乱时代，这个词就具有了时代赋予的特殊意义，指豪族中的杰出的人物。

《后汉书·何进传》记载："（何进）以袁氏累世宠贵，海内所归，而（袁）绍素善养士，能得豪杰用，其从弟虎贲中郎将（袁）术亦尚气侠，故并厚待之。因复博征智谋之士逢纪、何颙、荀攸等，与同腹心。"这是袁绍应大将军何进之邀，得到重用的原因，即袁绍能得到豪杰的拥护。同传又说袁绍等向何进进献消灭宦官的建议："绍等又为画策，多召四方猛将及诸豪杰，使并引兵向京城，以胁太后。"所召的有"前将军董卓……东郡太守桥瑁……武猛都尉丁原……又使府掾太山王匡东发其郡强弩"。董卓、丁原尽管也是游侠，但一个出身"边鄙"的凉州；一个出身寒族，在关东大族眼中只属于猛将。桥瑁、王匡才是豪杰。

《三国志·魏书·武帝纪》注引《英雄记》说："（桥）瑁字元伟，（桥）玄族子，先为兖州刺史，甚有威惠。"同传又说："（王）匡字公节，泰山人，轻财好施，以任侠闻。"这样看，桥瑁、王匡当然不是"猛将"，而是在"诸豪杰"之列。同时，王匡"轻财好施"，又具有豪侠的特征。以王匡、袁绍为例，豪侠与豪杰既有联系又有区别。

除了这两人外，上面所提到的袁绍"奔走之友"，也属于豪杰之列。

张邈。《三国志·魏书·张邈传》记载："张邈字孟卓，东平寿张人也。少以侠闻，振穷救急，倾家无爱，士多归之。太祖（曹操）、袁绍皆与邈友。"《后汉书·郑太传》中郑泰对董卓说："张孟卓东平长者。"梁章钜在其《称谓录》中说："汉人旧语，多以长者为富贵之称。"《后汉书·党锢列传》将张邈列为"八厨"之一，"厨者，言能以财救人者也"。东平属兖州，说明张邈是当地的豪族，同时又是豪族中的杰出人士。张邈是当时著名的豪杰游侠，"振穷救急"，"以财救人"正是豪杰的行为特征。

何颙。《后汉书·何颙传》记载："何颙字伯求，南阳襄乡人也。"《三国志·魏书·荀攸传》注引张璠《汉纪》记载："（何颙）少与郭泰、贾彪等游学洛阳，泰等与同风好。颙显名太学，于是中朝名臣太傅陈蕃、司隶李膺等皆深接之。"南阳属荆州，何颙应该是当地的豪族。同时，他还是太学生中一名杰出人士，与太学生领袖郭泰等是好友，而且得到了"清流派"大族领袖陈、李的赏识。

党锢之祸后，何颙被迫变换姓名，逃亡到汝南，"所至皆交结其豪杰"。而且还冒着生命危险，多次潜入洛阳，与袁绍商议搭救"清流派"党人的计划。同传记载："（何）颙常岁再三私入洛阳，从（袁）绍计议，为诸穷窘之士解释患祸。而袁术亦豪侠，与（袁）绍争名。颙未常造术，术深恨之。"何颙的这种行为，既是游侠精神的体现；同时也是豪杰振穷救急性格的一种展现。《后汉书·何颙传》记载了他代好友虞伟高报父仇的故事，更好地诠释了其豪杰性格的一面。

许攸。许攸与何颙同乡，荆州南阳人，是当地的豪族，与何颙一样，也是一位名士。何颙说："攸字子远，少与袁绍及太祖（曹操）善。"事实上，许攸与曹操的关系更为密切。据《三国志·魏书·武帝纪》注引司马彪《九州春秋》记载，汉灵帝中平五年（188），当时许攸在河北，与冀州刺史王芬、陈蕃的儿子陈逸等人联络当地豪杰，打算乘灵帝到河间巡视的时机起兵，废灵帝，立合肥侯，并一举诛灭宦官。这次策划，许攸曾约曹操参加，可以看出两人之间的关系非比寻常。也反映了许攸"不忘平生之言，见危授命，以救时难"的游侠精神。

许攸与何颙的关系十分密切。前面提到，袁术因为何颙到洛阳不去拜访他，对其十分憎恨。曾当着众人的面"数颙三罪"，其一就是"许子远（许攸）凶淫之人，性行不纯，而伯求（何颙）亲之"。《三国志·魏书·荀攸传》注引《汉末名士录》记载，曾经与许攸一起策划"废灵帝，诛宦官"的陶丘洪挺身而出，为许攸、何颙辩解道："（许攸）赴难不惮濡足……济难则以子远为宗。""赴难"就是"救时难"，"济难"就是"济同类"，许攸在河北策划这件事，正是践行了游侠精神的最高准则。许攸与何颙志趣相同，属于同一类型的人，即所谓豪杰。

从袁绍、曹操到张邈、何颙、许攸，他们之间具有一定的共同点。首先，他们都出身豪门，是当时知名的游侠之士，将"以救时难而济同类"作为最高行为准则，具有相同的志趣与价值观。其次，在行为上，张邈是"清流派"党人，被列为"八厨"之一；何颙虽然是太学生，但与党人过往甚密，更是在党锢之祸中遭到宦官的迫害逃亡在外；许攸，早在河北就曾经策划了诛灭宦官的行动；袁绍、曹操所进行的反宦官斗争，则更加坚决。不难看出，这五人，包括"奔走之友"的伍琼，他们之间不仅限于朋友关系，而是组成了一个以游侠精神为纽带，以袁绍和曹操为首的政治集团。目标很明确，就是以诛灭宦官为己任、解决东汉帝国的内忧外患。

除了以上列举的六位豪杰外，《三国志》所记载的李典、李通、吕虔、许褚、臧霸、鲍信、任峻、乐进等，董卓集团中的胡轸，还有孙氏集团内的诸将，都是所谓的"豪杰"。

其中李典、李通、吕虔、许褚、臧霸都是当地的豪族，在汉末都组建了自己的私兵部队，具有了豪族领主化的倾向。最后，这些民间自治集团都原封不动地加入了曹操集团，成为其武装力量的重要来源之一，并有效地发挥了战斗力。

我们看到，豪杰是豪侠的一种变体，与豪侠具有相同的出身和价值取向，正因为如此，豪侠与豪杰具有天生的结合基础，能结成稳定的联盟；同时豪杰又具有个人的侠义精神，轻财好施、振穷救急、重视友情、不畏生死，这是其突出的人格特征。正因为如此，豪杰才能成为豪侠的可靠盟友和助手，协助豪侠实现政治抱负。

春秋战国的游侠之风

那么，汉末的"任侠精神"从何而来呢？它发源于春秋末期至秦汉之间的"游侠之风"。

提到东周时代的养士风尚，任何人都会联想起"以食客数千人"著称的战国四公子政治势力结成的人际纽带。四公子既拥有贵族卿相的身份，又能谦恭礼士，争相蓄养门客数千人，并以任侠的高名成为那个时代的知名人士。依赖这样的新型人际结合关系，四公子形成了强大的势力，甚至连各国国君对这四位公子，都要谦让三分。《史记·魏公子列传》说："诸侯以公子贤，多客，不敢加兵。"在这些养士集团所掌握的这种人际结合关系中，"士"，即那些被四公子所蓄养的门客，成为集团的重要组成部分。其实，从文献上看，像战国四公子那样的养士之风，早在春秋中期以后就已见端倪。

《左传·襄公二十一年》记载，晋国栾氏的最后一位宗主栾怀子（盈），"好施，士多归之"，由于养士太多，遂暗暗形成一个强大的势力，不仅威胁了晋君，还引起其他卿大夫的警觉。同为晋实权大族的范氏，"畏其多士"，遂先发制人，将栾氏及其党羽放逐到国外。后来栾氏返回晋国，率领自己的养士，发动内乱，结果失败，栾氏被灭。《左氏会笺》引秦代的魏禧之言，认为"三代以来，养死士众者未之有，其风由栾怀子始，所谓开自四公子，非也"。大概栾氏是养士风尚的鼻祖。

春秋中期以后，贵族社会处于解体过程中，不断产生数量庞大的落魄士人，这个阶层的壮大，更加促进了由春秋末期到战国时期的社会大变革。他们和从旧秩序（领主封建制）离开的、极其多元的游民阶层合流，产生了更加复杂和多样化的身份，但是在"破落"这一点上，两个阶层具有共同的新游民的特点。

这些新游民就是"任侠精神"的最初来源。

战国时代，是民间任侠好勇风气的蔓延期。那些春秋时代被看作下级武士的曹沫、提弥明、翳桑的饥人灵辄、督戎等冒死报效主人的侠士之风，在进入战国后，演变为身怀利刃、慷慨就义的任侠好勇之风，并且波及下层百姓群体。因此，由"养士"到"任侠"，士最终演变为侠，战国时代就成为"任侠精神"的雏形期。

徐灏在《说文解字注笺》中说："侠，古但为夹，持之字也。战国之世，任侠之风盛行，乃别其义，谓之任侠。挟负气力，以任事自雄也。"这样看，在战国前，侠与夹同，语义方面仅表示持的意思。但进入战国后，由于任侠之风盛行，才具有了气和力的含义。这已经具有了两汉三国时代"游侠"的部分特征了。

韩非子在《五蠹篇》中对侠做了进一步的阐释，他说："儒以文乱法，侠以武犯禁，而人主兼礼之。"所谓侠的具体含义，韩非子在记"廉贞之行"中继续说："今兄弟被侵，必攻者廉也；知友被辱，随仇者贞也。"他又将具有这种廉贞之行的侠者，用"带剑者"的语言来表现，说他们"聚徒属，立节操，以显其名，而犯五官之禁"。看来，这些侠客很执着，需要的是名声，为了出名不惜触犯法禁。

韩非子在《显学篇》中又详细地描述了这个群体的画像，他说："国平则养儒、侠"，其侠是"自好之士……家斗之勇…立节参民，执操不侵，怨言过于耳，必随之以剑，世主必从而礼之"。所谓"世主必从而礼之"的具体内容，就是《五蠹篇》的"群侠以私养剑"。这进一步说明了侠客群体的价值取向，非常注意保护自己的名声，为了名声，一切皆可为，甚至不惜用剑杀死诽谤和怨恨自己的人。这样，才能博得主人的器重。

那么什么是"任"呢？据《说文》说：任即为保，而保本义是抱，可以引申为"保举"的意思，即保护他人、对他人负责的含义。战国末期，最明确地采用任的这样的事例见于《墨子·经上》："任，士损己而益所为也"，就是指无视自身利益而为别人尽力的意思。也就是牺牲自己去解救他人的困境，这是一种大无畏的崇高的伦理行为。

而且这种保护他人的行为可以不看对象，不问原因，只要别人有所求，便会义无反顾地施以援手。《韩非子·六反篇》说："活贼匿奸，当死之民也，而世尊之曰任誉之士。"以藏匿请求庇护的亡命罪人为己任，这就是任，做到这一点，就能称为"任侠"。

我们看到，"任"在战国末期与"侠"具有天然的联系。当时人们所理解的战国时代的"任客"，应该是指凭借私剑勇武立威于乡里，并且聚集和自己有私交的党徒为伴。如果遇到宗族或朋友受到侵害，便会愤怒而起，用手中的剑对付敌人，所以知名度很高，称雄州里，成为民间秩序的维护者。由于和其他任侠结成私交，又具有节操，即使触犯法禁，在民众中依然享有崇高的声望。所谓任，是指结成这种以信义为基础的私交，一旦结交，便意味着对他人要担负责任，可以不顾个人安危而交友，可以救朋友之急，可以身藏逃亡的罪人。这些"任侠"，作为战国时代社会状况的一个显著特征，就是韩非子说的那些不勤劳又无战功，却总是干涉民间秩序的维护，并且受到了社会称赞的游民阶层。韩非子认为儒和侠都是妨碍自己主张的强化君权的毒瘤，应该严厉打击，说明战国时代民间的好勇任侠之风已经成为一种流行的社会价值取向，不仅盛兴而且可能已经习俗化。

战国时代的卿相权贵正是利用了这种"任侠风尚"，将这些布衣游侠网罗到自己门下，作为扩张自己势力的爪牙。《史记·刺客列传》说，这些权贵对他们："卑礼厚币，倾心与之交结。"逐渐，这种任侠风尚也影响了这些权贵的价值取向，深深地浸透到他们心中，使他们更愿意与这些游侠交往，只要他们喜欢，只要对方有不同寻常之处，身份的高低也无所谓。比如严仲子身为韩国的重臣，却与屠夫侠士聂政结交。

从战国时代的任侠风尚看，当时的游侠已经具备了两汉三国时代游侠的某些特征，但尚处在形成期，形式大于内容，外延重于内涵，影响力主要局限在底层社会和民间，还没有力量和意识将这种价值取向释放到国家、政治和文化层面。只是风尚，还不能形成具有独立意识的"任侠精神"。似乎与两汉三国的"轻侠"很相似，不具备完成社会改造和社会变革的重任。但到了战国末期，尤其是秦汉之交的时代，任侠风尚得到了一次质的飞跃和完美的释放，成为社会变革和新的政治秩序建立的助推器。为两汉，特别是东汉末三国时代的任侠精神的健康成长打下了坚实的基础。

游侠的早期形态：秦汉之交的"任侠精神"

我们在开头部分提到的《史记·太史公自序》中所说的朱家、剧孟、郭解等闾巷游侠，在一定意义上，与战国四公子客卿集团是同一性质的社会共同体。一方面，它们是以贵族、卿相为中心形成的，被当作左右战国实际政治的重要势力；另一方面，它又是以闾巷布衣豪侠为主要构成，作为隐匿于民间的地方势力存在。换句话说，上述所谓养客、结客所包含的固有人际结合关系，并非仅仅以贵族、卿相等权力者为中心，更重要的是，它作为组织系统，是从战国末到汉代民间社会广泛存在的、各具规模的、以豪侠土豪（县级豪侠）为中心的地方群小势力，并在乡曲中转变为强者的秩序。

王夫之在《读通鉴论·卷三》中说："游侠之兴起，上（特指国家）不能养民，而游侠之养也。秦灭王侯，奖货殖，民乍失侯王之主而无归，富而豪者起而邀之，而侠遂横于天下。"《史记·游侠列传》中也说："儒、墨皆排摈不载，自秦以前，匹夫之侠，湮灭不见。"在战国末和秦统一后，那些富豪填补了社会秩序的真空，将那些被政治秩序排挤的游侠招揽到自己门下，渐渐形成游离于国家秩序外的地方势力集团。相伴随的，就是寄生在豪族门下游侠群体的壮大，渐渐的这些豪族也有了侠的精神，逐渐演化为游侠群体的核心，即豪侠。但是这些豪侠对社会的影响力还仅仅局限在地方，更谈不上对国家政治秩序的改造了。但是，到了秦汉之交出现了新的政治局面，这些以豪侠为核心的地方势力，逐渐成为重要的政治角色而登上历史舞台了。

秦末为反抗苛政，四处蜂起的群雄，与韩非子所说的乡曲豪侠带剑立节，召集徒党的状况是一致的，都是以固有的人际结合关系为基础的。例如在赵地，拥立原赵王宗族赵歇的北方枭雄张耳，年轻的时候，曾经在战国四公子之一的魏信陵君门下，也是游走于大梁的游侠，后亡命寄身于外黄地，娶了当地富豪的女儿为妻，并得到了妻子家族的财力援助，才能招"致千里客"。而通过招养的众多门客，一跃成为外黄地不可忽视的一股地方势力，成功转型为豪侠了，声望日隆，成为当地的显赫人物。不久，张耳趁陈涉、吴广农民起义的混乱局面，回到赵地，纠集赵地诸县中的各种大小势力，逐渐发展壮大成一股民间军事势力。《史记·张耳陈馀列传》说："其（张耳）宾客厮役，莫非天下俊杰……赵人多为张耳、陈馀耳目者。"尤其是张耳的门客贯高、赵午等六十余人，能承立重诺，不屈于权势，以死解救张耳的儿子张敖于困境，成为一段佳话。这些都表明，张耳在赵地的势力，是以任侠为人际结合关系基础的。张耳是豪侠，他的门客自然是游侠。

当时在齐地称王的田氏一族，像田儋、田荣、田横都是豪侠。《史记·田横列传》说，田横以任侠气节得到了士人的拥戴，所谓"慕田横之义"来归顺的五百门客，后来竟然不肯归服汉朝，为报答田横而纷纷自尽了。这五百壮士的高洁成为后世仰慕的典范。田横是豪侠，这些门客壮士必然也是游侠。

齐晋大地有豪侠，任侠风尚不盛的楚地在战国末期居然也出了豪侠。拥立原楚王后人的亡命贵族项梁、项羽等人，逐渐成为楚地的一大地方势力。《史记·项羽本纪》说，项梁曾经犯了杀人罪，亡命吴中，在吴中召集众多宾客子弟，形成了"阴养死士九十人"的气势，"吴中贤大夫皆出项梁下"。这样的地方势力，就是项梁、项羽集团起家的最初资本。

西汉的缔造者，起于沛县的刘邦势力集团，就其社会性格来看，也属于游侠集团。这样看，秦末群雄争霸，以及后来的楚汉之争，其实就是各个地方游侠集团的权力角逐。一旦游侠参与了政治秩序的改造，历史也就赋予了这个群体新的社会内涵，进而使"任侠风尚"演化为"任侠精神"。

人以群分：刘邦集团与游侠

《史记·高祖本纪》对刘邦年轻时的情况进行了生动的描述："仁而爱人，喜施，意豁（豁达）如也。常有大度，不事家人生产作业。"刘邦建立西汉后，对父亲回忆自己年轻时的情状，回答说："始大人（刘邦的父亲）常以臣无赖，不能治产业。"《楚元王世家》《韩信卢绾列传》都提到刘邦年轻时屡屡犯罪，常常出游乡里，四处寄食。这些记录表明，年轻时的刘邦是个不事产业的无赖游民。更能直观地反映刘邦游民性质的是《张耳陈馀列传》，其中提到年轻的刘邦，常跟从外黄的游侠张耳交游。《陈丞相世家》更加明确地提到，刘邦跟县豪王陵结交，常常跟随王陵左右，以王陵为兄长。所谓县豪，应当是沛县的土豪，也就是县级豪侠。王陵的性格是"少文，任气"，完全符合游侠的特征。

这样看，刘邦年轻时常常穿梭于这些游侠群体中，从他"仁而爱人，喜施"的性格看，刘邦已经被这些游侠影响，充满了豪气和豁达的任侠精神。但仅仅从这些文献中，还不能充分说明秦汉之交崛起于沛县的刘邦民间军事集团已经形成。游侠所掌握的社会势力还要经过一系列的催化才能演变为一种军事实力，因为需要填补若干个空白。但有一点可以表明，正是因为刘邦混迹于这种游侠社会，由游侠势力的暗中推举，一跃成为泗水亭长，一脚踏入了政界。

亭统辖若干里，主要是为了维持治安所设置的警察机构，也是秦汉时期地方统治最基层的组织。根据《汉官仪》记载，亭长是这个基层组织的首长，"主求捕盗贼"，是携带武器、负责所在村落安全的武吏。从实际任亭长的情况来看，惯例是让行为果断、壮年好勇的游侠担任亭长掌管乡曲，这对于理解秦汉时期地方秩序的属性具有重要意义。并非只有刘邦如此，在《汉书》《后汉书》的此类记载中，担任亭长职务的人，以善于召集徒属，能立威于乡曲的好勇轻侠居多，这一点将在后面展开介绍。但无论是豪侠还是轻侠，虽然社会阶层不同，但群体属性是相同的，都是所谓的游侠。这样看，刘邦可能属于轻侠序列。他们各自基于任侠的人际关系联结，组成徒属群体，通过与政府最基层机构的结合来扩展势力，亭长刘邦也不例外。

刘邦利用亭长的身份，通过和郡县掾属以下的下级役人的结合，在沛县的掾吏之间扩大自己的人脉和影响力。在刘邦担任亭长以前，沛县的主吏掾（功曹掾）萧何就因为刘邦犯罪，常常"以吏事护"，保护和帮助刘邦，并且在刘邦当了亭长以后依然不断地资助他。通过萧何，刘邦还结识了更有名的沛县狱掾曹参；还有沛县的掌控者，就是那位后来成为县吏，替刘邦扛罪的夏侯婴；以及沛县狱吏任敖；等等。刘邦与沛县的豪吏之间广结良缘，私交深厚，逐渐形成了一个以刘邦为代言人的游侠势力群体，这个群体的联结纽带便是"任侠精神"。

刘邦不仅在自己的管辖范围内建立了自治小团体，还跨地盘结交。比如刘邦在其他地方与当地的无赖轻侠相结合，以他们为徒属形成了另一股小势力，比如沛县的屠夫樊哙。比如前面提到的朱亥、聂政。还有刺客荆轲，每日都与燕市的屠夫交往。这些都表明，不少轻侠无赖是屠夫出身。而《高祖本纪》中所记载的"少年豪吏萧、曹、樊哙"，其中豪吏当指萧何、曹参，少年特指樊哙。因为从《史记》《汉书》的用语习惯看，"少年"往往指那些纠集党徒、作奸犯科、惹是生非的轻侠无赖之徒。这些在《史记·货殖列传》和《汉书·尹赏传》中都有描述。而且，这些少年（轻侠）常常聚集在豪侠周围，成为他们报仇的工具。当秦末大乱的时候，他们又在各处发起暴动。同时，他们还会聚集在豪侠之下，组成徒属。

《荀悦·前汉纪》卷一提到，"织薄曲为生，常为人吹箫给丧事"的周勃，与萧、曹、夏侯一起"皆为（沛）公之旧也"。这一方面说明周勃是一个低层级的游侠，即所谓轻侠。另一方面也表明在他们举兵之前相互交往甚密是毫无疑问的。这样，当刘邦成为无赖游民集团的首领后，这个社会势力开始发生转变，向游侠军事集团演化。这个转化的推动力就是秦末农民起义。

当陈胜、吴广发动起义时，刘邦集团正出没于山泽之间，类似群盗，积累起家的资本。为了呼应这个突发的形势，县级豪侠萧何、曹参便与经常往来的刘邦亡命势力联络，召集这些人杀沛县令，立刘邦为县令。这样，人数达数百人的刘邦无赖游民集团（即轻侠群体），自然吸收了以往结交的沛县役吏中的同僚（即县级豪侠群体），同时又获得了沛县父老的支持当上了县令，从而垄断了公权统治中最基层的权力，逐渐形成了一个更加坚固强大的，以军事和经济作为支撑，任侠精神作为联结纽带的民间自治集团，即游侠军事集团。

这个新崛起的地方势力集团的核心干部，是以前和刘邦结交的并且归依于他的同僚，次级干部就是成为刘邦徒属的那些无赖轻侠。他们与刘邦的关系在本质上没有改变，只不过作为亡命亭长、游民首领的刘邦，通过举兵的方式被称为沛公，从而完成了身份转变。同时，对于这些追随者，刘邦仿照战国以来贵族卿相的私属职名而授予中涓、舍人等职名，目的是彰显自己新集团领袖的权势。这样，通过一系列改造，刘邦由轻侠成功转型为豪侠，成为这支军事集团的代言人和领袖。

刘邦集团的形成过程，与当时在各地先后崛起的豪侠军事势力集团化的过程完全同步。前面提到，地方豪侠势力期望通过人际关系来繁殖权力，但由于地域限制，其势力规模以及经济基础会有一定的局限。他们要想快速繁殖，扩大自己的军事势力，拥有对抗其他势力更多的兵力和财力，就必须要夺取郡县守、令的职位，拥有公权支配力，为权力繁殖提供合法保证。或者通过和更有实力的军事集团结合，并成为这个军事集团的一部分或隶属于其下，但是这种结合极不稳定，因为这种结合不是为了建立一个更为庞大的共同体，而是借助对方扩展自己的势力，一旦条件成熟或局势发生变化，这种联结可能解体。

这些民间豪侠军事势力的初期形态，是跟郡县掾吏以下的下级人员相结合。郡县中掾吏以下的下级官吏，依秦汉的官职，是由当地人充任，他们当中的一些人与本地的豪侠游民相结合扩展其势力，被称为"豪吏"。正如前面提到的，纠合宾客及子弟在吴中称豪的项梁势力，逐渐壮大成拥有八千精兵的军事集团，就是因为杀了会稽郡假守殷通，并夺其印绶，通过以前项梁结交的"所知之豪吏"，掌握了吴中。还有前述齐地的豪侠田儋一族，也是杀了狄县县令，在"豪吏、子弟"的拥戴下，自立为齐王，然后发狄兵而割据了齐地。东阳县豪吏陈婴，在县内好勇无赖"少年"中很有威望，这些少年杀死县令后，就拥立陈婴为首领，结果"县中从者得二万人"，陈婴掌握了这支队伍，成为一大军事割据势力。

黥布因犯罪被送到骊山充当奴徒，在骊山和很多无赖之徒及其首领结交后，带着这些人逃亡到江湖，成为群盗，然后以此为基础蓄养徒属，逐渐成为一大割据势力。黥布之所以能军事集团化，是因为他得到了番阳县令吴芮的帮助，成功转型为豪侠并成为这支游侠军事集团的领袖。

随着局势的突变和争霸战争的需要，这种单体繁殖逐渐演化为群系繁殖，即这些军事集团化的豪侠群体相互间通过更大的强强联合，各自不断膨胀。陈婴、黥布通过与项梁的结合，成为项梁的属下。刘邦也通过跟项梁的结合，谋求保存和扩大自己的势力。不久，项梁死后，刘邦又被楚怀王授予砀郡郡守，得以统率砀地的兵力，又兼并了陈胜、项梁的散兵，然后带着这种队伍去进攻秦都咸阳。在此期间，刘邦还不断兼并和吸收各类重要人员加入自己的集团，如"为任侠……聚少年百余人"的韩国亡命豪侠贵族张良，在砀"贩缯"的轻侠灌婴，在昌邑"相聚少年百余人……收诸侯散卒，得千余人"的群盗之首彭越，在陈留"家贫无以为衣食业"的游士郦食其，还有在岐"聚少年，攻占东西，得数千人"的郦商，以及在阳武亡命的秦吏张苍等。

需要说明的是，除了上述任侠精神特别显著的诸人外，即使被称为儒生的郦食其，也具有任侠的特征。《太平御览》卷三四二引《楚汉春秋》说："上（刘邦）过陈留，郦生（郦食其）求见，使者入通，公方洗足，问何如人？曰'状类大儒'，上曰'吾方以天下为事，未暇见大儒也'。使者出告。郦生瞋目按剑入言'高阳酒徒，非儒者也'。"这段记载可以反映郦食其并非历来所认为的仅仅是一个儒生，而是有着任侠风格的一名游侠。

总之，通过权力繁殖的过程，刘邦集团的实力不断壮大，逐渐具备了脱离项羽集团的条件。不久，秦汉之交的最后角逐，即将在两大游侠集团，即项羽集团和刘邦集团中展开了。

革命路上手拉手：秦汉之交的游侠群体

通过上面的叙述，大致可以搞清楚秦汉之交各地军事势力的社会属性以及其权力繁殖的过程。如果将表面的生活形态固定起来看，各类人物千差万别。如赵王张耳是富裕阶层出身，项梁、项羽、张良是六国的亡命贵族，田横是战国以来的名门贵族，陈婴是郡县的豪吏，黥布、彭越是群盗首领。尽管从表面看，这些人可能毫无交集，但是从他们的社会性格来看，却具有天然的共同性，即都是以无赖游民群体为其徒属，以家长式的人际支配为内涵，以"任侠精神"为联结纽带，来掌控这个群体的社交关系。而这种具有相同社会性格的人际关系，其结合的可能性，就是源于任侠好勇的社会形态，以及形成于战国时代的"强者秩序"的理念。

不过在秦汉之交剧烈的社会变革和混乱的政治局面中，与战国四公子诸客集团的形态相比，这些秦汉之交的游侠军事集团，为谋求保存和扩大自己的势力，会与更大的强者集团相结合。这时，基于个体的价值取向和政治需要，他们之间的任侠纽带如果断裂，双方会分别与其他个体建立起新的任侠纽带。比如，通过任侠纽带而达到"刎颈之交"的张耳、陈馀之间，当面临必须在不同势力中做选择的生死关头时，也会发生离叛对立。还有"贫无行……常从人寄食"的游民韩信，原寄生在项羽集团，因为感到难于施展抱负，便改投刘邦集团，受到刘邦重用，并成为集团高级将领。不久，韩信在齐地崛起，形成了一股足以与刘、项集团对峙，并可以左右政局的军事力量，这次韩信却再次为去留而动摇。

家贫负郭穷巷，而"门外多长者车辙"的阳武豪侠陈平，开始从"少年"投靠魏王咎，得知自己的献策不被重视，便改投项羽集团，不久又改投刘邦集团。黥布原先也寄生在项羽门下，在项羽势力渐渐被刘邦压倒之时，才改投刘邦阵营。

这些都说明，除了要关注诸豪侠结合的社会性格基础，即任侠精神外，还应该看到他们离合聚散的个体性格因素，这种因素往往成为吸引豪侠相互结合的另一个纽带。但无论是旧的还是新的人际结合纽带，这种组合的基础依然是任侠精神，只是个体的价值取向、政治需要和局势的发展使这种人际纽带发生重新组合而已，但任侠之间结合的社会性格基础却没有发生变化。

比如据《史记·高祖本纪》记载，楚怀王为了攻取秦都咸阳，不是选派项羽，而是选派刘邦，这是因为与"剽悍猾贼"的项羽相比，怀王身边的老将们一致认同刘邦是一位"宽大长者"，因此举荐刘邦。关于长者，贝塚茂树在《汉高祖》和《古代的精神》中提到，至少在《史记》中，长者是作为任侠规范意识的高度保持者、含有所谓豪侠意义来使用的。再从刘邦的表现来看，这种认同是有根据的。刘邦从少年时代就开始仰慕魏国的信陵君，成为天子后还经常到大梁祭祀信陵君祠。即使对反叛自己的张耳门客贯高等人，以及不肯归附汉朝的田横等人，也能大力称赞他们所具有的高度任侠风范。这些都能反映刘邦的社会性格和价值取向。

韩信、张良、陈平、郦食其等人在为进攻项羽进献的策略中，都不约而同地比较了刘邦与项羽的性格特点，得出刘邦具有长者风范的结论。而项羽气量狭小，在诸豪侠看来，他所具有的任侠精神是不完全的和不成熟的。因而项羽在人际关系方面是脆弱的，他的任侠纽带也是极不稳定的。这些都说明由个体性格的差异，可以推测出将来事态的走向。《论语·为政第二》说："子曰：'为政以德，譬如北辰居其所而众星共（拱）之。'"这里的"德"，在秦汉之交这个特定的时代，可以诠释为"任侠精神"。因为刘邦是"长者"而且有"德"，被认为是任侠规范的捍卫者，其任侠精神更为成熟和稳定，所以在吸引其他游侠的时候，具有更大的优势和黏合性。

当然，这里绝不是想通过对刘邦和项羽的性格对比，寻求两大军事集团胜负的原因，这完全是两种不同的诠释方式。我们只是通过刘邦从沛公到汉王，将势力范围从沛这个小邑扩张到汉中地区，不断扩大和维持势力的过程，来描述刘邦集团的社会属性。强调刘邦集团的这一属性，只是强调在同一个时间和空间点上，刘邦个人因素对其人际结合关系起到的重大作用而已。刘邦没有战国四公子那样的出身和风雅，在他身上却体现了一种更现实、更积极、更野性、更不拘小节的性格特征。这种性格特征恰恰与任侠精神具有相同的内涵，更符合时代发展的需要。

解码"黑社会"：游侠与汉代民间秩序的维护

随着刘邦平定天下，刘邦集团的这种社会属性在汉帝国建立后逐渐发生了变化，从家长式的支配形态向君主式的支配形态转移。刘邦登基是在集团内掌握资源的诸游侠（异姓王和诸大夫）的推举下完成的，在一定意义上存在着军事民主制的痕迹，这种民主制与刘邦所期望的君主制是背离的。而且，为了防止旧集团内部资源分立造成的人际结合关系的紊乱，首先就是要强化刘氏一族的支配权，即在限定、削弱"封建"诸侯势力的同时，扩大刘氏宗族直接支配的领地，并且任用新的直属官僚群体，进一步完善所谓郡县制的官僚系统。这一系统不再以任侠精神为纽带，而是将这些新的官僚群体收摄在刘氏直属下进行组织化改造，通过秦建立的公权机构加以实现的，其纽带转变为将一切统御在强力的、唯一的君权之下的法术。

这样，刘氏集团又回到了秦以来传统的公权体制中，在君权的统御下，在从中央到地方的公权的制约下，封建诸侯只是作为地域形态的分支系统存在，这与西周列国作为独立的系统有着本质区别。虽然不久发生了封建藩王与君权的冲突，但君主制的大势已定，这些反复只是君主制完善过程中的局部调整而已。所以说，从两汉到南北朝，是普遍意义上的君主封建制，只是随着时间的推移，君主制越发的强劲，官本位开始逐渐取代爵本位，到了隋唐，君主官僚制遂成。

但是，构成刘邦游民集团母体的游侠地方势力，并没有消解，依然深深根植于民间，任侠精神在民间依然强大，因为它与公权没有直接的利害冲突，反而与公权一起成为整体国家和社会秩序的维护者。战国游民一类的文学游说之士，在战国以后逐渐变化。进入汉代，尤其是汉武帝以后，大都作为官僚被整合和吸收到公权机构中。而另一类的好勇任侠，他们进入汉代后，不仅没有绝迹，反而更加盛行。他们与汉王室所建立的维持公权秩序的机构，即从郡县太守、令长，到乡亭役吏的地方治理机构，在维持民间秩序方面存在着密切的关系。

在汉代，很多权贵豪门依靠自己的丰厚财力，经常结交游侠（主要是轻侠），或以这些人为客豢养起来，成为自己的爪牙。这与战国四公子的情况没有多大变化。王侯权贵的豪族招养大量客侠的风气，贯穿整个汉代，屡兴不绝。比如吴王濞、淮南王长、魏其侯、武安侯等西汉初期的权贵。西汉的王氏五侯，东汉的窦氏、马氏等著名外戚豪族，也都大量招养宾客，这些宾客中游侠之徒很多，其中还是以轻侠（亡命徒、刺客、无赖之徒）为主。

不仅这些京师的权门贵戚，就连地方上的土豪也招养游侠为客，借以形成自卫兼攻击的势力。汉代所谓土豪群体，不仅以本族的结合以及大土地所有为基础，还在本族的外围聚集大批游侠（轻侠剑客）为门客，逐渐拥有了连地方官员也不能染指的势力，从而垄断乡曲。这些土豪、豪族依靠游侠，逐渐形成地方势力，不仅对他们所隶属的辖民，还对周边普通的百姓，带来一种巨大的社会制约力，成为民间秩序的另类维持者。逐渐，这些土豪、豪族也具有了任侠精神，成为新的豪侠，这些豪侠也包含豪商和豪猾（不守法、横行乡里者）。

随着任侠精神在汉代的蔓延，在一些轻侠少年中也产生了以气节度量建立威望的、掌握了人际结合关系的首领性人物，也被冠以豪侠的称谓。虽然这类布衣豪侠自身没有多少财力，但是通过那些希望与他们相结合而获利的诸家的馈赠，获得较雄厚的经济基础。这种布衣豪侠在逐渐获得更多馈赠的同时，会逐渐向更加职业化和极端化的方向发展，即《潜伏论·述赦篇》所说的秘密结社性质的暗杀集团，如"会任之家"那样的集团，接受委托人的谢礼，派遣刺客替人报仇。

这些都是游侠群体的变异。但这些布衣豪侠在自己拥有的势力范围内，对民间秩序的维护的确发挥着积极作用。

总之，在汉代，任侠精神通过人们之间的联系，把家家户户结合到自己的外围世界。游侠对相结合的各家是可倚靠的秩序维护者，但对不相结合的他家，可能成为秩序的破坏者。无论是维护还是破坏，游侠都在民间社会秩序中发挥着极其重要的作用。这样，汉代地方秩序的轮廓便清晰了：政府的地方统治机构，其郡县的丞、尉以上的官吏，由中央任命，主要维持政治秩序的良性运转；掾以下的史及乡亭的吏官，则选用本地有才干德望的人担任，这些人大都是当地的豪侠，主要负责民间政治秩序的稳定，以此达到政府和民间秩序之间的无缝衔接和巧妙融合。

第七章

乱世：东汉末年的政治斗争

将革命进行到底: 名士与宦官的权力角逐

　　针对乡邑的豪族领主化倾向以及支持豪族的宦官集团, 知识阶层进行了顽强的抵抗。汉桓帝延熹九年（166）和汉灵帝建宁二年（169）, 由宦官势力控制实权的东汉政府, 将批判和弹劾自己的大量知识分子及官僚, 加上"党人"的罪名进行镇压, 尤其是公元169年的第二次党锢事件, 上百位著名的士大夫官僚被处以死刑, 有幸逃脱的知识分子也被通缉, 还有数百名党人遭到"禁锢", 先是被罢免官职, 禁止入仕, 不久又株连到其家族门人。一直到汉灵帝中平元年（184）黄巾起义爆发前, 断断续续、起起伏伏地持续了近二十年。通过党锢事件, 宦官势力将反对他们的清流势力驱逐出了政界, 控制了政府大权。外戚、宦官等浊流势力, 从社会属性看, 是站在所谓豪族领主化路线一边的。由宦官势力控制的东汉政府, 实际上已经成了向豪族领主化方向发展的豪族权力机构。

　　士人的抵抗运动受挫后, 在宦官集团的放任下, 豪族领主化进一步扩展, 不久便引起了范围更广的农民有组织的武装斗争, 即黄巾、五斗米大起义。士人虽然失败, 但仍然在顽强地抵抗, 他们与黄巾军的斗争本来都具有同样的方向, 所以公元184年的社会状况才可能将两者联系起来。对此, 东汉政府的离间计发生了作用, 黄巾起义爆发时, 灵帝怕党人与起义军勾结, 便下诏大赦, 这个策略暂时缓和了党人与政府的对立, 因而可以腾出手来专门对付起义军。起义军领袖张角兄弟不到一年便先后死去, 群龙无首的起义军在各地处于四分五裂的状态, 但是抵抗运动的能量并没有轻易地被耗散, "苍天已死, 黄天当立"的理想与口号直到汉献帝初平三年（192）, 仍在青州黄巾军那里得到坚持。

　　武装斗争旨在建立新的共同体秩序, 但结果却让国家陷入战乱与毫无秩序的状态中。黄巾起义被镇压后, 当权的宦官与党人名士间的斗争又被激化, 重新成为权力角逐的主流。虽然如此，抵抗运动仍然具有使豪族领主化倾向做出修正的作用。一个重要的事实是，不管黄巾军是否拥有这样的意识，但就结果而言，他们的斗争的确起到了支持知识分子的作用。

灵帝中平元年，即公元184年，黄巾起义被镇压，主持镇压的大将军皇甫嵩手握强兵。《后汉书·皇甫嵩传》记载汉阳人阎忠劝皇甫嵩"征冀方之士，动七州之众"，然后率兵南下，直捣洛阳，剪除宦官，最后推翻汉朝，自立称帝。阎忠是汉阳大姓豪族，在大族群体中素有威望，后来凉州发生乱事，阎忠被推为领袖，统率三十六部，可知他在凉州有很高的威望。皇甫嵩这时以车骑将军令冀州刺史，参加镇压起义军的诸州兵都归他指挥，所以除了征冀州士兵以外，他还有权发动幽、青、徐、荆、扬、兖、豫七州的兵马，这八州都是黄巾军兵锋所达之处。这个大胆的建议皇甫嵩认为是"非常之谋"，立刻回绝了。

灵帝中平五年，即公元188年，冀州又发生了一次未遂的军事政变。这次政变的主谋是党人领袖陈蕃的儿子陈逸、南阳人许攸、沛国人周俊和一个术士襄楷。他们劝说冀州刺史王芬，乘汉灵帝到冀州河间重游故地的时候，发动兵变，废掉灵帝。这件事由于灵帝停止了去河间的打算而作罢。王芬害怕阴谋泄露，不久就自杀了。

两次政变阴谋虽然都没有实现，但却是个值得注意的征兆，即部分名士，哪怕是极少数的，为了剪除宦官，已经不惜为"非常之谋"了，即使冒着易代废帝那种超越儒家道德规范的大风险也不妨要干一下，为了实现目的一切皆可为。而要达到这个目的，阎忠、陈逸等都把希望寄托在地方军事势力上，这必然会助长地方军事首领势力的膨胀。同时，也会刺激这些地方势力，为了得到豪族名士的青睐，开始扩充自己的实力。日后事态的发展正是这样。

灵帝中平六年，即公元189年四月，汉灵帝在嘉德殿驾崩，年仅十四岁的少帝刘辩即位。按照旧例，何太后的兄弟何进以国舅身份为大将军、录尚书事，与太傅袁隗共同辅政，并封九岁的刘协为渤海王。《资治通鉴》卷五十九记载，当初，灵帝的几个儿子接连死亡，因此，何皇后生下儿子刘辩后，将其送到道人史子眇家中去抚养，被称为"史侯"。王美人生下儿子刘协后，交由董太后抚养，被称为"董侯"。群臣请求灵帝尽早册立太子，灵帝认为刘辩为人轻佻，缺乏威仪，想立刘协，但犹豫不决，迟迟不定。正在这时，灵帝病重，便把刘协托付给宦官蹇硕。灵帝死后，蹇硕当时在皇宫，打算先杀何进，然后立刘协为帝，不想计划泄露，宦官集团与外戚集团结怨。

何进掌握大权后，与袁隗的侄儿袁绍合作，谋划诛灭宦官。同时，为了树立威望，制衡宦官集团，朝廷开始缓和与名士的矛盾。在何进的策划下，东汉政府征召了包括海内名士荀攸在内的 20 余位旧党人。据《后汉书·何进传》只记下荀攸、何颙、庞（逢）纪三人。据他传所载共有十三人，除了上述三人外，有郑泰、陈纪、王匡、王允、王谦、伍琼、鲍信、刘表、华歆、蒯越。这些人不仅是清流名士，而且出身大姓、冠族。此外，聚集在各地军事首领之下的名士也肯定不在少数。

比如代表性名士荀彧，在汉献帝初平二年（191）左右便开始协助属于宦官系统却是反宦官集团核心人物之一的曹操，这说明当时很多名士开始依附于有实力、有前途的权力人物。同时也显示出，面对黄巾起义造成的巨大混乱，站在豪族领主化路线上的统治阶层，开始对这个路线进行修正，与抵抗这一路线的名士进行了妥协或合作。

这样看外戚与宦官的斗争，实质是名士集团与宦官新一轮的权力角逐，并且直接引发豪族支持下的汉末领主战争。

挺近中原：解开董卓夺取政权的密码

灵帝死后，东汉朝廷的政局十分混乱，何进虽然以外戚的身份掌握大权，但还有其他四股势力存在，即宦官集团、世族高门集团、豪族集团、地方军事集团。其中后三类都属于豪族游侠集团。

首先是以蹇硕、张让为核心的宦官集团。他们盘踞宫廷，挟持小皇帝和皇太后，进而控制朝廷。这是一股盘根错节的政治势力。

其次是以弘农杨氏、汝南袁氏、范阳卢氏、博陵崔氏、颍川荀氏、江夏黄氏、琅邪王氏、太原王氏、东海刘氏等为代表的世族高门集团，这些世家大族是豪族集团的核心。特别是袁氏，"四世居三公位，势倾天下"，其中以袁绍和袁术最为突出。尤其是袁绍，掌握着一个以他为首的政治集团，包括曹操在内，他们都是年轻的才智之士，在政治上具有不可忽视的潜在力量。为了反抗宦官，这个政治集团暂时与何进合作，为其出谋划策。

再次就是出身豪门的豪族集团，其中以地方豪族为主。这些豪族虽然不能与世家大族相媲美，但都出身大姓冠族，其核心人物在朝廷或地方担任要职。更为重要的是，他们都是当时的清流名士，素有威名，是东汉政权的中坚力量，也是一股能左右政治走向的强大势力。如曹操、刘表、刘焉、董卓、公孙瓒、孙坚、刘备、张邈、陈宫、陈登、鲁肃、周瑜、法正等。

最后就是地方军事集团。包括以丁原为首的并州集团，公孙瓒的幽州兵，陶谦的徐州集团。这三个集团在社会属性上，都属于关东集团。皇甫嵩手握三万精兵驻扎在扶风，以镇凉州，但皇甫嵩没有将这支武装力量发展成私家军，故不能称为军事集团。还有就是孙坚的"孙氏军团"、董卓的"凉州集团"、刘焉的"益州集团"。这些军事集团的首脑和将领，也大多出身豪族。其中以丁原、董卓和孙坚的实力最为强悍。这股势力不久将发展成为诸割据集团，直接引发了东汉帝国的崩溃。

当时的东汉政权就是被"外戚""宦官""豪族""藩将"等势力左右和控制，这几大势力为了各自利益，争权夺利，互相倾轧，使整个帝国动荡不安。

《后汉纪》卷二十五说："（何）进以（袁）绍为司隶校尉，王允为河南尹，乃召武猛都尉丁原、并州刺史董卓，将兵向京师，以胁太后。"《后汉书·公孙瓒传》注引《续汉书》说："何进欲诛中常侍赵忠等，（何）进乃诈令武猛都尉丁原放兵数千人，为贼于河内，称'黑山伯'，上事以诛忠等为辞，烧平阴、河津莫府人舍，以怖动太后。"这是袁绍为何进所作的策划，即召集手握重兵的地方军事势力，率军前来洛阳，威胁太后同意诛灭宦官。

前面提到，董卓抗拒东汉政府的命令，既不交出军队，也不前往并州赴任，而是屯驻河东"以观时变"，窥视京师洛阳政局的变化。丁原的并州军则屯驻在河内。《后汉书·董卓列传》注引《英雄记》说："（丁）原字建阳。为人粗略有勇，善射，受使不辞，有警急，追寇虏辄在前。"说明丁原也是一员骁勇善战的武将。

并、凉两支军队在当时属于战斗力数一数二的劲旅，自然成为何进所倚重的军事力量。

董卓得到何进的命令，感觉时机成熟，立即发兵洛阳。当凉州军尚未抵达洛阳，东汉政府内部已经发生变乱，由于何进优柔寡断，密谋的时间太长，计划泄露，宦官先下手为强，杀死何进，袁绍兄弟等反戈一击，也将宦官诛灭。在这场名士与宦官的斗争中，何进被杀，宣告了外戚集团的覆灭；长期盘踞宫廷的宦官也全部剪除，宦官长期擅权的局面终于结束。但是袁绍和名士们还来不及庆祝胜利，就发现洛阳已经不是他们的，朝廷也不是关东大族的，一切都落入了奉召领兵进入洛阳的凉州军阀董卓手中。

外戚和宦官集团覆灭后，这时可以左右政局的，除了董卓外，仅有手握并州劲旅的丁原了，这是唯一能与凉州军分庭抗礼的势力。如何解决丁原这个强敌呢？这是董卓在京师洛阳首先需要解决的问题。

《后汉书·吕布传》说："灵帝崩，（丁）原受何进召，将兵诣洛阳，为执金吾。会进败。董卓诱（吕）布杀（丁）原，而并其兵。卓以布为骑都尉，誓为父子，甚爱信之。稍迁中郎将，封都亭侯。卓自知凶恣，每怀猜畏，行止常以布自卫。"吕布以"骁勇"得到丁原的重视，"大见亲待"，成为丁原手下最为亲信的将领。

那么董卓如何诱使吕布杀死丁原，从而兼并了并州军，史籍没有明确记载，只有上述寥寥数笔的简要记录。但通过这些文字，我们得到了两个重要信息：第一，董卓诱使吕布的时间并不长，而是很快与吕布达成了协议。第二，董卓对吕布非常信任，其宠信的程度甚至超过了凉州军的爱将李傕、郭汜等。从这两个信息中，我们可以得出一个惊人而又合乎逻辑的结论：董卓与吕布很早就相识了。

董卓当年在并州剿灭过羌人，后来又在并州当过多年的刺史，吕布是五原郡九原人，五原郡属于并州管辖，董卓很有可能在并州时就与吕布相识，并且过往甚密，关系非同一般。前面提到，吕布是轻侠，董卓是凉州的豪侠，两者都属于游侠，这种人际关系纽带将两者结合在了一起。同时，吕布的"骁武"，必然能得到同样"才武"的董卓的青睐，两者的个体性格又具有天然的相似性。否则吕布来自地方阵营，而且是丁原的亲信，董卓为什么"爱信"，而且"行止常以布自卫"，将自己的生命安全完全交给吕布，说明董卓与吕布之间的关系非比寻常，的确"誓为父子"。

正是因为董卓与吕布早已相识，而且关系密切，才能在短时间内达成合作意向，在丁原还未察觉的时候，快速诛杀丁原，然后毫不费力地兼并了丁原的队伍。这是董卓能诱使吕布杀死丁原的主要原因。

当然，正如我们前面提到的，为谋求保存和扩大自己的势力，这些游侠性质的军事集团会与更大的强者集团相结合。这时，因为个体的价值取向和政治需要，他们之间的任侠纽带即刻断裂，双方会分别与其他个体建立起新的任侠纽带。当吕布与凉州军发生不可调和的矛盾时，当吕布感觉董卓的势力开始衰弱时，他便会寻找新的强者集团，或者结合，或者依附，来保存和扩大自己的势力。

《后汉书·董卓传》说："何进及弟（何）苗先所领部曲，皆归于卓，卓又使吕布杀执金吾丁原而并其众，卓兵士大盛。"这样，董卓解决了丁原，收复了吕布，兼并了"并州军"，加上之前兼并的何氏部曲，势力更加壮大。从此，董卓凭借所掌握的武装力量，成为具备条件控制东汉政府的唯一权力人物，也成为当时最大的一个割据势力，进而拉开了汉末群雄争霸的序幕。

巩固权力：董卓入洛后的人事改革

灵帝中平六年，即公元189年九月，董卓废黜少帝刘辩，立陈留王刘协为帝，是为汉献帝，董卓晋封为郿侯，不久拜为相国。

董卓进入洛阳后做了三件大事：首先是吞并洛阳城内外以及从外地召来的各路军队，以扩大自己的实力，即兼并何氏的部曲和丁原的部队；第二件是废少帝而立献帝，为了废立事宜，袁绍和董卓闹翻，逃往冀州。这两件事都是为了树立自己的权威，专制朝政。第三件是为被宦官杀害的陈蕃、窦武以及其他党人平反，并大量晋升和起用党人名士，这项措施是为了取得党人的拥护以及安抚当时的关东世族高门。因为董卓知道要控制东汉政府，稳定局势，单凭武力是不行的。

首先要安抚当时的关东世族高门。《后汉书·董卓传》说："（董）卓乃与司徒黄琬、司空杨彪俱带铁锧，诣阙上书，追理陈蕃、窦武及诸党人，以从人望。"

黄琬、杨彪是身居高位的关东世家大族的代表人物，董卓的这一行动，当然能得到他们的支持。但这种支持未必是真心诚意的，只是权宜之计罢了。

其次就是如何对待当时的才智之士，即那些所谓的清流名士，争取他们的支持，对董卓来说，是更为重要的事情。董卓久在凉州，长期担任地方的武职，与当时的名士，特别是掌握政权的关东名士之间不可能不发生联系。而且我们前面说过，"习于夷风"的凉州将校，以及董卓本人，长期与羌胡杂居，与内地的传统文化格格不入，属于低文化层次的"边鄙之人"，始终受到关东大族的轻蔑。所以，董卓要想取得名士的好感，是极为困难的。如何争取他们呢？

《后汉书·董卓传》说："（董）卓素闻天下同疾阉官诛杀忠良，及其（指董卓）在事，虽行无道，而犹忍性矫情，擢用群士。"他所任用的"群士"，有吏部尚书，汉阳人周毖。侍中，汝南人伍琼。尚书郎郑泰，以及长史何颙等。以上四人除了周毖外，其他三人都是何进辟召的关东名士。随后，董卓开始选拔大批名士担任政府各级要职。而主持选举的是吏部尚书周毖，以及汝南人许靖，尤其是周毖，成为董卓拉拢关东名士的关键人物。

我们提到，董卓要想争取名士，迫切需要一个能为自己牵线搭桥的人物，当时最符合条件的人，在董卓眼中只有周毖。这是为什么呢？

周毖，据《后汉书·董卓传》称"周珌"，注引《英雄记》称"周毖"。《英雄记》说周毖是武威人，《三国志·蜀书·许靖传》和《后汉书·董卓传》说此人是汉阳人。但无论是武威还是汉阳，都属凉州管辖，周毖与董卓是同乡，而且是当地的豪族、当时的名士，与关东名士的关系密切。这只是董卓选择周毖的一个原因。

《后汉书·献帝纪》注引《东观汉记》说："周毖，豫州刺史（周）慎之子也。"周毖是周慎的儿子，而周慎又是董卓在凉州对边章、韩遂作战时的同僚。《后汉书·董卓传》说："边章、韩遂等大盛，朝廷复以司空张温为车骑将军，假节，执金吾袁滂为副，拜（董）卓破虏将军，与荡寇将军周慎并统于（张）温，并诸郡兵步骑合十余万，屯美阳"，这时董卓对周毖应该已经熟知。

周毖是董卓的同乡，其父与董卓又是同僚，更为重要的是，周毖属于名士，因而能受到董卓的信任，成为董卓和"名士"们之间牵线搭桥的人物，这是完全有可能的。

主持选举的是周毖,而参与选举的更是以"善于人伦臧否"著称的汝南名士许靖。《三国志·蜀书·许靖传》说:"(许靖)察孝廉,除尚书郎,典选举。灵帝崩,董卓秉政,以汉阳周毖为吏部尚书,与(许)靖共谋议,进退天下之士,沙汰秽浊,显拔幽滞。进用颍川荀爽、韩融、陈纪等为公卿郡守。拜尚书韩馥为冀州牧,侍中刘岱为兖州刺史,颍川张咨为南阳太守,陈留孔伷为豫州刺史,东郡张邈为陈留太守,而迁(许)靖巴郡太守,(许靖)不就,补御史中丞。"

所谓"沙汰秽浊"指贬斥与宦官结交的官僚;"显拔幽滞"指进用过去被禁锢的党人。应该说,这些被录用的人都是名士集团中的代表人物,其中以关东名士为核心。《三国志·蜀书·许靖传》和《后汉书·董卓传》都特别提到荀爽、陈纪、韩融三人。因为这三个人都是颍川人,是当时关东名士中的代表人物。荀爽的父亲荀淑、陈纪的父亲陈寔、韩融的父亲韩韶,也都是当时关东的大名士,荀淑、陈寔更是名冠天下。荀爽、陈纪都是何进已加征辟、董卓再辟的。荀爽自布衣到司空,只用了九十五日。当时董卓也考虑以陈纪为司徒,但陈纪已赴平原相,只得又召还为尚书令。东汉尚书台掌握实权,不像三公带有荣衔性质,董卓用陈纪为尚书令,说明对他很是信任和器重。韩融官拜太仆,事迹不详。

周毖、许靖所用的州郡牧、守,也是这类"幽滞"名士。韩馥出任冀州牧前事迹不详,他也是颍川人。颍川舞阳韩氏"世为乡里著称",除了上面提到的韩韶、韩融,东汉初期的韩棱,官至司空,韩棱的孙子韩演,桓帝时为司徒,可见韩氏是颍川的大姓名士。韩馥和他们的亲疏关系不详,但他无疑也是颍川的豪族名士。

兖州刺史刘岱是东莱牟平的冠族(即大姓豪族),伯父刘宠官至太尉,是有名的清官,父亲刘方官至太守。刘岱与弟弟刘繇齐名,人称"二龙"。

豫州刺史孔伷,是陈留人。郑泰称他"能清谈高论,嘘枯吹生"。当时"清谈"多指人物评论,所谓"嘘枯吹生",也就是对他人发表评论。

陈留太守张邈,东平寿张人,是位列"八厨"之一的名士,"厨"就是指"能以财养人"。郑泰说他是"东平长者,坐不窥堂",汉代通常指"长者"为富人。张邈就是我们上面提到的"豪杰"。南阳太守张咨是颍川人,也是当时的名士。

以上五人,都是当时关东名士的代表,董卓进用他们,用意很明显,就是要拉拢关东大族，为己所用。

当然，以上五位刺史、太守都是董卓专权时所进用的，在《许靖传》和《后汉书·董卓传》中都有记录，此外，还有一些史传中没有记录的名士。考证在董卓当权时授官的，有王匡、鲍信二人。这两个人都是奉何进的命令，回到本郡泰山去募兵，领兵返回洛阳时，何进已死，就重新回到泰山。后来关东州郡起兵讨伐董卓时，王匡是河内太守，鲍信是济北相，显然是董卓当政时授的官。王匡、鲍信与张邈一样，都是豪杰游侠，而且也都是关东的冠族名士。

荆州刺史刘表，据《后汉书·刘表传》说，当时孙坚杀荆州刺史王叡，朝廷诏书拜刘表为荆州刺史。孙坚杀王叡是在汉献帝初平元年（190）关东起兵讨伐董卓时，这说明刘表代王叡为荆州刺史必然是董卓所授的。刘表是宗室，名列"八顾"（或八俊）之一，是当时的关东大姓名士。

这些名士中还有人所共知的董卓亲信，大名士陈留人蔡邕，他因得罪宦官，逃亡江南，这时也被应召入洛了。《后汉书·蔡邕传》说董卓对他"甚见敬重……三日之间，周历三台"。

另外还有个重要人物，就是当时关东集团的核心人物袁绍。袁绍不仅家世显赫，而且他本人还很善于包装自己，他的行为使自己获得了很高的名声，是当时豪侠的代表人物。他也和许多人一样，是范晔所说的"刻情修容……以就其声价"的名士。袁绍和董卓在废立问题上发生争执后，逃奔冀州。董卓为了安抚袁绍，拉拢关东大族，采纳了袁绍好友也是董卓所信任的伍琼、何颙等人的建议，任命袁绍为渤海太守，并封侯。这是董卓对袁氏的和解措施，因为董卓明白，仅靠凉州军的力量并不能控制州郡，更不可能牢牢控制以关东大族为主体的朝廷。这说明在事实上，袁绍对诸郡大姓名士，特别是对关东大族的号召力远比董卓强大。

《后汉书·董卓传》说董卓"所亲爱，并不处显职，但将、校而已"。董卓为了表示姿态，拉拢名士，稳定政局，没有大肆封赏凉州集团的亲信，对其仅授予中郎将和校尉一级的官职。

通过这些人事改革，当时的东汉朝廷，党人名士布列朝廷，表面上看，有了一股欣欣向荣的气象，但这只是表象而已，更大的危机却如影随形，一触即发。

难以调和的矛盾：凉州集团与关东集团的冲突

《三国志·魏书·董卓传》说："（董卓）少好侠，尝游羌中，尽与诸豪帅相结。"这说明董卓也兼有游侠身份，即所谓的豪侠。但他是关西人，属于凉州集团，与关东集团是对立的。因为这时，关东集团的矛盾所指，已经不是宦官，而是窃夺了反宦官斗争胜利果实的凉州集团，这是关东大族所不能容忍的。这点董卓是清楚的。

董卓为巩固所掌握的政权，不得不与站在他对立面的关东集团（名士集团）妥协。董卓企图拉拢大族、名士，希望得到他们的支持，但是，对来自凉州边鄙"习于夷风"的董卓和凉州将领来说，一部分世族和名士仍然是反对的。比如与董卓公开决裂或潜逃出奔的，就有袁绍、袁术、曹操等人，这三个人都是关东集团的核心人物。就是那些接受董卓任命的名士，也是貌合神离，表面上支持，暗地里四处联络，妄图变天。

《后汉书·袁绍传》说："时侍中周毖、城门校尉伍琼为（董）卓所信待，琼等阴为（袁）绍。"《三国志·魏书·袁绍传》说："侍中周毖、城门校尉伍琼、议郎何颙等，皆名士也，（董）卓信之，而阴为绍。"这说明尽管董卓对这些名士十分信任，但名士们仍然暗地支持袁绍。

前面提到，伍琼、何颙是袁绍的"奔走之友"，与袁绍一样，都是游侠。还有郑泰，据《三国志·魏书·郑浑传》注引张璠《汉纪》说："（郑）泰字公业，少有才略，多谋计，知天下将乱，阴交结豪杰。家富于财，有田四百顷，而食常不足，名闻山东。"郑泰"家富于财"，与袁绍的另一个"奔走之友"张邈一样，也应该是一名游侠。这样看，董卓最信任的四个人，除了周毖外，其余三人都是袁绍的死党，才能"卓信之，而阴为绍"，成为袁绍的内应。

《三国志·魏书·袁绍传》说当袁绍因废立一事与董卓闹翻，逃往冀州后，伍琼、何颙等便游说董卓，说："今购（追）之急，势必为变。袁氏树恩四世，门生故吏遍于天下"，建议董卓安抚袁绍，以收天下豪杰之心。董卓采纳了他们的建议，拜袁绍为渤海太守，封邟乡侯。这些人在京师洛阳，暗中为袁绍出力，使袁绍获得了渤海地盘。这说明，袁绍凭借的不仅仅是"四世三公"的光环，也不是靠着身为三公的叔父袁隗，而是以游侠的身份为纽带，将同是游侠的关东名士聚集在自己身边，形成势力，抗衡凉州集团。

《三国志·蜀书·许靖传》说："（韩）馥等到官，各举兵还向京都，欲以诛卓。卓怒（周）毖曰'诸君言当拔用善士，卓从君（指周毖、许靖）计，不欲违天下人心。而诸君所用人，至官之日，还来相图，卓何用相负！'叱毖令出，于外斩之。（许）靖从兄陈（指陈国）相玚又与仙合规，靖惧诛，奔仙。"从这段史料可知，那些被周毖、许靖选用的才智之士，包括周毖、许靖等人，对凉州集团从心理上是排斥的，只是畏惧董卓，权宜隐忍罢了，一旦时机成熟，必然会反戈一击。所以，当袁绍举起讨伐董卓的大旗时，这些才智之士立刻响应。

渤海太守当然不能安抚袁绍，汉献帝初平元年（190）冬天，山东（或指关东）牧、守联合讨伐董卓。反董战争的开始，标志着新的关东集团宣告建立，这个集团的前期首脑是袁绍，后期领袖是曹操。同时，董卓委任的人都站到了他的对立面，宣告着董卓企图拉拢世族和名士计划的破产，也宣告着关东集团与凉州集团矛盾的公开化，这个矛盾只能以战争的方式解决。

这些都说明关东大族集团与以董卓为核心的凉州集团，关系相当紧张，矛盾难以调和，冲突不可避免。尤其是董卓迁都长安后，他以凉州军为主力，在长安建立起了"关西朝廷"。这个朝廷完全以凉州集团作为支持，实质上就是凉州集团借着天子的威仪进一步合法化，从而发展为规模更为庞大的关西集团，这进一步加剧了关东集团与关西集团的矛盾。

那么，关东大族和关西豪族之间的矛盾是如何形成的呢？这要从东汉之前中国权力重心的转移说起。

游移不定的中心：东汉前中国权力重心的转移

周王朝是由商朝封建的边疆诸侯发展而成的。同样，建立秦朝的嬴秦，其历史与周朝平行发展了数个世纪。开始它是附庸的贵族，后来发展成诸侯，日渐独立。待周朝被游牧民族打败，被迫东迁，从陕西退到大平原，在陕西、山西、河南交汇的地方重新建都，秦"掩护"了这次退却，并继续在西方与游牧民族进行战争。但是，周朝的退却并没有使西部的土地长久沦陷于游牧民族手中，相反，秦逐渐夺取了游牧民族的土地，成为西方强国。

可以推测，当时秦在周的边境上立国，处在周朝与旧社会形态的游牧民族之间，对它有双向压力，一方面是向游牧民族夺取土地，另一方面是使周向东退却。显然，这种现象是周人在商朝与旧社会形态的游牧民族间兴起的重演。只是这种形势随着几个世纪来新社会的发展而变得更趋复杂。

自周平王东迁以后，周天子虽然保持着天下"共主"的名义，但实际地位已经严重下降，而且愈往后愈衰落。随着周王室的衰落，诸侯国一天天强大，在全国形成大大小小数十个割据政权，其中有广袤千里的大国，也有截长补短不足五十里的小国。还有一些散居的戎、狄部落建立的游牧政权。

大致来说，西方有秦、梁、芮，以及诸戎；秦的东方，在今山西的西南部是晋国；黄河中游，即中原南部有郑、陈、蔡诸国，其中郑国地理位置重要，比较强盛；黄河中下游，今山东境内，有西周始封的两个大国，齐与鲁，鲁国在春秋时发展不大，齐国则蚕食了周围一些小国而愈加强大；齐鲁的西面是卫国，鲁的南面是宋国；北方较大的有燕国；南方的楚国从春秋初期开始，不断扩张势力，到了楚文王时代，基本占据了今湖北、湖南广大区域，到了春秋中期，又占据了今安徽、四川等部分地区，成为国土面积最大的王国；春秋末期，长江下游的吴、越两国迅速发展起来，成为楚的劲敌。

周王畿在春秋初还据有以今洛阳为中心的河南西北部地区，到了春秋中期，各诸侯国不断侵吞周王室的土地，致使周王室实际控制范围不断萎缩：东不及虎牢，南仅达伊、汝二水之间，西不及崤、函，北临黄河，全境不过一二百里，生存空间狭小。就是这样一块地方，也维持不住，在王畿以内，不仅常常遭到诸侯的侵吞，还面临散居在伊、洛之间戎人部落的抢掠，甚至连周天子也时不时被赶出雒邑。因此，春秋以前周王室统御诸侯，与列国共治天下的统一局面已不复存在，诸侯称霸的割据时代到来了。这个时代，虽然存在着列国之间连绵不断的战争，但主要发生在几个大国之间，他们相互争夺土地，夺取霸权。

周王室之所以还能苟延残喘地保存下来，只是由于在诸侯争霸的过程中，周天子还是一面可以利用的旗帜，但随着争霸战争的愈演愈烈，这面旗帜的作用愈来愈小，周王室也就接近灭亡了。

东周争霸战争，恰恰与周代中国地理重心的几次转移相吻合。从公元前1100年到征战不已的前5—前3世纪，周朝由盛到衰，从而引发了南北权力中心的转移。

北方第一个权力中心在西部。周朝由此兴起，其优势超越了在黄土高原及大平原交界处的商王朝，周人在陕西最大的渭水河谷（即周原）建立了自己的新中心。这个重心一直维系到周朝自陕西东迁河南的时候。然而，这一次东迁并不是重心的转移，因为与东周平行的有秦的兴起。这个时期大体上表现为秦人对陕西北部的戎狄战争。在当时的列国中，还没有一个政治中心能够发展到与周天子争权，但要承认，周室东迁除了避开游牧民族的威胁外，还有秦的兴起，这是一股看不见的，但潜力巨大的力量。

继之而起的第二个时期是公元前679年至前643年。这时北方的权力中心转移到了齐国。齐国土地多半在山东，从黄河下游以北至淮河流域边缘，是齐的势力范围。这个时期，对戎、狄的战争仍然集中在陕西、山西，不过新的战争又在河北、山东和河南发生，这里散居着已经汉化的狄人。同时，各地的列国，如楚、秦、晋也逐渐强盛起来。周王室则困于王畿之内，东面是齐、北面是晋、西面是秦。公元前655年，齐国在首止会盟诸侯，主要意图是再次确定太子郑的嗣君地位。这次齐国公然干涉周王室的家事，宣告了北方权力中心完成了转换，正式由周王室手中转移到诸侯手中。

齐桓公死后，霸主空缺，北方出现了权力真空期。楚、宋为了争夺霸主之位，相互攻杀。最终，楚战胜了宋，成为有实无名的"准霸主"。同时，到了公元前636年，战争的性质变得更为复杂，因为北方的游牧民族开始分别成为汉族列国的盟国或附庸，参与争霸战争。这一年，周襄王娶了狄族酋长的长女，并立为后，情势变得更加混乱了。周襄王与弟弟带（即甘昭公）不和，甘昭公便与狄后相通，想借狄人的力量取得君位。周襄王知道后，废了狄后。王弟带便引狄师击败周师，周襄王逃到郑国避难。公元前635年，在晋文公的干预下，周襄王复位，这种混乱的局面才得到遏制。

晋文公有了称霸的政治资本，又在他的臣僚辅佐下，于公元前632年击败了楚国。直接引发了北方权力中心转移到晋，标志性事件是，晋文公挟诸侯以令天子，将周王召到河阳去见诸侯。这个情形一直维持到公元前546年，四大国平分霸权的"弭兵之会"为止。但由于春秋末期，秦国持续低迷，齐国内政不稳，在形式上，北方的权力中心依然在晋国。这种虚拟中心的局面一直到公元前453年结束。

公元前546年后，周王室以跨越式的速度继续衰落。由于四大国势力均衡，中国整体上处于和平时期，这种局面一直持续到413年魏国兴起为止。这个阶段的战争主要发生在四大国势力范围内部：南方的楚国面临新兴势力吴越的威胁。北方主要是中原与游牧民族的战争，而且多半发生在山西和陕西北部。秦国与晋国继续北进，直达草原边缘。戎狄被秦、晋挤压，只得迁徙。这个结果改变了整个中国的历史。晋国后来分裂成三个国家：北部为赵，西南部为韩，东南部为魏。

从公元前453年开始，北方又开始了权力中心的转移，这次又巧成循环，重心又转移到周朝兴起的西部或西北部。

南方的权力中心，至楚武王和楚文王时代开始逐步转移到楚国。到了楚成王占据淮水上中游，并于公元前645年在娄林打败了淮水中下游的徐国后，周朝和诸夏的势力被楚人彻底挤出了南方。同时，也宣告南方的权力中心最终转移到楚国手中，这种局面一直持续到公元前223年，秦灭楚为止。从秦朝开始，吴越地区代替湖北地区，逐渐成为南方的文化中心，相应地，南方的权力也逐渐转移到江南。

前面提到，孔子说："齐一变，至于鲁，鲁一变，至于道"，可以说中古中国的文化重心，至少从东周开始，就转移到关东地区了，关东地区成为整个中古（东周到西晋）社会文化的中心地带。齐、晋称霸时期，中原的政治中心和文化中心在某种程度上是重合的。但进入战国以后，权力中心开始逐渐西移，最终转移到关西地区，这个局面一直持续到西汉。而文化中心仍然在关东。

因此，秦和西汉时期的文化和政治重心是分离的，文化重心在关东，政治重心在关西。东汉建都洛阳，两个中心再次由分到合，关东成为整个帝国的重心，自然，关东大族也成为政府运转的核心。可以说，东汉帝国是建立在豪族，特别是关东大族基础上的王朝。《后汉书·虞诩传》说："谚曰'关西出将，关东出相'"，就是这个事实的反映。

关东大族控制着东汉王朝，他们绝不允许权力中心再次旁落，无论是转移到关西还是江南，所以关东大族反对董卓，实际上是关东集团与凉州集团的权力博弈，如果董卓全面控制了东汉政权，意味着关西人宰治朝政的开始，也宣告了关东集团统治的结束。因此，关东集团必须要彻底消灭关西集团，从袁绍到曹操，这个目标奉行不替。直至汉献帝建安三年（198），以曹操为首的关东朝廷联合关西诸将（段煨为首）诛杀李傕，关西（凉州）集团正式宣告覆亡。但关东大族与关西豪族之间的矛盾却没有消失，直到唐再次定都长安，两个集团的矛盾才正式得到解决。

同样，关东大族与孙坚的矛盾，实际上是关东集团和以孙坚为代表的江南豪族之间的矛盾，这个矛盾从孙坚第一次夺取荆州开始爆发，一直持续到赤壁之战后。随着东晋在南方建立起新的政权，关东大族与江南豪族逐渐融合，两个集团的冲突宣告结束。

从反董到火并：汉末割据体制的膨胀

汉献帝初平元年，即公元190年，反董战争打响了。讨董联军的领袖是袁绍，而讨伐董卓的牧守除了前面提到的韩馥、刘岱、孔伷、张邈、王匡、鲍信、刘表外，还有东郡太守桥瑁、山阳太守袁遗、广陵太守张超、西河太守崔钧、青州刺史焦和、陈国相许玚。这些人都是关东的大姓、冠族，也是当时的名士。

桥瑁，梁国睢阳人，太尉桥玄族子；袁遗是袁绍的从兄；张超是张邈的兄弟；崔钧，涿郡安平人，太尉崔烈之子；焦和，《后汉书·臧洪传》说他："好立虚誉，能清谈"，应该是当时一位大名士；许玚是许靖的从兄。这些人何时担任刺史、太守，史料不详，有的可能在董卓专权前就已授官了。

前面提到，不论朝廷或地方，何进所用的是这类人，董卓用的也是这类人。

其实就是在宦官集团专权时，虽然他们极力打压党人，但除了宦官子弟亲族、宾客以外，布列中央和地方的官僚基本也是这类大姓名士。说明，这些名士，特别是关东大族依然是政府运转的核心，他们的作用无可替代，谁能得到他们的支持，谁就能牢牢控制东汉政府。

三国的创业者都参加了这次讨董联军。曹操以奋武将军的名义带着家兵和招募的队伍参加了这次军事行动。前面提到，曹操虽然出身宦官家庭，但早就挤入了名士行列，成为关东大族集团的核心人物之一。孙坚是扬州富春的地方豪族，"家世仕吴"，这时担任长沙太守，正在夺取荆州地，他参加了后期的讨董战争，并取得了一些胜利。

刘备也是地方豪族，"世仕州郡"，到了刘备这代似乎破落了，但他是著名经学大师卢植的弟子。《三国志·蜀书·先主传》注引《九州春秋》说他在献帝初平元年（190）和曹操一起到沛国募兵，参加了讨董战争。但本传只说他是高唐令，"为贼所破，往奔中郎将公孙瓒"，没有提及他起兵讨董的事。

孙坚虽然出身豪族，但只是土豪（县级豪族），政治地位不高，而且又是江南人。当时的江南文化并不发达，《三国志·魏书·刘晔传》说："扬士多轻侠狡桀"。"轻狡"即轻侠狡桀的简称，即当时游侠中层次最低"至于为盗贼"的"轻侠"。江南人一直受到关东大族的鄙视，所以孙坚不可能是名士，但由于孙坚久经战争，而且靠着在荆州剿贼和夺取豫州，有了一支属于自己的私人武装，并且与袁术联合，借着袁术的声望抬高了自己的政治地位。孙坚资历较深，又有较强的实力，在讨董联军中居于重要地位。

刘备出身破落豪族，政治地位不高，难以挤进名士的行列，而且威望很低，实力不强，不可能成为一支独立的力量。

汉献帝初平元年，即公元190年二月，迫于关东集团的压力，董卓胁迫献帝和文武百官迁都长安，并下令火烧洛阳。董卓迁都后，开始在长安建立关西朝廷，逐步将凉州集团发展为关西集团，这更进一步激化了关东大族和关西集团的矛盾。

袁绍等发动讨董战争，大大小小的地方势力趁机纷纷组织武装，参与了这次联合军事行动。但是，联军将领各怀鬼胎，盟主袁绍也"有骄矜色"，导致反董战争长期处于停滞状态，关东联军则剑拔弩张，准备相互火并。由于矛盾的逐渐转化，以袁绍为首的关东集团也出现了裂痕。不久，这个裂痕随着董卓取得的几次胜利而扩大，反董战争渐渐演化为关东集团内部的兼并和割据战争了。

《三国志·魏书·张邈传》说袁绍命令曹操杀张邈，曹操不听，并对袁绍说："孟卓（张邈），亲友也，是非当容之。今天下未定，不宜自相危也"。曹操强调了当时的政治形势处于"天下未定"，即关东集团还没有全部控制关东地区，没有消灭凉州集团时，不宜相互残杀，导致内讧和火并。曹操这个看法是相当有远见的。

《三国志·魏书·文帝纪》注引典论对当时的形势做了精彩的概括："初平之元，董卓杀主鸩后，荡覆王室。是时四海既困中平之政，兼恶卓之凶逆，家家思乱，人人自危。山东牧守咸以春秋之义，卫人讨州吁于濮，言人人皆得讨贼，于是大兴义兵。名豪大侠，富室强族，飘扬云会，万里相赴。兖、豫之师战于荥阳，河内之甲军于孟津。卓遂迁大驾，西都长安。而山东大者连郡国，中者婴城邑，小者聚阡陌，以还相吞灭。会黄巾盛于海岱，山寇暴于并、冀，乘胜转攻，席卷而南。"

曹丕这段话说明了东汉王朝末日的来临。所谓"四海既困中平之政，兼恶卓之凶逆，家家思乱，人人自危"，正是当时阶级矛盾和统治阶级内部矛盾一起激化的表现。那些"万里相赴"的名豪大侠、富室强族，有的集结在当地牧守的旗下，有的可能无所归属。总的形势就是长期培育起来的、潜伏的大小割据势力的公开暴露，也就是从董卓建立凉州集团后形成的割据体制的进一步膨胀。

从汉灵帝中平六年（189）四月灵帝去世，何进辅政，到汉献帝初平元年（190）春山东起兵，为时不到一年。豪族、名士曾经是何进依靠的政治力量，也曾是董卓借以巩固权力的政治力量，而借讨伐董卓之名，乘机割据的又是他们，因为他们是社会上最有活动力量的集团。可以说，汉末的领主战争，甚至是三国对立的局面，背后的主导力量都是他们，即豪族领主化引发的领主争霸战争。

III
PART

争霸：新权力格局的建立

第八章

豪族：争霸战争的主导力量

西汉：豪族的萌芽期

前面提到，刘邦本身就是一名游侠之士，他所建立的政治集团自然是游侠的集合体。赵翼的《廿二史劄记》说："汉初诸臣，惟张良出身最贵，韩相之子也。其次则张苍，秦御史；叔孙通，秦待诏博士。次则萧何、沛主吏掾；曹参，狱掾；任敖，狱吏；周苛，泗水卒史；傅宽，魏骑将；申屠嘉，材官。其余陈平、王陵、陆贾、郦商、郦食其、夏侯婴等，皆白徒。樊哙则屠狗者，周勃则织薄曲、吹箫给丧事者，灌婴则贩缯者，娄敬则輓车者。一时人才皆出其中，致身将相，前此所未有也。"

以上这些西汉的建国者们，赵翼总结为"汉初布衣将相之局"，最后，他振聋发聩地评价说："尽秦、汉间为天地一大变局……其君既起自布衣，其臣亦自多亡命无赖之徒，立功以取将相，此气运为之也。天之变局，至是始定。"不只皇帝和开国将相，西汉的皇后也多出身微贱，汉武帝的皇后卫子夫，成帝的赵皇后飞燕，都是歌伎出身，皇室成员却不以为耻辱，可见西汉社会是不大讲究门第的。

但是，毋庸置疑，旧的贵族虽然消亡，但新的贵族又继之而起了。随着时移事易，以血统相承的诸侯、卿相、士大夫，被新的富商大贾、地主土豪、世官之家这些新贵族取代了。

《汉书·货殖传》所列举的财富数百万、数千万的工商家族屈指难数，比如："蜀卓氏……用铁冶富……至僮八人……成都罗氏，赀至巨万……雒阳张长叔、薛子仲，赀亦十千万"；《史记·货殖列传》说"千金之家，比一都之君，巨万者乃与王者同乐"；《汉书·食货志上》晁错说这些人甚至"因其富厚，交通王侯，力过吏势，以利相倾，千里游敖，冠盖相望，乘坚策肥，履丝曳缟"。

这些人不但拥有物质财富，而且靠着善于理财的关系一跃跻身统治阶层，成为高官。比如东郭咸阳、孔仅、桑弘羊等工商界人士或其子弟。《汉书·食货志下》

说："于是（朝廷）以东郭咸阳、孔仅为大农丞，领盐铁事，而桑弘羊贵幸。（东郭）咸阳，齐之大鬻盐；孔仅，南阳大冶；皆致产累千金。故郑当时进言之。弘羊，洛阳贾人之子，以心计，年十三侍中，故三人（上述三人）言利，事析秋毫矣。"尤其是桑弘羊，后来成为汉武帝的心腹大臣，武帝死后被汉昭帝任命为御史大夫，跻身三公之列。

大商人群体崛起的同时，新兴地主阶层也开始兴起了。马瑞临在《文献通考·田赋考二》中说："自秦汉开阡陌以后，田即为庶人所擅，然亦惟富贵者可得之；富者有赀可以买田，贵者有力可以占田。"而买占的结果，《汉书·食货志上》董仲舒总结为"富者田连阡陌"，《汉书·王莽传》王莽描述为"强者规田以千数"。比如《汉书·酷吏传》记载甯成"赍贷陂田千余顷，假贫民，役使数千家……致产数千万"；《西京杂记》记载陈广汉存米千四百余石；《汉书·货殖传》记载桥桃"粟以万钟计"。

这些新兴地主的壮大引发了贫富差距，对政府的有效统治也是威胁。所以《汉书·食货志上》记载董仲舒主张："宜少近古，限民名田，以澹不足，塞并兼之路。"同书哀帝时师丹也说："今累世承平，豪富吏民，訾数钜万，而贫弱俞困……宜略为限。"但当时朝臣虽然奉命拟定名田的顷亩，但阻力太大，始终不能推行。

《汉书·食货志上》详细记载了阻力的原因："天子下其（师丹）议，丞相孔光、大司空何武奏请诸侯王、列侯，皆得名田国中，列侯在长安，公主名田县道，及关内侯、吏民名田皆毋过三十顷。诸侯王奴婢二百人，列侯、公主百人，关内侯、吏民三十人，期尽三年，犯者没入官。时田宅奴婢贾为减贱。丁、傅用事，董贤隆贵，皆不便也。"在这样强大的阻力下，朝廷只得下诏书说："且须后。遂废不行。"恐怕除开丁、傅、董贤的关系外，地方豪富的势力也已雄厚，因此朝廷不敢贸然开罪他们，这应该是"且须后"的一个原因吧！

无论是大商人还是地主，都属于经济上的贵族，那政治上的贵族呢？虽然周代的世卿制度完全消灭了，但新的世官制度又取而代之了，这就是西汉的外戚之家与任子制度。《汉仪注》说："吏二千石以上视事满三岁，得任同产若子一人为郎"，这就是任子制度，为朝廷为二千石以上的高级官吏开设的特权。《文献通考·选举七》进一步解释说，这些达官子弟，有些"八九岁即备宿卫"，与天子朝夕相见，"自郎选为县令，自大夫选为守（太守）相（国相），或持节四方，天子时课其功而召之人"。因为享有特权，这些子弟官运亨通、乘风直上，比一般寒门子弟有更多的机会。根据《汉书》的记载，汲黯、霍光、刘向、董贤等，都是任子出身，这些人都是由任子制度而成为世官的。

至于外戚，《汉书·外戚传下》记载孝元王氏一族"十侯五大司马"。《汉书·元后传》记载曲阳侯王根竟至"三世据权，五将秉政"。《汉书·外戚传下》记载孝元傅昭一族："侯者凡六人，大司马二人，九卿二千石六人，侍中诸曹十余人。"这些外戚凭借着特权，也成为世官之家了。

无论是官僚，还是外戚，这种世代相承为达官显宦的家族，自然是新兴贵族的一分子。新贵族势力又持续发展和不断壮大，从而使社会经济各个方面，产生了一种不平衡的现象。伴随着社会层面的不平衡，思想方面也产生了不满现存状况的要求。于是，急剧变革的诉求，遂无法避免了。这一变革的代表人物，就是那位动欲慕古、不度时宜、志大才疏、急于求成的王莽。

《汉书·王莽传》记载了王莽变法的举措，如规定土地和奴婢不能自由买卖，盐铁等业收归国营，立五均，改币制等。这些举措直接指向了富商地主，主要目的无非是打击新兴贵族。但是，王莽的方式过急，不讲策略，结果打草惊蛇，搞得满城风雨，整个社会动荡不安。又加上时运不佳，天灾频繁，一般民众将一切祸乱都归罪于改革。于是，这些新贵族又乘机再起，支持割据势力，东汉政权就是在豪族的支持下得以建立的。

东汉政权不仅是旧有贵族政权（西汉）的继续，而且在它的支持和挟持下，豪族（世家大族）群体不断发展壮大，逐渐发育成长为魏晋南北朝的"大族群体"。可以说，东汉政府就是豪族势力的集合体。

"富者乘其财力"：东汉豪族成长的经济基础

前面提到，东汉政权是在豪族支持下建立起来的，那在以豪族为主导的东汉政权下，豪族群体得到发育与壮大，是必然的结果。那么豪族的成长途径有哪些呢？根据史料分析，不外乎三种：（1）凭借经济实力；（2）凭借政治力量；（3）借助累世学术之家的传承。

经济力量的发展，要以物质条件做基础。西汉的富豪多商贾，而东汉的富豪是地主与商贾并驾，甚至地主的富厚更是在商贾之上，这是当时客观条件改变的结果。《汉书·食货志上》记载了战国时代李悝所作的农民收支预算，得出的结论是：农耕之家，除开疾病、死亡等不能避免的非常开支，以及水旱之灾不时赋敛等特殊损失不计外，每年必须负欠四百五十，这还是根据亩收一石半来计算的。倘若用晁错所说的"半亩之收，不过百石"来计算，则不足之数还须增加三倍半。再加上疾病、死亡、水旱之灾等耗费，不足之数又将加倍。在这种情况下，土地兼并是没有多大利益的，即使下令将地主所用的劳动力全部由佃户改为奴隶（或雇工），所能剥削的价值也是有限的。这是战国时代农业发展的情况。

但是经过两汉数百年的发展，培育地主的客观条件逐渐成熟了。原因有五个：

一是耕种工具的改良。它不仅使农业生产既省时又省力，而且新工具与旧工具工作效能的比率，差不多是12∶1，这是农业技术的一个巨大迈进。

二是代田法的施行。根据《汉书·食货志》的记载，代田法是一种可以抵抗风旱之灾的耕作方法，这也是农业生产的一次巨变。

三是"区种法"的运用。这种方法对于灌溉极为方便，这也是汉代农耕方法的一大进步。

四是政府对灌溉事业的提倡。其实早在西汉时代，灌溉已经引起政府的注意，到了东汉，则更加提倡。根据《后汉书》的记载，马援、杜诗、邓晨、任延、张纯、王梁、鲍昱、马棱、何敞、张禹、鲁丕这一大批人，都是或以穿引沟渠，或以兴理陂池，遂能造福于当时，功垂于青史。汉明帝永平十二年（69），以及汉安帝元初二年（115）及三年（116），政府还曾三次大规模修渠筑堤。这是以政府力量与水旱斗争，以求增加粮食的产量。在中央政府与地方官吏的努力下，大量土地得到了抗水旱灾害的保障。这也是农耕环境的一项进步。

五是"水碓"的发明。根据桓谭《新论》说："伏羲制杵臼之利，后世加巧，因借身以践碓，而利十倍。复设机关，用驴、赢牛、马及役水而春，其利百倍。"

水碓虽然无关农业生产的本身，但也与农村生活有关，掌握这种工具的人，可以增加大量收入。这是在农业经济上一个能节省人力物力，而且可以增加财富集中率的工具。

农业技术的改良、农耕方法的变革、耕作环境的进步，使东汉时期的农业得到了巨大的发展。同时也为地主阶层的发展创造了客观条件，最终使国赋与私租差额不断增大。

从西汉初年到东汉初年，虽然历代政府都想增加国家赋税，但收效并不显著，好的田地逐渐被豪族兼并，贫民被迫雇种。到了东汉时期，国赋与私租的差额更加巨大，这自然利于地主阶层势力的壮大。而且这些富豪之家，都不是孤立的，他们是以一家一族为中心，凭借他们的经济优势，促使若干家族、若干个人通过种种途径依附于他们，逐渐成为一个庞大的势力集团。

《后汉书·仲长统传》载《昌言·损益篇》中所说的千群的奴婢、万计的徒附和为之投命的刺客死士，都成为这个集团的一员。还有崔寔《政论》中所说的父子低首、奴事富人、躬率妻子为之服役的下户，也被迫依附这个集团。这样一来，这些富豪之家就成为支配千家万户的地方势力集团。他们的力量，自然不能随意侵犯了。这些地方豪族集团借着这种力量而挟制选举，一跃而取得政治上的地位。

王符《潜伏论·考绩》中说："群僚举士者……名实不相副，求贡不相称，富者乘其材力，贵者阻其势要，以钱多为贤，以刚强为上。"《后汉书·黄琬传》说："时权富子弟，多以人事得举，而贫约守志者见遗。"《后汉书·李固传》也说："今之进者，唯财与力。"于是，这些富豪由经济上的支配者兼作政治上的支配者，这是豪族发育的经济途径。

控制政权：东汉的世族与"世官"

豪族发育成长的第二个途径，是凭借政治势力。一个新皇朝建立以后，必然会衍生出一大批的宗室姻戚，这些人盘踞要津，封爵邑，受赏赐，做高官，握权柄。

而且借权力胡作非为，强占土地，封闭山泽，经营商贾，广蓄僮役，又变成了富豪。而且，这批人，生命力顽强，总是与王朝共终始，形成"一荣俱荣，一损俱损"的关系。

东汉是豪族发展的关键时期，而且的确有两种制度，可以培植一批与皇朝绝缘而独立发展的世族，这就是教育制度和任子制度。

任子制度，西汉已经有了，东汉仍予以继承。《后汉书·安帝纪》记载汉安帝建光元年（121），曾下诏，重申西汉的任子令："以公、卿、校尉、尚书子弟一人为郎、舍人。"这些人全凭父兄的资荫，取得了与选举拔擢而出任官吏的人们同等的地位。据《后汉书》记载，桓郁、桓焉、黄琼、黄琬、马廖、耿秉、宋均、袁敞等，都是任子出身而日趋显达的高官。

东汉的教育制度，相关史料也有记载。《后汉书·儒林传·序》说："明帝即位……复为功臣子孙、四姓末属别立校舍，搜选高能，以受（授）其业。"汉质帝本初元年（146），梁太后又下诏说："大将军下至六百石，悉遣子就学。"于是"游学增盛，至三万余生，然章句渐疏而多以浮华相尚，儒者之风盖衰矣。"说明，东汉太学名义上是治学的地方，实质上是走向仕途的必经阶段，而仕宦之家的子弟都能获得入学的特权。

在教育制度和任子制度的保育下，类似春秋时代世卿制度的一种现象产生了。《后汉书·邓禹传》中描述了邓氏一族的兴盛："邓氏自中兴后，累世宠贵，凡侯者二十九人，公二人，大将军以下十三人，中二千石十四人，列校二十二人，州牧郡守四十八人，其余侍中、将、大夫、郎、谒者，不可胜数。"《后汉书·耿弇传》提到耿氏："自中兴以后迄建安之末，大将军二人，将军九人，卿十三人，尚（配）公主三人，列侯十九人，中郎将、护羌校尉及刺史、二千石数十百人。"《后汉书·窦融传》叙述窦氏："一公、两侯、三公主、四二千石，相与并时。"《后汉书·梁冀传》说梁氏："前后七封侯……二大将军……其余卿、相、尹、校五十七人。"这些世族几乎包办了国家的要职，可谓风光无限。

还有一种取得世官的途径，那就是家传专业。《艺文类聚·廷尉》中说："（东汉）河间吴雄，以明法律，桓帝时自廷尉致位司徒，雄子䜣、孙恭，三世为廷尉，以法为名家。"又说："郭躬为廷尉正，迁廷尉；家世掌法，凡郭氏为廷尉者七人。"

这是两个法律世家的例子。此外如专门负责天文、历法等的家族，也是类似的。

同样，这些世官家族的周围，也聚集了若干家族或个人，可以充当他们的羽翼，增长他们的声势，如富豪之家的周围聚集了一批刺客、下户、奴婢、徒附之属，这些依附者，就是所谓的"故吏"同"门生"。这些达官的周围除了围绕着一批故吏、门生外，还有一群被察举的人才。这三种人依附的结果，是一门一族之中，世官的人数越多，依附的人也越众，这一家族的声威势力也越大。

这些世官之家，又借助手中的权势，进行权力寻租，培养他们的经济实力。《后汉书·窦融传》记载窦融一家："一公、两侯、三公主、四二千石"，在拥有政治权势的同时，窦家开始拥有"官府邸第，相望京邑，奴婢以千数"，成为一方的富豪。《后汉书·马防传》记载马防"兄弟贵盛，奴婢各千人以上，资产巨亿，皆买京师膏腴美田，又大起第观，连阁临道，弥亘街路"。《后汉书·梁冀传》记载梁冀一门："前后七封侯……二大将军……卿、将、尹、校五十七人"，可谓权势熏天，结果梁冀死后，官府没收了他的财货，"县官斥卖合三十余万万，以充王府用，减天下租税之半"。说明梁冀的私产，相当于当时全国赋钱的收入额了，这是何等惊人的经济实力。

总之，世官之家凭借着政治权力，不断扩充财富，逐渐由政治上的支配者，成为政治和经济上的支配者，这是豪族发育成长的政治条件。

东汉的"故吏"与"门生"

所谓故吏者，指凡为某官的掾史、僚属，或被政府所辟举征召，无论是否就职，及在职的时长，都会与某官发生隶属关系而称为故吏。

赵翼在《廿二史劄记·长官丧服》中说："汉制三公得自置吏，刺史得置从事，二千石得辟功曹、掾吏，不由尚书选授。"这样造成的结果是，达官显宦任要职时间越长，故吏人数会越多。而这些故吏，对于长官"本有君臣之分，为掾吏者，往往周旋于死生患难之间"，即无论故主生前死后，故吏都有若干必须履行的义务。《后汉书》关于这方面的记载很多，比如孟英父子的代郡将赴死；公孙瓒的送太守徙日南；孙斌的杀送吏劫故主等，这些都是在生前尽的义务。而杨匡的为故主收尸；王允、李恂、乐恢的为长官行服；以及当时最普遍的为故主立碑颂德，都是死后尽的义务。

所谓"门生"，并不是授业弟子。《后汉书·贾逵传》说："皆拜逵所选弟子及门生为千乘王国郎。"《后汉书·杨彪传》记载黄门令王甫，唆使门生在京师附近搜刮财物达七千余万。王甫是个宦官，如何有能力传授门生呢？欧阳修在《孔宙碑阴题名·跋》中说："汉世公卿，多自教授，聚徒常数百人，其亲受（授）业者为弟子，转相传授者为门生。"说明，弟子与门生的差别很大，根本不是一个概念。

赵翼在《陔馀丛考·门生》中对东汉时期"门生"的性质做过很有见地的总结："惟其不必亲受业，但为其学者皆可称门生，于是依势趋利者，并不必学问相师，而亦称门生。"而且赵翼更进一步指出，门生不过是部曲义从的别称："其在门下亲侍者，则为之门生……门生不过如僮仆之类，非受业弟子。"可见，门生在东汉时代已经失去了原有的含义，成为趋炎附势之徒的代名词了。

徐幹在《中论·谴交》中说："为之师而无以教，弟子亦不受业。然其于事也，至乎怀丈夫之容，而袭婢妾之态，或奉货而行赂，以自固结，求志属托，规图仕进。"这段话比赵翼说得还直接，暴露了门生就是那些想走仕途的人，依附权势的托名而已。那么，结果是，门生的数量与所依附的显贵呈几何增长的趋势，地位越高、声名越煊赫的达官贵人的门生也越多。

门生虽然是自由依附，但从他们本身地位的低微，以及处心积虑的卑劣这点来推测，他们对势主的隶属关系、臣仆义务，一定和故吏对故主不相上下。比如门生也和故吏一样，有为师长立碑的义务，就是佐证。《全汉文》所载的《卫尉衡方碑》《高阳令杨著碑》《司隶校尉鲁君碑》等，都是门生所立的。说明，门生为师长立碑，在东汉是极为普遍的现象。

门生对师长义务越尽越大，所以魏晋以后，门生几乎与奴婢等同了。而且，作为门生，不仅仅是一人的门生，也是一家人的门生；不仅对一人有隶属关系，对势主一家人也有隶属的义务。比如《童子逢盛碑》是逢盛父亲的门生所立的；《太尉杨震碑》是杨震孙子杨统的门生所立的。这样的例子不胜枚举。说明，门生无论对师长的祖父、儿子或从弟、兄弟，都有尽隶属义务的责任。这样一来，凡是身居高位的达官及其家属，因门生数量众多，家族力量特别巨大。

还有一种介于门生与故吏之间的群体，就是被举者对举主的关系。汉代入仕的途径，除了辟召、任子外，还有选举。选举的名目繁多，但无论是定期的孝廉、茂才，还是不定期的贤良、方正等，被举者与举主之间，也往往有君臣之谊。《后汉书》记载的如桓典、桓鸾、傅奕、荀爽等为举主行服（服丧守灵），能至三年。而且这些被举者，无论因何种名目被举，其察举者，不外乎是三公、五府、郡国守相这一批现任官吏。

前面提到，故吏、门生、被举者三种人依附的结果，造成一门中世官人数的普遍增加，世官人数的增加，反过来又促进了依附者数量的增长。这些都为世族的发展与壮大创造了条件。刘鉴泉在《右书·南北朝四述》中对此有一针见血的评价："东汉人尚节义，又其时仕进由荐辟之制，郡县存封建之遗，故门生感举主之恩，故吏守旧之义，私门党附，甚至以身殉之，故名士世族，势力颇大。"

"累世经学"之家与名士

豪族发育成长的第三个途径，是"累世经学"之家。因为术业世传，弟子众多，逐渐形成一大势力。更为重要的是，这些累世经学之家，依仗家传学术，不断扩充势力，逐渐由思想上的支配者，成为经济上和政治上的支配者，进而演化为世族。只不过它的起源，比起经济和政治途径，似乎更为高尚罢了。

两汉学术集中于经学，经学大家累世传业，如同其他靠工艺技巧成为世业之家一样。而治学的人，也兼治家法，恪遵师说，口口传授，难度可想而知。这样一来，往往一代大经师的后裔，世守祖业，相传数十百年不坠。而前来学习的门人弟子，也常常是成百上千，虚心请教。这成为当时社会上的一个普遍现象。

这些经师，不仅在学术界自成一派，在社会上也成了一股不可忽视的势力。赵翼在《廿二史劄记·累世经学》中，历述孔、伏、桓三家传业的系统，及其杰出的人才。即孔氏至孔昱，历战国秦汉约六百年；伏氏自伏胜至伏无忌，历两汉约四百年；桓氏荣、郁、焉三代，历教五帝，闻名于东汉一朝。这些都是有明文、确凿可证的实例。其他经学大师传业，往往也是如此。

这些人的门徒也蔚为可观，往往动辄上千。据《后汉书》记载，刘淑、魏应、薛汉、周泽、甄宇、李育、马融、郑玄等人，教授的门徒多达数百人。杨伦、杜抚、张玄、颍容、唐扶等人，弟子更是达到了千余人。姜肱"远来就学者三千余人"。丁鸿"为少府，门下由是益盛，远方至者数千人"。宋登"少传欧阳《尚书》，教授数千人"。但这些还不是门徒数量最高的记录。

《后汉书·楼望传》说："教授不倦，世称儒宗，诸生著录九千余人。"《张兴传》记载张兴："弟子自远至者，著录且万人。"《牟长传》说："（牟长）在河内，诸生讲学者常有千余人，著录前后万人。"《蔡玄传》记载蔡玄："学通五经，门徒常千人，其著录者万六千人。"可见，这些经师的影响力有多么巨大。

那么经师和门徒的关系如何呢？自然是相当密切了。楼望"卒于官，门生会葬者数千人"。桓荣"少学长安……事博士朱普……朱普卒，（桓）荣奔丧九江，负土成坟"，这已经不同于普通奔丧了。巨鹿人侯芭"常从扬雄居，受其《太玄》《法言》焉……（雄）卒，侯芭为起坟，丧之三年"。经学大师李郃死后"门人上党冯胄，独制服，心丧三年"。在父母三年之丧未成为定制的汉代，而有门徒为老师服丧三年，可见门人尊师的程度，与故吏尊旧君、门生尊势主，如出一辙。

《后汉书·欧阳歙传》中记载了一则故事，更能说明师生关系的密切。"自欧阳生传伏生《尚书》，至歙八世，皆为博士……迁汝南太守……歙在郡，教授数百人，视事九岁，征为大司徒。（歙）坐在汝南臧罪千余万，发觉下狱，诸生守阙为歙求哀者千余人，至有自髡剔者。平原礼震，年十七，闻狱当断，驰之京师，行到河内获嘉县，自系上书，求代歙死。"可见，欧阳歙的弟子们甚至髡剔求哀，愿代师死。如果说老师含冤，还可以说是迫于义愤；但老师的确犯了罪，应该按国法处置，但这些弟子们依然求哀、代死，这与前面提到的故吏代故主去死，也是毫无二致了。

虽然说师生感情是出于自然，双方并无丝毫隶属关系的牵制，但是从表象上，的确它无法分别与故吏对故主、门生对势主的关系。术业既局于世传，门徒又遍布于州郡，而师生关系又如此亲密，结果是，由此自由结合发育滋长而成为世族，也就顺其自然了。这些"累世经学"之家势力煊赫、力量宏富，不仅支配了当时的思想，左右了一方的风尚，而且也具有相当的经济实力和政治势力，逐渐成为豪族群体的一股不容忽视的力量。

"累世经学"还产生了一个非常重要的硕果，即促进了"名士"群体的产生。其中，这些著名的大经师，逐渐演化为大名士；而他们的众多门徒，也成为名士。最终，这些大经师及其门徒成为名士群体的重要来源之一。

汉代的豪族掌握着经济、政治、文化资源，再以这三种资源为依托，控制了整个社会的各个层面。可以说，东汉是建立在"豪族共同体"基础上的王朝，这一点是毋庸置疑的。

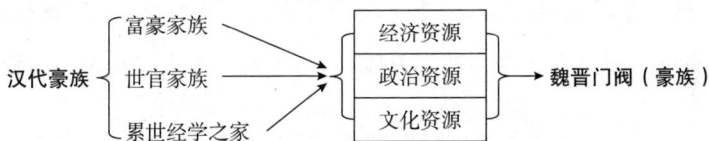

图 8-1　东汉豪族群体构成示意图

控制地方：东汉末年的豪族

东汉时期大小地方豪族势力具有发展壮大的倾向，这种地方势力是在宗族、乡里基础上培育成长起来的，因而具有古老的农村结构根源。前面提到，我们在史籍上经常见到大姓、著姓、冠族、甲族、世族、大族的称谓，这些都是豪族的别称。与之相对称的是所谓的单家、寒族。大约在东汉时南北各州郡正在逐渐形成较固定的、普遍承认的地方当权豪族。尤其到了东汉末期，豪族发展得更为成熟了，地方政权基本控制在豪族手中。

《三国志·魏书·王朗传》注引《魏略·薛夏传》记载天水有姜、阎、任、赵四姓。《三国志·魏书·裴潜传》注引《魏略·严幹李义传》记载冯翊有桓、田、吉、郭四姓。《晋书·刘颂传》记载广陵有雷、蒋、谷、鲁四姓，吴郡有顾、陆、朱、张四族，会稽有虞、魏、孔、贺四姓。《华阳国志》记载巴、蜀、汉中、南中诸郡所属的豪族更为详细。这些都是明文记载的各地豪族，实际上当时的大姓应该比这要多。

而且当时各级地方政府通常是由当地豪族中的代表人物组成。根据汉代的习制，刺史、太守、县令由朝廷直接任命，而他们的僚属必须由当地人充当，而豪族子弟有优先任用的特权。由于州郡僚佐，比如"大吏""右职"，基本由豪族充当，单家要想挤入这个行列是相当困难的。

《三国志·魏书·裴潜传》注引《魏略·严幹李义传》对豪族在地方的势力有过详细的描述："冯翊东县旧无冠族，故二人（严幹、李义）并单家。其器性皆重厚……逮建安初，关中始开，诏分冯翊西数县为左内史郡（西郡），治高陵；以东数县为本郡（东郡），治临晋。（李）义于县分当西属（西郡）。"李义对严幹说："西县儿曹不可与争坐席，今当共作方床耳。"于是，二人"相附结，皆仕东郡为右职。"

当时冯翊的西部，豪族势力强大，李义、严幹本来是单家，为了避开豪族的势力，他们在分郡时采取了避重就轻的策略，一起到东部落籍。果然，他们在无冠族的东部脱颖而出，当上了东郡右职，成功蜕变为冯翊东部的豪族。可见，豪族在地方的影响力有多么巨大。

既然州郡大吏按惯例由大姓充任，而大姓、冠族每郡有限，因而州郡大吏就带有明显的世袭性。《后汉书·王允传》说："（王允）太原祁人也，世仕州郡为冠盖（冠族）。"王允的祖先名位不详，只因世代充当州郡僚佐，久而久之，也就成为冠族了。《后汉书》《三国志》中累世出身州郡僚佐的地方冠族大有人在，虽然升迁官位不止于此，但论出身也可以归为"世仕州郡"。吴、蜀政权的创立者孙坚、刘备虽然门第不太高，但孙氏"家世仕吴"，刘备的祖父也是"世仕州郡"，孙、刘至少是县一级的豪族。

地方各级长官有任期，而地方僚佐却多世袭，可以说，东汉时期的地方政权在一定程度上是由当地豪族控制的。而且，这些大姓、冠族又累世通过察举和辟举跨出地方，为朝廷登用，成为势力更为强悍的豪族，即世家大族。东汉察举孝廉，史籍有明文记载由州郡吏得举的四十人，茂才的六人，没有明文记载的肯定超过此数。既然州郡大吏一般由大姓、冠族充任，自然，出自州郡吏的孝廉、茂才也应该是豪族。其实，可以进一步推测，不是举自州郡吏的多半也是豪族，因为主管选举的功曹也是这一阶层的代表人物。

更为重要的是，这些地方豪族还有一个重要身份，就是名士，尤其到了东汉末年，名士与豪族融合的趋势愈加强烈，很多豪族就是当时的大名士，同样，名士也兼有豪族的政治地位。到了东汉末年，大姓名士这一群体发展得更加成熟了。

热衷政治：东汉末期的大姓名士

东汉时期的选官制度有一个特别重要的现象，即选举和乡里清议有着密切的关系，而主持乡里清议的人物，就是所谓的名士。

名士是习见于东汉的一种称谓。《后汉书·方术传》中范晔曾对东汉名士作了概括性的评论，他说这些名士大都"刻情修容，依倚道艺，以就其声价"。所谓"刻情修容"，是指言行带有矫揉造作的味道，这一点在应劭的《风俗通义》中也有记载；"依倚道艺"，是指依托经术。这两点也就是东汉士人博取功名必须具备的条件，即所谓"经明行修"。"以就其声价"，是指凭借上述两个条件，以博取名誉，抬高身价。

范晔的评论虽然不能包含所有名士，但却真实刻画了当时的社会风尚。当时，一些人由于某种道德方面的超人表现，因而出了名，被认定为名士，拥有了"光环效应"，他们的好运便开始了。察举秀孝有他，公府州郡辟举也有他；当官，朝廷下诏特征；升迁，也是平步青云；辞官后，可以操纵选举，在幕后左右政局。可见，东汉末期，名士的活动对当时政治起了相当大的作用，尤其在选举方面，几乎起了决定性的作用。

《后汉书·符融传》说："时汉中晋文经、梁国黄子艾，并恃其才智，炫曜上京，卧托养疾，无所通接。洛中士大夫好事者，承其声名，坐门问疾，犹不得见。三公所辟召者，辄以询访之，随所臧否，以为与夺。"这两个高卧京师，表面上清高风雅，却暗通声气的大名士，居然操纵三公辟举的大权。可见，名士在选举方面的影响力有多么巨大。

同样，通过评价人物，也是名士左右选举的重要手段。《后汉书·许劭传》说：

"故天下言拔士者咸称许、郭"，这说明，汉末品评人物的专家并推郭泰和许劭。许劭与从兄许靖"俱有高名，好共核论乡党人物，每月辄更其品题，故汝南俗有月旦评焉"，看来，许靖也是人物评论方面的权威。

"人伦臧否"本来是当时名士的专业之一，名士清谈的主要内容就是评论当时的热点人物，像汝南那样每月定期有组织地召开人物升降品题的会议。

那么这些名士的出身如何呢？前面提到，如果纯粹的豪族家庭，其家族没有名士，这个家族是没有多大影响力的。因此，东汉时代，尤其到了王朝末期，名士大都出身豪族了。具体来说，名士固然不一定从豪族中产生，但出于豪族的一定占多数。上述两位人物评论权威，郭泰出身低微，汝南许氏却是累世三公的世家大族。

东汉末年，反对宦官的名士集团被称为党人，这些人有家世可考的大都出身于豪族，比如"三君"中的窦武是贵戚出身；陈蕃祖上是河东太守；刘淑祖上是司隶校尉。"八俊"及以下也基本出身于豪族。李膺祖上是太守，父亲是赵国相；荀翌叔父荀淑是有三公之望的大名士，而且荀家出过好几个太守；杜密先世的官爵虽然没有记载，但杜氏却是颖川名门，前有杜根，三国时有杜袭，无疑都是豪族；王畅的父亲是太尉；刘祐出身宗室；魏朗出身县吏，虽然门第不高，但会稽魏氏却属四姓之一；赵典的祖上是太尉；尹勋的伯父是司徒，从兄是太尉；羊陟"家世冠族"，泰山羊氏曾做过七代二千石的卿校；张俭、岑晊的父亲都做过太守；陈翔祖上是司隶校尉；孔昱一门自西汉后期开始，担任卿相牧守的就有五十三人，七人被封为列侯。

《后汉书·党锢列传》中的人物没有记载先世官爵的固然大有人在，但明确记载出身卑微或"单家"的却一个没有。而且这些党人几乎都以察举、孝廉起家，说明他们大多出身豪族。当然也有出身"单家"的名士，但少得可怜。

《后汉书·陈寔传》记载当时的大名士陈寔："出于单微……少作县吏，常给事厮役，后为都亭刺佐。"《后汉书·郭泰传》说："（郭泰）家世贫贱早孤。母欲使给事县廷。"像这类出身贫贱，因为受到名人赏识提拔而时来运转，成为名士，从而跻身豪族序列的人毕竟是少数。因为当时门阀制度还未形成，"士庶之间，实自天隔"的思想还不成熟，从而给了少数单家成为名士的可能，郭、陈二家就是特例。

　　名士兼具豪族的身份，自然是大姓名士了。实际上，名士通过功曹职位和主持乡里清议来操纵选举，其实就是当地豪族在操纵选举。东汉末期的政论家对这种现象都有论述，比如崔寔、王符、仲长统在分析选择的弊端时，主要有两项：一是重视家世族姓；二是朋党交结。二者的结合也就是豪族和名士的合流。即使是出身单家的名士，也是通过名士这条道路，成为冠族。最终的结果是，大姓名士遂成为名士群体中的核心力量。

　　于是，通过不断的权力繁殖，独立于豪族集团之外的名士集团壮大成熟了，他们成为汉末政治舞台上一股不容忽视的力量。这样，通过对名士的分析，我们可以勾勒出汉末名士群体的组成，见图8-2。

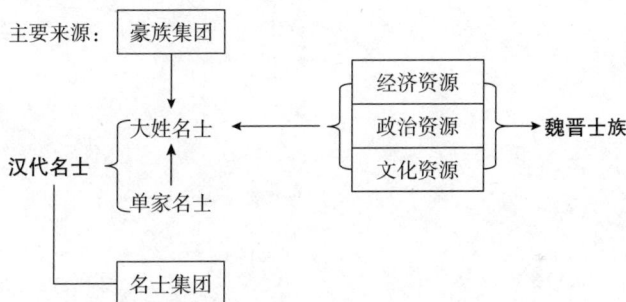

图8-2　汉末（大姓）名士群体构成示意图

　　东汉末年是（大姓）名士群体发展的关键时期，他们通过跨郡、跨州的交游与讲学（累世经学之间及其门徒），主持乡里清议和操纵选举（地方大姓名士），具有了学者与官僚的二重身份，影响力遍布全国。前面提到的党锢之祸，就是这个群体与朝廷发生严重冲突的直接反映；而汉末至三国时代的领主战争，大姓名士集团也起了推波助澜的作用。

　　正如序言中所说，汉末争霸战争实际上是由豪族领主化引发的，在豪族主导、（大姓）名士参与下进行的一场社会改造运动，导致整个社会进一步向领主化倾斜，也可以称之为豪族的领主化。

　　东汉末年，这些地方大姓、冠族不仅仅满足于控制当地的社会和政治资源，更希望控制权力中枢，进而重新分配帝国的社会和政治资源。于是，在各地豪族和大姓名士势力的推动下，一个个民间自治集团相继产生，董卓所创建的凉州集团，就是第一个割据性质的武力集团。可以说，它们是汉末混乱的政治局势催生的产物。比如吕布、袁绍、曹操、公孙瓒、孙氏父子、刘备、诸葛亮等，都是这种武力集团的首脑，当然，他们也是豪族和大姓名士实现资源重组的依靠力量。

有了豪族集团的领导，名士集团的支持，一场影响深远的领主之间的战争即将爆发，鹿死谁手，尚未可知！

第九章

宗亲领主制：袁绍集团的形成

不屈男儿："文武才力足恃"的公孙瓒

《后汉书·公孙瓒传》说："公孙瓒字伯珪，辽西令支人也。家世二千石。瓒以母贱，遂为郡小吏。"尽管公孙瓒出身于世代任郡太守的豪族家庭，但由于"母贱"，在当时子以母贵的礼法下，公孙瓒很难得到士人的重视，尤其是掌握实际权力的幽州豪族名士，对出身卑贱的公孙瓒更是轻视，这使他始终得不到幽州大姓、冠族的支持，最终在袁绍和幽州豪族的联合进攻下，走向覆亡。

公孙瓒因为"母贱"，只能出任"郡小吏"，说明公孙瓒不仅受到幽州豪族的轻视，而且自己的家族对他也不重视，少年时代的公孙瓒并没有受过比较好的教育，限于出身和文化素养，只能充任低级小吏。《三国志·魏书·公孙瓒传》说，所谓"郡小吏"，就是"郡门下书佐"。在汉代，"书佐"的职责，仅掌管文书的起草和抄写，地位低下，前途暗淡，就是所谓的"小吏"。但公孙瓒"性辩慧，每白事不肯稍入，常总说数曹事，无有忘误，太守奇其才"。《后汉书·公孙瓒传》补充道："（公孙瓒）为人美姿貌，大音声，言事辩慧。太守奇其才，以女妻之。"说明公孙瓒没有自暴自弃，是一个有抱负、有才能的人，逐渐脱颖而出，得到了郡太守的赏识，并娶太守的女儿为妻，为自己的发展打下了坚实的基础。

由于"书佐"这类小吏，不过是选拔通晓《史籀篇》《仓颉篇》等"学童"课本的人充当，文化水平不高。为了提高文化修养，在太守的支持下，公孙瓒被公派进修，到缑氏山中拜卢植为师，与刘备成为同学，进而结下了较深厚的友谊。

卢植是经学大师马融的弟子，与另一位经学大家郑玄是同学。但是，不同于马融和郑玄，卢植与他们的性格不同，治学理念也大相径庭。《后汉书·卢植传》说："（卢植）通古今学，好研精而不守章句"，而且"性刚毅，有大节，常怀济世志，不好辞赋，能饮酒一石"。卢植不是一个墨守成规的单纯经学家，而是兼收并蓄、知行合一，同时也具有"游侠"的风范。因此，在他从事讲学时，才能培养出公孙瓒、刘备这类人才。后来，卢植也身体力行，以中郎将的身份率军镇压黄巾起义。

郑玄则是单纯的经学家，著书立说，以注释儒家经典为业。严谨有余而创新不足，视儒家著作为经典，一字一句都不改动，对其他学派则采取排斥和敌视的态度，僵化死板，少有创新。

《后汉书·卢植传》说："卢植字子干，涿郡涿人也。身长八尺二寸，音声如钟。少与郑玄俱事马融……植虽布衣，以武素有名誉。"卢植不仅是当地的豪族，也是一位名士，而且文武俱备，声誉极高。汉灵帝即位后，征召卢植为博士。灵帝熹平四年（175），九江发生蛮族叛乱，朝廷因为卢植"才兼文武"，拜他为九江太守，讨伐叛乱，并且取得了胜利。不久，卢植借身体有病辞去官职，回乡潜心研究学问，著有《尚书章句》和《三礼解诂》。

灵帝中期，南夷反叛，朝廷因卢植在九江很有威望，拜他为庐江太守。卢植到任后不是大开杀戒，而是采取收心的策略，"深达政宜，务存清静，弘大体而已"。不久，卢植又被拜为议郎，与议郎蔡邕、杨彪等校注《五经记传》。不久又被灵帝任命为侍中，迁尚书。灵帝中平元年（184），黄巾起义爆发，朝廷拜卢植为北中郎将，率领诸郡兵讨伐黄巾，连战连捷，大破敌军，斩首万余人。但因为得罪了灵帝的宠臣小黄门左丰，被灵帝贬去官职。皇甫嵩成为讨伐黄巾的主帅后，"盛称植行师方略"，并且"嵩皆资用规谋，济成其功"。平定黄巾起义后，卢植被任命为尚书。

灵帝死后，大将军何进密谋诛灭宦官，采纳袁绍的计策，召并州牧董卓到京师，以胁迫太后。卢植"知卓凶悍难制，必生后患，固止之，进不从。及卓至……乃大会百官于朝堂，议欲废立。群僚无敢言，（卢）植独抗议不同"。董卓大怒，打算诛杀卢植，在蔡邕和议郎彭伯的斡旋下，董卓只罢了卢植的官而已。汉献帝初平三年（192），卢植病逝。

从卢植的经历看，他的确是一名"常怀济世志"和"才兼文武"的豪杰名士。汉献帝建安十二年（207），曹操北征乌桓，讨柳城，过涿郡，不仅大加赞赏卢植，还让当时的官员修缮卢植的坟墓，善待他的子孙。卢植的儿子卢毓"以学行见称……常士畏教慕善，然后有名"，卢毓与卢植一样，也是一位大名士。

公孙瓒继承了老师卢植的风范，也是一位"才兼文武"和"常怀济世志"的豪侠。惠栋《后汉书补注》卷十六说："案《刘宽碑阴》载门生姓氏中，有（公孙）瓒名，则瓒又从宽学也。"刘宽是当时的"通儒"，曾任太尉，常在汉灵帝面前"讲经"，是一位经学家。前面提到，东汉时期，所谓门生，并不是授业弟子。所以，公孙瓒作为刘宽的"门生"，不过是记名而已，所以《后汉书》和《三国志》，包括裴注《三国志》的《公孙瓒传》中都没有提及这件事。公孙瓒拜刘宽为师，只是遵照当时的习规，拜在学界和政界都德高望重的大名士为师，借此提高自己的政治地位和名望而已。卢植却不同，不但给公孙瓒传授学问，还将自己的价值理念和志向抱负都潜移默化地传给了公孙瓒。就是卢植性格中的"刚毅""大节"，以及济世的大志，这些都曾明显地体现在公孙瓒身上，说明卢植对他的影响很大。

公孙瓒通过太守的赏识，成为这位高官的门婿，在一定程度上缓解了他与当地豪族的敌对关系。又通过卢植，提高了文化修养和政治觉悟，还成为大名士刘宽的记名弟子，使他拥有了比较有利的政治身份，积累了政治资本。公孙瓒有了这些政治资本的庇护，便拥有了通往仕途之路的通行证，为他今后仕途的发展和大志的实现打下了坚实的基础。

《后汉书·公孙瓒传》说："（公孙瓒）后从涿郡卢植学于缑氏山中……举上计吏。"公孙瓒回到辽西后，担任了郡的上计吏，上计隶属于郡一级的初级官吏，显然比书佐要重要，由小吏到官吏，成为公孙瓒仕途之路的一个小小转折点。

《三国志·魏书·公孙瓒传》注引孙盛《魏氏春秋》刘虞的东曹掾魏攸曾说："瓒，文武才力足恃。"这样的评价是中肯的。

今为人臣：从公孙瓒的"忠"看汉人的价值取向

公孙瓒返归故乡后，辽西郡太守已经是刘其了。《太平御览》卷四二二和五二六所引《英雄记》，叙述公孙瓒的一个小故事，是公孙瓒刚毅性格的真实反映："公孙瓒字伯珪，为上计吏。（辽西）郡太守刘其（基），以事犯法，槛车征。伯珪褠衣平帻，御车到洛阳。其当徙日南，伯珪具豚酒于北邙上祭，辞先人，举觞祝曰'昔为人子，今为人臣，当诣日南，日南多瘴气，恐或不返，与先人辞于此'。再拜，慷慨而起。其时，州里人在京师者，送行见之，及观者莫不歔欷。"

《太平御览》引《英雄记》是有节略的，《后汉书·公孙瓒传》补充说："太守刘君坐事槛车征，官法不听吏下亲近，瓒乃改容服。诈称侍卒，身执徒养，御车到洛阳。"《三国志·魏书·公孙瓒传》也记载了这个故事，但《太平御览》描述得最为详细。对公孙瓒来说，这个故事具有典型意义。

两汉时期，郡国是非常重要的地方行政机构，中央朝廷为了管控的需要，赋予了地方政府很大的自主权，尤其像辽西、北地等这样地处"边鄙"的郡国，相对于中央朝廷更为独立。郡府可以被视为地方的朝廷，称为"本朝"或"郡朝"。因此，郡守和属吏之间便以"君"和"臣"相待。这种情况，在《后汉书》的《郅恽传》《彭修传》，以及《三国志·魏书》的《田畴传》中都有体现。当时认为，如果郡守是"贤君"，属吏理应是"忠臣"。而且，前面提到，东汉人崇尚节义，无论故主生前死后，故吏对故主都有若干必须履行的义务，特别是在故主获罪或者失去权势的时候，如果仍然能以忠臣侍君，可能会获得朝廷的嘉奖、士人的赞许和社会的认可。

公孙瓒恪守忠臣的本分，来辅佐刘太守这位贤君，君臣关系十分融洽。当刘太守因罪被发配去日南的时候，公孙瓒又准备了米和肉，到北邙山祭祀祖先，并高举酒杯大声祈祷："昔为人子，今为人臣……"然后义无反顾地护送太守到洛阳。公孙瓒导演的这场煽情戏，现在看来，未免过于功利。但他能以逃避"不听吏下亲近"的"官法"，来彰显自己的忠义，这对身为"上计吏"的公孙瓒来说，也是难能可贵的。同时，公孙瓒事君以"忠"，抛弃了事父以"孝"，这在非常看重"孝"的两汉社会，更是难能可贵的。

公孙瓒的这种行为，可能是获取名望的手段，但也存在着巨大的风险。他不畏官法，恪守了对太守的"忠"，但却放弃了对皇帝的"忠"。这有可能遭到朝廷的责罚，受到天下名士的唾弃；他为了体现出对太守的"忠"，而抛弃了对父亲的

"孝",这对于以"孝"治天下的汉朝来说,无疑是大逆不道的表现,可能遭到社会舆论的谴责,受到天下人的唾骂。无论是哪一种行为,都可能带来负面的效果,对公孙瓒仕途的发展和社会形象带来不利影响。

为了对郡守刘其的"忠",公孙瓒可以不顾对皇帝的"忠",还可以不顾对其先人(包括父母在内)的"孝"。为此,当公孙瓒慷慨陈词时,旁观者无不感动"唏嘘",这些说明,公孙瓒具有敢于向国法和传统挑战的刚毅性格。所以,这个故事能为人传颂,也不是偶然的。

公孙瓒成也刚毅、败也刚毅,在不久与刘虞和袁绍的对决中,这种刚毅反而成为他事业发展上的绊脚石,这也不是偶然的。

公孙瓒是幸运的,他与太守出发不久,就得到了朝廷的赦书,重返故乡。更出乎意料的是,他不仅没有遭到责罚,还受到了朝廷的特别关注。

驱逐胡虏: 公孙瓒与边寇的较量

《后汉书·公孙瓒传》说:"瓒还郡,举孝廉,除辽东属国长史。"前面提到,汉朝为了抵御边患,在边塞设立了比内郡更为复杂的防御系统。边郡的首长称郡守或太守,下属有丞治民,在边郡又有长史掌兵马,可以说长史是郡一级的高级武职。这样看,与当时的割据势力相同,公孙瓒也是靠武装力量起家的。他所管辖的辽东属国在幽州,是典型的边郡,辖境相当于现在的河北北部和辽宁等地,与乌桓等相邻接,地缘形势复杂多变。因此,与游牧民族的贵族短兵相接,成为公孙瓒早期军事生涯的主题。

《三国志·魏书·公孙瓒传》说:"(公孙瓒)尝从数十骑出行塞,见鲜卑数百骑,瓒乃退入空亭中,约其从骑曰'今不冲之,则死尽矣'。瓒乃自持矛,两头施刃,驰出刺胡,杀伤数十人,亦亡其从骑半,遂得免。"鲜卑贵族受到这次惩罚,再不敢来寇掠边境了。从这个军事事件来看,公孙瓒的确是一名"文武才力足恃"的帅才。不久,公孙瓒被任命为涿令,成为县一级的最高长官。

东汉末年,公孙瓒是一个能征善战、手握重兵的割据者,在"武"的方面充分显示了他的才能。对公孙瓒的这种才能，史书有过精彩的描述。

《太平御览》卷四三七引《英雄记》说："公孙瓒除辽东属国长史，连接边寇，每有掠，辄厉色愤怒，如赴仇敌，望尘奔继之。夜战，虏识瓒声，惮其勇，莫敢犯之。"

《太平御览》卷八七〇引《英雄记》说："公孙瓒与破虏校尉邹靖俱追胡，靖为所围。瓒回师奔救，胡即破散，解靖之围。乘胜穷追，日入之后，把炬逐北。"

《太平御览》卷八九七引《英雄记》说："公孙瓒每闻边警，辄厉色作气，如赴仇。常乘白马，又拣白马数十匹，选骑射之士，号为'白马义从'，以为左右翼。胡甚畏之，相告曰：当避白马长史。"

所谓"边寇"，这里是指东胡族的乌桓。西汉以来，这支游牧民族迁居到现在河北、辽东一带的辽东、辽西、渔阳、右北平、上谷五郡的塞外，乌桓贵族首领经常率兵对汉族居住地进行劫掠，汉族人民的安全受到了严重威胁。从上引三段史料来看，在不断反击乌桓的战争中，公孙瓒"厉色愤怒，如赴仇敌"，也是他刚毅性格的一种体现。更为重要的是，由于五郡常常受到边寇的侵扰，这里的百姓为了保卫家园，只得拿起武器、自卫反击，他们从小便习于弓马，精于骑射，因此来自这五郡的士兵作战能力非常强，成为保卫幽州的重要武装力量，也成为公孙瓒幽州兵的重要来源。

汉灵帝中平元年，即公元184年，朝廷因凉州边章、韩遂的叛乱久久不能平息而忧心忡忡。当时的西征主帅张温为了能尽快平定叛乱，上表请求征发幽州境内的三千乌桓骑兵协助讨贼。这时，前任中山国相、渔阳人张纯请求统领这支队伍。张纯虽然是幽州人，但一直在外州任职，在幽州没有威望，张温驳回了张纯的请求，让涿县县令公孙瓒"督乌桓突骑"，统领这支队伍。

张纯与同乡、前泰山郡太守张举诱使乌桓部落首领丘力居等反叛朝廷，劫掠蓟县，自封弥天将军、安定王，杀死护乌桓校尉公綦稠。随后率兵攻打边郡，相继杀死右北平太守刘政、辽东太守阳终等，并围攻辽西属国诸城。公孙瓒率兵追讨张纯，取得胜利，升为骑都尉。

不久张纯与丘力居等攻掠渔阳、河间、渤海三郡，入平原郡。公孙瓒将叛军追击到属国的石门（山名，今营州柳城县西南），将叛军杀得大败。公孙瓒求胜心切，孤军深入，不想反被丘力居等包围，在辽西郡管子城与敌军相持了二百余日，最终弹尽粮绝，公孙瓒只得下令撤军，退守柳城休整。公孙瓒与敌寇的两次对决，虽然没有彻底消灭叛军，但暂时遏制了叛军对幽、冀二州的威胁，恢复了边境的安定。朝廷拜公孙瓒为降虏校尉，封都亭侯（末等爵位），兼属国长史。《后汉书·公孙瓒传》增加了"迁中郎将"。

《后汉书·公孙瓒传》说："职统戎马，连接边寇。"《三国志·魏书·公孙瓒传》说："（瓒）进屯属国，与胡相攻击五六年。丘力居等钞略青、徐、幽、冀，四州被其害，瓒不能御。"这说明，公孙瓒重新担任属国长史后，与乌桓贵族和叛军展开了长期的拉锯战。同时，公孙瓒也借着抵御边寇的机会，开始扩充实力，逐渐建立起了一支属于自己的私人武装，这支队伍不久将成为公孙瓒对抗朝廷，割据幽州，并与袁绍争霸河北的军事资本。

潜在的威胁：东汉时期鲜卑"帝国"的崛起

在北匈奴被汉王朝联合诸游牧民族击溃后，鲜卑取代了北匈奴控制了北部草原，但是与匈奴帝国相比，这个新帝国几乎在各个方面的发展程度都差了一截，自身没有什么创新。从中原王朝的视角看，鲜卑与汉朝曾经长期的敌人匈奴一样，没什么可以称道的地方。然而在一些地方，鲜卑与匈奴却大不相同，而这些不同对他们与中原的关系有着深远的影响。

与匈奴不同，鲜卑是一个跨部落统治下的松散联盟性质的帝国。在鲜卑的政治结构中，权力被授予众多小头领，只是偶尔在一位具有神性魅力的领袖统领下才能联合起来。这种局面曾经发生在檀石槐（156—180年在位）时期，但是，就连他也未能将权力加以组织化，等他一死，中央权威就荡然无存了。

匈奴与鲜卑的政治结构之所以存在这样明显的差异，有两大根源。首先，自从东胡瓦解后，鲜卑就被匈奴统治。尽管鲜卑是汉朝所熟知的乌桓的北部邻居，但这一时期的西汉王朝对这个民族一无所知。作为匈奴帝国的一部分，跨部落的领导权是单于及其二十四万骑的职责，鲜卑的领导权却被限制在部落首领层面。

一些超部落的领导权在鲜卑开始被迫反抗匈奴霸权时才发展起来，但总体情况要比这复杂得多。

鲜卑通过在匈奴第二次内战（约发生在48—80年）中的胜利获得了自治权。一旦帝国化的匈奴统治恢复后，鲜卑所存在的政治组织就是一种小头领们的松散联盟。根据史料记载，在公元120年的朝贡体系中，有一百二十个这样的鲜卑小部落，相比之下，匈奴统治下的整个草原上只有一二十个部落集团的名称曾经出现在汉朝的报告中。这并不意味着匈奴帝国崩溃后新的部落繁衍出来，而是说处理对外关系的权力已经掌握在小头领手中，但他们先前只处理地方性事务。

其次，即使在赢得自由和实力增强后，鲜卑的政治结构仍然很松散。与匈奴以及乌孙，还有月支这样西迁的其他游牧部落相比，鲜卑在政治统治方面有着非常不同的观念。这种东部的或者说东北地区游牧民族的类型，是建立在平均主义（原始的军事民主主义）的政治体系上的，是一种没有世袭继承或等级制的氏族结构。这与匈奴的等级化氏族、严格的等级制度以及中央权威形成了鲜明的对比。在这一点上，匈奴帝国与比它稍晚的罗马帝国很相似。

乌桓与鲜卑同源，他们的政治组织与鲜卑是同类型的。汉帝国对乌桓和鲜卑的记载明确他们有着共同的起源和语言。《后汉书·鲜卑乌桓列传》说："有勇健能理决斗讼者，推为大人，无世业相继。邑落各有小帅，数百千落自为一部。大人有所召呼，则刻木为信，虽无文字，而部众不敢违犯。氏姓无常，以大人健者名字为姓。大人以下，各自畜牧营产，不相徭役……计谋从用妇人，唯斗战之事乃自决之。"

鲜卑处在这种缺乏组织化的状态中，没有像之前的匈奴那样采取行动，所以无法从中原王朝那里获取巨大的利益。对于那些单枪匹马的小头领，汉朝能够不予理睬，甚至索性将他们驱逐出去，因为这些人对中原利益来说无足轻重。正是匈奴在西汉时期拥有的统一的军事行动，迫使汉朝建立和亲、朝贡制度，获得贸易特权，在朝贡体系中获利众多。朝贡体系是汉王朝为了维护自身安全，与匈奴帝国、鲜卑帝国、其他诸游牧部落长期博弈的结果。

中原王朝为维持朝贡体系耗资巨大，却令南匈奴受益不少。《汉代的贸易与扩张》中提到，在公元50—100年，汉朝联合南匈奴，以及其他游牧民族对抗北匈奴，其奉供数额统计如下：

鲜卑	270000000 钱
南匈奴	100900000 钱
西域诸国	74800000 钱
合计	445700000 钱

汉朝向乌桓和羌族也奉送了类似的数额，但总额并没有记录下来。据估计，汉朝每年的奉供要占到政府支出的 1/3 或者整个帝国收入的 7%。这种朝贡体系，给汉王朝带来了巨大的压力，但是，并不能完全满足这些游牧民族的贪欲，他们会不时地侵扰边塞，掠夺财物和人口。这些都成为中原王朝的边患。

在匈奴操控这一体系时，鲜卑的小头领只能通过匈奴参与其中，这阻碍了他们直接从中原王朝受益的路径。馈礼与贸易被单于牢牢控制着，由单于分配。匈奴帝国的崩溃使乌桓与鲜卑有机会从这一体系直接获利。这样，朝贡体系就从一个由单于掌握利益分配的封闭体系，转变为一种任何朝觐汉朝的头领都能获得回报的开放体系。由于鲜卑（包括乌桓）的政治组织与匈奴显著不同，对于中原而言，双方形成了一种更具敌意的新型关系。

汉光武帝建武二十五年，即公元 49 年，汉朝与鲜卑帝国建立起了正式的朝贡关系。五年后，两位头领代表鲜卑各部落朝见汉皇，并获得了回赠。不久，这些人以及其他鲜卑小头领同意联合汉朝向北匈奴发起进攻，并向汉朝缴送匈奴人的首级，以获得巨额回报。这成为一桩有利可图的生意，鲜卑部众涌向辽东市场，交换首级、获得礼物并与汉地商人进行贸易。这时，东汉每年给鲜卑的奉供是 2.7 亿钱，几乎是提供给南匈奴数量的三倍。但这并不意味着鲜卑是这个时期最强大的部落。直到公元 87 年为止，北匈奴尽管不再是朝贡体系的一部分，但仍然是草原上的主要力量。一直到汉顺帝建元五年，即公元 130 年，一些鲜卑部落仍然为匈奴提供军事服务。正是绵延不绝的战争，使鲜卑成为中原王朝和南匈奴对抗北匈奴时颇有价值的战略盟友。

但是，鲜卑自身统治的一盘散沙使汉朝的战略联盟策略变得代价高昂。假如汉朝要雇用鲜卑部众参战，就必须要向数百位小头领提供礼物与供奉。在与匈奴打交道时，朝贡利益是一桩批发式买卖，因为单于代表了整个草原；而与鲜卑的交往像是零售买卖。由于汉朝政府不仅想以金钱换取和平，而且还要资助鲜卑抗击北匈奴，这一花费是相当高昂的。

开放的朝贡体系趋向于维持并鼓励鲜卑的持续分裂局面。一旦汉朝直接与拥有成百上千部众的小头领打交道时，任何一位小头领都会想，他为何要永久性地屈从于另一位头领呢？

鲜卑联盟性质的帝国通常是自愿结成的，并由一位选举出的首领加以领导，但这位首领并不垄断朝贡利益。但是，这位帝国"首领"既缺乏在处理外部事务时对其名义上的属下的控制，也很少拥有内部权力。这种情况通常在这类事例中表现出来，即谋杀者通常会以血族加以裁决，这与将在和平时期决斗的任何人处以死刑的严格的匈奴法律相比，差异极大。

这种碎片化的结构对于为战争所困扰的北匈奴部落首领来说，是很具有吸引力的。在北匈奴失败后，他们能轻易宣称自己是鲜卑人。由于鲜卑缺少任何强有力的跨部落政府组织，所以，这种自我宣示使北匈奴首领们从对南、北单于的义务中解放了出来，同时，也增强了自身的独立性与权威。汉和帝永元元年（89），大量部众从北匈奴叛归鲜卑，这阻碍了南单于对草原的统一。《后汉书·鲜卑乌桓列传》说："明、章二世，保塞无事。和帝永元中……击破匈奴，北单于逃走，鲜卑因此转徙据其地。匈奴余种留者尚有十余万落，皆自号鲜卑，鲜卑由此渐盛。"

总之，北匈奴的覆亡并不是鲜卑帝国崛起的结果，恰恰相反，北匈奴的灭亡使鲜卑力量得以强盛起来，进而与乌桓、羌族成为东汉帝国新的威胁，也成为汉王朝覆灭的重要外部因素之一。

以夷制夷：东汉帝国外部边界战略的复归

《后汉书·鲜卑乌桓列传》记载，汉章帝章和二年，即公元88年，东汉政府准许发动一次摧毁北匈奴的战役后，一位军官曾经对汉廷说："以夷制夷，国家之利。"这场战争在军事上取得了胜利，但不久后，就给中原带来了麻烦，因为它完全改变了长城外的力量平衡。前面提到，这次战争的主要受益者是南匈奴，它曾经希望重新统一草原，但未能实现。相反，北匈奴的大部分都加入了鲜卑帝国。这样，在游牧民族之间形成了一种新的、不稳定的状态。

那些已经投降或被南匈奴俘获的北匈奴人并不好控制。这些人马上开始干预南匈奴，并在汉和帝永元五年（93）劫掠中原。南匈奴在与北匈奴四十年的战争中，获得了来自中原的物质财富和军事援助。北匈奴溃败后，南匈奴开始重新将铁骑转向了东汉王朝。南匈奴对中原的重新敌视，标志着通过劫掠中原以及时和时战的方式，以增加汉朝给匈奴利益的外界边界战略的复归。一旦匈奴内部战争结束，对于匈奴单于来说，敲诈勒索政策所带来的价值，要远远高于与中原结盟的价值。

不仅南匈奴，鲜卑也开始公开与中原敌对了。从汉朝朝贡体系中获得的巨大回报，为鲜卑在草原内战中确立起重要战略地位提供了条件。随着草原战争的结束，鲜卑失去了获益颇多的猎取匈奴首级的机会。但是，击败匈奴却提高了鲜卑的地位，并增加了他们对汉朝贸易与奉供的需求。在给汉朝对南匈奴的一次袭击施予援助之后，鲜卑开始进行劫掠了，先是汉和帝永元九年（97）将辽东劫掠一番，之后开始在整个东汉王朝北部边郡横行肆虐。汉安帝永初二年，即公元108年，汉朝提出了和平倡议，并扩大朝贡利益，这给中原带来了短暂的和平。但《后汉书·鲜卑乌桓列传》却说："是后或降或畔，与匈奴、乌桓更相攻击。"

鲜卑采取了由匈奴发展出来的外部边界战略：暴力劫掠并夺取战利品，以震慑汉廷，时和时战以迫使汉廷增加奉供和贸易，但不占领汉地，以免增加领地管理成本。然而，在政策执行方面，匈奴与鲜卑有着明显不同。

匈奴单于将劫掠作为达成利益更多的新条约的一种方式，在劫掠之后，单于会派使者进行和平呼吁。在汉朝提供了和约规定的利益后，劫掠的频率会显著下降，进而在中原与匈奴之间维持数年的和平局面，直到这个和约已经不能满足单于的利益时，新的战争就会爆发。之后，就是再次的和平呼吁，再次的短暂和平，再次的冲突。

鲜卑却不同，一旦他们获得了权力，鲜卑贵族会进行价值比较，较之获取和约规定的利益，他们更倾向或者说更依赖于劫掠所得，因此他们与中原的战争时间常常多于和平时间。大致在汉桓帝永康元年（167），鲜卑甚至拒绝了汉朝提出的订立和约的建议，这是匈奴单于从来不会做的。而对于鲜卑来说，劫掠才是他们对中原战略的核心。

鲜卑之所以对中原采取更为暴力的政策，在于鲜卑内部缺乏强有力的权威中心，而且政治结构也是一盘散沙。他们最大的头领拥有一个没有什么继承性权力的非世袭头衔，这位帝国头领地位强弱与否，大都取决于他们所具有的个性。帝国头领获得权力的最便捷方式，就是展示军事与政治才能，而一旦获得了最高权力，鲜卑统治者就会发现，保持内部统一最好的战略就是劫掠中原。这种劫掠行动为参与者提供了及时的物质回报，并有助于弥合内部分歧。鲜卑对中原的第一次袭击，就是为需要将新加入的匈奴人统一起来而发动的。因为鲜卑除了采取军事行动，没有更好的办法统一这个松散型的帝国。

当然，对抗中原的战争也增强了那些组织和领导大规模袭击的首要头领的力量与重要性。在另一方面，和约似乎与鲜卑利益相冲突了，这一点跟匈奴单于不一样，因为鲜卑首领对朝贡收益的再分配并没有垄断权。前面提到，鲜卑帝国一直残留着原始的军事民主主义的痕迹，从鲜卑与汉廷相接触的那一刻起，鲜卑的各个小头领就被准许与中原建立直接的联系，并在和平期直接获得收益，这自然会削弱大头领通过控制中原货物而强化权威的能力。

然而，在战时，一位强有力的首领可以通过决定谁将参加最有利可图的劫掠，并用军事力量加以威胁，从而控制他的属下。因此，中原要求重开朝贡体系的倡议，常常被强有力的鲜卑首领拒绝。因为朝贡收益增强了匈奴的中央权力，从而对鲜卑贵族产生了负面影响。每当鲜卑缺乏强有力的首领时，就相对容易接受中原的和平倡议。而在早期鲜卑帝国最强有力的首领檀石槐统治的二十年间，是鲜卑与中原王朝最为敌对的时期。

檀石槐的崛起，表明在鲜卑的首领选举制度中，个人成就至关重要。檀石槐虽然是个私生子，但在他幼年时，就在部众面前展现出了强健体魄与非凡能力。汉桓帝永寿二年（156），他23岁，就被选为鲜卑的最高首领，然后组织了对中原王朝的一次大劫掠。在这之后，他几乎每年如法炮制，接二连三地采取有组织的深入劫掠再退回草原的战略。在汉灵帝熹平六年（177）的六个月中，檀石槐竟然发动了30次劫掠。而且在对中原每次劫掠的间隙，他还对其他游牧部落发动攻击。最终，通过这种高频次的军事行动，鲜卑控制了之前被冒顿单于统治的整个草原地域。

檀石槐将帝国分为东部、西部与中部。每个部落或部落联盟都有自己的首领，他们效忠于檀石槐。这些地区有着类似于匈奴帝国的国家结构，在这种匈奴似的国家结构中，各级王、骨都侯以及各级官员都效忠于单于，而不仅仅服从于他们当前的鲜卑主人。

而且，即使檀石槐的权力达到顶峰，他也未试图去与中原商谈签订和约。他摧毁了所有与他作战的汉朝军队。《后汉书·鲜卑乌桓列传》说："朝廷积患之，而不能制，遂遣使持印绶封檀石槐为王，欲与和亲。檀石槐不肯受，而寇抄滋甚。"

有利可图的朝贡收益有力地促使匈奴与汉朝订立和约，但施用于鲜卑时，这项政策却失灵了，因为汉朝并没有意识到，鲜卑首领们只有仰赖战争才能维持自身权力。檀石槐以个人的能力控制着鲜卑，胜利增加了他的权力与威望，使那些试图挑战他至高无上地位的对手垂头丧气，无可奈何。檀石槐在汉灵帝光和三年（180）左右去世，这种政治体制的松散性特征立刻凸显出来了。他的儿子直接宣称继承父亲的位置，但被一半的部落首领抵制。这些小头领拒绝接受檀石槐儿子的领导。《后汉书·鲜卑乌桓列传》说："自檀石槐后，诸大人遂世相传袭。"

当然，在与鲜卑政治和军事的博弈过程中，中原似乎已经从鲜卑独特的政治体系中学到了一些东西。当另一位强有力的鲜卑首领轲比能获取权力后，中原派出了一位刺客而不是军队或使节。轲比能在魏明帝青龙三年（235）遇刺身亡，鲜卑再次陷入了分裂的局面。

亦友亦敌：东汉末期的汉胡关系

游牧民族的统一与中原王朝的统一几乎是同时的，这并不是一种巧合。同样，中原经济的衰败与分裂，对草原也产生了直接影响。一位游牧首领或许会凭借军事才能统一草原，但想保持草原帝国的完整，他们所需要的资源只有中原能够提供。匈奴的内战表明，当游牧民族被迫依靠他们自己的资源生存时，他们大规模的政治结构就会瓦解。即使是檀石槐的鲜卑帝国，也需要通过持续性地对中原的劫掠来保持供给。但是，当檀石槐一死，他的草原帝国就四分五裂了。

东汉帝国的覆亡开始于公元184年爆发的黄巾起义，但其实在更早的党锢之祸时，政府内部派系的争斗，极大地损耗了以文官为主导的政府，东汉王朝的政治结构开始出现裂痕，黄巾起义使这个裂痕急速扩大。不久，一些地方军事将领意识到这个王朝大势已去，而他们却掌握了关键性的权力。这些军事势力对于皇室任命的职责漫不经心，逐渐变成了地方军阀。公元188年汉灵帝驾崩后，东汉统治者逐渐成为军阀所拥立的傀儡，东汉名存实亡。

中原的割据战争极大地破坏了农业经济。由于黄巾起义所导致的混战使中原人口锐减。从东汉时期的5600万人口的高点，到战后仅有1/10的人生存了下来。这给依靠朝贡体系或劫掠获取中原巨大财富的游牧民族带来了致命的打击。

尽管檀石槐死后，鲜卑就分裂为一些小的集团，彼此间争斗不息。但在黄巾起义爆发后，鲜卑仍然占据着草原地区。南匈奴和乌桓都与汉朝政府有着密切的联系，他们在遭受了檀石槐的劫掠之后，作为中原与草原之间"保塞蛮夷"的能力受到削弱。在中原内部叛乱四起之后，汉朝政府将游牧力量既看成是一种对王朝的威胁，也视作一种重要的防御屏障。这种矛盾的态度，既源于游牧力量对中原大规模攻击造成的恐惧，也源于王朝陷入危机时，他们希望依靠外族军队以图自救。

在鲜卑无法与汉朝进行合法贸易的时候，乌桓与匈奴却从汉朝的直接援助中获益甚多，因为那时他们对劫掠毫无兴趣。匈奴和乌桓曾经多次向东汉政府提供军事援助，而鲜卑也被非正式地征召过。在形势紧急时，汉朝会被迫向大量不可靠的游牧部落寻求军事援助。例如，汉灵帝中平元年（184）西北边郡凉州爆发叛乱，汉朝就派遣了三千乌桓人到当地作战。但是，这些游牧军队无法通过长途供应获得充足的补给，于是他们发动兵变，对冀州大肆掳夺了一番。汉灵帝中平五年（188），汉廷请求匈奴派军队参加中原中部地区的战争，但随着单于试图征收更高的赋税，匈奴人害怕单于索求无度，于是，他们杀死了单于，然后让他的儿子即位。在这些反叛之后，匈奴与乌桓首领都开始与北部割据军阀进行谈判。

这些地方军阀需要游牧力量的支援，尤其是对行动迅捷的骑兵，他们是乐意提供丰厚酬金的。比如割据冀州的军阀袁绍。

总之，当面对一个强大而统一的中原政权时，鲜卑各部之间的不统一成为一种劣势。那时，小部落要么接受草原上的中心权威的领导，要么归服中原。然而，在三国时代，虚弱的中原已经无力掌控边郡了，小规模的鲜卑政治组织便成为一种资本，因为沿北部边郡分布的这些新的混合型政权成为外族王朝成长的温床，而这些外族王朝将在之后的三百年中统治华北地区，并使游牧力量与中原之间的关系发生重大的转变。

势不两立：公孙瓒与刘虞结怨的真相

汉灵帝中平五年，即公元 188 年，汉灵帝采纳太常江夏人刘焉（字伯安）的建议，改刺史为州牧，并选用列卿、尚书各依本来的官秩充任州牧。任命刘焉为益州牧，太仆黄琬为豫州牧，宗正东海人刘虞为幽州牧。至此，各州长官开始兼管军事，权力不断扩大，州牧逐渐成为地方军阀扩充实力、割据一方的温床。

汉灵帝中平六年，即公元 189 年，刘虞到幽州上任了。《三国志·魏书·公孙瓒传》说："朝议以宗正东海刘伯安既有德义，昔为幽州刺史，恩信流著，戎狄附之，若使镇抚，可不劳众而定，乃以刘虞为幽州牧。"

据《后汉书·刘虞传》记载，刘虞字伯安，东海郯县人，是东海恭王的苗裔。祖父刘嘉担任过九卿之一的光禄勋，父亲刘舒做过丹杨太守。刘虞精通五经，早年担任过户曹吏。不久，因为能力突出，被任命为郡吏。后来，又被举为孝廉，几次升迁后，被朝廷拜为幽州刺史。刘虞在幽州政绩突出，"民夷感其德化，自鲜卑、乌桓、夫馀、秽貊之辈，皆随时朝贡，无敢扰边者，百姓歌悦之"。《三国志·魏书·公孙瓒》又说："虞在幽州，清净俭约，以礼仪化民。"汉灵帝中平初年，黄巾军攻破冀州，朝廷拜刘虞为甘陵相，不久被任命为宗正。后来还曾被任命为三公之一的太傅。

刘虞不仅是东汉王朝的宗室，还是当地的冠族，更是当时世族中的著名人物。虽然他不是幽州人，但在做幽州刺史时，不仅得到了当地百姓的拥戴，而且周边的游牧民族也很敬重他，所谓"恩信流著，戎狄附之"。更为重要的是，他得到幽州豪族的青睐，因为两者都属于豪族名士集团，具有共同的群体属性。这些都说明，刘虞在幽州不仅德高望重，而且是有实力的，这对于想割据幽州的公孙瓒来说是不能容忍的，这是二人结怨的根本原因。

《后汉书·公孙瓒传》说："瓒志扫灭乌桓，而刘虞欲以恩信招降，由是与虞相忤。"本来公孙瓒与刘虞的目标是一致的，都是想彻底解决幽州的边患，但在具体策略上产生了分歧。公孙瓒是一员武将，决心用武力消灭乌桓；刘虞是一名文官，打算用恩德信义来招降乌桓。

他们虽然政见不同，但都为幽州的安定做出了贡献。

公孙瓒"以剿为主"，刘虞"以抚为先"，他们的策略没有对错之分，只是适应的阶段不同罢了。当叛军来势汹汹、气焰嚣张的时候，只能以剿为主，必须要打得他们精疲力竭，才能使他们彻底屈服，为安抚提供坚强的后盾；当叛军溃不成军、败局已定，但汉军还没有力量与他们展开战略决战的时候，便要用安抚的策略。通过安抚分化瓦解叛军，然后各个击破。如果逼得太紧，反而会使各路叛军相互联合、结为一体、背水一战。到那时剿不敢剿、抚不能抚，就会使汉军陷入被动的处境。

但是，如果没有公孙瓒的力战，削弱叛军的实力，使乌桓军感到畏惧，无论刘虞如何安抚，叛军只会将其当成惧怕，更加有恃无恐；如果缺少了刘虞对乌桓的分化瓦解、怀柔招抚的政策，公孙瓒势必要与叛军打持久战。但久则生变，难于预料结果，可能引发更大的祸乱。

公孙瓒的"剿策"与刘虞的"抚策"，实质上体现了用兵的两个核心要素：即"刚"与"柔"的应用。如果过于刚猛，就会只关注一点，丧失了对全局的把握，从而破绽百出，反而给敌人提供了反击的机会，使自己陷入被动；如果过于柔顺，就会瞻前顾后，犹豫不决，从而失去消灭敌人的最佳时机，给敌人提供了喘息和休整的机会，给自己留下祸根。

公孙瓒善于用"刚"，刘虞长于用"柔"，不是因为他们心血来潮、一时性起，而是他们的性格所决定的。公孙瓒是一位"文武才力足恃"的游侠，虽然被幽州豪族所鄙视，却能得到幽州"富室"的赏识，成为他割据幽州的坚强后盾。但公孙瓒能屈不能伸，过于刚猛。刘劭《人物志》说："气力过人，勇能行之，智足断事，乃可以为雄，韩信是也"，认为公孙瓒就是所谓的雄才。

刘虞的性格"既有德义，恩信流著"，因而获得了幽州豪族的支持，成为他对抗公孙瓒的坚强后盾。但刘虞缺少决断，不善权变，最终被公孙瓒所杀。

《三国志·魏书·公孙瓒传》说："（刘）虞到，遣使至胡中，告以利害，责使送（张）纯首。丘力居等闻虞至，喜，各遣译（撤回军队）自归。瓒害虞有功，乃阴使人徼杀胡使。胡知其情，间行诣虞。"刘虞采取了以贼治贼的策略，先安抚乌桓贵族，然后让他们去杀张纯。公孙瓒为了破坏刘虞的计划，派人杀死了乌桓使者。但刘虞还是靠着"德义"取得了乌桓贵族的信任，用扶策解决了幽州边境冲突。然后上奏朝廷请求撤回驻扎在幽州边境的军队，只留公孙瓒率领一万军队屯驻在右北平，以监视乌桓。张纯只得逃往鲜卑，不久，被门客王政诛杀。刘虞因平叛有功被拜为太尉，封襄贲侯。不久又被进入洛阳的董卓拜为大司马。

这次政见之争，是刘虞与公孙瓒结怨的开始，也是二人争夺幽州领导权的一次较量，以双方妥协结束，算是打了个平手。但实质上这次斗争，公孙瓒占据了上风，因为无论从出身、威望、资历还是职位上看，刘虞都完胜公孙瓒，但刘虞作为一州的最高行政长官，却对自己的属下束手无策，因为叛乱结束后，公孙瓒依然掌握着幽州的主要军事力量，刘虞对这支军队已经失去了控制权，说明公孙瓒已经有了能与朝廷相抗衡的资本。

公孙瓒以郡小吏到任上计吏；再举孝廉为郎，被任命为辽东属国长史、涿县令；然后从涿县令开始，就奉命统率三千幽州突骑出征，后来又以骑都尉的身份率军反抗乌桓贵族对幽、冀等州的劫掠；罢兵后，又以降虏都尉统率步骑万人屯驻右北平郡，再以中郎将兼领辽东属国长史，封都亭侯，掌握了一支相当强大的军事力量，这支军事力量就是公孙瓒借以割据幽州、对抗朝廷的资本——幽州军团的雏形。

尔虞我诈：河北军阀之间的明争暗斗

我们看到，在公孙瓒的早期军事生涯中，他在河北地区的军队越来越多，职位越来越高，重要性越来越强。与此同时，他对河北地区的其他割据者，威胁也就越来越大，他们之间的矛盾也越来越深。终于，这些河北地区的领主之间爆发了相互兼并的战争。因为，对公孙瓒来说，当时河北地区除了他以外，还有三支拥有强大武装力量的领主势力。

第一支是公孙瓒的上级，幽州牧刘虞，他的支持者是幽州的豪族势力。第二支是冀州牧韩馥。第三支是渤海太守袁绍，他的初期支持者是颍川地区的豪族名士，兼并冀州后，又得到了冀州豪族的支持，后来还得到了幽州豪族的支持。这些都成为袁绍割据河北地区的资本。这些都说明，河北地区的政治局势十分微妙，而且异常复杂，充满了火药味，一触即发。

汉献帝初平二年，即公元 191 年，在讨伐董卓的战争中，袁绍和韩馥企图推举刘虞为帝，以代替董卓所立的小皇帝（汉献帝）。《三国志·魏书·武帝纪》注引《英雄记》说，韩馥"颍川人，为御史中丞，董卓举为冀州牧"。韩馥是董卓心目中的"群士"之一，即当时的名士。同时，他也是袁绍的同乡，是袁氏故吏，与汝南袁氏这个显赫世族有着密切的关系。因此，韩馥虽然是州牧，袁绍是渤海太守，表面上看，袁绍是韩馥的下属，但实质上袁绍在河北的号召力要远远高于韩馥，这时的冀州，实际上是由袁绍和韩馥共同治理的。

袁绍拥立刘虞，实际上是"拉虎皮，做大旗"，打着拨乱反正的旗号，另立朝廷，搞独立，然后挟制刘虞，以实现他称霸的野心。这当然会遭到各路豪杰的反对，因为他们和袁绍一样，也想挟制天子，宰治天下。

第一个反对袁绍的是曹操，《三国志·魏书·武帝纪》说："袁绍与韩馥谋立幽州牧刘虞为帝，太祖（曹操）拒之。"曹操非常清楚袁绍的企图，因为袁绍一旦得逞，他就能借助皇帝的威仪号令天下，到那时，曹操就会陷入被动，成为袁绍的"鱼肉"。所以曹操是反对刘虞称帝的。

第二个反对者就是袁术，《三国志·魏书·袁术传》说："幽州牧刘虞宿有德望，绍等欲立之以安当时，使人报（袁）术。术观汉室衰陵，阴怀异志，故外托公义以拒绍。"袁术早有当皇帝的野心，而刘虞德高望重，袁绍野心勃勃，他们两个都是袁术实现皇帝梦的阻碍。因此，袁术也是极力反对刘虞称帝的。

第三个反对者就是刘虞本人。《后汉书·刘虞传》说，当袁绍派前乐浪太守张岐去见刘虞，提议让他继承君位的事宜，刘虞立刻声色俱厉地怒斥道："今天下崩乱，主上蒙尘。吾被重恩，未能清雪国耻。诸君各据州郡，宜共勠力，尽心王室，而反造逆谋，以相垢误邪。"然后，断然拒绝了袁绍的提议。袁绍和韩馥又提议让刘虞领尚书事，以宗室大臣的身份主持朝政，代表皇帝任官封爵，这等于变相地另立中央，刘虞当然不能同意。

曹操和袁术反对刘虞称帝是无疑的，但刘虞自己难道真的不想称帝吗？回答是，未必。但为什么刘虞一接到袁绍的提议，反应会如此强烈。答案只有一个，就是刘虞不敢称帝，因为他没有得到公孙瓒的支持。

前面提到，公孙瓒与刘虞共处幽州，袁绍和韩馥共处冀州，两雄不能并立，彼此都在企图兼并对方。《后汉书·刘虞传》说："初，诏令公孙瓒讨乌桓，受虞节度，瓒但务会徒众，以自强大，而纵任部曲，颇侵扰百姓，而虞为政仁爱，念利民物，由是与瓒渐不相平。"这段史料虽然记载了初平元年（190）发生的事，但实际上公孙瓒与刘虞之间矛盾的形成，远在这年之前，主要原因在于公孙瓒"务会徒众，以自强大"，他所拥有的武装力量已经达到刘虞不能控制的程度。与此同时，由于刘虞在幽州很有威望，得到了当地豪族的支持，从而堵塞了公孙瓒割据整个幽州的道路。两强是无论如何不能并立的。

这样看，刘虞拒绝韩馥、袁绍的拥立，尽管他的理由冠冕堂皇，但其实主要还是与公孙瓒之间的矛盾，公孙瓒无论如何是不会支持刘虞称帝的。后来事态的发展也证明了这一点。据《后汉书·刘虞传》记载，公孙瓒战败刘虞后，"乃诬虞前与袁绍等欲称尊号，胁训斩虞于蓟市"。《三国志·魏书·公孙瓒传》注引《典略》说："（公孙）瓒曝（刘）虞于市而祝曰'若应为天子者，天当降雨救之'。时盛夏，竟日不雨，遂杀虞。"这些充分说明，公孙瓒是反对刘虞称帝的，这一点刘虞当然清楚。同时，刘虞更明白，公孙瓒的实力远在自己之上。所以，他断然拒绝了袁绍等人的拥戴。

这个时期河北地区军阀之间的关系十分微妙，有矛盾，但都不想立刻引发冲突。在幽州，公孙瓒力量逐渐壮大，实际上，已经基本控制了幽州，刘虞被兼并，只是时间上的问题。至于韩馥据有的冀州，公孙瓒一直是虎视眈眈，但是，袁绍却早有消灭韩馥的企图，所谓箭在弦上，不能不发了。

深谋远虑：袁绍"南向以争天下"战略的形成

前面提到，袁绍登上政治舞台后，在他的率领下消灭了宦官势力，但是，政权却落入以董卓为核心的凉州集团手中。袁绍是关东大族的代表，关东集团是绝不允许关西人控制东汉朝廷的。两个集团之间矛盾的激化，是从废立问题上开始的。《后汉书·袁绍传》说，董卓打算废少帝而立陈留王（汉献帝），作为世族高门代表的袁绍，以"废嫡立庶，恐众议未安"为理由，坚决反对。争执当中，袁绍勃然大怒说："天下健者，岂惟董公！"横刀长揖径出，悬节于上东门，而奔冀州。同传注引《英雄记》说："绍揖卓去，坐中惊愕。卓新至，见绍大家，故不敢害。"尽管在这个问题上，袁绍代表的是世族高门，但仍旧表现了他的豪侠性格。

董卓为了巩固政权，不得不与站在他对立面的关东大族妥协。在他擢用的"群士"当中，就有周毖、伍琼、郑泰、何颙，除了周毖比较暧昧外，其他三人都是游侠，与袁绍具有共同的群体属性，是袁绍的政治盟友。《三国志·魏书·袁绍传》说："侍中周毖、城门校尉伍琼、议郎何颙等，皆名士也。卓信之，而阴为（袁）绍，乃说卓曰'夫废立大事，非常人所及，绍不达大体，恐惧故出奔，非有他志也。今购之急，势必为变。袁氏树恩四世，门生故吏遍于天下，若收豪杰以聚徒众，英雄因之而起，则山东非公之有也。不如赦之，拜一郡守，则绍喜于免罪，必无患矣'。卓以为然，乃拜绍渤海太守，封邟乡侯。"

上面这段史料说明袁绍投奔河北，所以能取得渤海这块地盘，虽然凭借着"树恩四世，门生故吏遍天下"这样的先天优势，但更为重要的还是，以他游侠的身份，能聚合天下的豪杰，所谓"收豪杰以聚徒众"，振臂一呼，使关东地区有脱离董卓统治的可能。同时，在京师洛阳，伍琼等这些与袁绍相交的游侠之士，也可以暗中为他出力，迫使董卓给袁绍以渤海这块地盘，因为袁绍早有占据河北以争天下的雄心。袁绍正是以渤海为跳板，夺取了冀州，进而控制了整个河北地区，成为当时北方最大的割据领主。

那么，袁绍与董卓决裂后，为什么要远奔河北呢？或者说袁绍"南向以争天下"的战略是如何形成的呢？

《三国志·魏书·武帝纪》记载袁绍与曹操起兵讨伐董卓时，袁绍问曹操："若事不辑，则方面何所可据？"曹操反问："足下意以为何如？"袁绍说："吾南据河，北阻燕代，兼戎狄之众，南向以争天下，庶可以济乎？"曹操回答："吾任（依靠）天下之智力（有才智的人），以道（道义）御（驾驭）之，无所不可（无论在哪都能有胜无败）。"

《三国志集解》引清代学者何焯说："（袁）绍见光武资河北以定海内，故图据之。"这个评价很有见地，因为根据当时的形势，袁绍占据河北以南争天下的策略，是相当有远见的。这与曹操"规大河以南以待其变"的战略具有相同的目标。只是袁绍以河北为根据地，曹操以兖州为根据地，但二人都想以自己的根据地为跳板，先统一北方，然后再南下，进而统一全国。这是袁绍在消灭了公孙瓒，曹操在消灭了吕布后，最终决裂的根本原因。也许，毕竟是英雄惜英雄。但是，双雄之间或三雄之间，合作终归是暂时的。

从《武帝纪》可以看出，袁绍和曹操的这番对话，是在起兵讨伐董卓时，即在袁绍已经到达河北（渤海郡）之后。但是，袁绍占据河北的战略，绝不是突然形成的。袁绍在洛阳的"奔走之友"，并与河北豪族有联系，又随他一同到河北的许攸，可能就是参与这个战略的主要策划者之一。

同时，在东汉末年，河北的冀州是一个富庶的地区。《后汉书·袁绍传》记载，当袁绍初到河北时，谋士逢纪对他说："今冀州强实"，后来高幹、荀谌也说："冀州天下之重资。"《三国志·魏书·武帝纪》注引《英雄记》说："于时冀州民人殷盛，兵粮优足。"《三国志·魏书·袁绍传》也说："冀州虽鄙，带甲百万，谷支十年。"这些都说明，袁绍与董卓决裂后，不投奔他处，而特意选中河北，绝不是偶然的，冀州的富庶，应该是袁绍选择河北为根据地的一项重要参考指标。

更为重要的是，袁绍绝不是孤身一人投奔河北的，除了上面提到的许攸外，还有他在洛阳"与同腹心"的逢纪。《三国志·魏书·袁绍传》注引《英雄记》说："（逢）纪字元图。初，（袁）绍去董卓出奔，与许攸及纪俱诣冀州。绍以纪聪达有计策，甚亲信之，与共举事。"除了许攸和逢纪，《后汉书·何进传》所说的当时何进征召的"智谋之士"何颙也是袁绍政治集团的核心人物。很有可能，逢纪与袁绍、何颙、许攸属于同一类型的人物，都具有游侠精神。史料中没有提到逢纪的籍贯，但据《后汉书·逸民传》记载，东汉初年有"逸民"逢萌，是北海都昌人。惠栋《后汉书补注》卷一九认为逢纪"姓出北海"，《集韵》等书也这样认为，看来逢纪应该是北海人，属于关东豪族，但不是河北人。

袁绍在河北，有渤海作为根据地，又与袁氏故吏冀州牧韩馥的关系较为密切，而且身边还有逢纪、许攸等人为其谋划。这些都为袁绍在河北的发展铺平了道路，下一步就是要挤走韩馥，独占冀州了。

抢占先机：袁绍计夺冀州的战略意义

袁绍来到渤海后，时不我待，迅速举起反对董卓的大旗。《后汉书·袁绍传》说："（汉献帝）初平元年（190），（袁）绍遂以渤海起兵，与从弟后将军（袁）术、冀州牧韩馥、豫州刺史孔伷、兖州刺史刘岱、陈留太守张邈、广陵太守张超、河内太守王匡、山阳太守袁遗、东郡太守桥瑁、济北相鲍信等同时俱起，众各数万，以讨（董）卓为名。"由于袁绍是盟主，董卓便杀死了在洛阳的袁氏一门，包括袁绍的叔父袁隗。同传继续说："是时豪杰既多附绍，且感其家祸，人思为报，州郡蜂起，莫不以袁氏为名。"袁绍的这一把火，燃烧开来，迅速呈燎原之势，席卷各地。可以看出，袁绍在当时有多么大的号召力。

《三国志·魏书·文帝纪》注引《典论·自叙》说："初平之元，董卓杀主鸩后，荡覆王室。是时四海既困中平之政，兼恶卓之凶逆，家家思乱，人人自危。山东牧守咸以《春秋》之义，卫人讨州吁于濮，言人人皆得讨贼，于是大兴义兵。名豪大侠，富室强族，飘扬云会，万里相赴。"曹丕不愧是杰出的文学家，写得有气势、有见地，也很忠实。但是，却好像有意将袁绍的强大号召力给回避了。由于当时"豪杰既多附绍"，他们必然会打着他的旗号，所谓"州郡蜂起，莫不以袁氏为名"。作为游侠、关东大族代表人物的袁绍，已经得到了关东、河北"名豪大侠"的起兵拥护。从此，一个长期战乱的领主时代开始了。

袁绍审时度势，他看出，这正是实现"南向以争天下"战略的大好时机。首先，就是要兼并韩馥所据有的冀州。其实，韩馥与袁绍是貌合神离，他对袁绍是非常惮嫉的。《后汉书·袁绍传》记载袁绍成为关东义军的盟主后，"韩馥见人情归绍，忌其得众，恐将图己，常遣从事守绍门，不听发兵"。后来还与属下商量"助袁氏乎？助董氏乎？"韩馥虽然在表面上支持袁绍，但对袁绍仍然不信任，常常扣减军粮，打算脱离盟军。韩馥的这些举动，袁绍及其谋士看得一清二楚。

《后汉书·袁绍传》记载，韩馥的部将麹义叛变，韩馥派兵讨伐，反被麹义战败，袁绍想乘机与麹义联合，对付韩馥。这时逢纪建议说："夫举大事，非据一州，无以自立。今冀部强实，而韩馥庸才，可密要公孙瓒将兵南下，馥闻必骇惧，并遣辩士为（韩馥）陈祸福，馥迫于仓卒，必可因据其位。"前面提到，公孙瓒也有占据冀州的企图，不想这次却成了袁绍的工具，为其火中取栗，以武力对韩馥施加压力。《三国志·魏书·袁绍传》说："后馥军（驻扎）安平，为公孙瓒所败。瓒遂引兵入冀州，以讨（董）卓为名，内欲袭馥。馥怀不自安。"

如果仅仅是公孙瓒的军事施压，韩馥是不可能轻易将冀州拱手让给袁绍的，韩馥的被迫让位，最根本的原因是袁绍争取到了在冀州的颍川集团的支持。《后汉书·荀彧传》说："董卓之乱，（荀彧）弃官归乡里……会冀州牧同郡韩馥遣骑迎之，彧乃独将宗族从馥……彧比至冀州，而袁绍已夺馥位，绍待彧以上宾之礼。"颍川是袁绍的故乡，是关东地区文化最为发达的地方，也是当时人才最为集中的地方。既有智谋之士，也有豪侠人物。至于颍川荀氏，不仅是当地的冠族，也是当时的大姓名士，同样人才辈出，荀彧就是其中的代表。

韩馥最初到冀州，也是利用同郡的关系，陆续网罗了一批颍川人士到冀州为他出谋划策，其中有荀谌、辛评、郭图等。荀彧到达冀州时，冀州已经被袁绍占据，荀彧很快就离开了，后来成为曹操的主要谋士。《三国志·魏书·荀彧传》说："彧弟（荀）谌及同郡辛评、郭图，皆为（袁）绍所任。"关于荀谌，同传注引《荀氏家传》说："(荀)或第四兄谌，字友若"，陈群和孔融在点评颍川人物时说"荀文若、公达、友若、仲豫，当今并无对（无双）"。可见荀谌与荀或（文若）、荀攸（公达）一起，都被看作当时"无对"的杰出人物，名望很高。

辛评是颍川阳翟人。至于郭图，据《三国志·魏书·钟繇传》注引谢承《后汉书》说："南阳阴修为颍川太守，以旌贤擢俊为务，举五官掾张仲方正，察功曹钟繇、主簿荀或、主礼掾张礼、贼曹掾杜祐、孝廉荀攸、计吏郭图为吏，以光国朝。"当时，中央政府对州郡县所任命的长吏，惯例上不得用本籍人，但地方政府所用的掾史，却全都是本籍人，并且大多为当地豪族所控制。如《宋书·恩倖传序》说："二汉（西汉东汉）郡县掾史并出豪家。"郭图和荀或、荀攸等同时在颍川做官，他们在太守阴修"旌贤擢俊"的目的下同被察举，这样看，郭图也应该是颍川当地的豪族。初归袁绍，后来投奔曹操的谋士郭嘉，也是颍川阳翟人。当他来到河北后，就曾经在辛评、郭图面前评论过袁绍。郭嘉和辛评是阳翟同乡，和郭图更可能是同族，如果是这样，郭图也应该是阳翟人。

这些人就构成颍川集团，他们在冀州得到了韩馥的信任和倚重，韩馥主要就是在他们的支持下控制冀州政权的。这时，出面劝说韩馥让位的就是荀谌。《三国志》和《后汉书》的《袁绍传》都记载了这件事。袁绍看到时机成熟，派外甥陈留人高幹和荀谌去游说韩馥。荀谌对韩馥说："公孙（瓒）提燕代之卒，其锋不可当。袁氏一时之杰，必不为将军下。夫冀州，天下之重资也，若两雄并力（指袁绍与公孙瓒联合），兵交于城下，危亡可立而待也。夫袁氏，将军之旧，且同盟也，当今为将军计，莫若举冀州以让袁氏。袁氏得冀州，则瓒不能与之争，必厚德将军。冀州入于亲交，是将军有让贤之名，而身安于泰山也，愿将军勿疑。"接着，荀谌还分析了韩馥与袁绍相比的三个劣势，开始直接对韩馥施加压力，迫使他将冀州让给袁绍。这是袁绍取得冀州的根本原因。

这段说辞借公孙瓒以压韩馥，又借袁绍以压公孙瓒，最终目的就是要表达冀州非袁绍莫属。实际上，是表示颍川集团准备抛弃韩馥而转向支持袁绍了。这点韩馥未必不清楚。

就这样，袁绍在颍川集团的支持下，于汉献帝初平二年（191），兵不血刃地得到了梦寐以求的冀州，当上了州牧，建立起了一块牢固的根据地，为"南向以争天下"战略的实现打下了坚实的基础。下一步，就是想消灭公孙瓒，进而统一整个河北地区了。

巩固政权：袁绍宗亲领主制集团的形成

袁绍在颍川集团的支持下，得到了冀州。但如何对这个"天下之重资"的根据地进行统治呢？颍川集团在冀州已经站稳脚跟，袁绍当然要取得它们的支持，那是不是在这里还要培养另一个集团呢？这样一方面可以网罗更多的人才，另一方面也可以借此牵制颍川集团，防止重蹈韩馥的覆辙。这时，袁绍看中了以前被韩馥冷落的河北地方豪杰。

《后汉书·袁绍传》说："魏郡审配、巨鹿田丰，并以正直不得志于韩馥，（袁）绍乃以丰为别驾，配为治中，甚见器任。"《三国志·魏书·袁绍传》注引《先贤行状》说："（审）配字正南，魏郡人，少忠烈慷慨，有不可犯之节。袁绍领冀州，委以腹心之任，以为治中别驾，并总幕府。"《后汉书·袁绍传》说审配"族大兵强"，表明审配应该出身于当地豪族。而他"忠烈慷慨，有不可犯之节"，又具有任侠精神。这些说明审配与袁绍具有相同的群体属性，袁绍看中他也是理所当然的。

《三国志·魏书·袁绍传》注引《先贤行状》说："丰字元皓，巨鹿人，或云渤海人。丰天姿瑰杰，权谋多奇，少丧亲，居丧尽哀，日月虽过，笑不至矧。博览多识，名重州党。初辟太尉府，举茂才，迁侍御史。阉宦擅朝，英贤被害，丰乃弃官归家。袁绍起义，卑辞厚币以招致丰，丰以王室多难，志存匡救，乃应绍命。以为别驾。"从这里所描述的经历看，田丰也应该是河北的豪族。"英贤被害，丰乃弃官归家"，说明田丰也具有任侠精神，与袁绍具有共同的价值取向。他们的合作顺理成章。

除了田丰、审配外，还有一个沮授。《三国志·魏书·袁绍传》注引《献帝纪》说："沮授，广平人，少有大志，多权略。仕州别驾，举茂才，历二县令。又为韩馥别驾，表拜骑都尉。袁绍得冀州，又辟焉。"看来，沮授同样是河北的豪族，也是一名游侠之士。所不同的是，沮授曾经只是韩馥的属吏而已。

这三人都是河北的豪杰之士，也是当地的大姓名士，但都不被韩馥重用，反而都成为袁绍与河北当地豪族名士们之间牵线搭桥的人，正是有了河北集团的支持，袁绍才能在冀州立足。

我们看到，袁绍占据冀州后，所信任和倚重的是荀谌、辛评、郭图，还有审配、田丰、沮授，前者属于颍川集团，后者属于河北集团。在这两个集团支持下，袁绍不但巩固了在冀州的统治，而且势力不断壮大。

《后汉书·袁绍传》记载，袁绍拜沮授为别驾后，曾经问他："今贼臣作乱，朝廷迁移，吾历世受宠，志竭力命，兴复汉室。然齐桓（公）非夷吾（管仲）不能成霸，勾践非范蠡无以存国。今欲与卿戮力同心，共安社稷，将何以匡济之乎？"沮授回答说："将军弱冠登朝，播名海内。值废立之际，忠义奋发，单骑出奔，董卓怀惧，济河而北，渤海稽服。拥一郡之卒，撮冀州之众，威陵河朔，名重天下。若举军向东，则黄巾可扫；还讨黑山，则张燕可灭；回师北首，则公孙必禽（擒）……横大河之北，合四州之地，收英雄之士，拥百万之众，迎大驾于长安，复宗庙于洛邑，号令天下，诛讨未服。以此争锋，谁能御之！比及数年，其功不难。"

沮授这段话，是对袁绍"南向以争天下"战略的细化，而且提出了具体的实施步骤，即先灭公孙瓒、统一河北，然后迎合天子返回洛阳，再借天子"号令天下，诛讨未服"，最后统一天下。而袁绍占据冀州，基本上完成了当年"南据河，北阻燕代"战略的第一步，可以说天时地利人和已成，其他尽在人事了。

但是，袁绍集团有一个巨大的隐患，就是后来他让自己的三个儿子和外甥高干分别管辖青、幽、并、冀四州，将集团演化成为宗亲性质的领主势力。而且河北集团和颍川集团也开始明争暗斗，不久，双方的矛盾又影响到袁氏家族内部。因此，袁氏兄弟之间的争斗，又表现为河北、颍川两个集团的争斗，目的是争夺河北地区的最高领导权。两组相互交织在一起的势力，最终成为袁绍集团覆亡的根本原因，而官渡之战只不过加速了集团灭亡的时间。因为，正如我们前面提到的，宗亲领主制是不符合时代发展趋势的一种制度，在制度竞争过程中，必然要被更先进的政治领主制所取代。

先攘外后安内：公孙瓒内外策略的确立

袁绍占据冀州后，河北的政治局势瞬间发生了转化，过去幽、冀两州各自的内部矛盾，从此转化为两州之间的矛盾，即公孙瓒、袁绍争夺整个河北地区的矛盾。而公孙瓒在河北地区的宿敌是以袁绍为核心的豪族派，在幽州内部是以刘虞为核心的豪族派。那么公孙瓒想统一河北地区，外有袁绍这个宿敌，内有刘虞这个羁绊，是采取"攘外先安内"还是"攘外后安内"的策略呢？经过权衡，公孙瓒决定采取"先攘外后安内"的策略。这是为什么呢？

首先，公孙瓒手中有一支强大的私人武装，靠着这支队伍，公孙瓒已经基本控制了幽州，刘虞被兼并只是时间上的问题。

其次，公孙瓒还有一个重要的考虑，就是与袁绍争夺河北的后勤补给问题。公孙瓒久经沙场，他十分清楚，与劲敌交手，拼的不仅仅是军队，还有粮草和后勤，如果后勤跟不上，几万大军就会陷入被动，不战自溃。现在，他要率领军队深入敌境，去争夺富裕的冀州，如果没有强大的后勤补给，别说胜利，还可能使军队陷入绝境。刘虞虽然不善用兵，但非常善于治理州郡。《后汉书·刘虞传》说："旧幽部（州）应接荒外，资费甚广，岁常割青、冀赋调二亿有余，以给足之。时处处断绝，委输不至，而（刘）虞务存宽政，劝督农植，开上谷胡市之利，通渔阳盐铁之饶，民悦年登，谷石三十。青、徐士庶避黄巾之难归虞者百余万口，皆收视温恤，为安立生业，流民皆忘其远徙。"

幽州是当时经济发展水平比较低的地区，本来是靠政府财政转移支付来维持运转，但刘虞来幽州不到三年，不仅摘掉了穷州的帽子，还增加了政府的财政收入，充实了国库。而且，还能拿出钱来安置来幽州避难的灾民，说明刘虞的确是善于理财和经营的能手。这对于想统一河北的公孙瓒来说是非常重要的。更为重要的是，刘虞得到了当地豪族的支持，可以源源不断地为公孙瓒提供战争用度。

基于这些考虑，公孙瓒暂时与刘虞妥协，选择了"攘外后安内"的策略，即先安定后方，然后腾出手来全力以赴对付袁绍、占据冀州，最后收拾刘虞，进而统一河北。但就在公孙瓒准备先"攘外"，以袁绍拥立刘虞为理由，向冀州发动进攻时，青、徐二州却发生了叛乱，使公孙瓒不得不暂时放弃南下而转向东进了。

汉献帝初平二年，即公元 191 年，青、徐二州的三十万黄巾军攻入渤海郡，准备与河北境内的黑山军会合。如果两支起义军合兵一处，整个河北地区将永无宁日。《后汉书·公孙瓒传》说，公孙瓒为了安定河北，统领二万大军在东光县（今沧州）以南阻击黄巾军，将黄巾军杀得大败，斩杀三万余人。在敌军渡河北的时候，再次将黄巾军杀得大败，斩杀一万余人。这次大战，被俘虏的敌军就达七万余人，车辆、辎重不计其数，公孙瓒将这些俘虏化整为零，悉数编入自己的队伍。

公孙瓒大破黄巾，不仅获得了巨大的物质财富，扩充了兵员，而且“名声大震。（朝廷）拜奋武将军，封蓟侯”。《后汉书·袁绍传》说：“公孙瓒大破黄巾……威震河北”。这时，公孙瓒认为，进攻冀州的时机已经成熟，便将“攘外后安内”的策略正式提上了日程，与袁绍展开了争夺河北的斗争。

公孙瓒敢于向袁绍发动进攻，还有一个重要的原因，就是得到了幽州“富室”的支持，这股势力不仅能给公孙瓒提供财力援助，还能起到制约刘虞和幽州豪族的作用。正是有了他们的支持，公孙瓒才能建立起军事领主制集团，成为汉末最具实力的军阀之一。

以幽州为根据地，以公孙瓒为核心，以大商人和大地主为依托的幽州集团，是以军事为核心的政治性联盟，可以称为军事领主制集团。它以武装力量为基本，涵盖了政治、军事和经济，实质上就是幽州的第二政府。它与以刘虞为核心，以当地的豪族为支撑的政府形成对峙和分权的关系。

幽州集团的形成，使公孙瓒和幽州豪族派的斗争更加白热化，也使幽州的政局更为扑朔迷离。

政治交易：公孙瓒与“商贩庸儿”的结盟

前面提到，在幽州境内，公孙瓒的对手是幽州牧刘虞；在河北地区，对手是冀州牧袁绍。刘虞是东汉王朝的宗室，又是关东的大姓名士；袁绍出身四世三公的汝南袁氏。两人都是当时最为显赫的世族之一，都具备了当地大姓豪族支持他们的条件，事实上，他们也得到了这种支持。

　　刘虞在幽州能够站稳脚跟，所依靠的就是渔阳大姓豪族的代表鲜于辅、鲜于银、齐周、田畴等人，他们不仅控制着数量庞大的财富，有着广泛的社会影响力。更为重要的是，他们分别担任了幽州的重要职位，控制着当地政府的运转。尤其是鲜于辅，他所担任的是州从事，从《后汉书》的《戴就传》《史弼传》《桥玄传》，以及《三国志》的《刘繇传》《潘濬传》等来看，在东汉末年刺史拥有重权的情况下，州的部从事同样拥有重权，甚至可以使"一郡震栗"。在幽州，鲜于辅不但具有如此巨大的政治权力，还可以发动州兵，即调动幽州的武装力量。

　　这样，在幽州境内，虽然公孙瓒掌握着一支私人武装，但刘虞依靠当地豪族的支持，得以在幽州站稳了脚跟，进而形成与幽州军团对峙的局面。刘虞要利用这些豪族立足；豪族要利用刘虞抗衡公孙瓒，于是，双方联合在一起，结为唇齿相依的政治盟友。

　　公孙瓒最后失败，就是由于瓒以母贱，始终得不到这类大姓豪族的支持。同时，公孙瓒又不像袁绍那样，尽管双方具有相同的出身，但袁绍却能够为自己广造舆论，借此掩盖母亲"傅婢"的身份，竭力争取大姓豪族的支持，并取得了成功。由于这种错综复杂的身份关系，公孙瓒采取了压抑幽州大姓豪族的措施。既然得不到大姓豪族的支持，公孙瓒开始在幽州寻找新的盟友，并转而向"富室"寻求支持，即所谓的"商贩庸儿"。当然，公孙瓒最后失败的根本原因也应该在这里。

　　《三国志·魏书·公孙瓒传》注引《英雄记》说："（公孙）瓒统内外，衣冠子弟有材秀者，必抑使困在穷苦之地。或问其（公孙瓒）故，答曰'今取衣冠家子弟及善士富贵之，皆自以为职当得之，不谢人善也'。（公孙瓒）所宠遇骄恣者，类多庸儿，若故卜数师刘纬台、贩缯李移子、贾人乐何当等三人，与之定兄弟之誓，自号为伯（老大），谓三人者为仲（老二）、叔（老三）、季（老四），富皆巨亿，或取其女以配己子，常称古者曲周、灌婴之属以譬也。"

　　刘纬台是卜数师，就是所谓的"庸儿"；李移子、乐何当两人，一个是贩卖丝绸的商人，一个是贾人，都是所谓的商贩。为什么公孙瓒会与这些虽然有钱但社会地位很低的人结盟呢？而且不仅结盟，还结为兄弟，甚至结成儿女亲家的关系呢？很明显，因为他们"富皆巨亿"，是拥有巨额资财的"富室"。

　　前面提到曹丕在《典略·自叙》中说："初平之元，董卓杀主鸩后，荡覆王室。

是时四海既困中平之政，兼恶卓之凶逆，家家思乱，人人自危……名豪大侠，富室强族，飘扬云会，万里相赴。"这里所描写的就是董卓控制了东汉朝廷后，关东群雄起兵讨伐。在"家家思乱，人人自危"的情况下，各色人等"飘扬云会，万里相赴"。曹丕根据他的亲身经历，列举了四类人，除了名豪（著名的豪侠和豪杰）、大侠（声威显赫的游侠）、强族（强大的大姓豪族）外，连那些平时只顾赚钱的富室也卷进了"人人皆讨贼"的政治运动来了。

公孙瓒所依靠的"富皆巨亿"的"商贩庸儿"，就属于富室这类群体。刘纬台、李移子、乐何当三人，没有其他史料能够作较详细的说明。但可以肯定，这三人必然属于大商人兼大地主阶层，是公孙瓒掌握和扩充武装力量的重要资本。

在东汉末年的战乱时代，地方军阀与这类富室联合，不是偶然的，是乱世催生出的产物，因为双方之间存在相互依存的关系。这些大商人虽然"富皆巨亿"，但政治地位很低，可能会受到各级官吏的侵诈，还会受到叛乱分子或盗贼的掠夺。现在，他们有了手握重兵的地方军阀支持，不仅可以保护自己的财富，还能借此政治寻租，不断扩充财富。更为重要的是，能够借助这些军阀，染指地方政界，从而参与政治斗争的洪流，提高自己的社会地位。

同样，公孙瓒有了这些大商人的经济援助，逐渐摆脱了对刘虞和地方豪族的物质依赖，从而可以毫无节制地扩军备战，对外征伐。更为重要的是，他将这些"商贩庸儿"塞进了各级政府，逐渐控制了幽州的政界，可以从政治层面打击刘虞和豪族派，使他们的力量逐渐萎缩。后来公孙瓒消灭了刘虞，割据幽州后，更加肆无忌惮地打击和压制"衣冠子弟"。不仅将他们悉数挤出政界，还残酷迫害他们，侵占他们的财产，使他们陷入穷困之地。

前引《三国志·魏书·公孙瓒传》所说，对"衣冠子弟有材秀者"，公孙瓒"必抑使困在穷苦之地"，并说"今取衣冠家子弟及善士富贵之，皆自以为职当得之，不谢人善也"。按照当时东汉的选官通例，刺史、太守、县令等地方长吏，是由朝廷任命的。但他们的属吏却必须由地方大姓豪族，即所谓的"衣冠子弟"来充任，即大姓子弟享有优先任用的权力。公孙瓒的行为，却违反了这个惯例，因为他认为，这些"衣冠子弟"认为自己获得职位是理所当然的，不会感谢选用他们的长官。而这些富室却地位卑微，只要重用他们，他们就会支持自己。这样的用人策略，必然会加剧公孙瓒，包括富室与幽州豪族之间的矛盾，所以，当公孙瓒完全成为幽州的主人后，也必然会对这些"衣冠子弟"加以压抑，以巩固自己在幽州的权力。

公孙瓒的压抑措施，更加激化了他与当地豪族的矛盾，鲜于辅等便率领队伍投靠袁绍。在袁绍的支持下，鲜于辅曾两次大败公孙瓒。最终，鲜于辅和留守在幽州的豪族里应外合，联合冀州兵打败公孙瓒，帮助袁绍夺取了幽州。可以说，公孙瓒是在袁绍和幽州豪族夹攻下失败的。

新兴势力：汉末的"豪人"

东汉末年，党争不断，战乱四起，大商人群体渴望在时代的洪流中获取巨大的利益。即曹丕所说的"名豪大侠，富室强族，飘扬云会，万里相赴"。这些大商人清楚，在乱世，他们非依靠政客和武将不可，他们既需要自己，又能保护自己。政客需要财富为他们巩固权力铺路；武将需要财富为自己的军队提供给养。于是这些商人逐渐参与汉末的政治斗争。

前面提到，大姓、冠族是控制地方的力量，他们是汉末割据政权的阶级基础。但是在汉末，除了这些大姓豪族外，还有一类在地方上拥有实力的群体。《后汉书·仲长统传》载《昌乱篇》《损益篇》中，称这个群体为"豪人"。并解释说，这类豪人拥有横跨郡国的大土地，经营农业和畜牧业，并奴役着成群的奴婢和成万的徒附，"徒附"即宾客、附从，他们都是具有封建性残余的依附者。

豪人在全国进行广泛的商业活动，在都市中囤积大量的货物。他们过着奢侈的生活，就像公侯君长一样。但这些豪人并没有一官半职，连管理五家的"伍长"都不是，仅仅凭借他们的财富，享受却超过贵族，他们结交地方官吏，在某些时候他们在地方的影响力甚至比得上太守、县令。这些豪人还效仿战国和西汉时代的卿相、游侠，喂养一些刺客、死士替他们卖命，犯了法便行贿地方官吏，逃脱法律制裁。

仲长统还愤怒地谴责豪人是"同为编户齐民而以财力相君长者"，他们背后没有强大的宗族，先世没有显赫的达官，自己也没有任何官职，与普通百姓一样，还是"编户齐民"。这种没有政治地位的群体，竟然能像大姓、冠族一样，在地方上享有如此巨大的权势，这在仲长统看来，是不可容忍的。仲长统是当时的大姓名士，袁绍的外甥，并州刺史高幹非常赏识他。这样的出身，必然使仲长统对豪人这个群体嗤之以鼻，以此推断，他也是反对公孙瓒的。

仲长统在他的著作中郑重指出，这些豪人的存在，当然不是个别现象。《三国志·蜀书·麋竺传》记载，当刘备在徐州被吕布打败，部队溃散时，麋竺曾经以"奴客二千，金银货币以助军资；（刘备）于时困匮，赖此复振"。正是有了麋竺的资助，刘备才能重新拉起队伍，渡过难关。同传说："麋竺字子仲，东海朐人也。祖世货殖，僮客万人，赀产巨亿。后徐州牧陶谦辟为别驾从事。"麋竺就是参与政治活动的豪人，先是支持陶谦在徐州立足，后来又支持刘备，最终成为刘备集团的核心人物之一。

上面提到公孙瓒不愿进用不懂感恩的"衣冠子弟"，而是宠遇"若故卜数师刘纬台、贩缯李移子、贾人乐何当等三人"，这三个人"富皆巨亿"，也应该属于"豪人"群体。但他们政治地位卑微，公孙瓒任用他们，一来是利用他们的财力扩充队伍，二来是要彰显自己破格登用的气魄，希望他们知恩图报，协助自己对抗幽州的大姓豪族。

仲长统所说的"豪人"是大商人、大地主。麋竺和李移子等就是大商人兼大地主的代表。比如麋竺，据《太平寰宇记》卷二二注引《水经注》记载："朐县东北海中有大洲，谓之郁州……古老传言，此岛上人皆先是麋家之隶。"这段史料证明，麋竺在郁州岛上拥有大量地产，经营农业和畜牧业，为了扩大经营规模，他将家中的"僮客万人"，抽调一部分安置在郁州岛上麋氏庄、牧上劳动。麋竺居住在徐州，郁州在两汉属于交阯刺史部管辖，两地距离很远，说明这些豪人具有跨州连郡的能力，商业活动遍布全国。

《后汉书·党锢岑晊传》记载，岑晊在当南阳功曹时，劝太守成瑨杀死与中官串通的宛地富贾张汜，及其宗族、宾客二百余人。这个张汜"用势纵横"，自然属于豪人群体。

尽管这些豪人在汉末地方上颇有声势，像麋竺不但能够以自己的奴客、金币资助刘备，还有实力组织私人武装，但是我们还没有看到哪个豪人成为汉末割据势力。这说明这个群体既不是地方权力的主体，也没有力量主导汉末军阀争霸的局势。虽然东汉末年各种地方力量也应当把非大姓名士的豪人囊括在内，但豪人群体在当时不能作为一支独立的主要力量在群雄争霸中出现，后来随着群雄争霸的结束、南北对峙（即三国鼎立）的开始，更是看不到他们或其后裔的活动了。这些财富巨亿的豪人似乎在大动乱中悄然隐去，销声匿迹了。

豪人群体，包括春秋战国时代的商人，他们具有一个共同的特点，就是审时度势，知进知退，无论是乱世还是治世，追求财富是他们的终极目标。只是在乱世和治世追求的方式不同罢了，因为他们在客观和主观上，为自己划定了势力范围，也为自己界定了群体属性，属于"依附性群体"。在治世依附当地官吏；在乱世依附割据军阀。因为他们清楚，在治世，当权者是不允许其他势力参与权力分配的。当曹魏统一北方后，开始推行"九品中正制"，主要目的就是重新建立文人统治体制，从而遏制各地豪族领主化的倾向。既然在汉末群雄争霸中起主导力量的大姓、豪族，政府都要打压，更何况这些政治地位卑微的豪人了，这就是他们在大动乱后悄然隐去的主要原因。

新的矛盾：反董战争结束后天下形势的突变

讨伐董卓的战争结束后，天下局势瞬间发生转化。以袁术、孙坚为一方，以袁绍、曹操为另一方，两个军事集团之间在中原展开了争夺地盘的战争。不久，双方为了斗争的需要，分别与幽州的公孙瓒和荆州的刘表联合，从而使相互争斗的形势更加复杂。

《后汉书·袁绍传》说："时董卓将欲废立，以（袁）术为后将军。术畏卓之祸，出奔南阳。会长沙太守孙坚杀南阳太守张咨，（孙坚）引兵从术。刘表上术为南阳太守，术又表（孙）坚领豫州刺史，使（孙坚）率荆、豫之卒，击破董卓于阳人。"孙坚和袁术两个军事集团结盟后，成为当时颇具实力的地方军阀之一，他们的共同敌人不是董卓，而是袁绍与曹操。

《后汉书》《三国志》的《公孙瓒传》记载，当初，袁绍和韩馥打算拥立刘虞称帝，刘虞不同意，并将袁绍派来的使者斩首。然后派遣掾（官名）右北平人田畴、从事鲜于银到长安去见汉献帝。献帝本来就有回洛阳的打算，便向他们表达了东归的愿望。当时刘虞的儿子刘和在朝廷担任侍中，于是，献帝便命刘和假装逃避董卓，秘密潜出武关，返回幽州，要刘虞派兵迎接自己回洛阳。刘和途经南阳，袁术想利用刘虞做他的后援，对付袁绍，便扣留了刘和，让他写信给刘虞，催促刘虞尽快发兵，等两军会合，一起去长安迎接天子。刘虞接到儿子的来信，立刻派遣一千骑兵去见刘和。

公孙瓒知道袁术早有称帝的野心，劝阻刘虞不要发兵，但刘虞不听。公孙瓒担心袁术怨恨自己，便派堂弟公孙越率领一千骑兵去见袁术，向其转达结盟的意愿。并嘱咐公孙越暗中唆使袁术扣留刘和，兼并刘虞派去的军队。这样，公孙瓒与刘虞开始结怨，矛盾由暗到明，不断扩大，怨仇越结越深。后来，刘虞被公孙瓒诛杀，刘和便逃出南阳归附袁绍，参加了袁绍和公孙瓒争夺河北的斗争。

袁术与公孙瓒结盟后，立刻引起了袁绍和曹操的警觉。袁绍和曹操首先将矛头指向了孙坚。《三国志·魏书·孙破虏讨逆传》注引《吴录》说："是时，关东州郡务相兼并以自强大，袁绍遣会稽周喁为豫州刺史，来袭取（豫）州。"袁绍任命周喁为豫州刺史，意图很明显，就是不承认孙坚刺史的地位，并企图乘孙坚大军远屯洛阳的时机，前来夺取豫州，达到削弱孙袁联盟的目的。这次关东集团与孙袁联盟的战争，主谋是曹操。孙坚只得率军返回豫州，对付周喁。

袁绍的这种举动，对于孙坚的同盟者袁术来说，当然不能容忍。《三国志·魏书·公孙瓒传》说，袁术派公孙越去支援孙坚，不想公孙越被流箭射死。公孙瓒闻讯说"余弟死，祸起于绍"，然后"遂出军屯磐（槃）河，将以报绍"。这件事成为公孙瓒与袁绍界桥大战的直接导火索。

这时袁术据有南阳，孙坚占据豫州，但他们还一直不能忘怀荆州。当袁术与刘表的短暂联合破裂，反过来与孙坚"同盟结好"时，袁术就开始窥伺刘表的荆州了。南阳本来是荆州的属郡，是连接中原与荆州的缓冲带，战略位置十分重要，而且富饶，可以说是荆州的大郡。袁术作为南阳太守，可以说已享有荆州的一部分。实际上，荆州为袁术和刘表两人掌控。《三国志·魏书·袁术传》说："（袁术）

既与绍有隙，又与刘表不平而北连公孙瓒；绍与瓒不和而南连刘表。其兄弟携贰（不和），舍近交远如此。"

当初袁绍打算拥立刘虞称帝，袁术没有支持，两人开始结怨。袁绍派周喁夺取豫州，兄弟之间的矛盾由暗到明，不断扩大，袁术甚至公开戳袁绍的伤疤，称他为"家奴"。《后汉书·袁术传》说："（袁绍、袁术）乃各外交党援，以相图谋，术结公孙瓒，而绍连刘表。豪杰多附于袁绍，术怒曰'群竖不吾从，而从吾家奴乎'！"袁术还不甘心，居然写信给公孙瓒，说"（袁）绍非袁氏子"，袁绍听后"大怒"。兄弟之间居然不顾颜面相互揭短，可知双方的关系恶化到何种地步了。

袁术对荆州虎视眈眈，而孙坚又手握重兵具有豫州，在这样的局面下，首先不放心的是刘表，其次是袁绍和曹操。从此，一个新的对峙局面开始了，一方是袁术、孙坚和公孙瓒，另一方是袁绍、曹操和刘表。两个阵营剑拔弩张，势同水火，使得天下形势骤然紧张，像个火药桶，一触即爆。

不久，在荆州地区，爆发了袁术、孙坚和刘表的战争（191）；在河北地区，爆发了袁绍和公孙瓒之间的界桥之战（191）；在兖州地区，爆发了袁绍、曹操和袁术之间的封丘之战（193）。可以说这个时期是领主战争的第一个阶段，战乱不断，硝烟四起。

界桥大战：袁绍与公孙瓒争夺河北的较量

公孙瓒大破黄巾军，"名声大震""威震河北"，他感到夺取冀州的时机已经成熟。于是，公孙瓒于汉献帝初平二年，即公元191年，借口为堂弟公孙越报仇，率军驻扎槃（磐）河，并上书朝廷，罗列袁绍的十大罪状，然后起兵讨伐袁绍。

据《后汉书·公孙瓒传》记载，这十大罪状是：第一，引狼入室，"招来不轨，疑误社稷，至令丁原焚烧孟津，董卓造为乱始"。第二，犯了逃跑主义，"卓既无礼，帝主（少帝）见质。绍不能开设权谋……进窜逃亡。忝辱爵命，背违人主"。第三，起兵讨伐董卓，导致叔父袁隗被杀，袁氏宗族惨遭灭门，不仁不孝。第四，借着讨伐董卓的机会，"不恤国难，广自封植（扩充实力），乃多引资粮，专为不急，割刻无方，考责百姓"。第五，逼迫韩馥让出冀州，私造印玺，企图称帝。第六，让善于星象的人规察"祥妖"，然后捏造事情，"克会期日，共钞郡县"。第七，残害忠良，信用谗奸。第八，向上谷太守高焉、甘陵相姚贡勒索钱财，"钱不备毕，二人并（毙）命"。第九，袁绍"母亲为傅婢，地实微贱"，职位和出身极不相称。第十，孙坚在洛阳与董卓交战，本来节节胜利，袁绍却暗中掣肘，派人夺取豫州，导致孙坚功败垂成。

公孙瓒为了师出有名，居然拼凑出了袁绍十条大罪，若非小题大做，便是捕风捉影，还没等朝廷核准，公孙瓒便迫不及待地"举兵攻绍"，而且开局比较顺利，"冀州诸城悉叛（袁）从瓒"。

同传说："（袁）绍惧，乃以所佩渤海太守印绶授瓒从弟（公孙）范，遣之郡，欲以相结（和解）"。难道袁绍真的惧怕公孙瓒吗？未必。袁绍这样做是有战略意图的：首先，袁绍刚刚夺取冀州，立足未稳。其次，公孙瓒来势汹汹，袁绍还没有来得及做军事部署。再次，公孙瓒刚刚大破黄巾军，被朝廷拜为奋武将军，封蓟侯，成为士人眼中的剿贼英雄，"威名大震"。最后，这时袁绍的敌人还有南边的袁术和孙坚，袁绍担心袁术和公孙瓒联合。

基于以上考虑，袁绍采取了以退为进，以守带攻的策略。他派公孙范为中间人，向公孙瓒转达和解的诚意，借此拖延时间，以便调动和部署军队，而且还可以让公孙瓒产生错觉，滋生骄怠情绪，犯轻敌冒进的错误。另外，袁绍由此可以将公孙瓒引入冀州腹地，拉长幽州军的战线，从而削弱幽州军的气势，形成冀州军内作战的优势，然后选择时机，展开战略决战，各个击破。这样看，袁绍的策略是高明的，后来战事的发展也是这样。

同传记载，公孙范得到渤海太守印绶后，立刻背叛了袁绍，反而率领渤海兵加入了公孙瓒的队伍。《三国志·魏书·袁绍传》说："（公孙瓒）还屯广宗，改易（郡）守（县）令。"《后汉书·袁绍传》注引《九州春秋》说："（公孙瓒）还屯广宗界桥。"这些史料说明，公孙瓒在得到了公孙范的支援后，正式向冀州发动了进攻，前期打了一些胜仗，已经深入冀州境内。而且公孙瓒认为冀州已经唾手可得，才敢于"改易守令"，为占领冀州（包括青州和兖州）做准备了。

同传说记载，公孙瓒自行任命了青、冀、兖三州的刺史，并且全部更换了各郡、县的长官。任命严纲为冀州刺史，田楷为青州刺史，单经为兖州刺史。

可以说，公孙瓒未开战、先取败，在战争还未打响，就给幽州军埋下了四颗失败的种子。

首先，公孙瓒打着天子的旗号讨伐袁绍，朝廷既没有制止也没有同意，等于默许。那时公孙瓒应该抓住这个有利条件，借着天子的名义讨伐袁绍，处处尊重朝廷，时刻请示天子。尽管有欲盖弥彰的嫌疑，但在那个看重"忠孝"的时代，它是非常有用的。后来曹操就是利用天子而四处征伐，取得了道义上的优势。但公孙瓒利令智昏，竟然置朝廷于不顾，擅自任命州刺史，随意任免守令，使自己的正义之举化为祸乱国政的举动。这样做，必然会遭到天下士人的谴责，使自己失去外援，成为众矢之的。

其次，袁绍刚刚占据冀州，立足未稳，很多郡县官吏仍处在观望状态，袁绍是十分清楚的。《三国志·魏书·程昱传》说："是时（汉献帝初平中），岱（兖州刺史刘岱）与袁绍、公孙瓒和亲，绍令妻子居岱所，瓒亦遣从事范方将骑助岱。"袁绍让家眷居住在兖州，除了想借机控制兖州外，还有一个重要考虑，那就是袁绍刚刚夺取冀州，担心有变。这说明，冀州的局势十分复杂。因此，在公孙瓒准备向冀州发动进攻时，许多郡县纷纷响应。公孙瓒应该抓住这个有利时机，安抚这些官吏，让他们继续治理一方，以打消他们的后顾之忧。这些官吏为了获取更大的利益，必然全力以赴支持公孙瓒。但公孙瓒还未在冀州站稳脚跟，便撤换了这些官吏，等于将这些人又推到了袁绍一方。还使那些处于观望的人下决心支持袁绍。这样，公孙瓒失去了内援，难以在冀州立足。

《孙子·作战篇》说："兵贵胜，不贵久……夫兵久而国利者，未之有也。"公孙瓒悬师远来，深入敌境，贵在速战速决，速进速退，不能旷日持久与袁绍打消耗战，而应该抓住袁绍在冀州立足未稳、仓促应战的时机，不给其喘息和部署的时间，先发制人，率主力直捣邺城。同时联合黑山军首领张燕，分兵攻打冀州重镇河间、巨鹿、常山三郡，只要占据三郡，其他郡县必然望风归顺，这时邺城就成了一座孤城，不战自溃。但公孙瓒不但不快速进兵，在取得了一些胜利后，反而推延时间，先任命州、郡、县的官吏，给了袁绍调兵遣将、部署兵力的时间，从而贻误战机，使幽州军陷入被动。

最后，公孙瓒犯了骄兵必败的大忌。公孙瓒大败黄巾军，"威名大震"，冀州部分官吏又纷纷响应。同时，又收编了公孙范的队伍，初期也打了一些胜仗。可以说，当时的形势对公孙瓒非常有利。这时，公孙瓒应该戒骄戒躁，将袁绍看成强敌，利用这些优势，而不是把这些优势当成炫耀的资本。但是公孙瓒却轻敌冒进，认为冀州势在必得，将袁绍看成不堪一击的弱敌。竟然在还未得到冀、青、兖三州的时候，开始大肆任免官吏，可见公孙瓒当时骄横到何种地步。主帅尚且如此，下属必定效仿，未开战，就犯了轻敌的大忌，结果可想而知。

《三国志·魏书·袁绍传》注引《英雄记》详细记载了这场大战，"绍自往征瓒，合战于界桥南二十里。瓒步兵三万余人为方阵，骑（骑兵）为两翼，左右各五千余匹，白马义从为中坚（公孙瓒最精锐的部队），亦分作两校，左射右，右射左，旌旗铠甲，光照天地。"《后汉书·袁绍传》说公孙瓒的队伍"其锋甚锐"。可以看出，公孙瓒的幽州军的确强悍，而且排兵布阵很有章法。

我们再来看袁绍是如何应对的。同传说："绍令麹义以八百兵为先登（先锋），强弩千张夹承之，绍自以步兵数万结阵于后。（麹）义久在凉州，晓习羌斗，兵皆骁锐。"公孙瓒的优势是兵多，袁绍不跟公孙瓒比短板，而是发挥其长处，以精兵为突破口，让公孙瓒产生冀州兵少的错觉，吸引其主力，以打乱公孙瓒的排兵部署。

公孙瓒果然上当，同传记载，公孙瓒轻视麹义兵少，命令骑兵发动进攻。"（麹）义兵皆伏楯下不动"，等到两军相距不到几十步的时候，"乃同时俱起，扬尘大叫，直前卫突，强弩雷（齐）发，所中必倒"。幽州兵被杀得措手不及，死伤一千余人，连公孙瓒任命的冀州刺史严刚也被斩杀，可以说败得非常惨。

麹义乘胜追击，将幽州兵追至界桥，公孙瓒只得重新集结军队，在界桥进行反扑，又被麹义战败。麹义一直杀到公孙瓒的军营，拔掉了营门大旗。公孙瓒只得率领残兵向北溃逃。后来，这位界桥大战的功臣麹义，因为恃功自傲，被袁绍诛杀。

这样，幽州集团与冀州集团第一次争夺河北的战争，以袁绍大胜结束。但是，这只是双方斗争的开始，不久，幽州内部的斗争和河北地区的斗争开始交织在一些，使整个河北地区的局势显得更加错综复杂。

战略据点：袁绍集团与幽州集团在青州的博弈

袁绍在界桥大败公孙瓒后，认为夺取幽州的时机已经成熟，开始变守势为攻势，主动向公孙瓒发动进攻。《后汉书·公孙瓒传》说："绍遣将崔巨业将兵数万攻围故安不下，退军南还。瓒将步骑三万人追击于巨马水，大破其（袁绍）众，死者七八千。"当时的巨马水在幽州归义县境内，说明袁绍已经深入幽州腹地。但是袁绍消灭公孙瓒的时机还不成熟，因为公孙瓒还没有与幽州的大姓豪族彻底决裂，袁绍缺少内应。但是，这次战争却使河北的局势发生了变化。

同传说："（公孙瓒）乘胜而南，攻下郡县，遂至平原，乃遣其青州刺史田楷据有齐地（青州）。绍复遣兵数万与楷连战二年，粮食并尽，士卒疲困，互掠百姓，野无青草。绍乃遣子（袁）谭为青州刺史，（田）楷与战，败退还。"

公孙瓒刚刚经历了界桥大败，虽然这次将冀州军赶出了幽州，却心有余悸，不敢贸然向冀州直接发起进攻，但又不想收兵，于是，公孙瓒采取声东击西的策略，乘胜南下，攻打青州，而且势如破竹，基本占领了青州地区。青州在冀州的东边，幽州的东南，对公孙瓒和袁绍来说，青州具有十分重要的战略意义。

对袁绍而言，青州一旦被公孙瓒占领，公孙瓒便能与盟友陶谦和袁术连为一体，袁绍和曹操就会陷入三面包围的困境，形势十分被动。所以，袁绍必须将公孙瓒挤出青州，才能隔断幽州与南边的联系，为夺取幽州创造有利条件。对公孙瓒而言，占据青州，就能打通南下的孔道，不仅能与袁术等相互呼应，还能拓展生存空间，形成对袁绍和曹操集团斗争的战略优势。这样看，袁绍和公孙瓒在青州的对峙，实际上是两个集团争夺河北地区的重要组成部分，也是双方军事斗争的延续，都是为了将青州作为争夺河北的一个战略据地，谁占据了青州，就能为争夺河北创造先机。

这是一场空前持久的恶战兼拉锯战，幽州军矢志坚守，冀州兵强力紧攻，拖拖拉拉，一共打了两年，双方互有胜负，疲惫不堪。就在双方对峙青州的时候，公孙瓒又一次主动向冀州发动攻击。《后汉书·袁绍传》说："三年（汉献帝初平三年，公元192年），瓒又遣兵至龙凑挑战，绍复击破之。瓒遂还幽州，不敢复出。"

说明这场战争公孙瓒又一次吃了败仗，而且损失不小，开始变攻势为守势，不敢再向冀州主动发起进攻。

公孙瓒两次被袁绍战败"不敢复出"，但袁绍也没有消灭公孙瓒的把握，而且双方在青州又陷入长期的消耗战，因此，大家都有休战和解的意愿。《后汉书·袁绍传》说，汉献帝初平四年（193）初，朝廷派太仆赵岐前来调解关东各军阀的矛盾，其实主要就是调解冀州集团与幽州集团的矛盾，希望双方罢兵和解。公孙瓒首先投出了橄榄枝，写信给袁绍，表示了和平的诚意，袁绍表示接受。但史料并没有提到双方撤军，只是说"（袁）绍于是引军南还"。说明双方只是暂时休战，并没有撤出青州。

《三国志·蜀书·先主传》说："（公孙）瓒表（刘备）为别部司马，使与青州刺史田楷以拒冀州牧袁绍，数有战功，试守平原令，后领平原相。"平原郡属青州，说明平原一带仍然是公孙瓒的势力范围。《三国志·魏书·袁绍传》注引《九州春秋》记载，袁绍在青州所能控制的范围，仅是"其土自河而西，盖不过平原而已"。虽然在势力范围上，公孙瓒略胜于袁绍，但在战略上，袁绍却占据了优势，这就为冀州集团彻底占领青州打下了坚实的基础。

公孙瓒与袁绍第二次争夺河北领导权的战争打了将近两年，战场从幽州一直拉到青州，最后以双方和解结束。但是，这场看似打了个平手的战争，实际上是以袁绍集团的胜利而告终的，袁绍虽然没有占据青州，但通过与公孙瓒的较量，已经取得了战略上的胜利，为下一步的军事行动铺平了道路。

首先，袁绍已将公孙瓒争夺河北的信心彻底击垮。公孙瓒虽然没有放弃争夺河北的野心，但在三次与袁绍的角逐中，逐渐走下坡路，渐渐处于劣势。居然被袁绍打得"遂还幽州，不敢复出"，可以说已经对袁绍产生了畏惧感。从这时起，袁绍与公孙瓒虽然都有兼并对方的企图，但公孙瓒基本上处于被动的守势，再没有主动向冀州发起大规模的进攻。而袁绍却开始变守为攻，控制了战争的主动权。尤其公孙瓒火并刘虞后，幽州豪族派的核心人物鲜于辅等逃亡冀州，依附袁绍，极大地增强了袁绍夺取幽州的概率。在袁绍的支持下，鲜于辅在潞水和鲍丘两次大败公孙瓒，为袁绍夺取幽州铺平了道路。

其次，通过这场斗争，袁绍基本瓦解了公孙瓒与陶谦、袁术的联盟，切断了幽州与南方的联系，使幽州成为一座孤州。从此，公孙瓒基本没有参与中原军阀的斗争，逐渐失去了外援。而袁绍却与曹操联合得更紧密了，袁绍利用曹操牵制陶谦（后来是刘备）和袁术，双方相互支援，遥相呼应。这些都为彻底消灭幽州集团创造了条件。

火并刘虞：公孙瓒与幽州大姓豪族的战争

为了争夺河北地区，公孙瓒与袁绍展开了三次斗争，即界桥之战、龙凑之战和青州之战，公孙瓒都是失败者。三次战争后，公孙瓒基本放弃了争夺河北的企图，而是重新将目光转向了幽州内部，开始了巩固根据地的斗争。

《后汉书·刘虞传》说："瓒既累为绍所败，而犹攻之不已，虞患其黩武，且虑得志不可复制，固不许行，而稍节其禀假（减少粮食供给）。瓒怒，屡违节度。"公孙瓒不仅不听从刘虞的调遣，而且还派人将刘虞赏赐给"胡夷"的物品悉数抄夺。刘虞"积不能禁（公孙瓒）"，就派人上书天子，告公孙瓒"暴掠之罪"。公孙瓒针锋相对，也上书朝廷，指责刘虞克扣军粮。双方你来我往，不断上奏，相互诋毁，朝廷却束手无策，只能敷衍搪塞，"依违而已"。

公孙瓒为了防范刘虞，在蓟城的东南修筑了一座小城，率领军队在城内驻扎，刘虞几次请他商议政事，公孙瓒都称病不肯前往。这样，幽州二雄并立的局面愈演愈烈，双方相互对峙，分割州权，致使政出多门。

同传记载，刘虞打算讨伐公孙瓒，便与东曹掾、右北平人魏攸商议。魏攸劝阻道："今天下引领，以公为归，谋臣爪牙，不可无也。瓒文武才力足恃，虽有小恶，固宜容忍。"魏攸是幽州的豪族，当然想消灭公孙瓒，只是感觉条件还不成熟，便向刘虞抛出了以静制动的策略，即先隐忍，再寻找有利时机，一举歼灭公孙瓒。这个策略是高明的，也是符合实际情况的。刘虞听从了魏攸的建议。不久，魏攸突然病逝，刘虞"积忿不已"。于是，局促一隅的刘虞，在幽州大姓豪族的支持下，乘机向公孙瓒发起进攻。

汉献帝初平四年冬，即公元 193 年，刘虞亲自率领十万屯兵进攻公孙瓒。《后汉书·刘虞传》说，从事代郡人程绪不同意刘虞仓促出兵，劝阻道："公孙瓒虽有过恶，而罪名未正。明公（指刘虞）不先告晓使得改行，而兵起萧墙，非国之利。加胜败难保，不如驻兵，以武临之，瓒必悔祸谢罪，所谓不战而服人者也。"刘虞准备仓促，大多数参战士兵都是缺乏作战经验的"屯兵"，军纪涣散，所以，程绪认为现在消灭公孙瓒的时机还不成熟，建议"以武临之"，即与公孙瓒打消耗战，然后，根据战事发展，逐步消灭。可以说，程绪的策略是符合实际情况的，既稳妥又有可以伸缩的余地。

刘虞非但不听，反而认为程绪"临事沮议"，动摇军心，居然将其斩首了。然后训诫士卒："无伤余人，杀一伯珪（指公孙瓒）而已。"刘虞在开战前诛杀谋士，显得气量狭窄；又训诫士兵不要伤害无辜，显得优柔寡断。这些都反映了刘虞不善统兵、用兵的短板。

公孙纪是州从事，公孙瓒对其"厚待遇之"。于是，公孙纪连夜将刘虞的军事计划告诉了公孙瓒。当时，公孙瓒的部曲不在城内，公孙瓒"乃掘东城欲走"。但是，刘虞的屯兵缺乏训练，军纪涣散，导致围困公孙瓒的士兵战斗力不强，久久不能攻克城池。公孙瓒抓住这个战机，亲自挑选了几百名不怕死的勇士，组成突击队，乘风纵火，直冲突围。

《三国志·魏书·公孙瓒传》注引孙盛《魏氏春秋》说："（刘）虞众大溃，奔居庸城，（公孙）瓒攻及家属以还，杀害州府，衣冠善士殆尽。"幽州大姓豪族的这次反扑，不但没有取得胜利，结果却以刘虞势力的彻底覆灭而告终。

《后汉书·刘虞传》记载，刘虞刚被公孙瓒擒获，朝廷就派段训来到幽州，宣布增加刘虞的封邑，并让他总管六州的事务。同时，任命公孙瓒为前将军，封易侯。公孙瓒乘机"诬虞前与袁绍等欲称尊号，胁（段）训斩虞于蓟市"。《后汉书·公孙瓒传》说："瓒自以为易地当之，遂徙镇焉。乃盛修营垒，楼观数十，临易河，通辽海。"据同传注说："瓒所居易京故城在今幽州归义县南八十里。"通过这次政治斗争，公孙瓒消灭了刘虞势力集团，完全占有了幽州，成为当时北方最具实力的地方领主之一。

刘虞虽然被公孙瓒诛杀，支持刘虞的大姓豪族（即州府属吏）也大多被杀。但是手握兵权的豪族，如鲜于辅等却逃出了幽州，转向支持袁绍。袁绍也想借助这些豪族的力量诛灭公孙瓒，夺取幽州。于是，这些逃亡的大姓豪族成功地将幽州内部的权力斗争与河北地区的政治斗争连为一体，造成了河北地区更为复杂的对峙局面，一方是袁绍集团和幽州大姓豪族，一方是幽州集团和新兴阶层（商贩庸儿与部分寒族）。具体到军事层面，就是双方争夺河北的战争，当然，这个时期的对决，公孙瓒是被动的。因为，袁绍和当地豪族的联合，加速了公孙瓒军事领主制集团的覆亡。

经济改革：公孙瓒推行"屯田"政策的意义

《后汉书·公孙瓒传》说："是时旱蝗谷贵，民相食。瓒恃其才力，不恤百姓，记过忘善，睚眦必报，州里善士名在其右者，（公孙瓒）必以法害之。故所宠爱，类多商贩庸儿。所在侵暴，百姓怨之。于是代郡、广阳、上谷、右北平各杀瓒所置长吏，复与（鲜于）辅、（刘）和兵合。"如果单从这段史料看，公孙瓒在幽州是毫无作为的。但仔细推敲，我们会发现很多疑点。因为，这完全是被公孙瓒驱逐到冀州的鲜于辅等人丑化，意在为攻打幽州制造舆论。在幽州，公孙瓒是有所为的。

首先，前面提到，公孙瓒对待乌桓贵族的掠夺，主张以牙还牙，用武力给予还击，不仅保护了当地百姓的生命财产，而且保持了幽州的相对安定。这些功绩不是由刘虞的羁縻政策带来的，而是公孙瓒力战所形成的局面。因为乌桓贵族"惮其（公孙瓒）勇"，不敢进犯。

其次，就是公孙瓒在幽州大力推行屯田政策。这是公孙瓒在幽州最为重要的经济改革。《太平御览》卷三五引《英雄记》说："幽州岁岁不登，人相食，有蝗旱之灾，民人始知采稆，以枣椹为粮，谷一石十万钱。公孙伯珪（公孙瓒）开置屯田，稍稍得自供给。"《后汉书·公孙瓒传》也说："兴平二年，（鲜于辅与袁绍的联军）破（公孙）瓒于鲍丘，斩首二万余级，瓒遂保易京，开置屯田，稍得自支。相持岁余，麴义军粮尽，士卒饥困，余众数千人退走，瓒徼破之，尽得其车重。"从这条史料可以看出，公孙瓒推行屯田开始于汉献帝兴平二年（195），比曹操的屯田还要早一年。

可以看出，这两条出处不同的史料，具有明显的差异。其一，《后汉书》认为，由于鲜于辅和袁绍联军大败幽州军，公孙瓒不能自振，才"开置屯田"，以缓解经济困难，而且取得了成效。但《英雄记》却认为，公孙瓒的"开置屯田"，是在"幽州岁岁不登"，加上"旱蝗之灾"，甚至出现"人相食"的严重情况下，才"开置屯田"，这在一定程度上缓解了经济危机。

其二，尽管《后汉书·公孙瓒传》也提到幽州"旱蝗谷贵，民相食"的严重情况，但是，并不认为这是公孙瓒急于"开置屯田"的原因，相反，却借此攻击他"恃其才力，不恤百姓"。这又是一个明显的不同。

通过上面的史料，我们可以得出这样的结论：尽管在这个战乱饥馑的年代，推行屯田，主观上是为了解决割据势力的军粮需求，比如，曹操推行屯田的动机也是如此。但是，屯田政策，在客观上促使广大失去土地和脱离土地的农民重新回到土地上，不仅解决了广大农民成为"流民"的严重问题，也使农业生产逐渐得到恢复，曹操推行屯田所取得的客观效果也是如此。

公孙瓒在幽州"屯田"，其动机应该是在旱蝗相继、谷一石十万钱的情况下，为了应对幽州军的饥饿危机，所做的举措，并且取得了成效，《英雄记》的描述是符合实际情况的。尽管《英雄记》没有记述公孙瓒屯田所取得的实际效果，但必然使幽州地区的流民问题得到了一定程度的缓解，农业生产也得到了一定程度的恢复。

但是《后汉书》却对历史实际做了截然相反的篡改，而《三国志》是不加记载的刻意回避，也说公孙瓒"遂骄矜，记过忘善，多所贼害（即残害衣冠子弟）"。说明公孙瓒的屯田政策，在一定程度上损害了幽州豪族的利益。因为公孙瓒的屯田政策在顶层设计上远没有曹操全面，在推行过程中又没有曹操细致，加上公孙瓒与幽州豪族之间的矛盾，反而激化了他与大姓豪族之间的冲突。

曹操在实施屯田制的时候，采取了适度原则，在使农民获利的基础上，并没有损害当地豪族的利益，可以说是平稳着陆。但是公孙瓒却过于刚猛，可能存在矫枉过正的弊端，借着屯田，在经济层面打击豪族势力，瓦解了豪族赖以维系的经济基础。同时又不断抬高"商贩庸儿"的地位，这些人可能借着公孙瓒推行屯田，侵害了豪族的利益。所以，才会引发豪族势力的疯狂反扑，诋毁公孙瓒"恃其才力，不恤百姓，记过忘善，睚眦必报……故所宠爱，类多商贩庸儿"，最终导致留在幽州的豪族杀害公孙瓒所任命的长吏，然后与逃亡在外的鲜于辅等联合抗击公孙瓒。这个后果是公孙瓒没有料到的，但也是情理之中的。

最后的挽歌：幽州军事领主制集团的覆亡

汉献帝初平四年，即公元 193 年，就在公孙瓒火并刘虞的同时。袁绍也加紧了巩固政权的斗争。《后汉书·袁绍传》记载，冀州"魏郡兵反，与黑山贼于毒等数万人共覆（攻打）邺城"。当时袁绍在薄落津大会宾客，得到消息后，立刻亲率军队进入朝歌境内的鹿肠山苍岩谷口，"讨于毒"。围攻五日后，大破于毒，然后将于毒与数万叛军悉数斩首。

大破于毒后，袁绍趁热打铁，进攻左髭丈八等乱匪，并将其全部斩杀。然后，又进击刘石、青牛角、黄龙、左校、郭大贤、李大目、于氐根等，又斩杀了数万人。最后，袁绍与黑山贼张燕、四营的匈奴屠各部、雁门的乌桓部落交战。在雇佣兵，吕布并州军的帮助下，与贼寇战斗了十余天，最后，双方各自撤兵了。

袁绍的这一系列军事行动，不仅增强了冀州军的实力，而且基本解决了冀州内部的隐患，安定了后方，为对外用兵提供了保障。

汉献帝兴平二年，即公元 195 年，朝廷拜袁绍为右将军。《后汉书·袁绍传》记载，当时，汉献帝率领车驾东归，被李傕等追赶到曹阳。沮授建议袁绍趁天下大乱、献帝东归的时机"西迎大驾，即宫邺都，挟天子而令诸侯，蓄士马以讨不庭（不臣），谁能御之（谁能对抗）"。袁绍同意了沮授的建议。但是颍川集团的郭图、淳于琼却说"今迎天子，动辄表闻（时时请示），从之则权轻，违之则拒命"，劝袁绍不要接这个烫手山芋。沮授反驳说："今迎朝廷，于义为得，于时为宜。若不早定，必有先之者焉。夫权不失机，功不厌速，愿其图之。"袁绍举棋不定，沮授一语中的，从而错失良机，将"挟天子"的机会让给了曹操。

从这件事上，首先反映出袁绍性格上的缺陷。《三国志·魏书·武帝纪》记曹操评价袁绍的话："（袁绍）志大而智小，色厉而胆薄，忌克而少威。"郭嘉也说袁绍"外宽内忌，用人而疑之……多谋少决，失在后事"。曹操和郭嘉对袁绍的评价不一定准确，但仅从迎立天子这件事上，袁绍的确犯了战略上的失误。而曹操却抓住了这个机会，于汉献帝建安元年（196），亲自将献帝迎接到许都，从而牢牢地抓住了天子这杆大旗，掌握了争霸战争的主导权。

其次，也反映了河北集团与颍川集团的斗争。前面提到，沮授属于河北集团，郭图属于颍川集团，淳于琼是颍川人，也应该是颍川集团的骨干。暂且不去评价孰对孰错，但从郭图等人强烈反对迎接天子一事上看，说明两个集团在重大问题上的分歧非常大，这都为袁绍集团的覆灭埋下了隐患。

袁绍安定了后方，又得到了逃亡到冀州的幽州豪族的支持，重新将目光锁定在了幽州。

前面提到，刘虞在幽州大姓豪族的支持下，向公孙瓒发动进攻，结果不但没有取得胜利，反而导致刘虞势力的彻底覆亡，并引发了幽州内部的政治巨变。不仅刘虞被杀，当地支持他的州府属吏也大多被杀，这些属吏都是大姓豪族的代表，以致"衣冠善士殆尽"。但是，这些所谓的"衣冠善士"，都是没有手握重兵的大姓豪族。至于手握兵权的如鲜于辅、鲜于银，却逃到了冀州，他们投靠袁绍，成为袁绍夺取幽州的先锋。因此，公孙瓒失败的主要原因，是遭到了袁绍和幽州大姓豪族的联合进攻。

《三国志·魏书·公孙瓒传》说："（刘）虞从事渔阳鲜于辅、齐周、骑都尉鲜于银等，率州兵欲报（公孙）瓒，以燕国阎柔素有恩信，共推柔为乌丸（桓）司马。柔招诱乌丸、鲜卑、得胡、汉数万人，与瓒所置渔阳太守邹丹战于潞北，大破之，斩丹。"

《后汉书·公孙瓒传》记载，乌桓峭王感念刘虞的恩德，也率领七千乌桓人和鲜卑人，随鲜于辅南下迎接刘虞的儿子刘和。然后与袁绍部将麹义会合，共计十万兵马，一起向公孙瓒发动进攻。兴平二年（195），在鲍丘又一次大破公孙瓒，斩杀二万余人。

《三国志》和《后汉书》所描述的是两次战役。第一次在渔阳，以鲜于辅等为一方，还包括了乌桓、鲜卑在内的"胡、汉数万人"。公孙瓒的指挥官是渔阳太守邹丹。双方大战于"潞北"，结果是邹丹被杀，幽州军大败。

　　第二次也是在渔阳，仍以鲜于辅为主，包括乌桓峭王与刘和，这次袁绍也派麹义支援鲜于辅，组成了一支十万人规模的联军，显然声势远较前次浩大。双方在"鲍丘水"大战，这次又是幽州军大败，而且败得很惨，被斩首二万余人。

　　潞北和鲍水惨败后，公孙瓒退保"易京"，为了缓解军粮困难，开始推行屯田政策，并取得了一些成效。然后与麹义打消耗战，相互对峙了很长时间，逼着麹义退兵。公孙瓒抓住麹义退兵的空当，将其打败并缴获了一些车重。但这次纯属偶然的小胜也改变不了公孙瓒的颓势，他的覆亡只是时间早晚问题。

　　不久，因为公孙瓒推行屯田，触犯了留守在幽州的大姓豪族的利益。于是，又回到了前面提到的"代郡、广阳、上谷、右北平各杀瓒所置长吏，复与辅、和兵合"的问题上。据《续后汉书·郡国志》记载，这四郡都属于幽州管辖。这些拥有武装的当地豪族，为什么敢于发动叛乱？原因很明显，从"复与辅、和兵合"可以推断，这次叛乱显然是鲜于辅所策动的。对公孙瓒来说，这是一次重大的打击。

　　后来，鲜于辅归附曹操，《三国志·魏书·公孙瓒传》说："鲜于辅奉王命，以辅为建中将军，督幽州六郡"，说明鲜于辅通过依附袁绍和曹操，已经成为幽州豪族的领军人物。

　　潞北和鲍水之战给了公孙瓒沉重一击；幽州大姓豪族的反扑，彻底击垮了公孙瓒的士气。《太平御览》卷三三○和卷三七○引司马彪《九州春秋》记载，公孙瓒被袁绍围困，他对众人说："始天下兵起，我谓唾掌而决（易如反掌）。至于今日，兵革方始，观此非我所决（不是我能控制的），不如休兵力耕，以救凶年。兵法百楼不攻，今吾诸（修筑）营楼橹千里，积谷三百万斛，食此足以待天下庆（安定）也。"说明公孙瓒被袁绍和幽州大姓豪族击败、固守易京之时，除了加强防御之外，仍然继续屯田，并推行"休兵力耕，以救凶年"的消极防御策略。同时，准备了三百万斛粮食，作为实现防御策略的支撑。

　　但是，公孙瓒的这些措施显得有些晚了，因为他已经失去了战略上的优势，处于被动局面。汉献帝建安四年，即公元199年，在袁绍和幽州大姓豪族的联合打击下，在冀州军的连年围攻下，公孙瓒"引火自焚"，结束了自己的一生，幽州军事领主制集团也随之覆亡了。

就在幽州集团覆亡的前一年（198），曹操也消灭了吕布的并州集团，占据了徐州。这样，天下的局势又发生了转变，一方是占据冀、并、幽、青四州的"袁绍集团"，一方是占据兖、许、豫（一部分）、荆四州（南阳一部）的"曹操集团"。一场即将改变天下格局的战争即将打响了。

派系斗争：袁绍集团的内部隐患

兼并冀州，是袁绍在河北地区扩张势力的起点，他的第二个目标是夺取幽州，这个目标随着公孙瓒的穷迫自杀也实现了，幽州也成了袁绍的势力范围。不久，他又占据了并州和青州，成为当时割据势力中首屈一指的人物。这样，袁绍基本完成了"南向以争天下"战略的前半部分，即统一河北，下一步就是等待时机，统一天下。

当袁绍雄踞河北时，曹操也基本上统一了关东，完成了"规大河以南以待其变"战略的第一步，下一步就是静观时变，进而统一天下。一个要南下，一个要北上，当年同属一个政治集团的老朋友，不得不以兵戎相见了，从而引发了历史上著名的官渡之战。众所周知，这场战争以袁绍的失败而告终。分析这场战争的史料很多，但一般都会忽略一个重要因素，就是袁绍内部两个集团的矛盾和火并。其中在官渡之战的关键时刻，颍川集团主要人物许攸和张郃的投降，引发了整个战争形势的突变，这是导致官渡之战失败的主要原因。

官渡之战，袁绍大败，可是元气没有大损。袁绍在士人心目中仍然是一位令人敬畏的英雄。对此，曹操是明白的。因而，在战后，他仍然惴惴不安。《后汉书·袁绍传》说："冀州城邑多畔，绍复击定之。自军败后发病，七年夏，薨。"说明官渡之战（200）后，一直到袁绍病逝（202），冀州虽然发生叛乱，但都被袁绍镇压，冀、并、幽、青四州仍在袁绍的控制下。即使袁绍病死，曹操也没有力量立即取得四州。袁绍集团覆亡的关键因素，是颍川集团和河北集团的火并。

《后汉书·袁绍传》说："绍有三子：（袁）谭字显思，（袁）熙字显雍，（袁）

尚子显甫。谭长而惠，尚少而美。绍后妻刘（氏）有宠，而偏爱尚，数称于绍……欲使传嗣。"《三国志·魏书·袁绍传》说："（袁绍）击破瓒于易京，并其众。出长子谭为青州。"说明，袁绍为了能让袁尚顺利即位，在攻破幽州后，便任命袁谭为青州刺史。

《后汉书·袁绍传》记沮授向袁绍劝谏道："世称万人逐兔，一人获之，贪者悉止，分定故也。且年均以贤，德均则卜，古之制也。愿上惟先代成败之诫，下思逐兔分定之义。若其不改，祸始此矣。"看来，沮授是支持袁尚的，所以才建议袁绍早定继承人，以免诸子争权，引发祸乱。袁绍是想让袁尚即位的，但担心袁谭、袁熙不服，便对沮授说"吾欲令诸子各据一州，以亲其能"。于是，袁绍任命袁熙为幽州刺史，外甥高干为并州刺史，而将袁尚留在了冀州。

《三国志·魏书·袁绍传》说：（袁绍）众数十万，以审配、逢纪统军事，田丰、荀谌、许攸为谋主，颜良、文丑为将率，简精卒十万，骑万匹，将攻许（都）。"这几位谋士，分属河北集团和颍川集团，在袁绍集团中具有举足轻重的地位。

这是袁绍为袁尚即位所做的铺垫性工作，也是为攻打曹操做的军事部署，但他没有料到，这个安排是个巨大的隐患。因为河北集团支持袁尚，颍川集团支持袁谭，最终，两个集团的斗争与袁氏家族的继承权问题搅在了一起。而官渡之战是两个集团矛盾的第一次集中爆发。

争权夺利：解码官渡之战背后的秘密

曹操之所以能取得官渡之战的胜利，主要得益于颍川集团与河北集团的内斗，其中，颍川集团主要人物许攸和张郃的投降，是关键因素。

前面提到，许攸是追随袁绍到河北去的核心谋士之一，两人关系很密切。许攸是南阳人，颍川和南阳两郡邻近，许攸和颍川的荀谌、辛评、郭图等人，同属于颍川集团。《三国志·魏书·荀彧传》记载，曹操的谋士荀彧对许攸的评价是"贪而不治"，并预测当逢纪、审配在官渡之战中"留知后事（留守邺城）"时，"若（许）攸家犯其法，必不能纵（放纵）……不纵，攸必为变"。事态的发展果然如此。

同传说："审配以许攸家不法，收其妻子，攸怒叛绍"。审配属于河北集团，对颍川集团许攸家族的处理，不能说完全是为公。因为《三国志·魏书·武帝纪》注引《魏书》记载，审配的家族就是一个"藏匿罪人，为逋逃主"的"豪强擅恣"之家，同样是"不法"的，可能还超过许攸家族。因此，审配对许攸一家的处理，可能是两个集团矛盾引发的必然结果，审配是借着处理许攸家族，来打击颍川集团。

这时，正是曹操与袁绍长期对峙官渡的关键时刻。《三国志·魏书·袁绍传》说："百姓疲乏，多叛（背叛曹操）应绍，军食乏。"《后汉书·袁绍传》说："河南人疲困，多畔应绍。"这时，许攸对袁绍说："曹操兵少……许（许都）下余守势必空弱。若分遣轻军，星行掩袭，许拔则（曹）操成禽。如其未溃，可令（曹军）首尾奔命，破之必也。"许攸的计策是高明的，但是袁绍并没有采纳。"会（许）攸家犯法，审配收系之，攸不得志，遂奔曹操。"这条史料可以佐证，许攸投奔曹操的主要原因，是颍川集团的政治打击。

曹操正处于劣势，形势危急。在这个关键时刻，许攸背叛袁绍投靠曹操，对曹操取得胜利是有决定意义的。《三国志·魏书·武帝纪》注引《曹瞒传》对此有较详细的描述。首先，曹操听说许攸前来，就迫不及待地"跣出迎之"，并抚掌笑着说："子远，卿来，吾事济矣！"可见曹操对许攸的重视。前面提到，曹操和许攸在洛阳时就是朋友，同属反宦官集团的人物，许攸曾邀请曹操参加废汉灵帝的政变，说明两人关系十分密切。

接着，许攸针对曹军的弱点，提出了使曹军从被动变为主动的计策，他说，曹军"孤军独守，外无救援而粮谷已尽，此危急之日也。今袁氏辎重有万余乘，在故市、乌巢，屯军无严备。今以轻兵袭之，不意而至，燔（烧）其积聚，不过三日，袁氏自败也"。曹操采纳了许攸的建议，最终取得了官渡之战的胜利。

《三国志·魏书·崔琰传》注引《魏略》说："（袁）绍破走，（曹操）及后得冀州，（许）攸有功焉。攸自持勋劳，时与太祖（曹操）相戏，每在席，不自限齐，至呼太祖小字"，并说："某甲（指曹操），卿不得我，不得冀州也"。曹操笑着回答说："汝言是也"，然而心理却对许攸十分不满。有一次许攸和仆从一同出邺城的东门，他对随行人员说："此家（指曹操）非得我，则不得出入此门也。"这句话传到曹操耳中，曹操立刻将许攸打入大牢。这些都说明，曹操能大破袁绍取得冀州，许攸是关键人物，即是曹操本人也不得不承认这点。

张郃的投降同样如此。《三国志·魏书·张郃传》说："张郃字儁义，河间鄚人也。汉末应募讨黄巾，为军司马，属韩馥。馥败，以兵归袁绍。绍以郃为校尉，使拒公孙瓒。瓒破，郃功多，迁宁国中郎将。太祖（曹操）与袁绍相拒于官渡，绍遣将淳于琼等督运屯乌巢。"当曹操采纳了许攸的建议，亲自率兵攻打乌巢时，张郃对袁绍说："曹公兵精，往必破琼等；琼等破，则将军军事（大势）去矣，宜急引兵救之。"可以说，张郃的建议是极富远见的，也是符合当时的实际情况的。

郭图却不同意张郃的建议，他对袁绍说："郃计非也。不如攻其本营，势必还，此为不救而自解也。"郭图向袁绍献的是"围甲救乙"的计策，也很有见地。张郃坚决反对："曹公营固，攻之必不拔，若琼等见禽，吾属尽为虏矣。"袁绍不知所从，只得采取折中方案，派一队轻骑去支援淳于琼，同时，派重兵去攻打曹操的大本营，看来，袁绍是倾向郭图意见的。事态发展果然如张郃的预料，袁绍没有攻破曹营，曹操却攻破了乌巢。郭图十分惭愧，便向袁绍进谗言，说："（张）郃快（幸灾乐祸）军败，出言不逊。"张郃害怕袁绍责怪，"乃归太祖"。

但在张郃投降曹操的时间上，这里所记载的，却与《武帝纪》和《袁绍传》不同。这个问题很重要，有必要详细说明。裴松之已注意到这一点，在其注中指出："案《武纪》及《袁绍传》并云：袁绍使张郃、高览攻太祖营，郃等闻淳于琼破，遂来降，（袁）绍众于是大溃。是则缘郃等降，而后绍军坏也。至如此传（指《张郃传》），为绍军先溃，惧郭图之谮，然后归太祖，为参错不同矣。"为什么会有这样"因果不同"的巨大差异呢？《三国志集解》所引姜宸英的意见给了我们揭开这个谜团的一把钥匙。

姜宸英认为："此必（张）郃家传自文（掩盖）其丑，故与《武纪》《绍传》互异同。"就是说，袁绍兵败官渡，是由于张郃突然投降曹操所致，而家传中却有意回避了这一点。《三国志·魏书·荀彧传》同样说："太祖自将攻破之，尽斩（淳于）琼等。绍将张郃、高览烧攻橹降，绍遂弃军走。"张郃来投曹操，曹洪却疑虑重重，这时，已经投降曹操的许攸对曹洪说："郃计不用，怒而来，君何疑？"听了许攸的保荐后，曹洪才打消了疑虑。

确定张郃投降的时间，对了解官渡之战中袁绍为什么会全军溃败，是至关重要的。我们暂且不去评价张郃与郭图的计策孰优孰劣，因为在具体的场景下，一个很小的因素就可能影响战争的走向。但张郃投降的动机，一定是他与郭图之间的矛盾引发的。张郃是河间鄚县人，河间属于冀州，在颍川集团的郭图看来，他是敌对阵营河北集团的重要成员。郭图排斥和攻击张郃的建议，除了有战术上的不同理解外，主要是两个集团矛盾的直接反映。

其实早在袁绍打算进攻曹操之前，郭图对河北集团的沮授，也有过类似的举动，并借此夺取了沮授的兵权。《三国志·魏书·袁绍传》注引《献帝传》记载，袁绍准备进攻许都，河北集团的沮授、田丰劝谏说："师出历年，百姓疲弊……宜先遣使献捷天子（向献帝问安），务农逸民；若不得通，乃表曹氏（曹操）隔我王路。然后进屯黎阳。渐营（逐渐安营）河南，益作舟船，缮治器械，分遣精骑，钞其边鄙，令彼（曹操）不得安，我取其逸。三年之中，事（统一关东）可坐定也。"沮授的建议，稳扎稳打、以逸待劳，不仅可以让曹军疲于奔命，而且将战争的主动权牢牢地掌握在自己手中，可以说远见卓识，是从战略高度打这场战争。

当时，沮授是整个冀州军的监军，位高权重，这必然引起颍川集团的惮嫉，于是，郭图等坚决反动沮授的建议，对袁绍说："以伐曹氏，譬若覆手，今不时取，后难图也。"袁绍最终采纳了郭图等的建议，要与曹操决一死战。郭图等乘机向袁绍进谗言说："（沮授）监统内外，威震三军，若其浸（威望势力）盛，何以制之？……且御众于外，不宜知内（不知道心里的打算）。"于是，袁绍分监军为三都督，让沮授、郭图和淳于环各监督一军，这等于变相剥夺了沮授的大权。

从这件事情上看，在袁绍发兵之前，河北集团和颍川集团为了控制兵权，已经开始明争暗斗，甚至不惜相互诋毁，这些都为官渡大败埋下了隐患。

我们看到，无论是袁绍出兵前，还是在官渡之战的相持阶段，甚至战争已经打响，袁绍集团内部却接二连三、牵四扯五地出现相互倾轧的事情。河北集团的审配打击颍川集团的许攸，颍川集团的郭图打击河北集团的沮授、张郃。这些矛盾的直接结果，就是在官渡之战的关键时刻，许攸、张郃分别投降曹操，最后引发了袁绍的失败。当然，袁绍兵败官渡的原因很多，但是袁绍集团内部的政治斗争，是决定这场战争走向的主要因素，这一点，绝不能忽视。

明日黄花：袁绍集团覆灭的真相

汉献帝建安七年，即公元 202 年，袁绍病逝。尽管如此，曹操还没有力量立即取得冀州。冀、青、幽、并四州陷入敌手，袁绍集团彻底覆灭，是颖川集团与河北集团火并的结果。

前面提到，袁绍有三个儿子：袁谭、袁熙、袁尚，除袁熙外，袁谭、袁尚都有一定的才能。《后汉书·袁绍传》说："（袁绍）自军败后发病，七年夏薨，未及定嗣。逢纪、审配宿以骄侈为（袁）谭所病（所厌恶），辛评、郭图皆比于谭而与配、纪有隙。众以谭长，欲立之。配等恐谭立而（辛）评等为害，遂矫绍遗命，奉（袁）尚为嗣。"当时，沮授、田丰已死，河北集团的首领是审配；颖川集团以辛评、郭图为核心。双方的矛盾在袁绍死后达到了白热化的程度，而且又影响并发展到袁氏家族内部，河北集团支持袁尚，颖川集团支持袁谭。因此，袁谭、袁尚兄弟之间的争斗，又表现为河北、颖川两个集团的斗争，目的是争夺河北地区的最高领导权。

逢纪是从关东随袁绍来河北的，与河北集团的审配毫无渊源，这时，他为什么会站在河北集团一方呢？这里，需要说明一下逢纪这个人的情况。《后汉书·袁绍传》注引《英雄记》说："审配任用，与（逢）纪不睦，辛评、郭图皆比于（支持）谭"，说明逢纪与审配原本是对立的。《三国志·魏书·袁绍传》注引《先贤行状》记载，在官渡之战后，逢纪还中伤过河北集团的田丰，导致田丰被袁绍所杀。

但是，逢纪又不是豫州人，也不属于颖川集团，与辛评、郭图也有距离。《三国志·魏书·袁绍传》注引《英雄记》说："后审配任用，与（逢）纪不睦。"有人（可能是颖川集团）在袁绍面前中伤审配，袁绍向逢纪征求意见，逢纪反而替审配辩护道："（审）配天性烈直，古人之节，不宜疑之。"袁绍奇怪地问道："君不恶之邪。"逢纪回答说："先日所争者私情，今所陈者国事。"袁绍十分称赞，没有再追究审配的罪责，"配由是更与纪为亲善"。看来，逢纪和审配的接近，直至结成联盟，是在这件事前后开始的，前面提到的"逢纪、审配宿以骄侈为（袁）谭所病"，是他们能联合在一起的政治动机，但这种联合利用大于亲密。

《三国志·魏书·袁绍传》记载，曹操北征袁谭、袁尚，袁谭驻扎在黎阳，请求袁尚支援。袁尚拨给袁谭很少的士兵，并派逢纪作为谋士，协助袁谭。袁谭请求袁尚增兵，袁尚征求审配等的意见，审配等不同意。"谭怒，杀（逢）纪。"《三国志·魏书·郭嘉传》记载，曹操采纳了郭嘉的计策，假意南征荆州，"以待其（冀州）变"。果然，曹操一退兵，袁谭与袁尚立刻反目，互相攻击。袁谭被袁尚战败，只得派辛评向曹操投降，曹操立刻率兵救援袁谭。

《三国志·魏书·袁绍传》注引《汉晋春秋》记载审配为了缓和与袁谭的矛盾，写信给袁谭，直接将责任完全推到逢纪身上，并称逢纪为"凶臣"，还加上"曲辞谄媚，交乱懿亲"等罪名。这样，在袁谭、袁尚的争斗中，逢纪终于被审配出卖，为袁谭所杀。这些都说明，在袁绍集团中，逢纪是一个既未与颍川集团联合，又遭河北集团利用和排斥的中间派人物。

当时，曹操占领冀州，曹丕在他身边，《群书治要》卷四六引曹丕所著《典论》说："袁绍之子，（袁）谭长而慧，（袁）尚少而美。绍妻爱尚，数称其才，绍亦雅奇其貌，欲以为后（嗣），未显而绍死。别驾审配、护军逢纪，宿以骄侈不为谭所善，于是（审配）外顺绍妻，内虑私害（担心被袁谭加害），矫绍之遗命，奉尚为嗣。颍川郭图、辛评与配、纪有隙，惧有后患，相与依谭，盛陈嫡长之义，激以绌降之辱，劝其（袁谭）为乱，而谭亦素有意焉，与尚亲振干戈，欲相屠裂。王师承天人之符应，以席卷乎河朔（河北），遂走尚枭谭，擒配馘（杀）图，二子既灭，臣无余。"

曹丕根据自己的亲身观察，将袁绍集团的最后覆灭归结为袁谭、袁尚兄弟之间的争斗。同时，他又敏锐地发现，这场兄弟之间的争斗，其实是审配、逢纪和辛评、郭图之间的政治斗争，除逢纪外，实质上是在河北集团与颍川集团的策动下进行的。曹丕当时的描述，为这场争斗提供了直接的证据。汉献帝建安九年（204）、十年（205），随着审配和郭图分别被杀，标志着河北集团与颍川集团的消灭，也标志了袁绍集团的彻底覆亡。

袁绍起家依靠的力量就是这些游侠豪杰，但是，他没有料到，恰恰是这些名豪大侠之间的火并导致了袁绍集团的最后覆亡。随着袁绍集团的消亡，曹操终于统一了中原，成为当时最大的领主，并成为新的关东集团的领袖，完成了"规大河以南以待其变"战略的坚实一步。

这时南方的主要领主是：割据江东的孙氏集团、占据荆州的刘表集团、居于一隅的刘璋集团，还有依附刘表的刘备集团。这样，天下的政治局势又发生了转变，一场新的领主战争即将打响。

第十章

政治领主制：曹操集团的崛起

反目：吕布背叛董卓的真相

前面提到，凉州集团的覆亡，是职业派将领与部曲将的权力斗争造成的，它导致整个集团四分五裂，走向衰亡。而董卓之死，则是由凉州军与并州军之间的矛盾引起的，实质上反映了关西与关东文化的差异。那么凉州军与并州军的矛盾是如何形成的呢？

如前所说，董卓利用吕布，诱使其杀死丁原，从而兼并了并州军。尽管董卓对吕布十分信任，"誓为父子"，但是，在并、凉军事力量之间，矛盾却十分突出，甚至处于敌对状态。这是为什么呢？原因很简单，并州军原属关东集团，被董卓兼并后，是不完全甘心的，而且还处于被压抑的地位。凉州军则以胜利者自居，没有将并州军放在眼里，甚至对吕布也不例外。而董卓宠信吕布，"甚爱信之……行止常以布自卫"，这更加剧了凉州军将校对吕布的惮嫉和怨恨。

这样，并州军和凉州军的矛盾越来越大，势同水火，稍有不慎，就可能激化矛盾，酿成火并。但在董卓的平衡和制约下，两支军队互不统属，相互独立。比如并州军的核心将领之一的张辽，《三国志·魏书·张辽传》、同书《蜀书·先主传》注引《英雄记》记载，张辽被何进派到河北募兵，"还，何败，以兵属董卓"，董卓迁都长安后，被任命为北地太守（属凉州）。还有张杨，也是并州军的核心成员，《三国志·魏书·张杨传》记载，董卓为了安抚张杨，"以（张）杨为建义将军、河内太守"。说明，张杨、张辽各领一支并州军分别驻扎在北地和河内，实质上并不属于凉州集团。吕布统领的一支并州军当然也独立于凉州集团之外。但是，凉州军与并州军暗地里却互相倾轧，都希望吞并对方。

《后汉书·董卓传》说："孙坚收合散卒，进屯梁县之阳人。（董）卓遣将胡轸、吕布攻之。布与轸不相能（不相善），军中自惊恐，士卒散乱。（孙）坚追击之，轸、布败走。"同传注引《九州春秋》说："（董）卓以东郡太守胡轸为大督、吕布为骑督。"胡轸是"凉州大人"，即当地的豪杰，在凉州军中享有崇高声望。这次战争中，胡轸为"大督"，位置在"骑督"吕布之上，属于全军统帅，这已经引起了吕布的不满。胡轸却火上浇油，在出征前对全军说："今此行也，要当斩一青绶，乃整齐耳"，吕布和并州军听后"恶之"。然后散布谣言说"贼至"，于是"军众大乱奔走"。

吕布和并州为何气恼，又为何不顾大局，散布谣言，惑乱军心呢？何为"当斩一青绶"？《后汉书·吕布传》记载，当时吕布的职位是中郎将。据《续汉书·百官志》记载，中郎将是比二千石的高级武官。《汉书·百官公卿表》记载"凡吏秩比二千石以上（官员），皆银印（官印）青绶（绶带）"。显而易见，胡轸所说的"青绶"就是指吕布。这种公开的挑衅，必然激起吕布和并州军的怨恨。

由于胡轸和吕布一向不和，并州军与凉州军矛盾尖锐，尤其是胡轸对并州军的敌视，自然引起了吕布和并州军的仇恨，从而导致全军不战自溃。这是并、凉两支军事力量矛盾和敌视的典型事例。凉州军的元老将领胡轸尚且如此，其他凉州军将领对并州军的敌视可想而知，只是胡轸"性急"，敢于公开表达罢了。这些都为吕布最终背叛董卓埋下了伏笔。

《太平御览》卷五五引《典略》说："董卓虽亲爱吕布，然时醉则骂，以刀剑击之，不中而后止。"《后汉书·吕布传》说："（吕布）尝小失卓意，卓拔手戟掷之，布拳捷，得免，而改容顾谢，卓意亦解"，吕布对董卓开始心生怨恨。"卓又使布守中阁，而私与傅婢情通，（吕布）益（越发）不自安"。吕布对董卓的暗中不满，以及内心的恐慌，对并州军和凉州军之间的矛盾来说，更是起了直接的激化作用。

并、凉两支军事力量的矛盾被司徒王允等人看在眼中，他们利用了这个矛盾。《三国志·魏书·吕布传》说："司徒王允以（吕）布州里壮健，厚接纳之。"王允是并州太原祁县人，与吕布是同乡。《后汉书·王允传》又说："（王允）素轻（吕）布，以剑客遇之。"王允"世仕郡为冠盖"，说明王允是并州的大姓豪族，在当地素有威望，是关东大族的核心成员之一。在王允心目中，吕布不过是一名壮健的"剑客"，两人虽为同乡，地位和名望却相差极大。王允利用了这种同乡关系，拉拢吕布，目的很明显，就是要借吕布的手除掉董卓。

　　但是，王允最初只是打算利用吕布，还没有付诸行动，王允与吕布的结盟，其实是吕布的行动促成的。《后汉书·吕布传》记载，当吕布"益不自安"的时候，他主动去找王允，向王允描述董卓要杀他的样子（即向他掷戟），以倾吐不满。当时，王允与尚书仆射士孙瑞正在密谋诛杀董卓的计划，便抓住吕布恐慌的心态，将计划告诉吕布，希望吕布做内应。吕布说："如父子何？"王允回答道："君自姓吕，本非骨肉。今忧死不暇（自顾不暇），何谓父子？（董卓）掷戟之时，岂有父子情也？"吕布听后，答应做内应。这样，吕布与王允的政治交易达成了。

　　其实，吕布与王允的结盟是有群体基础的。前面提到，并州军被董卓兼并后，是不完全甘心的，包括吕布。因为并州军本来就是"关东集团"的成员，吕布也属于游侠群体，只是为谋求保存和扩大自己的势力，会与更大的强者集团相结合。吕布归附董卓，就是想借凉州集团的庇护保存和扩大并州军的力量。当吕布感到凉州军开始威胁并州军的生存时，因为个体的价值取向和政治需要，他们之间的任侠纽带就会断裂，吕布会寻求能保存自己的势力建立起新的任侠纽带。而王允是关东集团的重要成员，吕布只有重新回到关东集团，才能保存并州军的力量。所以，吕布与王允的结盟，实质上是与关东集团重新建立起旧有的关系，这种关系比起他当初与董卓建立的关系要稳固得多，因为这是政治发展的一种必然趋势。

　　并、凉两支军事力量的矛盾终于激化，王允等人利用这个矛盾实现了他们的政治意图，乘凉州军大部在中原与关东集团作战的时机，利用吕布火中取栗，于汉献帝初平三年（192），刺杀了董卓。这是董卓没有预料到的。

　　就在长安发生政变，王允联合吕布刺杀董卓的前后，关东的兖州，也展开了一场三角博弈，可以说是刀光剑影，复杂纷乱。

时势造英雄：曹操早期的军事生涯

　　东汉末年，风云突变，在袁绍的领导下，关东大族虽然诛灭了宦官集团，但是政权却落入凉州集团的领袖董卓手中，这对袁绍、曹操来说，当然是不甘心的。

首先是袁绍，在与董卓决裂后，他偕同许攸离开洛阳，投奔冀州。紧接着是曹操，由于他在洛阳的声望，董卓企图拉拢他，任命曹操为骁骑校尉。曹操与袁绍相同，他看出，今后自己的政治生涯，不是在洛阳，而是在京师以外的广阔地区；其次，曹操敏锐地感觉到，在这个动乱的时代，是否掌握强大的武装力量，是今后政治角逐中能否脱颖而出的主要条件。

《三国志·魏书·武帝纪》说"太祖（曹操）乃变易姓名，间行东归"之后，来到陈留，因为这时担任陈留太守的是与曹操属于同一政治集团的张邈。在陈留，曹操得到张邈的大力支持，并通过他的关系，结识了当地的著名游侠卫兹。《三国志·魏书·卫臻传》说："卫臻字公振，陈留襄邑人也。父（卫）兹，有大节，不应三公之辟（不想做官）。"曹操刚来到陈留，卫兹就说道："平天下者，必此人也。"曹操感觉卫兹也与众不同，多次与卫兹讨论大事。同传注引《先贤行状》说："董卓作乱，汉室倾荡，太祖（曹操）到陈留，始与（卫）兹相见，遂同盟，计兴武事"，卫兹回答曹操说："乱生久矣，非兵无以整（治）之……兵之兴者，自今始矣。"看来卫兹的确是一位"明虑渊深，规略宏远"的人物。

《三国志·魏书·武帝纪》注引《世语》说："陈留孝廉卫兹以家财资太祖（曹操），使起兵，众有五千人。"看来，卫兹不仅是一位游侠，还是当地的豪族名士，所以能"以财救人"，与张邈属于同一群体的人物。

在卫兹的资助下，曹操拉起了一支五千人的队伍，与张邈联合起兵，参加了反董战争。同时，卫兹自己也拉起了一支队伍，由张邈领导。后来，在张邈的支持下，这支队伍也归属了曹操。这些说明，在讨伐董卓的战争中，曹操得以组建自己的私人武装，仍然是依靠以袁绍为首的这个政治集团。这个政治集团，其核心成员，当时分属三地：袁绍、许攸在河北，曹操、张邈在陈留，何颙、伍琼留在京师做内应。

《三国志·魏书·袁绍传》说："侍中周毖，城门校尉伍琼、议郎何颙等，皆名士也，（董）卓信之，而阴为（袁）绍。"何颙、伍琼留在京师，表面上看，他们在辅佐董卓，实际是作为内应，暗中支持袁绍，反对董卓。前面提到，袁绍投奔河北后，被任命为渤海太守，获得了冀州的一块地盘，就是何颙、伍琼等游说董卓的结果。说明，这个政治集团的主要打击目标，已经从宦官集团转移到凉州集团了。

在讨董战争中，袁绍既是渤海太守，又是盟主。同传说："豪侠多附（袁）绍，皆思为之报，州郡蜂起，莫不假其名（皆袁绍的名号）"，说明，当时袁绍具有很高的政治地位和强大的号召力。至于曹操，这时寄居在张邈的地盘陈留，还没有自己的根据地，政治地位，也仅仅是一个行（行使）奋武将军的空头军衔，这还是袁绍所任命的。因此，对曹操来说，当务之急是扩大武装力量，再凭借武力取得一块能立足的根据地。但是，曹操当时仅有在卫兹的资助下拉起的五千人的队伍，此后卫兹的队伍虽然也归了曹操，但是，汴水一战，就被董卓的部将徐荣给打败了，"士卒死伤甚多"，卫兹也战死了，曹操本人也被"流失所中"，仅以身免，但可以说赔光了老本。

不久，在袁绍的大力支持下，曹操带领夏侯惇等人到扬州募兵，刺史陈温、丹杨太守周昕资助了曹操四千士兵。《三国志·魏书·武帝纪》说："黑山贼于毒、白绕、眭固等十余万众略（侵掠）魏郡、东郡，王肱不能御，太祖（曹操）引兵入东郡，击白绕于濮阳，破之。袁绍因表太祖（曹操）为东郡太守，治东武阳。"当时，黑山军活动的地区在河北，十余万众的于毒等部所进攻的是魏郡，进攻东郡的是白绕一部。由于王肱不能抵御，在袁绍的支持下，曹操被任命为太守，从而取得了东郡这块地盘。东郡与陈留邻接，同属兖州。这样，曹操依靠袁绍，联合张邈，政治生涯开始稳定，并快速发展起来。

通过曹操早期的军事经历看，他在创基立业的时候，一直得到了袁绍的支持，因为袁绍是当时最具号召力的人物，正是在袁绍的支持下，曹操才能度过危机（汴水一战），并逐步恢复了元气，而且还得到了东郡这块地盘，为其占据兖州打下了坚实的基础。

天时地利人和：曹操取得兖州的优势

以袁绍为盟主的反董战争处于停滞状态，但关东集团内部却出现了裂痕，剑拔弩张起来，开始了相互火并的内斗。《三国志·魏书·张邈传》说："袁绍既为盟主，有骄矜色，（张）邈正议责（袁）绍。绍使太祖（曹操）杀邈，太祖不听。"曹操对袁绍火并张邈的企图不以为然，并责备袁绍："（张邈）孟卓，亲友也，是非当容之。今天下未定，不宜自相危（自相残杀）也。"张邈听说后，十分感激曹操。这些说明，关东集团的裂痕，是从袁绍和张邈这两个"奔走之友"开始的。而处于袁绍、张邈之间的曹操，为了关东集团的利益，更确切地说，是为了自身的利益，只能以调停者的身份，使袁绍、张邈之间的矛盾不至于激化。

首先，曹操强调了三人在洛阳时的友谊，指出对"亲友"应该采取宽容态度。其次，曹操强调了当时的政治形势，就是在"天下未定"，这个政治集团还没有基本控制关东时，大家"不宜自相危"，引发内讧和火并。

曹操对当时政治形势的看法是富有远见的。在河北，袁绍虽然占有了冀州，但公孙瓒这支强大的军事力量是不能轻视的；在河南，曹操、张邈虽然联合起来，力量仍然十分单薄，同时，敌对势力环伺四周，也不能等闲视之。还有黑山军与黄巾军，严重威胁了袁绍和曹操的统治。曹操的意图是，依靠袁绍的军事力量，再依靠张邈对兖州地方势力的影响，借力打力，最终夺取兖州，再以此为根据地，统一河南地区。因此，曹操是不希望这个政治集团破裂的，因为这是曹操实现战略意图的跳板。

袁绍虽以河北为根据地，但也想插手河南事宜，便拉拢兖州刺史刘岱。前面提到，早在曹操占据兖州之前，袁绍、公孙瓒都企图占据这个据点。《三国志·魏书·程昱传》说："是时（汉献帝初平中），岱（兖州刺史刘岱）与袁绍、公孙瓒和亲，绍令妻子居岱所，（公孙）瓒亦遣从事范方将骑助岱。"刘岱也是一个表面上受董卓拉拢的"幽滞"之士，以侍中身份出任兖州刺史，后来也参加了反董战争。袁绍不惜以"妻子"为人质，取得刘岱的信任，这样做，主要是为了支持曹操在兖州站稳脚跟，然后借此将公孙瓒的势力挤出去，最后控制兖州。

《后汉书·袁绍传》说："四年初（汉献帝初平四年，193），天子遣太仆赵岐和解关东，使各罢兵。"《后汉书·赵岐传》说："是时，袁绍、曹操与公孙瓒争冀州，绍及操闻（赵）岐至，皆自将兵数百里奉迎，岐深陈天子恩德，宜罢兵安人之道，又移书公孙瓒，为言利害。绍等各引兵去。"最终，在袁绍、曹操的合力打击下，公孙瓒被迫从兖州撤退。

这些都说明，袁绍不但要稳固冀州根据地，而且已经开始具体实施"南向以争天下"的战略，他和公孙瓒不仅在河北和青州鏖战，同时也在兖州展开了博弈。不同的是，袁绍与公孙瓒在河北和青州是短兵相接；而在兖州，袁绍是通过支持曹操，让他去挤压公孙瓒，最后达到进一步控制兖州的目的。但这个目的只完成了一半，虽然袁绍将公孙瓒挤出了兖州，然后支持曹操夺取了这个地盘，本来打算通过曹操控制兖州，不想却养虎为患，反而让曹操壮大了实力，这是袁绍没有料到的。除了袁绍的支持外，还有一个人物，在曹操夺取兖州的过程中起了关键性作用，这个人就是济北相鲍信。而刘岱统治兖州，主要依靠的也是鲍信。

鲍信既是刘岱的朋友，也是曹操和袁绍的朋友，他们应当是在洛阳从事反宦官斗争的时候结识的。《三国志·魏书·鲍勋传》说："鲍勋字叔业，泰山平阳人也，汉司隶校尉鲍宣九世孙。（鲍）宣后嗣有从上党徙（迁徙）泰山者，遂家焉。勋父（鲍）信，灵帝时为骑都尉，大将军何进遣东募兵，后为济北相，协规太祖（曹操），身以遇害。建安十七年，太祖追录（鲍）信功，表封勋兄（鲍）邵新都亭侯。辟勋丞相掾。"泰山是兖州的属郡之一，济北又是兖州的属国，说明鲍信是当地的大姓豪族，在兖州具有特殊势力，后来鲍信成为曹操的主要谋士之一，深得曹操信任。

同传注引《魏书》说："信父（鲍）丹，官至少府侍中，世以儒雅显。（鲍）信少有大节，宽厚爱人，沈毅有谋。"说明鲍信还是一位清流名士，具有任侠精神。鲍信在洛阳曾经参与何进诛灭宦官的策划，被何进派往泰山募兵。当他率领千余人回到成皋时，何进已被宦官杀害，来到京师后，董卓也到达了洛阳。鲍信"知（董）卓必为乱，劝袁绍袭卓，绍畏卓不敢发"，鲍信又率军返回泰山，"收徒众二万，骑七百，辎重五千余乘"。通过不断积累，鲍信拥有了一支比较强大的私人武装，成为兖州地区实力最强的一个领主。

不久，反董联盟成立，曹操也在已吾起兵，鲍信与从弟鲍韬"以兵应太祖（曹操）"，以济北相的名义参加了这次战争。当时，袁绍的力量和名望最为强盛，"豪杰多向之"，但是鲍信所倾服的却是曹操。他对曹操说："夫略（胆略，才略）不世出，能总（聚集）英雄以拨乱反正者，君也。苟非其人（真英雄），虽强必毙。

君殆天之所启。"这是鲍信对曹操的评语,从这时起,曹操与鲍信的关系更加亲近。

这时,曹操不但有袁绍的支持、张邈的配合,还得到了兖州关键人物鲍信的拥护,而且公孙瓒的势力已经退出兖州,兖州已处在袁绍、曹操的控制之下。因此,曹操占尽了天时地利人和,这块战略要地的易主只是时间上的问题。

捷足先登:曹操占据兖州的战略意义

曹操在袁绍的支持下被任命为太守,取得了东郡这块地盘,开始快速发展起来,并为下一步占据兖州打下了基础。汉献帝初平三年,即公元 192 年,青州的黄巾军攻打兖州,杀了任城相郑遂,推进到东平。《三国志·魏书·武帝纪》记载,兖州刺史刘岱准备出兵迎敌。济北相鲍信劝阻说:"今贼众百万,百姓皆震恐,士卒无斗志,不可敌也……今不若畜(休养)士众之力,先为固守。彼(敌人)欲战不得,攻又不能,其势必离散,后选精锐,据其要害,击之可破也。"鲍信所献的是以逸待劳,"不战而屈人之兵"的疲军之策,可以说是符合实际情况的。但是刘岱没有采纳,仍然贸然出击,果然被敌军所杀,兖州瞬间出现了政治真空。

《三国志·魏书·武帝纪》注引《世语》记载,刘岱死后,陈宫对曹操说:"州今无主,而王命断绝,(陈)宫请说(游说)州中,明府寻往牧之,资之以收天下,此霸王之业也"。陈宫是东郡人,是当地的豪族名士,在兖州具有较高的声望,他自告奋勇,要替曹操去说服州中的主要官员,一起拥戴曹操为兖州刺史,主持州务,然后以兖州为根据地,统一天下,曹操当然乐意。

陈宫先去游说兖州的别驾、治中等主要官员,对他们说:"今天下分裂而(兖)州无主,曹(操)东郡命世之才也,若迎以牧州,必宁生民。"以鲍信为首的兖州官员都同意陈宫的说法。前面提到,鲍信虽然早已倾服于曹操,也掌握着一支武装力量,但因为没有名正言顺的借口,还不敢贸然拥立曹操为州主。陈宫的游说恰恰给了鲍信拥立曹操的借口。这样,在以鲍信、陈宫为首的兖州豪族的拥戴下,曹操成为兖州刺史,兵不血刃地取得了这块战略要地。

　　这里有一个关键的问题很值得推敲，就是曹操取得兖州，主要是因为地方势力的拥戴还是因为袁绍的支持。

　　《文选》卷四四陈琳写的《为袁绍檄豫州》一文中指出，当时袁绍大力支持曹操，不但举荐他为东郡太守，后来，又任命他为兖州刺史。李善注引谢承《后汉书》说："袁绍以曹操为东郡太守。刘公山（刘岱）为兖州（刺史），公山为黄巾所杀，（袁绍）乃以操为兖州刺史。"这些表明，曹操乘刘岱战死之机取得兖州，是出于袁绍的大力支持，兖州刺史一职也是出于袁绍的任命。

　　当然，袁绍支持曹操，是出于战略上的考虑。因为袁绍虽然在界桥战败了公孙瓒，但并没有消灭幽州集团，公孙瓒仍然是袁绍统一河北的最大阻力和最强劲的敌人。同时，南阳的袁术也是袁绍的宿敌。为了能全力以赴对付公孙瓒，同时让曹操去钳制袁术，袁绍采取了与曹操结盟，进而支持他占据兖州的策略，等统一河北后，再对付曹操。没有想到，却养虎为患，培养起了一个比公孙瓒和袁术更加强大的敌人。

　　当然，兖州地方势力的拥戴也是曹操取得兖州的重要原因，因为兖州大姓豪族的代表人物鲍信、陈宫是真正拥戴曹操的。《三国志·魏书·吕布传》注引鱼豢《典略》说："陈宫字公台，东郡人也，刚直烈壮，少与海内知名之士皆相连。"说明陈宫是一位声望颇高的名士，也是当地的豪族。曹操是东郡太守，陈宫是东郡人，从陈宫对曹操的说辞来看，他们之间的关系很密切。袁绍也是"海内知名之士"，陈宫和袁绍当然也有"连结"。同时，作为"刚直壮烈"之士的陈宫，与袁绍、曹操具有共同的价值观，都属于游侠群体。

　　曹操取得兖州，主要是因为兖州地方势力屈从于袁绍强大的军事压力；另外，曹操得到了兖州主要实力人物，如鲍信、陈宫等人的拥戴。从上面注引《世语》来看，出面游说的是陈宫，拥护曹操的实权派地方势力是鲍信，但在《世语》中没有表达，却潜藏在文字之外的实力人物，就是袁绍。袁绍的大力支持是曹操取得兖州的根本原因。

　　占据兖州，是曹操政治生涯中的一个转折点，他终于有了一块属于自己的根据地，具有了与其他割据领主争霸的资本。同时，也为曹操"规大河以南以待其变"战略的形成，提供了政治保障。

乱世英雄：曹操“规大河以南以待其变”战略的形成

《三国志·魏书·武帝纪》注引孙盛《异同杂语》记许劭评价曹操："子（曹操）治世之能臣，乱世之奸雄。"《后汉书·李膺传》记载李膺的儿子李瓒也称赞曹操"天下英雄无过曹操"。所谓"英雄"，在这个特定的历史时代，具有非同寻常的意义。当时，刘劭在其《人物志》卷中，对"英雄"的定义是"聪明秀出谓之英，胆力过人谓之雄"。概而言之，英雄就是"文武茂异"的代称。《三国志·魏书·武帝纪》注引孙盛《异同杂语》，对曹操的评价是"才武绝人"，即是"文武茂异"的另一种说法。

《三国志·魏书·文帝纪》注引曹丕《典略·自叙》中说："上（曹操）雅好诗书文籍，虽在军旅，手不释卷，每每定省从容，常言人少（年少）好学则思专，长（成年后）则善忘（懈怠学习），长大而能勤学者，唯吾与袁伯业耳。"《三国志·魏书·武帝纪》注引孙盛《异同杂语》也说："（曹操）博览群书，特好兵法，抄集诸家兵法，名曰《接要》，又注《孙武十三篇》。"当然，曹操博览群书，喜爱兵法，这仅是他"才武"的一个方面，或者说是"才武"的基础，仅凭这些，还称不上真英雄。此后的政治军事实践，以及文学创作，使曹操的"才武"有了质的飞跃，使他成为当时的真"英雄"。

前面提到，曹操出身于"赘阉遗丑"的大宦官家庭，最初并不是一个具有强大号召力的人物。他之所以能跻身以袁绍为首的政治集团，并成为仅次于袁绍的重要人物，又在反董战争中取得了东郡地盘，继而获得兖州刺史这样的高位，除了曹操"才武绝人"的气质外，一个主要原因是得到了袁绍的大力支持。当然，尽管曹操与袁绍具有如此密切的关系，毕竟是英雄惜英雄，然而，双雄之间，合作终归是暂时的，曹操与袁绍之间也存在着矛盾与斗争。

在当时的时代英雄中，袁绍具有强烈的政治野心，而曹操也同样具有这样的野心。《三国志·魏书·武帝纪》记载袁绍与曹操起兵讨伐董卓时，袁绍问曹操："若事不辑，则方面何所可据？"曹操反问："足下意以为何如？"袁绍说："吾南据河，北阻燕代，兼戎狄之众，南向以争天下，庶可以济乎？"曹操回答道："吾任（依靠）天下之智力（有才智的人），以道（道义）御（驾驭）之，无所不可（无论在哪都能有胜无败）。"这段对话中，袁绍毫不隐讳地说出了自己的意图，即占据河北地区，再以此为根据地，渡河南下，最后夺取天下，统一全国。这就是袁绍"南向以争天下"的战略。

后来，袁绍不但如此策划，也是按照这个既定战略逐步推进的。所以，当袁绍与董卓在京师洛阳决裂后，不投其他地区，而是直奔河北。在讨董战争后不久，袁绍即兼并了"民人殷盛，兵粮优足"的冀州，实现了这个战略的第一步。

就在袁绍开疆辟土的同时，曹操也拒绝了董卓的拉拢，"变易姓名，间行东归"，他没有返回家乡沛国的谯县，而是投奔兖州的陈留，在那里"散家财，合义兵"，继续投身于反董战争的行列。为什么曹操不去沛国，而是去陈留呢？按照当时的惯例，大姓豪族总是凭借在乡里的声望和号召力来招集武装力量。《三国志·蜀书·先主传》注引《英雄记》记载，曹操就曾"还沛国，募召合众"，在家乡招募过军队。这次却违反惯例，投奔兖州的陈留，说明曹操与袁绍一样，也有自己的野心和战略设想，上面所引的曹操与袁绍的对话，就是很好的证明。只是曹操比较含蓄，没有将自己的设想公开，仅对袁绍说了一番应付性的空话而已。

在陈留，曹操依靠张邈和当地豪族的代表人物卫兹的援助，拉起了一支五千人的队伍。不久，汴水一战，这支队伍就被董卓的部将徐荣打败，卫兹战死，曹操也被"流矢所中"。《三国志·魏书·鲍勋传》注引《魏书》记载，汴水一战，曹操伤亡惨重，袁绍却乘机夺取了冀州，有了属于自己的根据地。鲍信对曹操说："奸臣乘衅，荡覆王室，英雄奋节，天下响应者，义也。今绍为盟主，因权专利，将自生乱，是复有一卓也（另一个董卓）。若抑之，则力不能制，祇以遘难，又何能济？且可规大河之南，以待其变。"曹操听后"善之"。这是在曹操政治生涯最困难的时期，鲍信为曹操提出的建议。这个建议之所以能得到曹操的赞赏，最主要的一点，就是完全符合曹操的战略设想，或者说，符合曹操的政治野心。这就是曹操不去沛国，而投奔在河南担任陈留太守的张邈的原因。

这些说明，几乎在同一时间，袁绍和曹操分别形成了争霸天下的既定战略。袁绍的战略是"南向以争天下"，就是经营河北，南争天下；与袁绍相反，曹操则是"规大河以南以待其变"，即经营河南，以争天下。因此，当袁绍与曹操还没有占据河北与河南时，他们之间维持了一段相当长的和好局面。

曹操的战略设想经过鲍信的提炼后，更加饱满与清晰，他也是按着这个既定战略行动的。不久，曹操又带着同乡夏侯惇到扬州募兵，又组建了一支四千多人的精兵。但是，在官职上，曹操只得到了一个行奋武将军的空头身份，没有可以落脚的地盘，处境十分困难。这时，曹操不得不依附袁绍，以便获得更多的支持。不久，袁绍为了政治需要，将本属兖州刺史刘岱管辖的东郡给了曹操。刘岱死后，袁绍抓住这个有利时机，任命曹操为兖州刺史，企图通过控制曹操进而控制兖州。曹操有了刺史这个合法身份，又得到了兖州这块战略要地，还拥有了一支精良的军队，这些都为他"规大河以南以待其变"既定战略的进一步落地打下了坚实基础。

东汉末年，属于兖州的郡国有八个：陈留、东郡、东平、任城、泰山、济北、山阳、济阴，地理范围大致包括今山东省的西南部和河南省的东部，这是一个在军事上具有重要战略地位的大州。《三国志·魏书·荀彧传》记载荀彧对曹操说："昔高祖（刘邦）保关中，光武（刘秀）据河内，皆深根固本，以制天下，进足以胜敌，退足以坚守，故虽有困败而终济大业。将军（曹操）本以兖州首事，平山东之难，百姓无不归心悦服。且河（黄河）、济（济水），天下之要地也，今虽残坏，犹易以自保，是亦将军之关中、河内也，不可以不先定。"

这是曹操的主要谋士荀彧战略计划中最为重要的一部分。他将曹操占据的兖州，看作是汉高祖和汉光武帝起家的根据地关中、河内，即兖州也是曹操夺取天下的根据地。接着荀彧更进一步扩充了兖州的重要性，他认为黄河、济水所流经的这一地区，"进足以胜敌，退足以坚守"，属于"天下之要地"。荀彧对兖州的定位是符合实际情况的，也与曹操"规大河以南以待其变"的既定战略是高度吻合的。因此，巩固和保卫兖州根据地，对曹操而言，是当时的首要任务。

战略要冲：汉末群雄对兖州的争夺

曹操的主要谋士荀彧非常看重兖州（今山东西南部），将兖州比作当年刘邦的根据地汉中和刘秀的根据地河内。说明，兖州对曹操能否统一北方，实现"规大河以南以待其变"的战略具有非同凡响的意义，历史的发展也证明了这一点。既然在军事上，兖州具有如此突出的重要地位，曹操能察觉到，其他割据势力一样能察觉到。这样，在汉末群雄争霸的初级阶段，兖州就成为各路军阀窥伺的一块战略要冲，争乱不止。

当时，袁绍已经据有了冀州这块根据地，对手公孙瓒也基本控制了幽州，双方除了争夺河北地区外，也将触角伸向了河南。早在曹操占据兖州之前，袁绍、公孙瓒都企图夺取兖州。《三国志·魏书·程昱传》说："是时（汉献帝初平中），岱（兖州刺史刘岱）与袁绍、公孙瓒和亲，绍令妻子居岱所，瓒亦遣从事范方将骑助岱。"后来，公孙瓒与袁绍反目，展开了争夺河北的斗争，战争刚开始，公孙瓒取得了一些小的胜利，便派人告诉刘岱，让他交出袁绍的家眷，然后与袁绍断交。同时，让范方转告："若（刘）岱不遣绍家，将骑还（率骑兵返回）。吾定（打败）绍，将加兵于岱。"后来刘岱听从了程昱的计策与公孙瓒绝交。果然，范方还未到达公孙瓒的大营，就传来幽州军兵败界桥的消息。

这些都说明，在公孙瓒与袁绍开始争夺河北之前，公孙瓒很早就派遣幽州骑兵驻扎兖州，名义上是帮助刘岱抵御黄巾军，保卫兖州，其实是企图伺机占据这个据点，形成对袁绍、曹操集团作战的优势。袁绍为了破坏公孙瓒的计划，不惜以妻儿为人质，以支持曹操，最终目的也是控制兖州。

《后汉书·公孙瓒传》说："（公孙）瓒乃自署其将帅为青、冀、兖三州刺史，又悉置郡县守令，与（袁）绍大战于界桥。"《三国志·魏书·公孙瓒传》也说："（公孙瓒）进军界桥"，任命严纲为冀州刺史，田楷为青州刺史，单经为兖州刺史。这些说明，在界桥对峙时，公孙瓒不仅企图消灭袁绍，占据冀、青两州，而且也将兖州划入了幽州集团的势力范围，企图加兵刘岱，同时夺取兖州。因此，公孙瓒所任命的刺史，除冀、青两州外，兖州刺史单经就是准备取代刘岱的。

除了公孙瓒、袁绍外，割据南阳的袁术也在窥伺兖州，从而引发了曹操与袁术争夺兖州的争斗，即著名的封丘之战。

总之，兖州是个充满火药味的战略要地，不仅难得，更加难守，这对于已经占据兖州的曹操来说，无疑是个难度系数极大的挑战。

柳暗花明：吕布与并州军的壮大

曹操占据兖州后，关东的局势瞬间发生了变化，割据领主之间的斗争也更加激烈和复杂。关东如此，关西也不太平，因为吕布刺杀董卓后，并州军与凉州军之间更是势同水火。《后汉书·董卓传》说："（李）傕、（郭）汜以王允、吕布杀董卓，故忿怒并州人，并州人其在军者男女数百人，皆诛杀之。"李傕、郭汜是凉州军的重要人物，他们采取杀尽军中并州人的残酷行动，是必然的。《三国志·魏书·吕布传》说："（吕）布自杀（董）卓后，畏恶（畏惧厌恶）凉州人，凉州人皆怨。"

这里面有个问题需要说明，是并州人"畏恶凉州人"，还是吕布怨恨凉州人呢？《后汉书·董卓传》说："（王）允初议赦卓部曲，吕布亦数劝之。"说明吕布是倾向于赦免凉州军的，主要目的是想兼并这支劲旅，增强并州军的实力。《三国志·魏书·董卓传》说："比（李）傕等还，（牛）辅已败，众无所依，欲各散归。既无赦书，而闻长安中欲尽诛凉州人，忧恐不知所为。"说明凉州军也有与关东集团和解的打算。但是王允却并不同意赦免凉州军。

《后汉书·王允传》记载吕布数次劝王允赦免凉州军，反而引起了王允的猜疑。吕布又"欲以（董）卓财物班赐公卿、将校，（王）允又不从。而素轻（轻看）布，以剑客遇之。布亦负（凭借）其功劳，多自夸伐，既失意望（愿望得不到满足），渐不相平"。说明吕布与王允的关系开始出现裂痕。前面提到，王允是并州的大姓豪族，在他心目中，吕布不过是一名壮健的"剑客"，王允拉拢吕布，就是要借吕布的手除掉政敌。董卓死后，吕布和王允不仅在对待凉州军的问题上出现分歧，而且吕布居功自傲，"多自夸伐"，这些自然会引起王允的惮嫉。

汉献帝初平三年，即公元 192 年，长安再次发生兵变。《后汉书·吕布传》说："（王）允既不赦凉州人。"《后汉书·王允传》也说："时百姓讹言，当悉诛凉州人，遂转相恐动（恐慌），其在关中者，皆拥兵自守……（董）卓部曲将李傕、郭汜等先将兵在关东，因不自安，遂合谋为乱，攻围长安。城陷，吕布奔走。"

吕布离开凉州后，先去投奔南阳的袁术。《后汉书·吕布传》说："（吕布）走出武关，奔南阳。袁术待之甚厚。布自恃杀卓，有德袁氏，遂恣兵钞掠，（袁）术患之。布不安。"吕布离开袁术后，又去投奔袁绍，在属下成廉、魏越的协助下，大破张燕，为袁绍扫除了后院的隐患。《三国志·魏书·吕布传》说：（吕布）而求益兵众（向袁绍求兵），将士钞掠，绍患忌之"，于是，袁绍派武士去刺杀吕布，被吕布察觉，"布走河内，与张杨合"。

当吕布被袁绍利用，为其大破黑山军张燕后，险些被袁绍谋害，因而来到河内依靠张杨。并州军的三支队伍，即吕布军团、张辽军团和张杨兵团集合在了一起，这对凉州军来说，当然是个严重的威胁。《三国志·魏书·吕布传》注引《英雄记》说："（张）杨及部曲诸将，皆受（李）傕、（郭）汜购募（收买），共图布。"吕布听到消息后，对张杨说："布，卿州里也（同乡），卿杀布，于卿弱。不如卖（出卖）布，可极得傕、汜爵宠。"于是，张杨表面上答应了李傕、郭汜，暗地里却保护吕布。李傕、郭汜"患之"，为了拉拢吕布，"大封诏书，以（吕）布为颍川太守"。

吕布投奔张杨后，李傕、郭汜首先诱使张杨及其部曲诸将杀死吕布。因为张杨虽然属于并州军的一部分，但他一直在河内，与吕布不同，没有与凉州军发生过直接冲突。因此，在张杨看来，这个条件具有相当大的诱惑，一方面可以与凉州军暂时和解，而且可以兼并吕布的部队，以扩大自己的军事力量。但是，吕布却对他说"布，卿州里也（同乡），卿杀布，于卿弱"，这番话，指出张杨与吕布同属并州军，唇齿相依，如果火并，吕布被杀，张杨必然势孤，最终会被凉州军攻灭。权衡利弊后，张杨不得不放弃这个如意算盘，表面上，他极力敷衍李傕、郭汜，实际上却大力保护吕布。在这种情况下，李傕、郭汜只得反过来笼络吕布，任命他为颍川太守。

吕布得到了颍川这块地盘，有了立脚的地方，而且颍川、河内两郡又相互邻近，这些都为并州军的壮大和并州集团的重建提供了条件。

东山再起：并州"雇佣领主制"集团的建立

如前所说，王允曲意结纳吕布，并诱使吕布刺杀了董卓。从此，并州军从凉州军的束缚压制下解脱出来，重新成为一支独立的军事力量，并逐渐形成以吕布为主的"并州集团"。这个集团的核心成员是吕布、张辽、张杨。高顺、郝萌、成廉、魏越、魏续、宋宪、侯成等为大将。根据地是河内和颍川，河内属冀州，是其南大门，战略位置极其重要；颍川是豫州的大郡，是其北大门，两郡相互毗邻，一南一北成掎角之势，可退可进，是用武之地。

从《三国志》中看，与吕布出身和经历相同的，是张辽和张杨。《三国志·魏书·张杨传》说："张杨字稚叔，云中人也。以武勇给并州，为武猛从事……并州刺史丁原遣（张）杨将兵诣（蹇）硕，为假司马。"同书《张辽传》说："张辽字文远，雁门马邑人也……少为郡吏。汉末，并州刺史丁原以（张）辽武力过人，召为从事，使将兵诣京都。"从籍贯上看，吕布是五原人，张杨是云中人，张辽是雁门人，三郡都属于并州。而且，吕布"骁武"，张杨"武勇"，张辽也"武力过人"，才力完全相同。他们都以自己的"才力"得到了丁原的赏识，在并州担任"司马"、"武猛从事"或"从事"这种高级武职。关于吕布当时的职位，《三国志》和《后汉书》的《吕布传》都记载为"主簿"。这样看，吕布、张杨、张辽既是同乡，又具有相同的"才力"，在丁原时代的并州军中担任级别相当的职位，这些相同的属性为他们的联合，从而组建并州集团创造了条件。

张辽后来被并州刺史丁原派遣去募兵，当他率领并州劲旅到达京师洛阳，又受大将军何进的委派，到河北去募兵。当张辽从河北重返洛阳时，丁原已死，并州军被董卓兼并，张辽也率领自己的部队归附了董卓。《三国志·魏书·张辽传》记载，吕布杀死董卓后，张辽"以兵属吕布，迁骑都尉"。这支部队后来成为并州集团的主要力量之一。

张杨的出身和早年经历与吕布类似。后来并州刺史丁原响应东汉政府号召，派张杨率领并州劲旅前往京师洛阳。与张辽相同，张杨到达洛阳后，也受大将军何进委派，回并州募兵。丁原遇害后，张杨留在并州的上党郡，拉起了一支几千人的队伍，起兵反对董卓，并与匈奴单于於夫罗联合。丁原的部队曾经屯驻在河内，这里本来是并军的地盘。不久，张杨就在河内站稳了脚跟，又从董卓所控制的东汉政府取得了河内太守的职位。《三国志·魏书·张杨传》说："（张）杨素与吕布善。"这支部队后来也成为并州集团的主要力量之一。

　　从史籍留下的记载中，至少可以知道，在摆脱凉州军控制后逐渐形成的并州集团，包括了吕布、张辽、张杨等三支武装力量。张杨的地盘在河内，与吕布一直保持着密切联系；张辽虽然"以兵属吕布"，但他仍然以北地太守或鲁相的名义，在吕布军中保持相对独立的地位。吕布、张辽、张杨三人组成的并州集团，拥有三支强劲的武装力量，而且先后取得了一定的地盘，成为当时重要的割据领主势力之一。

　　但是这个集团却存在着三个隐患，或者说是缺陷：

　　第一个隐患就是吕布性格上的缺陷。前面提到，吕布属于"轻侠"，"轻侠"是游侠中层次最低的一类，往往被关东大族和官僚轻视。他们的特点是"骁武"，并从事"攻劫"，由于他们勇而少谋，贪利好斗，目光短浅，很容易成为被利用的工具，吕布便具有这种性格特征。吕布性格上的这个特点，反映到集团层面，就是一种"雇佣"的特质，使并州军和后来的并州集团成为一支雇佣军。因此，吕布的并州集团可以称为雇佣领主制的组织。

　　吕布先是受雇于董卓，后来又受雇于王允。返回关东后，先是受雇于袁术和袁绍，后来又被陈宫利用对付曹操，抢占曹操的根据地兖州。被曹操赶出兖州后，又被袁术利用抢夺徐州；后来又被刘备利用抗衡袁术；最后，被陈珪、陈登父子利用抗衡曹操和袁术，中间又被曹操利用抵抗袁术。这种被利用的性格特质和被雇佣的集团性质，成为吕布及并州集团失败的重要原因之一。

　　第二个隐患来自核心人物张杨性格和格局上的缺陷。《三国志·魏书·张杨传》说："天子（汉献帝）之在河东，（张）杨将兵至安邑，拜安国将军，封晋阳侯。杨欲迎天子还洛（洛阳）。"张杨本来打算护送汉献帝东归洛阳，这是个"挟天子"的大好机会，但由于"诸将"反对，张杨便放弃了这个计划，返回野王。"建安元年（196），杨奉、董承、韩暹挟制天子还旧京，粮乏。（张）杨以粮迎道路，遂至洛阳。"这又是一次"挟天子"的机会，张杨却对属下诸将说："天子当与天下共之，幸有公卿大臣，杨当捍外难，何事京都？"然后率领军队返回野王。

　　第一次张杨是有格局的，但优柔寡断，听信属下的建议，失去了一次机会。第二次是没有格局，主动放弃了"挟天子"的机会。这些都是张杨性格上的短板造成的，也是并州集团没有进一步壮大的主要原因之一。

第三个隐患来自并州集团内部运作上的缺陷。前面提到，吕布、张杨、张辽所率领的军队虽然同出并州军，但在丁原死后，三支军队便根据各自的特点独立发展，逐渐形成了三支相对独立的军团。并州集团就是由这三支相对独立的军事力量组建而成的。张杨经营河内多年，统领着"河内军团"；张辽虽然"以兵属吕布"，但军队始终保持了相对的独立性，形成了"张辽军团"；吕布虽然是并州集团名义上的领导，但能直接统领的部队，只限于自己的队伍，即"吕布军团"。这三个军团相对独立，遥相呼应，互为掎角，联系紧密，构成了并州集团的三支劲旅。

这样看，并州集团更像是一个相对松散的军事联盟。它的优势是不用设立集团层面的官僚机构，也不用支出军费，都由各个军团自行解决，这大大降低了集团的运行成本。更为重要的是，由于三个军团相对独立，当一个军团遭遇重大挫折时，其他的军团可以根据自己的实力和具体情况选择救与不救，暂时保存实力，避免被整体歼灭的可能。

但这种联盟式的集团存在巨大的隐患：

其一，因为各自的军队权力过大，有时会为了本军团的利益而作壁上观，不予支援；有时，即使想去救援，却没有力量，或者鞭长莫及，错失良机。《三国志·魏书·张杨传》记载，当吕布被曹操围困时，"（张）杨欲救之，不能。乃出兵东市，遥为之势"。说明张杨打算去救援吕布，却没有力量，只能率领军队驻扎在东郡，起到呼应吕布的作用。

其二，因为这种集团过于松散，没有集团层面的运作机构，稳定性与可持续性很低，集团中的任何一方被歼，整个集团就会瓦解。即使其中一支军团能暂时保存实力，但没有其他军团的呼应与支援，最终难逃灭亡的危险。当吕布失败后，张辽也投降了曹操，军队也被兼并；不久，张杨也被属下杀害，军队也被曹操兼并。

就在并州集团成立并壮大的同时，曹操的根据地兖州却面临着来自劲敌袁术的窥伺，从而引发了曹操第一次兖州保卫战，即曹操与袁术争夺兖州的封丘之战。但是，割据幽州的公孙瓒对兖州也早有企图，他与袁术遥相呼应，开始对兖州发动进攻。

窥伺：公孙瓒在兖州的战略设想

前面提到，公孙瓒很早就有占据兖州的企图，他所任命的兖州刺史单经，就是准备取代刘岱的。后来，公孙瓒虽然经历了界桥之败，但仍然没有放弃对兖州的窥伺，并与袁术建立了联盟，对付袁绍和曹操。就在曹操占据兖州后不久，袁术"将（派）金元休向兖州"，公孙瓒立刻响应，也派兵前来配合，从北面向兖州发起了进攻。

《三国志·魏书·武帝纪》说："袁术与（袁）绍有隙，术求援于公孙瓒。瓒使刘备屯高唐，单经屯平原，陶谦屯发干，以逼（袁）绍。太祖（曹操）与绍会击，皆破之。"紧接着，同传又说："（初平四年），（袁）术引军入陈留，屯封丘。"可见，公孙瓒派兵前来，是与袁术进军陈留密切配合的。公孙瓒虽然与袁术相互配合，但双方却各有打算。袁术挟与俱来的，是东汉政府所任命的兖州刺史金尚，而公孙瓒所派遣的单经，则是他自己任命的兖州刺史。说明他们都有占据兖州的企图。

这里面有两个问题需要推敲，第一个问题，公孙瓒的根据地在河北幽州，为什么能够前来夺取兖州？第二个问题，陶谦是当时的徐州牧，为什么能够接受公孙瓒的命令，率军前来？

首先来解决第一个问题。《三国志·魏书·武帝纪》记载，刘备的部队屯驻在高唐，单经在平原，高唐、平原两地都是青州平原郡的属县。《三国志·蜀书·先主传》说："（公孙）瓒表（刘备）为别部司马，使与青州刺史田楷以拒冀州牧袁绍，数有战功，试守平原令，后领平原相。"说明平原一带仍然是公孙瓒的势力范围。《三国志·魏书·袁绍传》注引《九州春秋》记载，袁绍在青州所能控制的范围，仅是"其土自河而西，盖不过平原而已"。刘备本来屯驻在高唐，单经则从幽州率军前来平原，因此，袁绍与公孙瓒的这场战争是在青州境内展开的，是冀州集团和幽州集团争夺青州战争的重要组成部分。同时，袁绍在青州牵制公孙瓒，是为了支援曹操在兖州全力对付陶谦和袁术。

第二个问题，陶谦是徐州牧，他的军队屯驻的发干，是兖州东郡的属县。说明陶谦应该是从东面进入兖州，攻击的对象是曹操。那么陶谦为什么会与公孙瓒联合，甚至接受公孙瓒的命令呢？《三国志·魏书·陶谦传》说："陶谦字恭祖，丹杨人。少好学，为诸生，仕州郡，举茂才，除卢令，迁幽州刺史，征拜议郎，参（参与）车骑将军张温军事，西讨韩遂。会徐州黄巾起，以谦为徐州刺史，击黄巾，破走之。董卓之乱，州郡起兵，天子都长安，四方断绝，谦遣使间行致贡献，迁安东将军、徐州牧，封溧阳侯。"

在陶谦的这些经历中，有一点值得注意，就是他曾经任过幽州刺史。公孙瓒是辽西令支人，辽西郡属于幽州；同时，公孙瓒从任辽西的门下书佐开始，一直到出任辽东属国的长史，活动地区也都在幽州。这说明，他们之间，早在陶谦任幽州刺史时就建立了一定的联系，可能关系还较为密切。

另一个原因是，陶谦的根据地徐州在今长江以北和山东东南部，与兖州、青州接壤，处于曹操、袁绍的威胁之下。《三国志·魏书·陶谦传》记载徐州是当时的富庶地区，"百姓殷盛，谷米丰赡"。因此，徐州一直为曹操所觊觎。为了自保，陶谦便与同样属于曹操、袁绍敌对势力的公孙瓒结盟，以便寻求军事支援。这是陶谦能听从公孙瓒调遣的政治原因。

公孙瓒夺取兖州的企图，最终在袁绍的打击下失败了，但是袁术却没有放弃对兖州的觊觎。

觊觎：袁术对兖州地区的图谋

前面提到，在汉末群雄争霸的初级阶段，兖州就成为各路军阀窥伺的一块战略要冲，争乱不止。除了公孙瓒、袁绍外，割据南阳的袁术也在窥伺兖州。就在曹操占据兖州后不久，袁术"将（派）金元休向兖州"，公孙瓒立刻响应，也派兵前来配合，从北面向兖州发起了进攻，从而引发了袁绍与公孙瓒在青州的大战。袁绍在青州牵制了公孙瓒，从而使主力战场转移到兖州，曹操兖州保卫战即将打响了。

兖州处于黄河、济水之间，包括现在山东省西南部和河南省东部，"进可以胜敌，退可以坚守"，属于"天下之要地"。《文选》卷四四陈琳《为袁绍檄豫州》李善注引谢承《后汉书》说："袁绍以曹操为东郡太守。刘公山（刘岱）为兖州（刺史），公山为黄巾所杀，（袁绍）乃以曹操为兖州刺史。"说明对兖州这个战略要地，曹操早有窥伺，最终，在袁绍等的支持下曹操占据了兖州这块地盘，完成了"规大河以南以待其变"战略的第一步。

从此，兖州置于袁、曹政治集团的控制之下，主要是置于曹操的控制之下。因此，对袁术而言，在兖州战场，他的对手仍然是袁绍、曹操，而且与之前的豫州争夺战相同，主要也是曹操。

《三国志·魏书·吕布传》注引《典略》说："（金）元休名尚，京兆人也。（金）尚与同郡韦休甫，第五文休俱著名，号为'三休'。尚，献帝初为兖州刺史，东之郡，而太祖（曹操）已临兖州，（金）尚南依袁术。"说明当刘岱被杀之后，东汉政府并不承认袁绍任命曹操为兖州刺史，所以才派金尚来兖州赴任。袁术正是抓住了当时兖州地区的混乱局面，利用金尚向曹操、袁绍发起了挑战。

袁术是袁绍的从弟，长期以来，两人处于敌对的状态。《三国志·魏书·吕布传》注引《英雄记》记载，吕布刚到徐州，便写信给袁术，袁术回信说："昔将金元休向兖州（接任刺史），甫诣封丘，为曹操逆所拒破，流离进走，几至灭亡。将军破兖州，（袁）术复明目于遐迩（报封丘之败的大仇），其功二也。"上面这段史料，虽然简短，却涉及了三个问题：第一，金尚出任兖州刺史，是东汉朝廷正式任命的，还是袁术所派遣的？第二，袁术为什么要"将金元休向兖州"，有何企图？第三，袁术"甫诣封丘，为曹操逆所拒破，流离进走，几至灭亡"，具体是指哪一场战争？

第一个问题，讨伐董卓的战争开始以后，参加这次战争的关东州牧守，当然不再承认被凉州集团（关西集团）控制的东汉政府；同样，凉州集团也不再承认这些牧守的合法身份。兖州刺史刘岱是参加反董战争的牧守之一，金尚在东汉政府任命下前往兖州，以代替刘岱为刺史，这是符合实际情况的。见于记载的，还有壶寿被东汉政府任命为冀州牧，《三国志·魏书·袁绍传》注引《英雄记》说："（袁绍）斩（于）毒及长安所署冀州牧壶寿。"金尚只是在前往兖州途中，为袁术所控制，而不是出于袁术的任命。

如果前一个问题可以这样理解，那么第二个问题就迎刃而解了。袁术得到金尚这张牌，当然要立刻加以利用。这时，曹操已经在袁绍的支持下占据了兖州，袁术派金尚攻打兖州，是企图借金尚的合法身份（政府任命的刺史），以武力支持金尚接任兖州刺史，从而打击袁绍、曹操，借机控制兖州，扩大自己的势力范围。

第三个问题比较复杂，这里有必要详细解释一下。首先是"甫诣封丘，为曹操逆所拒破"这句话的背景。封丘属兖州陈留郡，说明袁术的军队已经抵达曹操的根据地。当然，对东汉政府所任命的兖州刺史金尚，曹操自然不会承认，就在封丘，袁术遭到曹操的顽强阻击，以致"流离迸走，几至灭亡"。袁术在给吕布回信中，回忆起这场战争，还是心有余悸，可以想象袁术败得很惨。这次战争，也成为袁术一生中的关键转折点。

封丘之战：曹操与第一次兖州保卫战

这次袁术、曹操争夺兖州的封丘之战，是否还有更详细的记载呢？答案是有的，只是记载得比较分散与零星罢了。

《三国志·魏书·武帝纪》记载，汉献帝初平四年（193），"（袁）术引军入陈留，屯封丘，黑山余贼及於夫罗等佐之……与战，大破之。（袁）术退保封丘，遂围之，未合，术走襄邑，追到太寿，决渠水灌城。走宁陵，又追之，走九江。夏，太祖（曹操）还军定陶"。《后汉书·袁术传》说："（初平）四年，（袁）术引军入陈留，屯封丘。黑山余贼及匈奴於夫罗等佐术，与曹操战于匡亭，大败。术退保雍丘，又将其余众奔九江，杀扬州刺史陈温而自领之，又兼徐州伯。"《三国志·魏书·袁术传》又说："（袁术）引军入陈留，太祖（曹操）与（袁）绍合击，大破术军，术以余众奔九江。"

这三条史料叙述的是同一场战争。前两条对战争过程的描述比较详细，互有详略，可以彼此补充，突出了袁术节节败退，逃奔九江的惨状；后一条虽然简略，但记录了这场战争胜利的原因，是"太祖（曹操）与（袁）绍合击"。

据《续汉书·郡国志》记载，封丘、匡亭（属平丘）、襄邑、太寿（陂名，属襄邑）、雍丘，都属于兖州陈留管辖；宁陵在豫州梁国；九江郡在扬州；定陶在兖州济阴郡。显然，这次战争的主要战场在兖州境内。袁术率领军队从所属豫州进入兖州陈留郡后，将大军屯驻在封丘，并命令刘详将军队驻扎在平丘的匡亭。袁术认为，曹军必然首先会向封丘发动进攻，寻求主力进行决战。而匡亭驻军可以乘机袭击曹操的后路，最终使曹军陷入两面夹击的窘况，这样就可以一举歼灭曹操的主力部队。但这完全是袁术的主观假想。

曹操的战术设想是，首先以主力去进攻袁军的薄弱环节，然后再进攻袁术的主力部队，这样就能避免两线作战的被动局面。如果袁术率主力来援助，可以先对刘详军团进行包围，再以主力部队去截击行军途中的袁术。这是符合实际情况和具体战况的客观设想。

果然，当曹操率军进攻匡亭的时候，有勇无谋的袁术没有进行深思熟虑的预判，便贸然出兵，率领主力部队前往援救，完全落入了曹操的谋划。匡亭战役，袁术被曹军战败，只得率领残部退保封丘。曹操乘胜追击，包围了封丘，袁术被迫突围，又逃到了襄邑。曹军一直追击到太寿陂，然后决水灌襄邑城，袁术被迫再次逃往宁陵，这已经是豫州境内了。最后，袁术逃到了扬州境内的九江，才得以摆脱曹军的追击，曹操也凯旋，退回兖州了。正如袁术自己所说的"流离迸走，几至灭亡"，对他而言，这是一次彻底的惨败。

袁术为什么会惨败封丘呢？

首先，是他的"气侠"性格造成。《后汉书·何进传》说："（何进）以袁氏累世宠贵，海内所归，而绍素善养士，能得豪杰用，其从弟虎贲中郎将（袁）术，亦尚气侠，故并厚待之。"袁绍、袁术兄弟两人，凭借"汝南袁氏"的名望和号召力受到何进的器重，袁绍是"游侠"，袁术也"尚气侠"，说明袁术也是当时与袁绍齐名的"豪侠"。但是不可否认，袁术也有严重的缺点。封丘之战完全是袁术冒失的鲁莽行为造成的，显示了他"勇而无断"的"气侠"性格。

《三国志·魏书·武帝纪》和《后汉书·袁术传》记载，袁术当时所依靠的仅仅是黑山余贼和匈奴於夫罗。《三国志·魏书·武帝纪》说："（初平二年）黑山贼于毒、白绕、眭固等十余万众略魏郡、东郡，王肱不能御，太祖（曹操）引兵入东郡，击白绕于濮阳，破之……（初平）三年春，太祖军顿丘，（于）毒等攻东武阳。太祖乃引兵西入山，攻毒等本屯。毒闻之，弃武阳还。太祖要击眭固，又击匈奴於夫罗于内黄，皆大破之。"

从上面的史料看，袁术所依靠的黑山余贼以及匈奴於夫罗，都是上年被曹操战败的残军余部，因为与曹操有宿怨，才投入袁术发动的这次战争。他们既非与袁术是长期联盟关系，而且都是败军，战斗力也不强。一些临时归附的残兵败卒和一位"勇而无断"的统帅，可以想象，这支军队会是什么样子。袁术所依恃的，仅是东汉政府这面摇摇欲坠的旗帜，以及朝廷所任命的刺史金尚。以这种冒失鲁莽的行为，去与曹操对决，结果可想而知，这是袁术"气侠"性格的直接反映。

其次，是袁术失去了孙坚的部队支援。自从袁术与孙坚结盟后，他所依靠的主要是孙坚的军事力量。袁术所以能在南阳立足，以及控制豫州，并企图夺取荆州，所仗恃的，主要也是孙坚的部队。孙坚在夺取荆州的战斗中不幸中"流矢"而死，对袁术来说，这是个重大的打击。《三国志·魏书·刘表传》说："（孙）坚为流矢所中死，军败，术遂不能胜表。"孙坚死后，袁术不但放弃了夺取荆州的计划，而且在与曹操、袁绍的斗争中处于下风。因为孙坚所留下的劲旅，由侄子孙贲统领，屯驻九江，没有参加封丘之战。这是袁术兵败封丘的重要原因之一。

袁术兵败封丘，丢掉南阳根据地后，依靠孙坚遗留的军事力量，即孙贲的部队，退到九江，建立起新的"淮南集团"，成为南方最具实力的割据领主。同时，东汉政府所任命的兖州刺史金尚，只能继续依附袁术，最终被袁术所害。

通过这次保卫兖州的战争，曹操、袁绍击退了来自公孙瓒、陶谦和袁术的进攻。尤其是公孙瓒，不仅在青州吃了败仗，同时，随着袁术在封丘的惨败，公孙瓒企图夺取兖州的战略设想彻底失败，而且公孙瓒、袁术和陶谦的联盟也被曹操、袁绍彻底瓦解。这些说明，在强敌环伺的情况下，曹操、袁绍之间的矛盾是次要的，为了对付共同的敌人，保持和好关系才是主要的。

分道扬镳：曹操与兖州大姓豪族的矛盾

曹操虽然击退了袁术，保住了根据地，但兖州内部却渐渐涌现出一股反对曹操的暗流。前面提到，董卓控制东汉政府的大权之后，曹操被迫逃离洛阳，来到陈留，主要是寻求当时的陈留太守张邈的支持。"太祖（曹操）、袁绍皆与（张）邈友"，说明张邈不但是曹操的朋友，也是袁绍的朋友，并同属于以袁绍为首的反宦官政治集团。但是在讨伐董卓的战争中，袁绍、张邈之间却出现了矛盾。

《三国志·魏书·张邈传》说："袁绍既为盟主，有骄矜色，（张）邈正议责绍。绍使太祖（曹操）杀邈。"曹操不但不同意，还责备袁绍说："孟卓，亲友也，是非当容之。今天下未定，不宜自相危也。"张邈知道后，"益德太祖"。曹操没有听从袁绍，保护了张邈，可以说双方因为这件事，关系更加深厚了。而且曹操能够占据兖州，张邈也起了重要作用。但是。当曹操占据兖州之后，他与张邈之间也出现了矛盾，张邈担心曹操在袁绍的支持下从自己手里夺取陈留这块地盘。从当时的形势看，张邈的"心不自安"是有理由的，这种可能也是存在的。另一方面，曹操担任兖州刺史，一部分兖州豪族是不满的，他们所以能接纳曹操，仅仅是屈从于袁绍的强大军事压力，张邈同样如此。这些都成为后来张邈被陈宫说服，从而背叛曹操的条件。

张邈为了能与曹操、袁绍对抗，必须寻求有力的支援，他所选中的，是既拥有一定武装力量，又是兖州豪族的代表人物王匡。《三国志·魏书·武帝纪》注引《英雄记》说："（王）匡字公节，泰山人。轻财好施，以任侠闻。辟大将军何进府进符使，匡于徐州发强弩五百西诣京师。会（何）进败，匡还乡里。起家，拜河内太守。"前面提到，张邈"少以侠闻，振穷救急，倾家无爱"，说明张邈与王匡同属游侠。在京师洛阳时，两人应该就是朋友。讨董战争中，王匡曾以河内太守的身份，率领自己的"泰山兵"参加会盟。《三国志·魏书·武帝纪》注引谢承《后汉书》说："（王匡）其年为（董）卓军所败，走还泰山，收集劲勇得数千人，欲与张邈合。"泰山是兖州的属郡之一，王匡所率领的泰山军一旦与张邈联合，对曹操来说，必然会成为心头大患，也是其安定兖州的严重威胁，这个问题必须要尽快解决。

曹操为了对付王匡，利用了与王匡有宿怨的兖州另一支豪族势力，即胡母班家族。《三国志·魏书·袁绍传》注引《汉末名士录》说："（胡母）班字季皮，太山人，少与山阳度尚、东平张邈等八人并轻财赴义，振济人士，世谓之'八厨'。"

所谓"轻财赴义，振济人士"，与张邈的"振穷救急"、王匡的"轻财好施"相同，都是"游侠"行为的一种表现，说明胡母班也是一名游侠。在反董战争中，胡母班被王匡所杀，这对胡氏家族来说，王匡是"不胜愤怒"的仇家。而张邈与王匡联合，也是胡氏家族不能容忍的行为。

兖州豪族内部这种错综复杂的矛盾，自然会被曹操所利用。《三国志·魏书·武帝纪》注引谢承《后汉书》记载，曹操与胡母班家族"并势"，结成联盟，不但攻杀了王匡，也打击了张邈，最终瓦解了王、张联合，解除了这个心腹大患。

反对曹操的兖州豪族不仅有张邈、王匡，还有前九江太守边让。《太平御览》卷二一三引《典略》说："边让字文礼，陈留人。将军何进闻其名，欲以礼辟，恐不肯来，乃托以军事召之。到署令史，（何）进以礼见之。（边）让占对闲叙，声气如流，其时坐席宾客有百数，皆高慕之。"说明边让不仅是兖州豪族的代表人物，又是当时的大姓名士，在洛阳时就得到何进的敬重。《后汉书·边让传》说："初平中，王室大乱，（边）让去官还家，恃才气，不屈曹操，多轻侮之言。"《三国志·魏书·武帝纪》注引《曹瞒传》说："（曹操）及在兖州，陈留边让言议颇侵太祖（曹操），太祖杀让，族（株连）其家。"

王匡、边让是兖州豪族的代表人物，他们被杀，对反对曹操的地方豪族势力来说，无疑是个危险的信号。对这些豪族来说，只有两条路可以选择，不是完全屈服，就是联合起来反对曹操的统治，除此之外，没有第三条道路可以选择。而对曹操来说，兖州的政治局势异常复杂，一场政治风暴不可避免。但是，表面上看，曹操、张邈之间的关系仍旧是和睦的。

《三国志·魏书·高柔传》说："高柔字文惠，陈留圉人也。"高柔可能是兖州的一位年少名士，他曾经对人说："今者英雄并起，陈留四战之地也。曹将军（曹操）虽据兖州，本有四方之图，未得安坐守也。而张府君（张邈）先得志于陈留，吾恐变乘间作也，欲与诸君避之。"但是，人们都认为张邈与曹操的关系密切，不可能反目，因此对高柔的预判不以为然。这说明，连高柔这样略有见识的人都察觉出，张邈将在兖州发动一场政变。作为"英雄"的曹操，对兖州的政治局势，自然是洞若观火、一清二楚。

但为什么兖州会发生一场让曹操都始料不及的政治风暴呢？一个原因是，张邈失去了王匡和边让的呼应，已经没有实力抗击曹操，消灭张邈只是时间早晚的问题。但让曹操没有料到的是，他所信任的陈宫突然叛变，继而与张邈联合，然后又利用吕布火中取栗，夺取了兖州，从而使曹操陷入了被动的局面。

《三国志·魏书·吕布传》注引鱼氏《典略》说："陈宫字公台，东郡人也。刚直烈壮，少与海内知名之士皆相连结。及天下乱，始随太祖（曹操），后自疑，乃从吕布，为布画策。"陈宫是兖州东郡人，是当地的豪族，曹操之所以能接替刘岱为兖州刺史，陈宫对兖州豪族的游说起到了一定作用。但是，帮助曹操取得兖州的陈宫为什么会叛变呢？上引《典略》中仅用了"自疑"二字，并没有做进一步的说明。但是，通过其他史料的佐证，以及对史料中线索的推敲，陈宫"自疑"，从而背叛曹操的原因可能有两个：

其一是边让的被杀。《资治通鉴》卷六一认为边让被曹操诛杀后，"让数有才名，由是兖州士大夫皆恐惧"，将陈宫"自疑"的原因归结在这里，是有一定道理的。因为陈宫也是当地的一位豪族名士，与边让具有共同的政治信仰。

其二也是最重要的原因，即王匡的被杀。陈宫与王匡、张邈同属豪族，又具有相同的游侠特征。他们不但在兖州具有号召力，而且各自拥有武装。陈宫当然知道，这是曹操所不能容忍的。因此，对陈宫的叛变，记载用"自疑"二字，正好印证了这一点。

《三国志·魏书·吕布传》注引《魏氏春秋》记载当时人们说"曹氏（曹操）待公台（陈宫）如赤子（心腹）"。说明相对于张邈、王匡等，当时曹操对陈宫是信任的，所以当曹操出征陶谦时还托付陈宫驻守东郡，将他视为安定兖州的重要力量。

曹操待陈宫如"赤子"，陈宫对曹操却"自疑"。因此，对兖州的这场政变，在曹操看来是始料不及的，但对陈宫而言却是意料之中的。就这样，一场政变在陈宫的策划下开始了。

绝地反击：曹操与第二次兖州保卫战

曹操"第一次兖州保卫战"，发生在汉献帝初平四年（193），即在袁绍的支持下，曹操在封丘大败袁术。"第二次兖州保卫战"，发生在献帝兴平元年（194）。两年中，曹操连续两次面对强敌，捍卫兖州根据地，说明兖州地区的政治局势是多么的复杂。如果说，第一次保卫战来自外部的威胁，那么第二次则是来自曹操集团内部的分裂。

割据兖州的曹操与陈留太守张邈，以及当地大姓豪族之间，矛盾日益激化。曹操的谋士，也是当地豪族名士代表人物的陈宫，乘曹操东征徐州陶谦的有利时机，勾结反曹人士，准备起兵，将曹操逐出兖州。

《后汉书·吕布传》说："兴平元年（194），曹操东击陶谦，令其将武阳人陈宫屯东郡。宫因说（张）邈曰：'今天下分崩，雄杰并起，君拥十万之众，当四战之地，抚剑顾眄，亦足以为人豪而反受制，不以鄙乎！今州军东征，其处（兖州）空虚，吕布壮士，善战无前，迎之共据兖州，观天下形势，俟时事变通，此亦从（纵）横一时也。'"陈宫的游说打动了张邈，于是，张邈与从弟张超、陈宫等迎接吕布担任兖州牧，并占据了濮阳，兖州属下的郡、县纷纷响应吕布。

说明这次叛乱的发动者，主要是陈宫，张邈是在他的游说下才同意的。至于陈宫之所以联合吕布，是看中他"善战无前"的能力，实际上，陈宫是非常轻视吕布的，仅仅将他当作一名可以利用的"壮士"而已。《三国志·魏书·吕布传》在描述陈宫游说张邈时，增加"吕布壮士，善战无前，若权迎之，共牧兖州"。陈宫的说辞中用了一个"权"字，就可以清楚地说明这一点。曹操的谋士程昱也看出了陈宫的企图，《三国志·魏书·程昱传》记载程昱认为陈宫等人对吕布是"以势假合，不能相君"，即陈宫不过是利用吕布火中取栗，为他们夺取兖州而已。

前面提到，吕布是一名"轻侠"，一贯为当时的大姓豪族所轻视，不仅兖州的豪族轻视他，在他占据徐州后，徐州的大姓豪族对吕布仍然是反对的，其代表人物是陈珪、陈登父子，而且陈氏父子在曹操消灭吕布的战争中起到了一定作用。这些都说明，吕布只是这些大姓豪族实现政治企图的工具，这次陈宫与吕布联合，正是基于这个目的。

《三国志·魏书·程昱传》说："太祖（曹操）征徐州，使（程）昱与荀彧留守鄄城。张邈等叛迎吕布，郡县响应，唯鄄城、范、东阿不动。布军降者，言陈宫欲自将兵取东阿，又使氾嶷取范，吏民皆恐。"说明，兖州的一部分豪族代表人物如程昱，是支持曹操的。但是，这次兖州的叛乱，对曹操而言，的确是个意外的打击。他之所以能度过危机，在这次兖州保卫战中转败为胜，仍然是由于袁绍的大力支持。

其实，在曹操进攻陶谦时，袁绍就曾派军队支援曹军。《三国志·魏书·徐晃传》说："初，清河朱灵为袁绍将。太祖（曹操）之征陶谦，绍使灵督三营助太祖，战有功。"曹操取得对陶谦的胜利后，被袁绍派往支援曹操的将领纷纷返回，唯独朱灵对曹操说："灵观人多矣，无若曹公者，此乃真明主也。今已遇，复何之？"朱灵弃袁归曹，转投曹军，他手下的将士也跟随朱灵加入了曹操集团。

曹操这次进攻陶谦，是打着为父亲曹嵩报仇的借口，真实目的是解除兖州来自东面的威胁，并企图一举占领徐州。由于这是一次曹、袁联合军事行动，陶谦也与公孙瓒建立了联军，共抗大敌。《三国志·蜀书·先主传》说："袁绍攻公孙瓒，先主（刘备）与田楷东屯齐。曹公（曹操）征徐州，徐州牧陶谦遣使告急于田楷，楷与先主俱救之。"田楷是公孙瓒所任命的青州刺史。实际上，这次徐州战役，仍是曹、袁联合对付陶谦、公孙瓒的行动，即上面提到的，封丘之战的继续。

但是，当曹操顺利进行东征的时候，后院却失火了。陈琳在《为袁绍檄豫州》一文中，曾经对当时曹操的狼狈处境做过描述："躬破于徐方，地夺于吕布，彷徨东裔，蹈据无所。"就在曹操处于事业低谷的时候，给予他支持的，又是袁绍。谢承《后汉书》说："（曹）操围吕布于濮阳，为布所破，投绍，绍哀之，乃给兵五千人，还取兖州"，濮阳一战，曹操败得十分狼狈，几乎被吕布的军队俘获，袁绍为了战略上的考虑，又一次帮助了曹操。更为重要的是，袁绍还亲自率军击走吕布。

陈琳在《为袁绍檄豫州》中详细地叙述了袁绍痛击吕布的经过："幕府（袁绍）惟强干弱枝之义，且不登叛人之党，故复援旌擐甲，席卷起征，金鼓响振，布众奔沮，拯其（曹操）死亡之患，复其方伯之位。"袁绍为曹操亲征吕布，收复兖州，不见于其他记载。唐朝李善的《文选》注指出："（袁）绍征吕布，诸史不载，盖史略也。"从当时的政治局势看，李善的分析是很有见地了。但是，与李善同时代的李贤在为《后汉书·袁绍传》作注时，仍引用《三国志·魏书》，认为大破吕布的是曹操而不是袁绍，袁绍亲征吕布是出于陈琳的虚构，这个解释未免武断。

清代的惠栋在《后汉书补注》卷一七中说："章怀（李贤）以为操破布，失之。"说明他是同意李善意见的。从当时的情况看，陈琳为袁绍所作的这篇檄文，所列举的基本是事实，特别是袁绍亲征吕布这样的大事，陈琳是不可能，也不敢虚构杜撰的，否则会被曹操授之以柄，反而不利于袁绍，这是袁绍以及谋士们不能同意的。李善婉转地说是"史略"，其实就是"史讳"，为了曹操，史官们有意隐讳了这段历史。这样的隐讳在《三国志》中不在少数，尤其是关于曹操的事迹。

这次袁、曹的联合军事行动，非常成功。《后汉书·吕布传》说："二年间（194—195），操复尽收诸城，破布于巨野，布东奔刘备"，张邈也被部下所杀，陈宫则追随吕布投奔刘备，并成为其主要谋士。这样，在袁绍的大力支持下，反对曹操的兖州豪族势力被彻底消灭，来自东北两面的强敌也被击退，兖州根据地失而复得。

通过两次兖州保卫战，曹操最终实现了巩固兖州的布局，从此，兖州成为曹操最为坚固的一块战略根据地。但是，旧的矛盾一旦消灭，另一个矛盾便会成为主要矛盾，这就是曹操与袁绍之间矛盾的激化，双方在完成各自的战略布局后，终于从交好变为敌对，新的战争一触即发。

汉代边境的屯田制

曹操巩固了兖州根据地，有了争霸天下的资本。为了进一步扩充实力，曹操于汉献帝建安元年，即公元196年，开始推行屯田制度。屯田制不仅成为曹操进行对外扩张的重要保障，还与士家制度一起，成为曹魏政权建立的基础。

曹操的屯田制有两个主要特点：首先，所有屯田户都是政府的带着农奴性质的佃农。这些佃农由政府配给土地、农具，一部分佃农还配有耕牛。他们每年要向政府缴纳总收获量的百分之五十至百分之六十的租课。其次，屯田户直属农官管理，不属地方官管理，而且他们也不用服兵役。

就以上特点来看，曹魏的屯田制，包括公孙瓒在幽州推行的屯田制，实际上只是汉代边郡屯田以及官田出租办法的推广而已，没有什么创造性的变化。汉代大规模边郡屯田是在汉武帝时开始的，《汉书·食货志下》记载说，山东贫民被迁徙到"关以西及充朔方以南新秦中七十余万口，衣食皆仰给于县官。数岁，贷与产业"。贫民所迁徙的地方本来是由匈奴及附从匈奴的民族所占领的牧场，匈奴人迁出后，成为两汉政府的领地。迁居到那里的贫民只是以佃农的身份耕种政府的田地。比如，当时在今内蒙古的黄河北岸有一片土地被称为"北假"。

《汉书·王莽传》说："五原、北假膏壤殖谷，异时常置田官"，又《汉书·地理志》论赵地说："定襄、云中、五原本戎狄地，颇有赵、齐、卫、楚之徙。"可知北假曾立田官，五原又有山东徙民，那么北假的"假"字就是假税的"假"。这一片土地是租与徙民耕种的，才有了"北假"这个名称。其实，不单是北假，其他区域的民屯大概也这样。

《居延汉简》有一条说"第二长官二次处田六十五亩，租廿六石"，说明田是由长官管理的，所以一定是屯田。而且它的租税要二十六石之巨，这显然不是汉代向地主、自耕农征收的三十税一。汉时每亩收获量大约是一石，六十五亩田要缴纳二十六石的租税，这相当于缴纳百分之四十的收获量，而边境新开辟的荒田租税所占比例可能更高，接近于百分之五十的假税。这样，从居延一地的情况可以推想到其他边境民屯，同样适用假税的租额。

汉代边境屯田都由田官管理，而田官直属中央政府的大司农管辖。从汉武帝以后，皇帝常常把皇室所有的土地、苑囿、陂、池"假与贫民"并"（租）赁与田器"，同时给予种子。东汉时期这样的记载更多。只是内地出租官地的规模不会像边郡屯田的规模那样大而已。

到了三国时代，由于汉末黄巾起义，以及讨伐黄巾的战争和军阀间的混战，许多土地在长期军事战争中陷于荒芜。这种荒田是由于主人的流徙而成为无主田地的。《三国志·魏书·司马朗传》记载，司马朗提出恢复井田制："今承大乱之后，民人分散，土业无主，皆为公田。"可见无主的田地很多。这样就导致荒芜的无主田地谁有力量谁就可以占据。所谓力量，包括政治上与经济上的。于是，大小割据领主，当地的大姓豪族乘机兼并土地，同时纷纷招徕失去土地的农民来耕种这些荒田。曹操、公孙瓒正是为了抑制地方势力的膨胀，开始实施屯田政策的。

曹魏屯田制

曹操为了在兖州建立以他为首的政治集团，首先必须要在当时生产力低下、劳动力减少的情况下恢复生产、加强资本积累。同时，曹操不能容许土地与劳动力无限制地流入那些私家手中，这样曹操将难以组织更加强大的军事武装，也没有充足的粮食供应他的军队，从而也就不能有效控制那些地方领主势力，以及他们背后的支持者——当地的大姓豪族。当时，曹操的势力和地位可以将若干荒废的，甚至有人耕种的土地收归他的政府所有，同时曹操也有充足的财力投入土地的经营。

《三国志·魏书·任峻传》注引《魏武故事》记载曹操表扬建议屯田者枣祗的命令说："及破黄巾，定许，得贼资业，当兴立屯田。"曹操所说的"贼"是指起义军，可见他兴立屯田的"资业"，是从农民起义军那里掠夺来的。《晋书·食货志》记载邓艾《济河论》说"昔破黄巾，因为屯田"，可见破黄巾与曹操屯田的紧密关系。这里的"资业"，可以理解为资本，包括土地、农具和耕牛等。正是因为曹操掌握了这些资本，所以才能招募或强迫农民做他的屯田户。

《三国志·魏书·卫觊传》记载卫觊写信给荀彧说："关中膏腴之地，顷遭荒乱，人民流入荆州者十万余家，闻本土安宁，皆企望思归，而归者无以自业，诸将各竞招怀，以为部曲。郡县贫弱，不能与争，兵家遂强，一旦变动，必有后忧。夫盐，国之大宝也，自乱来散放，宜如旧置，使者监卖。以其直益市犁牛，若有归民，以供给之，勤耕积粟以丰殖关中，远民闻之，必日夜竞还。又使司隶校尉留治关中，以为之主，则诸将日削，官民日盛，此强本弱敌之利也。"荀彧将卫觊的建议转告了曹操，曹操"从之"。

卫觊眼见关中诸将私占人口造成了对政府的威胁，而要阻止这个威胁，必须有招徕"官民"的资业，过去的郡县不能和诸将争，是由于贫弱，现在卫觊建议控制盐的专卖，就可以换来田器，从而使政府获得与地方领主争夺劳动力的本钱。卫觊的建议是极其敏锐并且很有远见的，曹操当即采纳。

从当时的政治格局考察，曹操的政策是倾向于集权的，他有意要恢复两汉帝国时期统一的中央集权，因此，他是不能容许地方割据势力过度膨胀的。同时，曹操"唯才是举"的选举政策，裁制冀州豪族兼并的策略，打击汉代世家大族弘农杨氏的举措，都表现了他的集权倾向。而屯田制度和士家制度是集权政策的重要一环。由于屯田与士家制度的建立，保证了曹魏政权永远拥有绝对优势的人力、财力，以压倒各种地方势力，从而控制、打击和抑制地方豪族领主化的倾向。这才是屯田制的最终目的。

前面提到公孙瓒推行屯田制，也是为了打击幽州的地方豪族，但却激起了当地大姓豪族的反抗。曹操也是一样，他所推行的屯田制，妨碍了那些世家大族的发展，当他死后不久，屯田制就被破坏了。曹魏屯田制的破坏大概开始于曹叡统治时期，到了曹芳时就更加显著了。尤其是司马父子当国期间更加紧了对屯田制的破坏。因为司马氏是河内的儒学大族，司马政权除了拥有西边的军队外，主要是依靠关东世家大族的拥护，他们必然要为世家大族的利益服务。这种统治理念，助长了豪族领主化的倾向，为西晋的灭亡埋下了隐患。

陶谦与"丹杨兵"

《三国志·魏书·吕布传》说："太祖（曹操）乃尽复收诸城，击破布于巨野，布东奔刘备。"当时刘备刚刚继任徐州牧不久，他的前任是陶谦。

《后汉书·陶谦传》说："陶谦字恭祖，丹杨人也。少为诸生，仕州郡，四迁为车骑将军张温司马，西讨边章。会徐州黄巾起，以谦为徐州刺史，击黄巾，大破走之，境内晏然。"同传注引《吴书》说："陶谦父，故余姚长。"陶谦是丹杨郡丹杨县人，属于当地的县级豪族，也是一位名士。因为黄巾起义，被朝廷拜为徐州刺史。后来被李傕、郭汜所控制的东汉政府拜为徐州牧，加安东将军，封溧阳侯。

陶谦所统治的徐州是一个复杂而充满矛盾的地区。因为徐州地处今江苏长江以北和山东东南部，北面与曹操的根据地兖州接壤，东面与袁术所占据的扬州淮南地区为邻，战略位置十分重要。而且徐州"百姓殷盛，谷米丰赡"，户口达百万。在这个战乱时代，徐州一直为其他割据势力所觊觎。尤其是曹操，对徐州窥伺已久，并发动过讨伐陶谦的战争。袁术这时自称"徐州伯"，也显示了他对徐州志在必得的野心。这些都是来自徐州外部的矛盾。至于徐州的内部矛盾，主要表现为陶谦与徐州豪族势力之间的斗争。

《三国志·魏书·陶谦传》说："（陶）谦背道任情，广陵太守琅邪赵昱，徐方名士也，以忠直见疏。"赵昱是徐州琅邪郡人，不仅是当地的大名士，还是徐州大姓豪族的代表人物。从表面上看，陶谦仅是对赵昱这个人"见疏"，实质上，是对赵昱所代表的徐州豪族势力的排斥与打击，这是当地豪族所不能容忍的。

除赵昱外，徐州豪族的代表人物，还有麋竺和陈登。《三国志·蜀书·麋竺传》说："麋竺字子仲，东海朐人也。祖世货殖，僮客万人，资产巨亿。后徐州牧陶谦辟为别驾从事。"《三国志·魏书·吕布传》说："陈登者，字元龙，在广陵有威名"，同传注引《先贤行状》说："（陈）登忠亮高爽，沈深有大略，少有扶世济民之志……州牧陶谦表登为典农校尉。"陈登是下邳人，父亲陈珪当时担任沛相，伯祖陈球又曾担任过太尉，陈登属于当时的公族子孙。东海、下邳都是徐州的属郡，看来，麋竺、陈登是站在陶谦对立面的，属于政敌。因此，对陶谦而言，他在徐州的处境堪忧。但是，为什么陶谦在当地豪族势力的反对下，仍然可以继续统治徐州呢？因为在徐州，既有被陶谦"见疏"的一方，当然也有与他"亲近"的一方。

陶谦是丹杨人，他所依靠的是家乡丹杨的将领，中郎将许耽就是其中之一。更为重要的是，陶谦手里握有一支精锐的"丹杨兵"，这是他能在徐州站稳脚跟的重要资本。《三国志·吴书·诸葛恪传》说："丹杨山险，民多果劲……周旋数千里，山谷万重"，而且丹杨丛山中的居民，大多"好武习战，高尚力气"。因而，当时的割据势力都认为，丹杨是"精兵之地"。自然，这里成为最好的兵源所在。刘备曾经同都冊丘毅到丹杨募过兵。曹操也曾与夏侯惇、曹洪等人，从中原东赴丹杨招募精兵。说明丹杨对于割据势力来说，是富有吸引力的。

陶谦手下的众多"丹杨兵"，就是他从家乡招募而来的，刘备初到徐州，就从陶谦那里得到过四千名"丹杨兵"。陶谦虽然手握精兵，但缺少统率这支劲旅的将领，根据现存史料，所知陶谦手下，仅有曹豹、许耽二将。但是，陶谦正是依靠这支"丹杨兵"，震慑住了反对自己的徐州豪族势力，缓解了徐州的内部矛盾。刘备正是在这样的局势下，投奔陶谦的。

"皇族"还是"土豪"？刘备的另类画像

《三国志·蜀书·先主传》说："先主姓刘，讳备，字玄德，涿郡涿县人，汉景帝子中山靖王胜之后也。胜子贞，元狩六年封涿县陆城亭侯，坐酎金失侯，因家焉。先主祖雄，父弘，世仕州郡。"

刘备是涿郡涿县人，当时涿郡属于河北地区的幽州管辖。幽州与鲜卑、乌桓等少数民族部落接邻，不仅民族成分复杂，而且常常受到游牧民族的侵掠。《后汉书·铫期传》说："河北之地，界接边塞，人习兵战，号为精勇。"由于河北人民不断受到游牧贵族的掠夺，为了抵抗外敌，那里的人们普遍富有战斗力。作为"好交结豪侠"，并为"少年争附"的刘备，当然属于幽州的"精勇"之士，当时人们就称赞过他"武勇"。

刘备不仅以"勇"著称于世。同时，他又是著名经学家卢植的学生。前面提到，卢植是经学大师马融的弟子，与郑玄是同学。不同于马融或郑玄，卢植"能通古今学，好研精而不守章句"，而且"性刚毅，有大节，常怀济世志"。更难能可贵的是，卢植能"知行合一"，积极投身政治和军事实践。刘备虽然在卢植门下求学，但"不甚乐读书"，自然不可能继承卢植在经学方面的衣钵。但是，卢植刚毅的性格和富于社会实践的精神，却深深地影响了刘备，从以后刘备的政治经历看，也的确如此。

《三国志·蜀书·先主传》说刘备："少孤，与母贩履织席为业。"这个经历曾经被曹操称为"卖履舍儿"。据《史记·李将军列传》索隐说："如淳云：（良家子）非医巫、商贾、百工也。"如淳的话来自汉律。显然，贩履属于"商贾"，织席属于"百工"，从这个方面看，刘备一家不是"良家"，刘备也不是"良家子"。当然，在东汉末年这个战乱时代，人们已不完全受"良家"或"非良家"这种习俗的约束了。曹操为了打击刘备，自然会放大这个身份符号，将刘备贬低为一名不齿于齐民的卑贱人物。因而，这条史料并不能反映刘备的真正身份。

刘备自称是"汉景帝子中山靖王（刘）胜之后"，但是，这条史料也有疑点。刘胜子刘贞，在汉武帝元狩六年（前117）被封为涿县"陆城亭侯"，从此成为涿县人。从西汉武帝到东汉末年，已经相隔百年，即使属实，刘备与汉家皇室的关系也已经相当疏远了。而且，这个自述本身就疑点重重，因为根据记载，"亭侯"这个爵位始于东汉，刘贞怎么可能在西汉被封为亭侯呢？这个疑点，当时的很多人都明白。比如，当刘备已跻身于中原群雄之列后，人们仍然很少提到他的家族来自皇室。诸葛亮在《隆中对》中所说的"将军（刘备）既帝室之胄"这类闪烁其词的话，其实只包含了敬重的语言，实质上，反映出当时人们不是很相信刘备出自皇族世系。刘备的自述，只是为了抬高自己的政治地位，借机捞取政治资本的手段而已。

刘备虽然不属于皇室宗亲，但可能是刘胜的旁支子孙。《三国志·蜀书·先主传》注引《典略》："备本临邑侯枝属也。"而且刘备的父祖能"世仕州郡"，也说明刘备不是毫无背景，虽然不属于高门冠族，但也绝不是曹操所说的"卖履舍儿"，至少在本郡，刘备不是单家寒族。这与孙坚"家世仕吴"的出身相同。这些说明，刘氏家族是涿郡已经破落的豪族，起码属于县级"土豪"。同时，刘备"好交结豪侠"，说明他也是一位"游侠"。

这些就是刘备早期建功立业的全部资本，与袁绍、曹操相比，的确寒酸，甚至还比不上孙坚。但有总比无好，就看如何利用了。

寄人篱下：刘备早期的"北漂"生涯

在这个风云突变、群雄逐鹿的时代，尽管刘备与曹操、袁绍等人类似，但是，由于缺乏较高的社会地位和政治资本，刘备早期的军事生涯，甚至一直到占领益州之前，不得不采取依附强者的策略，从而使刘备集团具有相当强的"寄生性"，可以称为寄生领主制集团。刘备的崛起之路是异常艰辛的。

《三国志·蜀书·先主传》记载，最初刘备在涿县得到了河北中山大商人"金财”上的资助，才有力量招募徒众，组成一支不大的武装，并随从校尉邹靖参加讨伐黄巾的战争。《太平御览》卷八七〇引《英雄记》说：“公孙瓒与破虏校尉邹靖俱追胡，靖为所围。（公孙）瓒回师奔救，胡即破散，解靖之围。乘胜穷追，日入之后把炬逐北。”公孙瓒是辽西令支人，辽西郡属于幽州，他不仅与刘备是同乡，而且曾被辽西太守“遣诣涿郡卢植读经”，与刘备又是同门。《三国志·蜀书·先主传》说：“（公孙）瓒深与先主（刘备）相友，瓒年长，先主以兄事之。”说明两人之间的关系非常深厚。

公孙瓒的仕途要比刘备顺利很多，这时他已经是辽东属国的长史了，与在幽州共同作战的邹靖之间，关系密切。刘备之所以能参加邹靖的部队，应该是通过公孙瓒的举荐。黄巾大起义时，幽州是“莫不毕应”的八州之一，因此，刘备的军事生涯是从幽州开始的。

刘备与邹靖讨伐黄巾有功，被朝廷任命为“安喜尉”，安喜属于中山国，属冀州管辖。后来因为得罪了郡督邮，“弃官亡命”。不久，刘备又随都尉毌丘毅到丹杨募兵，“至下邳遇贼，力战有功，除为下密丞”，下密属于北海国，属青州管辖。不久刘备再次弃官，被任命为高唐尉，高唐属于平原郡，也在青州。

从刘备早期频繁变换的仕途经历看，由于他政治地位低下，始终不被人们所重视，只能去依附像校尉邹靖、都尉毌丘毅这类并非显赫的人物。刘备所担任的职位，不过是安喜、高唐两县的县尉，都属于“主盗贼”的低级武官。《续汉书·百官志五》说：“（丞）署文书，典知仓狱”，说明下密丞相也仅是县令的副手，官位不高。而且，刘备所任职的地方，不是在冀州，就是在青州，都属于河北地区，不属于中原地区。

刘备这些早期经历，对其今后事业的发展起到了一定的抑制作用。因为就在刘备“北漂”的时候，中原地区的政治格局已经发生变化，兖州先后被刘岱和曹操割据，徐州被陶谦占有，豫州被孙坚和袁术联合控制，还有一些小的割据领主，比如张杨、臧洪、张绣等也见缝插针，占据了一些地盘。这样，整个中原地区已经被大大小小的领主瓜分殆尽，留给刘备的势力范围所剩无几。不仅是中原，就是刘备活动的河北地区，也处于袁绍和公孙瓒的控制之下。

不久，刘备从高唐尉迁为县令，但上任后不久，即“为贼所破”，又被迫从青州返回幽州，目的是寻求公孙瓒的援助。在长期对游牧民族的战争中，公孙瓒已经掌握了一支强大的私人武装力量。同时以幽州为根据地，逐渐成为河北地区实力强大的割据领主之一。刘备依附公孙瓒，自然是想得到他的支持。

刘备被公孙瓒任为别部司马，参与了公孙瓒与袁绍争夺河北的战争。由于刘备阻击了袁绍集团在青州的发展，很快便被公孙瓒任为青州的平原相。不久，公孙瓒的盟友徐州牧陶谦遭到曹操的攻击，陶谦立刻向公孙瓒所任命的青州刺史田楷求援，刘备又同田楷救援徐州。这是刘备第一次到中原参加群雄争霸，也是他一生中的关键转折点。

刘备来到徐州后，随即投靠了陶谦，而他的同乡兼同门，曾给予他大力支持的公孙瓒，从此再没有与刘备发生交集。尽管现存史籍没有明确记载这段史料，实际上，刘备这次投靠陶谦的行为，是对公孙瓒的背叛，也是刘备"枭雄"性格，即"寄生性"特质的最早反映。后来与曹操、袁绍、刘表的关系，也是这种"寄生性"性格的直接表现。

精兵？战将？刘备与陶谦的交易

刘备为什么会投靠陶谦，陶谦为什么会拉拢刘备？除了上面提到的刘备社会和性格上的原因外，他们彼此之间的相互利用是直接的触发因素。因为，在河北不得志的刘备，企图借此进一步窥伺徐州。至于陶谦，是想利用刘备以抗拒境内外的敌对势力。内部的敌人，即徐州的大姓豪族，暂时还不能动摇陶谦的统治，但外部的敌人，却足以撼动他的根基。这时袁术刚刚占据淮南，虽然对徐州早有野心，但尚无力实施计划。因此，陶谦最大的威胁还是兖州的曹操，陶谦之所以拉拢刘备，就是想让他成为抵御曹操的屏障。但是，当时刘备真的具有与曹操抗衡的资本吗？

《三国志·蜀书·先主传》记载，刘备刚到徐州时，"自有兵千余人及幽州乌丸杂胡骑，又略得饥民数千人"，看来，这基本上是一支乌合之众的杂牌军。这样的队伍，陶谦岂能不知，不久，他便资助刘备四千"丹杨兵"，刘备这才有了一支真正的军队。这样看，无论是士兵的质量还是数量，刘备远不如曹操，那么，陶谦为什么要拉拢刘备抗击曹操呢？可能有两个原因：

首先，陶谦虽然有数量众多的"丹杨兵"，但最大的短板是缺少战将。《三国志·魏书·陶谦传》记载曹操第一次进攻徐州时（公元193年），曾"攻拔十余城，至彭城大战，（陶）谦兵败走，死者数万，泗水为之不流"。曹操是因为粮尽才退兵的。这次惨败的主要原因，就是军队缺少统帅或将领，因为将帅和士兵是一支军队的有机组成部分，缺一不可。虽有精兵但无良将，必败无疑。

其次，陶谦看出，刘备虽然缺少精兵，但却有关羽、张飞两员战将。曹操的谋士郭嘉曾夸奖说"关羽、张飞皆万人之敌"，刘晔也认为二人"勇冠三军"。周瑜同样认为关、张是"熊虎之将"。这些，陶谦当然清楚。

这样看，陶谦有兵，但缺少将才；刘备有良将，但缺少精兵。各取所需，互补短板，这就是陶谦、刘备合作的基础。

刘备投靠陶谦后，陶谦推荐他为豫州刺史，以豫州所属的沛国沛县作为刘备屯兵的驻地。当然，这远远不能满足刘备"志大"的野心，他希望得到的不是空头的豫州，而是实在的徐州。

汉献帝兴平元年，即公元194年，当曹操第二次发动对徐州的进攻时，刘备与陶谦的战将曹豹共同阻击曹军。曹操的军队长驱直入，接连攻下五城，军锋直逼徐州的东海郡。刘备、曹豹在郯城截击曹军，又被曹操战败。这时，陶谦惊慌失措，打算逃回家乡丹杨。《三国志·魏书·陶谦传》说："会张邈叛迎吕布，太祖（曹操）还击布。"由于曹操集团的内讧，徐州才得以摆脱危机。说明刘备与徐州"丹杨兵"联合，仍然不是曹操的对手。但是不久，刘备却取得了徐州牧的高位，得以跻身群雄争霸的行列，这是什么原因呢？

焉知非祸？刘备"争盟淮隅"战略的形成

《三国志·蜀书·先主传》记载陶谦病体沉重，对别驾麋竺说："非刘备不能安此州也"，从这段史料看，刘备继任徐州牧，应该是陶谦的遗命。但是曹操第二次攻打徐州的时候，刘备初战便大败，陶谦慑于曹操的军威打算逃走，说明他对刘备的希望已经破灭，按照常理推测，陶谦是不可能将州牧这样的高位传给刘备的。而且传达这个遗命的，不是陶谦的亲信，如中郎将许耽，反而是陶谦所疏远的政敌，徐州豪族势力的代表人物麋竺。那么，当时的真实情况到底是怎样的呢？要解答这个谜团，首先要从刘备与麋竺的关系入手，不可否认，二人的关系非同寻常。

《三国志·蜀书·麋竺传》说："建安元年，吕布乘先主（刘备）之出拒袁术，袭下邳，虏先主妻子。先主转军广陵海西，（麋）竺于是进妹于先主为夫人，奴客二千，金银货币以助军资，于时困匮，赖以复振"，后来"益州既平，拜（麋竺）为安汉将军，班在（位列）军师将军之右"。在徐州，当刘备处于事业低谷的时候，麋竺不但援助军资，还将妹妹嫁给刘备；刘备在取得益州后，又任命麋竺为安汉将军，地位甚至在军师将军诸葛亮之上。可见，麋竺是刘备的心腹，二人不仅是君臣，还是姻亲。由此推测，刘备能得到徐州牧，麋竺起到重要作用。

首先，《三国志·蜀书·先主传》中所谓陶谦病危之际的"遗命"，并非真实，很可能是出于麋竺的伪托。其次，刘备本来就有染指徐州的企图，也了解当地两种势力的矛盾，知道有麋竺的拉拢和支持，才有取代陶谦的可能。最终，刘备如愿以偿，在以麋竺、陈登为代表的徐州豪族支持下，取得了徐州牧这个高位。这个推测是符合当时实际情况的，也符合刘备"枭雄"的性格。

《三国志·蜀书·先主传》记载当麋竺等人前来迎接刘备继徐州牧时，刘备与陈登有一段意味深长的对话。陈登说："今汉室凌迟，海内倾覆，立功立事，在于今日。彼州殷富，户口百万，欲屈使君（指刘备）抚临州事。"刘备却故装谦逊说："袁公路（袁术）近在寿春，此君四世五公，海内所归，君可以州与之。"陈登接着说："公路骄豪，非治乱之主……若使君不见听许，登亦未敢听使君也。"

这段史料涉及了一个重要问题，即陈登所说的"彼州"，在《三国集解》中却改为"鄙州"。表面看，这好像属于校勘上的问题，但所反映的却是徐州牧继授上的重大问题。从陈登的语气中可以看出，当时徐州的政治气氛相当紧张，他所代表的豪族势力希望尽快将徐州授予刘备，所谓"彼"指的是陶谦，"彼州"

指的是陶谦所统治的徐州。如果改为“鄙州”，则仅仅是指一般意义上的徐州了，与当时的政治形势不合。从陈登的谈话中推断，当时徐州豪族与陶谦的矛盾已经相当紧张，到了非解决不可的时候了，他们希望寻找一位可靠的代言人，借此取代陶谦，而且非常急迫，刘备正好符合他们的要求。

同时，陈登语气强硬，毫不讳言，“登亦未敢听使君也”这句话，基本没有给刘备回绝的余地。言外之意，就是刘备必须要为徐州豪族服务。而且也暗示刘备，让刘备明白他们的政治目的和强大实力，便于今后控制刘备，这点刘备当然明白。

徐州豪族势力为了能让刘备站稳脚跟，开始与各方斡旋。《三国志·蜀书·先主传》注引《献帝春秋》记载陈登等派遣使者向袁绍汇报刘备继任的事宜：“天降灾沴，祸臻鄙州，州将（陶谦）殂殒，生民无主，恐惧奸雄一旦承隙，以贻盟主日昃之忧，辄共奉故平原相刘备府君以为宗主，永使百姓知有依归。方今寇难纵横，不遑释甲，谨遣下吏奔告于执事。”袁绍回答使者说：“刘玄德弘雅有信义，今徐州乐戴之，诚副所望也。”所谓“奸雄”，显而易见，是指自称“徐州伯”的袁术。因为当时曹操刚刚战败吕布，兖州初定，还没有力量进攻徐州，而且这时曹操与袁绍属于同一阵营，袁绍为了对付袁术、公孙瓒和陶谦联盟，一直支持曹操。所以陈登所说的“奸雄”，不可能是指曹操。

徐州豪族巧妙地利用了袁绍与袁术的矛盾，用袁术压袁绍，迫使袁绍接受刘备为徐州牧的事实。既然得到了袁绍的支持，刘备不但登上了徐州牧的宝座，而且加入了袁绍和曹操集团，成为他们抵御袁术的屏障。

《三国志·吴书·孙破虏讨逆传》注引《吴录》记载了孙策给袁术的信中，列举了当时各个割据领主，其中提到“刘备争盟淮隅”。在孙策眼中，刘备作为州牧占据了徐州，已经具备与袁术“争盟淮隅”的资本，即以徐州为根据地，向南拓展，与袁术争夺淮南地区。袁术当然不会坐以待毙，必然以扬州淮南为根据地，向北伸张，与刘备争夺徐州。因此，“争盟淮隅”，应该包括徐州和淮南广大地区。这句话虽然出自孙策之口，但从刘备“枭雄”的性格看，他决不会满足仅仅占有徐州。刘备的既定方略是，既要保卫徐州，也要向外进攻，因为这是群雄们生存的法则。

总之，刘备占据徐州后，已经跻身群雄之列，成为与袁绍、曹操、公孙瓒、刘表、袁术等并驾齐驱的人物。而且刘备以徐州为资本，形成了"争盟淮隅"的战略，但这条道路并不会一帆风顺。

黄粱一梦：刘备"争盟淮隅"的夭折

刘备统治下的徐州并不太平，内部与外部的矛盾依然存在，只是矛盾的双方的地位有所转化而已。以外部矛盾而论，徐州的威胁不再是来自北面的兖州，而是东面的淮南，具体来说，这时对徐州虎视眈眈的是袁术，而不再是曹操。至于内部，这时徐州豪族势力已居于统治地位，但是，原陶谦一方的丹杨势力仍然存在。因此，从内外两方面来看，徐州虽然经过这次变动，但内忧外患的局面并没有消失，反而愈演愈烈，更加激化。

徐州豪族利用二袁之间的矛盾，获得了袁绍的支持，这一行为自然会激怒袁术。《三国志·魏书·吕布传》注引《英雄记》袁术说："（袁）术生年已来，不闻天下有刘备。"出身四世三公的袁术，对刘备这个"卖履织席"的小人物，不但不会正视，而且吐露出极端蔑视的语言。当然，真正激怒袁术的不是刘备，而是支持刘备做徐州牧的袁绍。一场不可避免的"争盟淮隅"的战争即将打响，这是徐州的"外患"。

刘备出任徐州牧，也必然会激起陶谦旧部的怨恨。《三国志·蜀书·先主传》说："袁术来攻先主（刘备），先主拒之于盱眙、淮阴……先主与术相持经月，吕布乘虚袭下邳。下邳守将曹豹反，间迎布。布虏先主妻子，先主转军海西。"这一段记载虽然简略，但反映出，刘备之所以被挤出徐州，是徐州内外矛盾同时激化的结果。而徐州豪族与丹杨势力的矛盾是关键因素。刘备只是徐州豪族和丹杨势力，以及袁绍和袁术斗争的牺牲品而已。

汉献帝建安元年，即公元196年，袁术与刘备对峙淮上。《后汉书·袁术传》记载袁术打算利用吕布为自己火中取栗，夺取徐州，写信给吕布说："将军连年攻战，军粮苦少，今送米二十万斛。非唯此止，当骆驿（源源不断）复致。凡所短长亦唯命（唯命是从）。"当时吕布刚刚被曹操挤出兖州，损兵折将，现在又投奔刘备，寄人篱下，自然会被袁术的拉拢打动，成为其对付刘备的工具。这既是吕布"轻侠"性格的反映，也是他政治斗争的需要。

吕布被袁术利用打击刘备，但这仅仅是刘备失败的外部原因，最终给刘备致命一击的，是徐州内部的丹杨势力。《三国志·魏书·吕布传》注引《英雄记》记载吕布水陆东下，"军到下邳西四十里"。这时，中郎将许耽连夜派遣司马章诳密会吕布，向其献计道："张益德（张飞）与下邳相曹豹共争，益德杀豹，城中大乱，不相信。'丹杨兵'有千人屯西白城门内，闻将军（吕布）来东，大小踊跃，如复更生，将军兵向城西门，丹杨军便开门内（迎接）将军矣。"吕布与许耽一拍即合，随即连夜起兵，清晨便到了下邳城下。等到天亮，"丹杨兵"果然大开城门，迎接吕布。吕布"于门上坐，步骑放火，大破益德兵，获备妻子、军资及部曲将吏士家口"。

许耽、章诳、曹豹三人勾结吕布，意图很明显，就是要联合吕布将刘备挤出徐州，以打击支持他的地方豪族。

中郎将许耽是陶谦的同乡，又是陶谦的心腹亲信，表面上属徐州牧刘备统领，实际上是独立的。章诳是许耽的司马，也应该是陶谦的亲信。

曹豹是下邳守将，本来就是"陶谦故将"，当时任下邳相，显然是出于陶谦生前的任命。曹操第二次进攻徐州时，曹豹曾奉命与刘备一起抵御过曹军。上引《英雄记》说，当曹豹被张飞诛杀后，守卫下邳西门的"丹杨兵"，在得知吕布率军前来后，"大小踊跃，如复更生"，并立刻开城门迎接吕布，显然，这支"丹杨兵"应该是曹豹的部曲。

许耽、章诳、曹豹三人应该都是"丹杨兵"的统率者。这里需要说明一个问题，即陶谦所倚重的"丹杨兵"，在徐州牧易主之后，并没有转到刘备手里，这支劲旅的统率者依然是丹杨势力。就是这个集团突然反戈一击，背叛刘备，成为其丢失徐州的主要原因。

《三国志·蜀书·先主传》注引《英雄记》说："（刘）备留张飞守下邳，引兵与袁术战于淮阴石亭，更有胜负。陶谦故将曹豹在下邳，张飞欲杀之。豹众坚营自守，使人招吕布。布取下邳，张飞败走。备闻之，引兵还，北至下邳，兵溃。

收散卒，东取广陵，与袁术战，又败。"这段史料与上引《英雄记》可以相互补充。因为张飞与曹豹产生矛盾，确切地说是徐州豪族与丹杨势力之间的矛盾，曹豹一方面凭借"丹杨兵"坚营自守，一方面招引吕布。说明张飞诛杀曹豹只是激化了双方的矛盾，使双方的决战提前到来。这不是什么偶然，是徐州政治局势发展的必然趋势。

在吕布和丹杨势力的联合夹攻下，张飞大败，失守下邳，刘备回救"兵溃"，又被袁术战败，徐州终于落到吕布手中。徐州的得与失，其间不过一年有余。但就是这段短暂的经历，在刘备一生中，却是一个重大的转折点，它不仅宣告了刘备"争盟淮隅"战略的夭折，也预示着刘备在北方政治生涯的结束。

"恶鸟之强"的刘备

《后汉书·吕布传》说："（刘）备败走海西，饥困，请降于布。布又恚（怨）术运粮不复至，乃具车马迎备，以为豫州刺史，遣屯小沛。布自号徐州牧，术惧布为己害，为子求婚，布复许之。"吕布占据徐州后，最恼怒的要数袁术了。袁术本来打算利用吕布牵制刘备，再乘机夺取徐州，不想计划落空，反而被吕布抢占了徐州。更让袁术不能容忍的是，刘备又投靠了吕布。

袁术害怕吕布与刘备联合对付自己，便想出了与吕布联姻的策略，目的是分化吕、刘关系，然后各个击破，这个企图吕布及其谋士当然清楚。《三国志·魏书·吕布传》记载袁术手下大将纪灵率领三万步骑攻打刘备，刘备向吕布求援。一部分将领建议吕布乘机杀死刘备，然后嫁祸于袁术。吕布说："不然。术若破备，则北连太山诸将，吾为在术围中（陷入包围），不得不救也。"看来，吕布已经识破了袁术的企图，为了自身利益，必须保全刘备。

这次徐州战役，吕布是最大的得利者，终于有了一块可以立足的根据地。同时，吕布占据徐州，使天下的政治格局发生了变化。袁绍和曹操依然紧密合作。袁术占据扬州淮南，吕布割据徐州，虽然袁术和吕布想结成联盟，但是由于双方格局和性格上的缺陷，这个联盟一直没有建立起来，这就为曹操夺取徐州，击败袁术创造了条件。

至于刘备，不久又投靠了曹操，后来又转投袁绍。可以说，真正属于刘备个人政治史的阶段，就是他在北方的这段生涯。至于作为"枭雄"的刘备从荆州开始与诸葛亮合作，并终于取得荆、益二州，建立蜀国，这完全是诸葛亮的策划，基本与刘备无关。

前面提到，刘备集团具有明显的"寄生性"特点，这种集团属性，一方面是由刘备的社会和政治地位决定的，一方面是由刘备"枭雄"性格决定的。前一个是社会原因，后一个是内在原因。很难说哪个原因具有决定性作用，但性格原因一定起到了催化效果。

《三国志·吴书·周瑜传》记载周瑜上疏说："刘备以'枭雄'之姿，而有关羽、张飞熊虎之将，必非久屈为人用者。"同书《鲁肃传》记载鲁肃说："刘备天下'枭雄'，与（曹）操有隙，寄寓于（刘）表，表恶其能而不能用也。"周瑜、鲁肃都是当时的杰出人物，当他们为孙权出谋划策时，不约而同地认为刘备是一名"枭雄"，不会久屈人下。

《三国志·蜀书·黄权传》记载黄权劝刘璋说："左将军（刘备）有骁名，今请到，欲以部曲遇之，则不满其心，欲以宾客礼待，则一国不容二君。若客有泰山之安，则主有累卵之危。"黄权的言外之意，与周瑜、鲁肃的看法相同。《后汉书·刘焉传》有"枭名"一词。李贤注说："枭，即骁也"。可见"骁名"与"枭名"是可以画等号的，都具有勇健的含义，并非贬义词。但是，如果用在刘备身上，"枭雄"这个词便有了特殊的含义。

《后汉书·袁绍传》记载官渡之战前夕，袁绍声讨曹操的檄文中，有一条罪名是："（曹）操豺狼野心，潜包祸谋……除灭中正，专为'枭雄'。"对"枭雄"的解释，《文选》五臣注引张铣说："枭，恶鸟也；雄，强也，言曹操如恶鸟之强也。"显然，在这篇檄文中，"枭雄"是一个贬义词。檄文痛斥曹操"豺狼野心，潜包祸谋"，主要是指曹操曾得到袁绍的大力支持，却恩将仇报，反过来要消灭袁绍。这条史料给我们提供了揭开谜团的钥匙，可以从侧面解释刘备为什么被称为"枭雄"。这里，我们用事例来佐证这个问题。

事例一：《三国志·蜀书·先主传》注引《魏书》记载刘备投靠吕布后，

诸将劝吕布说："（刘）备反覆难养，宜早图之。"吕布不但没有听从属下的劝谏，反而将这些话告诉了刘备，说明吕布对刘备还是很信任的，但却引起了刘备的不安。于是，刘备托人游说吕布，请求到小沛驻扎，吕布"乃遣之"。

事例二：《三国志·蜀书·先主传》记载当刘备投奔曹操后，"曹公厚遇之，以为豫州牧。将至沛收散卒，（曹操）给其军粮，益与兵使东击布"。说明刘备不但得到了曹操的支援，还受到了曹操的高度重视。曹操认为，刘备与他才是当代的"英雄"，甚至连割据河北的袁绍也不放在眼里。但是，正当曹操如此重用和称誉刘备的时候，刘备却在背后，与车骑将军董承等合谋，策划发动政变，除掉曹操。

事例三：《三国志·蜀书·刘璋传》记载当刘璋来迎刘备，"使讨张鲁"的时候，刘备却突然回军成都，迫使刘璋"开城出降"，然后自领益州牧。

根据后两个事例，再结合前引《文选》五臣注所说的，"枭"是"恶鸟"，"枭雄"是"恶鸟之强"的解释，刘备被人们看作"枭雄"，应该也是这个意思。前一个事例中所谓"反覆难养"，应该是指刘备生性反覆，难于驯养，如不早除，将遭反噬之祸，也可以作为对"枭雄"的诠释。后来，吕布果然遭到了反噬之祸，被刘备借曹操的手杀害。

总之，无论刘备在北方还是在南方，他的确是个"反覆难养"的"恶鸟之强"。人们惮嫉刘备，不是害怕他的"聪明秀出"，而是顾虑他的"枭雄"性格。刘劭《人物志·卷中》对英雄的解释是："聪明秀出谓之'英'，胆力过人谓之'雄'。"概而言之，只有具备了"文武茂异"，才是真英雄。但是程昱、贾诩、郭嘉在不同年代、不同场合，都只强调了刘备的"雄才"。说明，刘备只具备"胆力过人"的"雄"，但缺少"聪明秀出"的"英"。这些都说明，刘备并不是一名严格意义上的"英雄"，从他一生的经历看，正是如此。

刘备无论是在政治上还是军事上，都不是当时特别突出的人物，但为什么他能鼎足三分，成为一国之主呢？其一，刘备也有长处，比如"甚得众心"。还有，就是前面提到的诸葛亮的加盟。从刘备与诸葛亮合作开始，"恶鸟之强"的刘备已经成为一个配角了。而且，也正是从荆州开始，诸葛亮集团悄然形成，成为与刘备集团相抗衡的一股势力。

决战：曹操与吕布在徐州的斗争

《太平御览》卷八七九引《曹瞒传》说："人中有吕布，马中有赤兔。"《三国志·魏书·吕布传》也说："（吕）布便弓马，膂力过人，号飞将军。"这是当时人们对吕布的最高赞誉。但是，人们所赞誉的，仅仅限于他的骁勇，而别无其他。因为吕布是一名"轻侠"式的人物，一贯为当时的大姓豪族所轻视，在他们眼中，吕布不过是"匹夫之雄"和"壮健"的"剑客"而已。不仅在兖州，即使吕布已经占据徐州，当地的大姓豪族对他仍然是反对的，其代表人物是陈珪、陈登父子。

《后汉书·陈球传》注引谢承《后汉书》说："（陈）球弟子珪，字汉瑜。举孝廉，剧令，去官。举茂才，济北相。（陈）珪子登，字元龙，学通今古，处身循礼，非礼不行，性兼文武，有雄姿异略，一领广陵太守。"陈氏父子是徐州豪族的代表人物，当初支持刘备继任徐州牧，就是陈登主谋的，自然，他们是反对吕布的。可以说，吕布是在徐州豪族和曹操集团的联合夹攻下走向覆亡的。

《后汉书·吕布传》说："（袁）术遣韩胤以僭号事告布，（吕布）因求迎妇（儿媳妇），布遣女随之。沛相陈珪恐术报布成姻，则徐（州）扬（州）合从，为难未已。"当吕布与袁术准备联合的时候，陈珪担心徐州和扬州结为一体，会危及徐州的安全，因而劝说吕布投靠已经控制东汉政府的曹操。同传说："（吕）布亦素怨术，而女已在途，乃追还绝婚，执（韩）胤送许（许都），曹操杀之。"陈珪利用了吕布性格上的弱点，瓦解了他与袁术之间的联盟，下一步就是如何除掉吕布了。

同传继续说："陈珪欲使子登诣曹操，布固不许，会使（曹操的使者）至，拜布为左将军，布大喜，即听登行，并令奉章谢恩。"陈登来到许都，建议曹操尽早消灭吕布，曹操当然高兴，随即任命陈登为广陵太守，并命令陈登"阴合部众，以为内应"。这是汉献帝建安二年（197）的事。

汉献帝建安三年，即公元 198 年，曹操向吕布发动最后进攻。《三国志·魏书·吕布传》注引《先贤行状》说："（陈）登奉使到许，太祖以登为广陵太守，令阴合众以图吕布。登在广陵，明审赏罚，威信宣布。海贼薛州之群万有余户，束手归命。未及期年，功化以就，百姓畏而爱之。登曰'此可用矣'。"当曹操进攻吕布时，陈登便率领广陵郡兵"为（曹）军先驱"，在曹操消灭吕布的战争中发挥了重要作用。

《三国志·魏书·吕布传》说："（吕）布虽骁猛，然无谋而多猜忌，不能制御其党，但信诸将。诸将各异意自疑，故每战多败。"同传裴松之注引《英雄记》记载吕布被擒后，对曹操说："布待诸将厚也，诸将临急皆叛布耳。"曹操回答说："卿背妻，爱诸将妇，何以为厚？"吕布听后沉默不语。

吕布勇而无谋，不仅缺乏战略策划，也缺乏对部署的统帅能力，导致并州集团内部相互猜忌，彼此之间很不团结。即使是"但信诸将"，也是有条件的，对大将高顺的日益疏远，并夺取高顺部众的兵权，以及对亲信爱将魏续的打击，就是显著的例子。而且，吕布和诸将妻子之间还存在着某种暧昧关系。所以，吕布的失败，除了曹操与陈宫的联合打击外，就是侯成、宋宪，包括亲信的魏续等诸将背叛投降的结果。

吕布被曹操斩首后，张辽也投降了，后来成为曹操的五员大将之一。至于张杨，《三国志·魏书·张杨传》说："太祖（曹操）之围布，杨欲救之，不能。乃出兵东市，遥为之势。其将杨丑，杀杨以应太祖。（张）杨将睦固杀丑，将其众，欲北合袁绍。太祖遣史涣邀击，破之于犬城，斩固，尽收其众。"这说明当吕布被围困时，张杨曾打算救援，但是河内、徐州之间距离遥远，张杨的企图只能是梦想，只得在东市为吕布摇旗呐喊。联系当时的形势，这里的"东市"很有可能是"东郡"。东郡属于兖州，是军事要地，张杨采取"围魏救赵"的策略，出兵进攻曹操的后院，意图很明显，想借此缓和曹操对徐州的围攻，这样才能够与吕布遥相呼应。睦固被杀后，这支军队也可能被曹操收编，并入张辽所部。并州集团彻底覆亡了。

《三国志·魏书·吕布传》说："（吕）布有良马曰赤兔，常与其亲近成廉、魏越等陷锋突阵。"不仅这次战斗，"陷锋突阵"，几乎贯穿了吕布这支骑兵作战的全部历程。可以想象，吕布如此，张辽、张杨也应该如此，说明，并州集团就是一支以运用骑兵冲锋陷阵见长的劲旅。这样的劲旅，不仅为群雄所惮嫉，也成为他们竞相利用的工具。《三国志·魏书·荀彧传》记载当袁绍与曹操相持官渡时，荀彧还认为"不先取吕布，河北未易图也"，可见吕布的重要性。

以吕布为核心的并州雇佣领主制集团，是一支具有特殊战斗力的武装力量，在东汉末年的战争中，扮演过重要角色。但是，由于这个集团本身所具有的弱点，即雇佣性的特质，使其一贯被人利用，不仅成为群雄实现政治目的的工具，也成为昙花一现的领主势力，最终被曹操集团所消灭。但吕布一旦为曹操消灭，袁曹之间的决战也就开始了。

兼顾侧翼：曹操对袁术的毁灭性打击

曹操要想与袁绍决战，必须解决后方的三个隐患，一个是徐州的吕布，一个是淮南的袁术，一个是宛城的张绣。吕布被消灭后，曹操随即将军锋指向了袁术，要给已经奄奄一息的淮南集团最后一击。其实早在建安元年（196），曹操正面对付吕布的同时，不忘侧翼的安全，开始有计划地蚕食袁术的地盘——豫州。

当初，各州郡起兵讨伐董卓，陈王刘宠率军屯驻阳夏，自称辅汉大将军，也加入了反董行列。袁术向陈国要粮，被国相骆俊拒绝，袁术率兵攻打陈国，并派人诱杀了刘宠和骆俊，任命袁嗣为陈相。但袁术在陈国的统治很不牢固。《三国志·魏书·武帝纪》说："建安元年春正月，太祖（曹操）军临武平，袁术所置陈相袁嗣降。"陈国被曹操吞并。

前面提到，袁术早有称帝的野心，《后汉书·袁术传》记载，汉献帝建安二年（197），袁术就"因河内张炯符命，遂果僭号"，自称"仲家"，并以九江太守为淮南尹，作为京都最高行政长官，然后仿照东汉朝廷的官制，"置公卿百官，郊祀天地"。为了取得吕布的支持，袁术派人到徐州，"为子娉布女"。吕布却将袁术的使者送往许都，表示与曹操结盟的决心。于是，"术大怒，遣其将张勋、桥蕤攻布，大败而还"。曹操乘机东征袁术，"（袁）术闻大骇，即走度（渡）淮……术兵弱，大将死，众情离叛"。

袁术退守江淮，标志着其彻底放弃了豫州，退出了争霸中原的战争。而且当时江淮间旱灾严重，土地荒芜，百姓饥寒交迫，也预示着淮南集团开始走向衰落。

袁术败走后，曹操开始了夺取豫州的战争。不久，又夺取了豫州第一大郡颍川。在夺取豫州中，许褚起了关键作用。《三国志·魏书·许褚传》说："许褚字仲康，谯国（沛国）谯人也……汉末，聚少年及宗族数千家，共坚壁以御寇……

由是淮、汝、陈、梁间，闻皆畏惮之。太祖（曹操）徇淮、汝，褚以众归太祖。"沛国、汝南、陈国、梁国都属豫州管辖。许褚是沛国当地的豪族，也是一名游侠，与曹操是同乡，在抵御贼寇的斗争中，逐渐成为豫州当地一个实力强劲的领主。后来，许褚集团整建制地归附了曹操，成为曹操集团的重要组成部分。就在许褚归附的前后，即建安初年，豫州大部被曹操征服。

《后汉书·袁术传》记载汉献帝建安四年（199），"（袁术）乃烧宫室，奔其部曲陈简、雷薄于灊山。复为简等所拒，遂大困穷，士卒散走"。不久，袁术打算去投奔青州的袁谭，曹操"使刘备征之，不得过，复走还寿春。六月，至江亭……因愤慨结病，呕血死"。不久，寿春、合肥也被曹操占据，成为抵御东吴的战略渡口。

《三国志·魏书·袁绍传》说："是时袁绍既并公孙瓒，兼四州之地，众十余万，将进军攻许。"界桥一战，袁绍消灭了公孙瓒的主力，后来公孙瓒困守易京，穷迫自杀，幽州也置于袁绍的统治之下。不久，他又彻底占据了并州和青州，成为当时首屈一指的割据领主。巩固了后方，袁绍便将矛头指向了曹操。

当时曹操的实力虽然略逊于袁绍，但已经据有兖、徐、豫三州，以及淮南一部（寿春），是当时仅次于袁绍的割据军阀。《三国志·魏书·武帝纪》说："秋八月，公（曹操）进军黎阳，使臧霸等入青州破齐、北海、东安，留于禁屯河上。九月，公还许，分兵守官渡。冬十一月，张绣率众降，封列侯。十二月，公军官渡。"就在官渡之战打响的前夕，在贾诩的斡旋下，张绣集团整建制地归附了曹操，这无疑增加了曹操集团的力量。

这样，当袁绍、曹操各自完成了后方的战略部署，双方之间的矛盾骤然升温，立刻"化玉帛为干戈"，开始了争霸北方的战争。

朋友还是对手？曹操与袁绍的矛盾

对于官渡之战，各个史料记载得很详细。袁绍失败的原因，前面也做过详细的介绍。这里有必要梳理一下曹操与袁绍矛盾激化的过程，因为双方的矛盾不是一天形成的，而有一个日积月累的过程，官渡之战只是这种矛盾最终爆发的表现。

其实从京师洛阳进行反宦官斗争开始，曹操对袁绍的某些看法与行为，就表现过异议。尽管这些史料记载不一定完全可信，但曹、袁之间存在矛盾，这是肯定的。由于当时的客观形势，袁、曹集团各自的利益，以及袁绍和曹操两人各自的打算，尤其重要的是，袁绍具有强大的军事力量和政治号召力，曹操必须联合甚至依赖袁绍，才能谋求自身的发展，因此，这时双方的矛盾是隐伏的，不易为人们所察觉，"袁曹方睦"，或"袁曹一家"，成为当时袁、曹关系的主流。

曹操、袁绍之间矛盾表面化，是从曹操取得兖州后开始的。前面提到，兖州这个战略要地，曹操企图完全据为己有，但是袁绍却将兖州视作自己的势力范围。袁绍一直企图通过完全控制曹操，进而控制兖州。当吕布夺取兖州、曹操陷入困境的时候，袁绍看出，这是控制曹操的大好时机。

《三国志·魏书·武帝纪》说："（袁）绍使人说太祖（曹操），欲连合。太祖新失兖州，军食尽，将许之。程昱止太祖，太祖从之。"又同书《程昱传》说："太祖（曹操）与吕布战于濮阳，数不利。蝗虫起乃各引去。于是袁绍使人说太祖连和，欲使太祖迁家居邺。太祖新失兖州，军食尽，将许之。"程昱问曹操："窃闻将军欲遣家，与袁绍连和，诚有之乎？"曹操曰："然。"程昱接着说："意者将军殆临事而惧，不然何虑之不深也！夫袁绍据燕、赵之地，有并天下之心，而智不能济也。将军自度能为之下乎？将军以龙虎之威，可为韩（信）、彭（越）之事邪？今兖州虽残，尚有三城，能战之士，不下万人。以将军之神武，与文若（荀彧）、昱等，收而用之，霸王之业可成也。愿将军更虑之！"曹操随即打消了迁居邺城的打算。

十分明显，袁绍打算乘曹操失去兖州的时机，要挟曹操将家属迁居到邺城，表面上看是为了保护曹操，实际上是将其作为人质，借以达到完全控制曹操的目的，最终使曹操成为像韩信和彭越那样的部将，为自己打天下。曹操对袁绍的企图应该是清楚的，但因处于事业的低谷期，打算同意袁绍的倡议。但是在程昱的劝说下，曹操采取了"利用但不归附"的策略，即与袁绍联合行动，利用袁绍的力量打击吕布，从事态的发展看，曹操这个策略是成功的。这是曹操、袁绍之间矛盾表面化的一个显著事例。《文选》卷四四《为袁绍檄豫州》李善注引谢承《后汉书》说："（曹）操得兖州，兵众强盛，内怀反（袁）绍意。"这段话表明，从矛盾的另一方来看，曹操也在力图摆脱袁绍的控制。

但是，曹操、袁绍矛盾表面化还不是矛盾的激化，两个集团矛盾的激化，是从曹操迎接汉献帝都许后开始的。《三国志·魏书·袁绍传》说："（郭）图还说绍迎天子都邺，绍不从。会太祖（曹操）迎天子都许，收河南地，关中皆附。绍悔，欲令太祖徙天子都鄄城以自密近，太祖拒之。天子以绍为太尉，转为大将军，封邺侯，绍让侯不受。"袁绍战略上的失误，导致其失去了天子这面旗帜。曹操却抓住时机，将这面大旗牢牢抓在手中，袁绍自然怨恨曹操。

同传注引《献帝春秋》记载袁绍气愤地说道："曹操当死数矣，我辄救存之，今乃备恩，挟天子以令我乎！"这表明袁绍对曹操脱离自己，已经显示出极其愤懑的心情。同时也表明，"挟天子"，对曹操来说，成为摆脱袁绍控制的借口，而且还可以借此反制袁绍。从这时起，袁绍、曹操之间矛盾开始激化，处于相互敌对的状态。

从友好到猜忌，再从猜忌到敌对，曹操、袁绍之间矛盾的表面化，是从曹操占据兖州之后开始的，终于因为"迎天子"事件被激化。最后通过官渡之战，双方的矛盾才彻底得以解决。当然，这是以一方的胜利而宣告结束的，它是历史发展的必然趋势。

曹操与游牧民族的斗争

袁绍割据冀州后，开始了"南向以争天下"战略的实施，随着战事的发展，袁绍与乌桓、匈奴结成同盟。其实，袁绍与游牧民族首领们早有交情，而且他也利用这种关系成功地组建起军队。袁绍的主要对手前期是公孙瓒，界桥之战，特别是曹操控制了东汉朝廷后，他的对手自然变成了曹操。双方都意识到，与游牧势力的联盟将会改变华北地区的力量平衡。但是，随着公元203年袁绍的去世，他的军队被其家族所瓜分，这严重地削弱了袁绍集团在华北地区的政治地位。

乌桓对于袁绍集团来说至关重要，因此，曹操想方设法使这支游牧力量保持中立。当乌桓集合起五千骑兵准备支援袁谭时，曹操派遣使臣牵招到乌桓王那里，试图让他明白这种支持是不明智的。《资治通鉴·卷六十四·汉纪五十六》记载汉献帝建安九年（204），乌桓首领苏仆延让牵招解释中原群雄争霸的形势，并说道："昔袁公（袁绍）言受天子之命，假我为单于；今曹公复言当更白天子，假我真单于；辽东复持印绶来。如此，谁当为正？"

的确，当汉献帝在诸军阀间颠沛流离时，新的头衔的合法性问题就变得饱受争议了，但对边疆部落来说，这种天授权力的事情是很神奇的。乌桓人想知道，为什么他们的首领会被汉朝政府两次宣布为单于？牵招对此早有准备，尽管这个问题很复杂，但这位使臣还是巧妙地回答了印绶的问题。

牵招首先声称，袁绍的封授是无效的，由于考虑到乌桓的重要性，曹操为他们的首领授予了合适的头衔。而从辽东来的韩忠，即公孙康的代表，没有为任何人封授的权力，牵招声称这只是一个"劣衔"。韩忠对这一污蔑反唇相讥，牵招试图将其斩杀。就在双方剑拔弩张的时候，苏仆延立刻加以干涉，阻止了双方的械斗。随后，他知道了曹操的真实意思，即"告之孰胜孰负，当谋自处之道"。苏仆延被牵招这句话惊住了，这位乌桓首领慑于曹操的势力，暂时解散了他聚拢起来的军队。

这一事件更清楚地表明，摇摇欲坠的东汉朝廷一片混乱，而关东集团新的领袖曹操，处理与周边少数民族政权关系的政策也发生着变化。那些秉持儒家传统的文臣们，即关东的豪族名士群体控制朝政时，与少数民族打交道注重礼节，以表明汉朝文明的先进性，在这方面，他们沾沾自喜。而那些新的割据领主却是非同寻常之人，常言称："才胜于德"，在乱世"才干"要比"品德"更加实用。至少可以说，在众目睽睽之下要砍掉另一位使者的脑袋是缺乏教养的表现。同样明显的是，苏仆延被授予"单于"称号，这是一个匈奴头衔而非汉朝官衔。这些割据军阀，为了获得乌桓支持而进行的竞争，已经不同于东汉"以夷攻夷"的政策。

曹操意识到，乌桓是袁绍势力的军事保障，为了消除这种威胁，曹操于汉献帝建安十二年，即公元207年征伐乌桓，计划将其驱赶到北方。这是一次冒险的军事行动，因为曹操的轻骑兵仰赖的是进攻的速度与出其不意。

《资治通鉴·卷六十四·汉纪五十六》记载曹操的高级谋臣警告他说：行动一旦失败，这支孤军将全军覆没。由于曹操的攻击过早暴露，他的军队很快便与乌桓兵相遇，在白狼山展开血战。战事向着有利于曹操的方向发展，游牧力量遭受曹军重创，蹋顿及其他一些乌桓首领被杀，而曹操则将剩下的乌桓残兵并入自己的军队。同时，通过这次征伐，曹操还控制了之前为袁绍所掌握的力量，袁绍集团的残余力量彻底瓦解了。袁氏首领逃亡辽东，公孙氏将其首级作为礼物献给了曹操。当时，游牧力量在北方的战争中一度处于劣势。

割据军阀向游牧势力展现了汉人新首领的形象，这些人野心勃勃，较之处理民政，他们似乎更看重军政。这些军阀是领兵出征的杀场骁将，从这种角度看，他们更像草原上的部落首领，希望扮演一种积极的领导角色，而不是成为那些极少出宫而仰赖官员执行政策的传统帝王。

乌桓贵族不时威胁着北方安全，曹操对他们的打击已经完全不同于中原传统的军事思想与实践。曹操强调出其不意、急行军并择机对敌人发起进攻。当然，有时也会采取与游牧势力相同的战术。曹操比那些游牧首领，似乎更喜欢冒险。一些游牧首领往往将命运寄托在一场胜负未定的血战之上，最终会用战略撤退保存实力。曹操后来也承认，他远离中原作战，这对自己和国家来说都是鲁莽的冒险。

在这个混乱无序的时期，汉人割据领主与游牧部落首领之间的差异正在变小，两个世界之间的交流曾经一度非常直接，而且也建立在相似的军事实力以及经济扩张原则基础之上。

曹操控制了华北之后，对匈奴和乌桓加强了管理。《资治通鉴·卷六十七·汉纪五十九》记载汉献帝建安二十一年，即公元216年，曹操注意到来自匈奴的新威胁："初，南匈奴久居塞内，与编户大同而不输贡赋。议者恐其户口滋蔓，浸难禁制，宜豫为之防。"

曹操解决这个问题的策略是：采取一种间接统治政策，即将单于作为人质留在朝中，而由他的弟弟左贤王处理当地事务。不久，这些部落被曹操进一步划分为五部分，各立其部落首领为帅，并选汉人为司马加以监督。这些都说明，在与游牧民族的战争中，汉族似乎已经找到了一条行之有效的管理方略。虽然不久，这些外族王朝又一次脱离了中原的管束，并将汉族政权挤出了北方，统治了整个华北地区达三百年之久。但是，汉族与游牧民族之间的融合却是历史发展的趋势，这预示着，一个统一的多民族帝国即将诞生。

曹操集团的内部构成：游侠的复合体

曹操起兵，始于讨伐董卓之时，同时蜂起的还有山东群雄。不过其他群雄多为地方长官，可以动员汉帝国的地方军。《汉律》规定，中央发放的虎符在地方太守处得到确认后，才能允许发兵。可是在非常时期，尤其是汉末黄巾起义造成的无序状态中，这种擅发兵制度能否忠实地执行，令人怀疑。但无论如何，地方长官拥有这种法定权力。而曹操虽然有典军校尉一职，但从董卓支配下的洛阳改名潜逃而出时，可谓是在赤手空拳状态下起兵的。

前面提到，从洛阳逃出的曹操到达陈留，在友人张邈及当地豪族卫兹的帮助下，散家财聚义兵，族人曹洪与亲族夏侯惇率先响应，曹操的军队以此为母胎逐渐壮大。但是需要注意的是，刚开始曹操并非以汉朝的既成军队作为根基。此后，曹操开始不断扩充兵力，大致而言，曹操的兵力来源有三种：（1）招募及征发户口；（2）招纳自愿合作或归顺的其他领主集团；（3）投降军队的重新编制。

这里需要说明的是，在曹操集团的形成过程中，许多兴起于汉末的地方割据军阀原封不动地加入进来，并有效地发挥了战斗力，这是曹操集团得以迅速壮大的主要原因之一。《三国志·魏书》卷十八中所记载的李典、李通、臧霸、吕虔、许褚等地方领主，就是曹操通过招纳自愿合作或归顺的方式获得的武装力量。

第一类方式，也是曹操委派部下招募兵士，然后命令其直接指挥所募集的兵士，并扩建成军团，此外再无重新整编的迹象。《三国志·魏书·乐进传》记载曹操派遣乐进回本郡募兵，最后，这支千余人的同乡军团，即归乐进统辖，这是曹操扩展兵力的有效方法。

第二类方式，即投降的领主集团，曹操也没有先将其解散，一般的做法是将投降集团整建制保留，直接将其纳为麾下一军。《三国志·魏书·徐晃传》注引《魏书》记载曹操平定冀州，派遣朱灵统辖投降的五千新兵，并提醒朱灵说："冀州新兵，数承宽缓，暂见齐整，意尚怏怏（不快）。卿（朱灵）名先有威严，善以道宽之。"

当然，构成曹操集团核心的，不用说，自然是起兵之初由曹操直接统率的军队，以及曹氏一族、亲族夏侯氏，还有史涣等直属曹操的宾客所统领的军队（即曹操的直辖军）。在其外围，却包含着前面提到的其他领主集团，这些领主集团与汉帝国的兵制并未纠葛，而是在应对无秩序状态中成长起来的纯粹民间的、自然发生的武装势力。即使是曹操的直辖军，仅从其起兵的过程、武力集结的方式来看，同样也可以认为是起自民间的武力集团。

曹操集团大致由三个系统组成：核心嫡系军、外围嫡系军、非嫡系军。根据《三国志》的记载，我们把曹操集团各类军团中，较容易推测其构成的人物列表如下。

（甲）核心嫡系军

表 10-1　曹操集团核心嫡系军

姓名	军团将领	军团特点和构成	《三国志》
曹仁	曹仁字子孝，太祖（曹操）从弟也。〔注〕具有"任侠精神"。	少好弓马弋猎。后豪杰并起，仁亦阴结少年，得千余人。〔注〕曹仁部队属于曹操别动队。弟弟曹纯继承家财，有僮仆、人客上百。	第九卷
曹洪	曹洪字子廉，太祖（曹操）从弟也。〔注〕具有"任侠精神"。	扬州刺史陈温素与（曹）洪善，洪将（率）家兵千余人，就温募兵，得庐江上甲二千人。东到丹杨复得数千人，与太祖会龙亢。	第九卷
鲍信	（鲍信）少有大节，宽厚爱人，沈毅有谋。〔注〕鲍信出身儒学之家，属名士集团，也具有"任侠精神"。	大将军何进辟拜（鲍信）骑都尉，遣归募兵，得千余人，还到成皋而进已遇害……信乃引军还乡里，收徒众二万，骑七百，辎重五千余乘。是岁，太祖始起兵于已吾，信与弟韬以兵应太祖。〔注〕鲍信军团是曹操起兵当初，拥有与曹操对等实力且与曹操相合作的领主，鲍信死后，士卒也就渐次分置于其他兵司了。	第十二卷
任峻	任峻字伯达，河南中牟人也。〔注〕具有"任侠精神"。	会太祖（曹操）起关东，入中牟界，众不知所从，峻独与同郡张奋议，举郡以归太祖。峻又别收宗族及宾客家兵数百人，愿从太祖。〔注〕曹操将堂妹嫁给了任峻，双方属姻亲关系。任峻军团主要负责兵员输送。	第十六卷
张辽	张辽字文远，雁门马邑人也。本聂台之后，以避怨变姓。〔注〕具有"任侠精神"。	（张辽）少为郡吏。汉末，并州刺史丁原以辽武力过人，召为从事，使将兵诣京都。〔注〕张辽先为丁原从事，领兵。后来被派往募兵，辗转于群雄之间，后归附曹操。张辽军团也含有"禁卫军"的部分职能。	第十七卷

续表

姓名	军团将领	军团特点和构成	《三国志》
乐进	乐进字文谦，阳平卫国人也。 〔注〕具有"任侠精神"。	（乐进）容貌短小，以胆烈从太祖，为账下吏。遣还本郡募兵，得千余人。 〔注〕乐进军团相当于曹操的"禁卫军"。乐进成为这支队伍的长官。	第十七卷

（乙）外围嫡系军

表 10-2　曹操集团外围嫡系军

姓名	军团将领	军团特点和构成	《三国志》
田畴	田畴字子泰，右北平无终人也。好读书，善击剑。 〔注〕当地豪族，属游侠。	田畴最初是刘虞的手下，曾率其家客与"年少之勇壮慕从者二十骑"活跃于疆场。刘虞被公孙瓒杀死后，田畴"率举宗族他附从数百人"，进入徐无山建立独立集团。后来在曹操征伐乌丸（桓）时，为先导。 〔注〕田畴军团纯粹是为了自卫而组建的，随着军团所在地社会秩序的恢复，便自动消灭了，士兵并入曹操其他军团。	第十一卷
李典	李典字曼成，山阳巨野人也。典从父（李）乾，有雄气，合宾客数千家在乘氏……（李）典好学问，贵儒雅，不与诸将争功。 〔注〕当地豪族，属游侠。	初平中，（李乾）以众随太祖，破黄巾于寿张，又从击袁术，征徐州。吕布之乱（夺取兖州），太祖遣乾还乘氏，慰劳诸县。（吕）布别驾薛兰、治中李封招乾，欲俱叛，乾不听，遂杀乾。太祖使乾子（李）整将乾兵，与诸将击兰、封。兰、封破，从平兖州诸县有功，稍迁青州刺史。整卒，（李）典徙颍阴令，为中郎将，将（统领）整军，迁离孤太守。 〔注〕李典跟随父亲聚集宾客数千家组成李氏集团。归附曹操后，经李乾、李整再到李典，二代三人都掌此军团。这支军团也成为曹操集团中的一支劲旅。	第十八卷

姓名	军团将领	军团特点和构成	《三国志》
李通	李通字文达，江夏平春人也。以侠闻于江、汝之间。〔注〕当地豪族，属游侠。	（李通）与其郡人陈恭共起兵于朗陵，众多归之。时有周直者，众二千余家，与（陈）恭、（李）通外和内违。通欲图杀直而恭难之。通知恭无断，乃独定策，与直克会，酒酣杀直。众人大扰，通率恭诛其党帅，尽其营。后恭妻弟陈郃，杀恭而据其众。通攻破郃军，斩郃首以祭恭墓。又生禽（擒）黄巾大帅吴霸而降其属。遭岁大饥，通倾家振施，与士分糟糠，皆争为用，由是盗贼不敢犯。建安初，通举众诣太祖于许。（曹操）拜通振威中郎将，屯汝南西界。	第十八卷
臧霸	臧霸字宣高，泰山华人也。父戒，为县狱掾。〔注〕当地豪族，属游侠。	（臧霸父）据法不听太守欲所私杀。太守大怒，令收戒诣府，时送者百余人。霸年十八，将（率）客数十人径于费西山中要夺之，送者莫敢动，因与父俱亡命东海。由是以勇壮闻。黄巾起，霸从陶谦击破之，拜骑都尉。遂收兵于徐州，与孙观、吴敦、尹礼等并聚众，霸为帅，屯于开阳。太祖募索得霸，见而悦之，使霸招吴敦、尹礼、孙观、观兄康等，皆诣太祖。太祖以霸为琅邪相……割青、徐二州，委之于霸。〔注〕臧霸形式上接受曹操的统制，但保持着一定的独立性，属于曹操的独立军团。	第十八卷
吕虔	吕虔字子恪，任城人也。太祖在兖州，闻虔有胆策，以为从事。〔注〕当地豪族，属游侠。	（吕虔）将家兵守湖陆。〔襄贲〕校尉杜松部民炅母等作乱，与昌豨通。太祖以虔代松。	第十八卷
许褚	许褚字仲康，谯国谯人也。长八尺余，腰大十围，容貌雄毅，勇力绝人。〔注〕当地豪族，属游侠。	汉末，聚少年及宗族数千家，共坚壁以御寇。太祖徇淮、汝，褚以众归太祖。太祖见而壮之曰："此吾樊哙也。"即日拜都尉，引入宿卫。诸从（许）褚侠客，皆以为虎士。〔注〕许褚聚少年数千组成集团。归附曹操后，引入宿卫，手下的侠客，皆为虎士。许褚军团成为曹操手下战斗力很强的一支劲旅，也是曹操非常亲信的一位将领。	第十八卷

姓名	军团将领	军团特点和构成	《三国志》

外围嫡系军

田畴军团	李典军团	李通军团	臧霸军团	吕虔军团	许褚军团

（丙）非嫡系军

表 10-3　曹操集团非嫡系军

姓名	军团将领	军团特点和构成	《三国志》
张燕	张燕，常山真定人也，本姓褚。〔注〕本非豪族，但属游侠。	黄巾起，燕合聚少年为群盗，在山泽间转攻，还真定，众万余人。〔注〕张燕自号"黑山贼"，旗下有小帅孙轻、王当等各率部众相随。张燕集团是与曹操对等的大领主集团，冀州平定时归降曹操。	第八卷
张绣	张绣，武威祖厉人，骠骑将军（张）济族子也。〔注〕本非豪族，但属游侠。	（张绣）招合少年，为邑中豪杰。〔注〕张绣先是跟随族父张济，张济死后成为这支劲旅的首领，割据宛城。张绣集团也是与曹操对等的大领主集团，对曹操反复无常，最后归降曹操。	第八卷

非嫡系军

张燕军团	张绣军团

　　通过对曹操集团内部十四个军团的分析，可以看到，这些军团的将领大部分出身豪族，而且都属于游侠。这些军团的组成者，或是少年，或是家兵，或是宗族宾客。关于家兵，主要是指经过武装的私家贱民，他们在身份上、经济上始终隶属于主家，并受到主家强有力的束缚。因此，家兵集团的首领就是所谓的地方

豪族。

总之，陆续加入曹操集团的形形色色的领主势力，都具有服从族长支配的豪族集团的性质，同时也具有任侠集团的性质，虽然在体现这些性质时，程度不尽相同，但这些领主势力都可以说具备了豪侠集团的性质。因此可以说，曹操集团是武装化的豪侠集团的复合体，这是他们能聚合在一起的群体基础。

曹操的"禁兵"：直辖军

曹操的直辖军大体上以禁兵为主，比如上面提到的乐进、张辽军团，不过在称为禁兵者中，似乎也包含了曹操身边的护卫，以及在对外征伐时作为曹操的手足参加战斗的最精锐的直属部队。《三国志·魏书·曹休传》记载曹休"领虎豹骑宿卫"。这里将虎豹骑与宿卫并列书写，给人一种两者本来不一样的感觉。而且在实际上，也有像曹真一样，率虎豹部队在远离曹操的地方展开行动的例子。

表 10-4　曹操直辖军

军团或军职名	军团将领	职责
领（将、督）虎豹骑	曹纯、曹真 曹休（仅曹休兼领宿卫）	制度未整 不明
将亲兵	典韦	同上
领虎士	许褚	同上
武卫中郎将（后为武卫将军）	许褚	掌禁旅
中领军（领军）	史涣、夏侯渊、韩浩、刘晔、曹休、曹真	掌禁兵
中护军（护军）	韩浩、曹洪、夏侯渊、王图、牵招	掌禁兵
中坚将军	曹休、张辽、许褚	后掌禁兵

〔注〕《晋书·职官志》记载，中领军在后来的制度中得到整备以后，才开始统辖"宿卫禁兵"。但在曹操时代，中领军大概与中护军等中坚部队一道，作为对外征讨的直属部队，并非直接以护卫为目的。纯粹意义上的禁卫军仅见于表中的将亲兵、领虎士、武卫中郎将，具体来说，由典韦、许褚统率。

当然，除了典韦、许褚两人外，即便再加上曹休，可以清楚地表明，非曹氏出身的"游侠"将领在曹操禁卫军中占据了很大比重，尤其是曹操与许褚的关系，很值得回味。许褚在汉末，聚集年少及宗族数千家盘踞在谯地，属于"豪侠"。当他归顺曹操时，手下这支强大的武力集团也原封不动地被整编进了曹操的直辖军，许褚本人也成为曹操最亲近的宿卫队长。以后许褚受到曹操的厚遇，寸步不离其左右。而且，许褚禁卫军长官的地位，从曹操时代一直持续到文帝、明帝时代，可谓与曹氏关系密切。

许褚当初组建集团时，尽管与曹操毫无交集，但后来受到曹操的重用，理由很清楚，大致是因为与曹操是同乡，而且被人们称为"痴"，性格老实、憨厚和正直。《三国志·魏书·许褚传》记载，当曹操死后，许褚异常悲伤，达到了"号泣呕血"的程度。这在其他将领的事迹里是看不到的。当然，许褚和曹操结合的主要原因还是信义，即双方的群体属性。

《许褚传》说："初，褚所将为虎士者从征伐，太祖以为皆壮士也，同日拜为将，其后以功为将军封侯者数十人。都尉、校尉百余人，皆剑客也。"说明，曹操在安排禁卫军长官时，比起同族来，他更信赖具有任侠精神的人物。因此，游侠作为曹操集团的中坚力量，所发挥的作用是不容忽视的。

通过对曹操直辖军的分析，我们可以将曹操集团视作一个由许多豪侠领主集团构成的复合体。这些领主势力经历了汉末的混乱时期，在民间以自发的形式产生。无论这些集团大小，都是以任侠精神作为聚集的纽带，包括曹操集团和孙坚集团，这种任侠式的人际结合形式也是这两大集团前期发展的重要支柱。

但是，这种以信义作为基础的任侠结合关系，在本质上是非常具有个人性的关系。在这种关系里，没有强制性的客观规定使人们结合在一起。双方更多的是出于主观感情上的相互依靠，或者说，至多是信义规范上的约定而已。所以，无论人们怎样重视信义，在主观上还是不能避免信念的动摇，特别是在生死攸关的非常时期。

说得再直接一点，作为人与人之间的一种结合形式，任侠型的结合关系也有着不太牢靠的因素，或者说埋藏着分裂倾向的种子。如果假定曹操集团是依靠这一带有离心式的结合关系而勉强统一北方的话，那么它要成为国家形成的基本力量，还是非常薄弱的。这时，必然需要一种更强大的，具有向心式的政策来进行统制。同时，逐渐完善的各项制度、法律一定是适应统制需要的客观规定，它们带来的作用就是权力向中央集中。最终，曹魏政权建立起了这种强连接式的统制模式，所以，曹魏集团可以称为政治领主制集团，这为西晋的统一奠定了制度基础。

第十一章

开发领主制：孙氏集团的壮大

富春"土豪"孙坚

《三国志·吴书·孙破虏讨逆传》说："孙坚字文台，吴郡富春人，盖孙武之后也，少为县吏。"同传注引《吴书》说："（孙）坚世仕吴，家于富春。"孙坚"世仕吴"，但"少为县吏"，说明孙坚虽然是富春当地的豪族，却不是高门。

东汉时的县吏已不像西汉时期那样受人尊敬了，高门子弟自然不屑一顾，就连非高门的名士也不肯屈就。可是县中的土豪对县吏依然看重，而且多据其职，例如《三国志·吴书·贺齐传》中的县吏斯从就是剡县的豪族。从孙坚的早年经历来看，他担任过"假尉"，后来虽然立过功，但数年之间孙坚也不过辗转于盐渎、盱眙、下邳三县的"丞"（县佐），连一名小小的县令都没当上。所谓"世仕吴"，不过是出于《吴书》作者韦昭含糊其词的虚美而已。

但不能否认，孙坚虽然门第不高，出身卑微，但从他当县吏这点看，孙氏在本郡至少不是"单家"，属于县一级的豪族。孙坚的起家就是以镇压起义而博得了地位的提升。尤其是他镇压黄巾军时，正在做下邳丞，他号召寄居在下邳的同乡人组织起军队。《三国志·吴书·孙静传》记载他的弟弟孙静曾"纠合乡曲及宗室五六百人"保障乡里。说明孙氏在当地具有一定的号召力，势力颇大。到了南朝，富春孙氏依然保持着宗族力量。

《宋书》卷五十二《褚叔度传》说："富阳县（即富春）孙氏聚合门宗，谋为逆乱。"说明在晋代（主要指东晋）富春孙氏曾组织过几次规模较大的叛乱，到了南宋还组织过一次，而且蔓延很广、影响较大。可以推测，假使孙坚不是一直在外征伐，他很可能单凭自己的宗族组织成为一名宗帅。

《三国志·吴书·孙破虏讨逆传》记载了孙坚少年时的一件事，可以反映其性格特点。孙坚十七岁的时候，跟随父亲坐船去钱塘，不想遇上海盗抢劫商人的财物，在岸边分赃。来往的旅客因为惧怕海盗都不敢走动，过往的船只也不敢通行。孙坚对父亲说："此贼可击，请讨之。"父亲自然反对。孙坚不顾父亲的拦阻"行操刀上岸，以手东西指麾，若分部人兵以罗遮（包围）贼状。贼望见，以为官兵捕之，即委财物散走。坚追，斩得一级以还；父大惊"。

从这则小故事中，说明孙坚不是一个有勇无谋的勇夫，而是一名具有"任侠精神"的"英雄"人物。左顾右盼，东指西划，这是"避实击虚"；斩得一级以还，这是"群寇务追"。孙坚从小便显现出统帅的才能，他后来的成功也就不足为奇了。孙坚智破海贼的事迹不胫而走，"由是显闻，府召署假尉"。

汉灵帝熹平元年，即公元 172 年，会稽郡的盗贼许昌与他的儿子许韶，煽动了吴、会二郡好几个县的农民在句章起义，自称阳明皇帝，攻掠县城，很快发展到数万人，声势浩大，震动州府。孙坚"以郡司马募召精勇，得千余人，与州郡合讨破之"。扬州刺史臧旻上奏朝廷，列数了孙坚的功绩，朝廷下诏封孙坚盐渎县丞，盐渎是徐州广陵郡的属县。不久，孙坚又被任命为盱眙丞，很快又担任了下邳丞。盱眙、下邳当时都属徐州管辖。

从"假尉"到"历佐三县"，是孙坚一生中的第一个关键期，就是在这段时期，他聚集起了自己的私人武装力量，开始了南征北战的军旅生涯。

小戆？武官？两种截然相反的评价

《三国志·吴书·孙破虏讨逆传》注引《江表传》说："坚历佐三县，所在有称（称赞），吏民亲附。乡里知旧，好事少年，往来者常数百人，坚接抚待养，有若子弟焉。"所谓"少年"，并非只是单纯的年轻人，实际上是游侠式的人物，即所谓的"侠客"。孙坚是一名"游侠"，他所结交的人自然也具有"任侠精神"，这些人很有可能是孙坚最早的私人武装力量。

《三国志·吴书·孙破虏讨逆传》注引《山阳公载记》记载董卓对长史刘艾说："关东军败数矣，皆畏孤，无能为也。惟孙坚小戆，颇能用人，当语诸将使知忌之。"当以袁绍为盟主的讨董战争爆发后，董卓没有将"二袁"以外的军事力量放在眼里，唯独对孙坚给予了高度的评价。因为当东汉政府派董卓等讨伐边章、韩遂的叛乱时，两人同在军中，董卓是中郎将，孙坚是参军事。董卓对孙坚的评价，就是这段共同作战经历的回顾。

《说文解字》说："戆，愚也。"但是，这里所说的"孙坚小戆"，不能仅仅从训诂上去理解。《三国志·吴书·孙破虏讨逆传》说："（董）卓惮（孙）坚猛壮，乃遣将军李傕等来求和亲。"《后汉纪》卷二十六说："（董）卓谓长史刘艾曰：关东诸将数败矣，无能为也，唯孙坚小戆，诸将军宜慎之。"《广雅·释诂二》说："戆，勇也。"因此，所谓"小戆"，应该是贬中寓褒之词，含有"猛壮"的意思，如果仅根据《后汉纪》，那"猛壮"的寓意更加明显。

董卓是凉州集团领袖，在讨董战争中，他是孙坚的敌人。而他的同僚，却对孙坚做出了截然相反的评价。

《三国志·吴书·孙破虏讨逆传》说："荆州刺史王叡素遇（孙）坚无礼。"同传注引《吴录》说："（王叡）以（孙）坚武官，言颇轻之。"在讨伐董卓时，孙坚以长沙太守的名义参战。长沙是荆州的属郡，刺史王叡虽然是孙坚的上级，但郡守是二千石的重要地方官，尽管可以率领和指挥当地武装，但绝不是"武官"。《汉官篇》说："太守专郡，信理庶绩，劝农振贫，决讼断辟，兴利除害，检举郡奸，举善黜恶，诛讨暴残。"说明"诛讨暴残"仅是郡守的职责之一。因此，王叡一贯将孙坚看作"武官"，这完全是针对孙坚本人，而不是对郡守的轻视。

《后汉书·献帝纪》注引《王氏谱》说："（王）叡字通曜，晋太保（王）祥伯父也。"据《新唐书·宰相世系表》记载，王叡的父亲王音担任过大将军掾，属于当时及其以后显赫的世家大族琅邪王氏。因此，孙坚被王叡轻视为"武官"，代表了当时高门、冠族对孙坚的看法。就是说，在当时显赫大族的眼里，孙坚是完全没有地位的，自然谈不上重视。这是在反董战争中，同一阵营对孙坚的评价。

前面提到，董卓虽然是凉州当地的豪族，但不是世家大族。他不但赞扬过孙坚，还希望与孙坚"和亲"，并许诺"令坚列疏子弟任刺史、郡守者，许表用之"，说明董卓对孙坚的重视。原因很简单，孙坚只是富春的县级豪族，不是高门子弟，他与董卓属于同一阶层的人物。这与出身世家大族的王叡对孙坚的看法形成了鲜明的对比。但是，无论是冠族还是非冠族，他们对孙坚的评价有一点却是相同的，即孙坚的猛壮和勇武。

这就为人们提出了一个问题，孙坚遭到关东大族的轻视，仅仅是因为他出身卑微吗？答案是否定的，孙坚之所以遭到轻视，其实反映了关东大族和江南豪族的矛盾。只不过后来孙坚逐渐成为江南豪族的代表人物，才引起了关东大族的敌视。

"扬士多轻侠狡杰"：关东人和江南人的矛盾

《三国志》的作者陈寿在《孙破虏讨逆传》后的评语说："孙坚勇挚刚毅，孤微发迹。"说明孙坚出身低微，其遭到显赫世族代表人物王叡的轻视，完全不是偶然的。但这只是关东大族轻视孙坚的一个原因。

《三国志·吴书·吴夫人传》说："孙坚闻其（吴夫人）才貌，欲娶之，吴氏亲戚嫌（孙）坚轻狡，将拒焉，坚甚以惭恨。"吴夫人却说："何爱一女以取祸乎？如有不遇，命也！"于是，吴夫人便嫁给了孙坚。吴夫人亲族拒婚的原因是由于孙坚"轻狡"；吴夫人被迫赞同的理由是害怕"取祸"，以免给亲族带来横祸。因此，从吴氏亲族的态度来看，孙坚是被人们所不齿的劣徒；而从吴夫人的话语来看，孙坚又是被人们所畏惧的。这段不被人们注意的简短对话，却给我们进一步探索的启示，什么是"轻狡"？为什么拒绝孙坚这个"轻狡"之徒可能"取祸"？

"轻狡"在当时是一个严重的贬义词。《后汉书·杨终传》说："要结轻狡无行之客"，说明"轻狡"属于"无行"。用今天的语言来说就是无赖。同书《袁绍传》又说："僄狡锋侠"，李贤注引《方言》说："僄，轻也"，认为"僄或作剽，劫财物也"。同书《王涣传》李贤注也说："剽，劫夺也。"因此，"轻狡"即是"剽狡"，隐含了"劫财物"的意思。这进一步说明，"轻狡"还不是一般的"无行"，而是属于打家劫舍的绿林强盗行径。很明显，孙坚这个"轻狡"之徒，自然会被富春当地的豪族所不齿，也为他们所畏惧。吴氏亲族与吴夫人的这番对话，从侧面为我们描述了孙坚早期在富春的形象，而且比较符合实际情况。

孙坚曾经在富春担任过"假尉"，他为何要以县吏之尊去干打家劫舍的勾当呢？其实，不仅仅是孙坚，在同时代的江南地区，与孙坚同一类型的人物普遍存在，斯从就是这样的人物。

《三国志·吴书·贺齐传》记载贺齐担任剡县县令后，听说县吏斯从"轻侠为奸"，打算依法惩戒他。主簿劝诫道："（斯）从县大族，山越所附，今日治之，明日寇至。"贺齐听后勃然大怒，当即处斩了斯从。不久，斯从的族党"遂相纠合，众千余人，举兵攻县。（贺）齐率吏民，开城门突击，大破之，威震山越"。斯从是县吏，却与周围的山越相勾结干着违法的行径，弄得整个县处于一种不安全的状态。

斯从"轻侠为奸"，前面提到，"轻侠"即"轻侠狡杰"，也就是"轻狡"，这与人们对孙坚的评价相同；斯从又是会稽郡剡县的"县吏"，也与孙坚的职位相同。"县吏斯从轻侠为奸……今日治之，明日寇至。"这不就是以县吏之尊干打家劫舍的勾当吗？因为"轻侠"是当时游侠中层次最低的一类，"至于为盗贼"，即"轻侠"与"盗贼"是可以画等号的。这类人自然会被关东大族所轻视。但是，像斯从、孙坚这类人物，在东汉末年这个战乱年代，并不是个别现象，而且也不足为奇。

《三国志·吴书》的史料来源，主要来自孙吴史官韦昭所撰的《吴书》，自然会对孙坚这段不光彩的早年经历加以隐讳。上面所引的吴夫人的对话，仅仅是为了赞扬孙策、孙权的母亲慧眼识英雄，力排众议，嫁与孙坚，但不经意间却保留了真实的历史资料。但这段史料，以及斯从的事迹，又给我们提供了一条潜在的线索，就是这些当时普遍存在的社会现象，被关东大族刻意放大了。隐含的信息就是：关东人与江南人的矛盾由来已久。

《三国志·魏书·刘晔传》说："扬士多轻侠狡桀。有郑宝、张多、许乾之属，各拥部曲。（郑）宝最骁果，才力过人，一方所惮。"刘晔自叹道："宝无法制，其众素以钞略为利。"上面说过，所谓的"轻侠狡桀"，就是"轻狡"。当时像郑宝等这样的"轻狡"之徒，在扬州一定很多，郑宝等只是有名有姓，被史料记载的代表人物，这才有"杨人多轻侠狡杰"的说法。这可能是关东大族对江南人的普遍看法，不仅轻视，而且敌视。尤其是孙坚崛起后，两个集团的矛盾更为激烈。

孙坚的力量不断壮大后，尤其是扬威荆州、占据豫州，以及在讨董战争中连败董卓时，关东大族对以孙坚为代表的江南豪族更为惮嫉，一而再、再而三地打击孙坚集团，希望彻底消灭这支有生力量。就像关东集团希望彻底消灭董卓一样，他们是不希望"轻侠狡桀"的扬州人成为第二个凉州集团的。这才是关东大族与孙坚矛盾的真正原因。出身低微和孙坚早期的经历，只是关东大族打击以孙坚为代表的江南豪族的借口而已。

赤壁之战，是关东集团与江南豪族最后一场大战，孙氏与江南豪族共同抵御了北方军事集团的侵入。至此，孙吴据有江南半壁河山，与曹魏政权，以及后来的司马氏集团展开了长期的对峙。

扬威荆州：孙坚军事力量的形成

汉灵帝中平元年，即公元 184 年，黄巾军起义爆发，东汉政府派遣车骑将军皇甫嵩、中郎将朱儁平定叛乱。《后汉书·朱儁传》说："朱儁字公伟，会稽上虞人也。少孤，母尝贩缯为业。儁以孝养致名，为县门下书佐，好义轻财，乡闾敬之。"朱儁与刘备的出身很相似，都"少孤"，而且母亲都从事"商贾"的职业，属于"百工"，自然不是"良家子"。但从朱儁能担任县书佐看，他应该属于当地的县级豪族。而且"好义轻财"，具有游侠精神。后来，朱儁担任过交阯刺史，因平叛有功，被封为都亭侯，拜为谏议大夫。

会稽郡属扬州管辖，朱儁与孙坚是同乡，这次征伐黄巾军，朱儁推荐孙坚为佐军司马。《三国志·吴书·孙破虏讨逆传》说："乡里少年随在下邳者皆愿从。（孙）坚又募诸商旅及淮、泗精兵，合千许人，与儁并力奋击，所向无前。"朱儁"俱以状闻上，拜坚别部司马"。

前面提到，董卓由于同乡张奂的举荐，被任命为军司马，得以返回凉州平定羌人叛乱，张奂所以举荐董卓，是欣赏他的"才武"，以及在凉州的知名度，这成为董卓一生中的关键转折点。孙坚同样得到了同乡朱儁的推荐，被任命为佐军司马，得以离开徐扬地区平定黄巾叛乱。朱儁之所以推荐孙坚，是欣赏他的"猛壮"，以及在徐扬地区的知名度，这也成为孙坚一生中的转折点，从此，孙坚再没有返回家乡富春。

汉灵帝中平三年，即公元 186 年，朝廷派司空张温代理车骑将军，兵发凉州，讨伐边章、韩遂的叛乱。张温推荐孙坚为参军事，屯兵长安，就在讨伐凉州叛乱的期间，孙坚与董卓相识。不久，孙坚被朝廷拜为议郎。虽然史料没有记载，但可以推断，孙坚必然会借助讨伐黄巾和凉州叛乱的时机，建立自己的私人武装力量。"坚又募诸商旅及淮、泗精兵，合千许人"，就是最好的佐证。这些都为孙坚今后的军事生涯打下了坚实的基础。

前面提到，东汉末年是一个动乱的年代，也是游侠横行的时代，东汉政府为了抵御四方叛乱，不得不违反惯例，起用手握重兵但出身非高门的地方豪族，比如董卓、朱儁、孙坚等。这就给他们扩充武装力量提供了契机。

《三国志·吴书·孙破虏讨逆传》说："时长沙贼区星自称将军，众万余人，攻围城邑，乃以坚为长沙太守。"孙坚能取得长沙太守的职位，对东汉政府来说，完全是被迫的，因为朝廷需要孙坚的武装力量去镇压荆州地区的叛乱。同传注引《魏书》说："坚到郡，郡中震服。"同时，孙坚"任用良吏"，并训诫道："谨遇良善，治官曹文书，必循治，以盗贼付太守。"从这段话中可以看出，孙坚尽管为一郡之长，但他认为，自己的任务仅仅是镇压"盗贼"。不但如此，孙坚还"越境寻讨"，在没有朝廷和荆州刺史的授权下，以长沙太守的身份，去镇压在零陵、桂阳两郡起兵的周朝和郭石。当时的荆州统辖着八个郡，孙坚率领的部队曾驰骋于长沙、零陵、桂阳三郡。最后甚至跨界讨贼，去援救"为贼所败"的豫州郡宜春县。

《三国志·吴书·孙破虏讨逆传》注引《吴录》说："是时庐江太守陆康从子作宜春长，为贼所攻，遣使求救于（孙）坚。坚整严救之。主簿进谏。"孙坚回答说："太守无文德，以征伐为功，越界攻讨，以全异国，以此获罪，何愧海内乎？"这段对话，生动地反映了孙坚"猛壮"的性格特点；同时，对东汉政府的法令孙坚也不放在眼里，尽管有主簿的劝谏，孙坚仍"越界攻讨"。《后汉书·李章传》说："二千石行不得出界，兵不得擅发。"这是东汉的法令。孙坚"越境寻讨"以及"越界攻讨"，这完全是无视汉法的行为，也是一种不拘小节的处世态度。这两个性格特点，既成就了孙坚，也成为孙坚之死的主要原因。

孙坚在徐扬地区任低级武官时，开始拥有自己的部曲。又通过镇压黄巾起义壮大了实力。到在长沙、零陵、桂阳三郡进攻"山贼"，扬威荆州时，孙坚不仅取得了"乌程侯"的封号，而且大大补充了自己的军事力量，逐渐形成一股强大的地方割据势力。这三个阶段，是孙坚武装力量形成、壮大的重要时期，为其下一步夺取荆州创造了条件。

山贼：南方的另类豪族

《后汉书·灵帝纪》说："（中平四年，即公元 187 年）冬十月，零陵人观鹄自称平天将军，寇桂阳，长沙太守孙坚击斩之。"《三国志·吴书·朱治传》说："中平五年（188），（朱治）拜司马，从（孙坚）讨长沙、零（陵）、桂（阳）等三郡贼周朝、苏马等。"前面提到，孙坚不但镇压过在长沙、零陵、桂阳起兵的区星、周朝、郭石，还曾镇压在零陵起兵自称"平天将军"的观鹄，以及与周朝并列的苏马。看来，起兵发动叛乱的首领一共有五人，而且波及三郡，这无疑是一次跨地区、有组织，以及规模浩大的武装叛乱。但这次叛乱的性质是什么呢？孙坚为什么会无视法律，越境征伐呢？

《三国志·吴书·黄盖传》说："黄盖字公覆，零陵泉陵人也。初为郡吏，察孝廉，辟公府。孙坚举义兵，（黄）盖从之。坚南破山贼，北走董卓，拜盖别部司马。"黄盖是零陵人，随从孙坚"南破山贼"，应该指的是这次镇压叛乱的战争。因此"山贼"这个词，是探索这些叛乱分子身份的一把钥匙，以及孙坚这次起兵性质的重要线索。

根据《后汉书》和《三国志》的记载，从黄河流域到长江流域，当时都出现过所谓的"山贼"。同时，从当时所反映的情况来看，在会稽、吴郡、丹杨、豫章、庐陵、新都、鄱阳等郡，"山贼"一词又可以与"山越"画等号，就是说，"山越"也属于广义的"山贼"范畴。由于这次叛乱行为，主要集中在长江、零陵、桂阳三郡，也就是荆州地区，当然不是山越。但由于山贼和山越的性质相同，而且有关山越的史料较为丰富，因此，可以从山越来具体了解山贼。那么，什么是山越呢？

东汉时期，在江南越地居住在深山、逃避赋役，以及避罪入山的当地百姓，走投无路，只能投靠大姓豪族，成为部曲、田客，即不受政府控制的私家领民。为了反抗政府的征发，保卫和扩大自己的既得利益，当地的一些大姓豪族往往拒守山险，并组织武装，甚至公开起兵反抗政府，这些豪族又被称为"山贼"。当然，政府自然不允许这类事件的发生，因为这类大姓豪族势力的膨胀，必然会稀释政府的财政收入和劳动力。《三国志·吴书·陆逊传》记载政府从大姓豪族手里所夺得的山民，"强者为兵，羸者补户"，即充实兵源、榨取租税和征发徭役。说明，当时政府和这类大姓豪族之间的战争，完全是为了争夺劳动力以及兵源。其他地区的所谓"山贼"，状况与江南地区基本相同。

《三国志·吴书·黄盖传》说："乃以（黄）盖领（长沙）太守……后长沙益阳县为山贼所攻，盖又平讨。"同书《陆凯传》说："五凤二年（前56），讨山贼陈毖于零陵，斩毖克捷。"两条史料尽管时间有先后，但都说明，长沙、零陵两郡都有所谓"山贼"。至于桂阳郡，也不例外。《后汉书·卫飒传》说："（桂阳）民居深山，滨溪谷"，说明桂阳郡内是有山民的。同书《陈蕃传》又说："时零陵、桂阳山贼为害。"至于扬州界的豫章郡，更是"山越"聚集的地方。这完全可以与上引《黄盖传》所说的"（孙）坚南破山贼"互为印证。

从上述史料可以推断，在长沙、零陵、桂阳三郡起兵的区星、观鹄等人，应该是山中大姓豪族的首领，他们反抗东汉政府，是为了保卫自己的既得利益。说明，这是统治阶级内部的权力斗争，意在争夺劳动力资源。孙坚也是豪族群体中的成员，他起兵镇压观鹄等人的叛乱，也是企图从这些大姓豪族手中夺取劳动力，以补充兵源，扩大自己的军事力量。同时还可以取得更多的租税和徭役，以充实财富。这次豪族群体之间的战争，孙坚是胜利者。

山越（包含山贼和宗部）不仅对东汉政府，对后来的孙吴政权来说，都是一个棘手的问题。《三国志·吴书》卷六十陈寿评论说："山越好为叛乱，难安易动，是以孙权不遑外御，卑词魏氏。"说明山越在孙吴政权时代，经常发动叛乱，导致孙权不能全力以赴抵御外敌，只能向曹魏政权示好，求得北部边境的安全。

同书卷五十七《张温传》中记载，孙权派遣张温作为使者访问蜀国时，嘱咐张温说："卿不宜（本来不该）远出，恐诸葛孔明不知吾所以与曹氏通意，以故屈卿行。若山越都除，便欲大构（大举征伐）于（曹）丕。"孙权的话说得很清楚，他担心蜀国不了解孙吴与曹魏交往的真实原因，为了西部边境的安全，才派使者到蜀地去传达和平信号。

从以上两条史料可以看出，山越集团的确从内部极大地制约了孙吴政权对外的军事行动，已经成为孙吴政权内部的安全隐患。同时也从侧面印证了，山越集团的形成和壮大，不是一朝一夕的过程，它在东汉时期已经成为威胁国家和地方安全的一股力量。例如从前面提到的斯从与山越勾结的行径来看，与山越活动地区邻近的地方经常处于不安定的状态，即"今日治之，明日寇至"。山越如此，与其性质相同的山贼集团当然也如此。

奇袭荆州：孙坚与关东集团的第一次较量

当孙坚在荆州积聚力量的时候，关东以袁绍为盟主的讨董战争随即爆发，孙坚凭借着自己的军事力量也挤进了这一行列。但是孙坚军锋所指的不是董卓，而是首先将矛头对准了同一阵营的荆州刺史王叡。这既是荆州地区政治形势的客观反映，也是孙坚的战略构想。

《三国志·吴书·孙破虏讨逆传》说："灵帝崩，（董）卓擅朝政，横恣京城。诸州郡并兴义兵，欲以讨卓。坚亦举兵。荆州刺史王叡素遇坚无礼，坚过杀之。"《后汉书·献帝纪》李贤注引《吴录》记载，王叡平时对孙坚无礼，"坚此时欲杀叡"。王叡质问孙坚："我何罪？"孙坚回答说："坐无所知。"王叡被逼无奈，吞金自杀。

孙坚逼迫王叡自杀，表面看是由于王叡平时对孙坚无礼和轻视。其实，孙坚还有一个更大、更宏远的企图，就是借机从王叡手里夺取荆州，扩大自己的地盘和军事力量。因为当王叡质问自己的罪名时，孙坚的回答却是"坐无所知"，这寥寥四个字，与南宋初年秦桧以"莫须有"的罪名杀死岳飞如出一辙。说明孙坚杀王叡，是为夺取荆州铺路。

王叡死后，荆州瞬间出现政治真空，而这时的孙坚已经占有荆州大部。前面提到，孙坚是长沙太守，曾经在长沙、零陵、桂阳作战，这三郡已经处于孙坚的控制之内。不仅这三郡，江夏、武陵二郡也成为孙坚势力所及之处。《三国志·蜀书·刘巴传》注引《零陵先贤传》说："（刘巴）父（刘）祥，江夏太守，荡寇将军。时孙坚举兵讨董卓，以南阳太守张咨不给军粮，杀之。祥与（孙坚）同心。"说明江夏太守刘祥直接参与了孙坚诛杀张咨的行动，可见二人关系密切。

武陵太守曹寅更是孙坚杀死王叡的同谋者。《三国志·吴书·孙坚传》注引《吴录》说："及叡举兵欲讨卓，（王叡）素与武陵太守曹寅不相能，扬言当先杀寅。寅惧，诈作案行使者光禄大夫温毅檄，移坚，说叡罪过……坚即承檄勒兵袭叡。"这段史料很清楚地记载了在王叡被杀的过程中，曹寅起了推波助澜的作用，也正是从这时起，曹寅投靠孙坚，成为其控制武陵的代理人。

这样看，至孙坚杀死张咨前，荆州所属的八个郡国，孙坚已经控制了五个，只要再夺取了南阳，荆州基本可定。因此，孙坚军锋所指的第二个目标，就是同一阵营的张咨。

《三国志·吴书·孙破虏讨逆传》说："南阳太守张咨闻（孙坚）军至，晏然自若。（孙）坚以牛酒礼咨，咨明日亦答诣坚。"当孙坚与张咨酒喝得酣畅时，长沙主簿进来告诉孙坚："前移（书）南阳，而（张咨）道路不治，军资不具，请收主簿推问意故（请逮捕张咨追问原因）。"张咨大惊，打算离去，但四周已经布满士兵。过了一会儿，长沙主簿又进来告诉孙坚："南阳太守稽停义兵，使贼不时讨，请收出案军法从事。"就这样，张咨莫名其妙地被孙坚给"正法"了。同传注引《吴历》所述，说孙坚是以"诈得急疾"诱杀张咨，裴松之则说："此语与本传不同。"无论是据《本传》，还是据《吴历》，孙坚杀死张咨，都采用了极不光彩的手段，这是他"轻侠狡杰"性格的直接反映。

孙坚通过不择手段的方式，不但取得了南阳这块战略要冲，而且使荆州"郡中震栗，无求不获"。十分明显，孙坚挤进反董行列，主要目的是扩大自己的势力范围和军事力量。这个目的，通过逼杀王叡和诱杀张咨实现了。但让孙坚没有料到的是，这种行为险些给自己带来灭顶之灾，因为它严重损害了关东集团的既得利益。

《后汉书·袁术传》说："时董卓将欲废立，以（袁）术为后将军。术畏卓之祸，出奔南阳。会长沙太守孙坚杀南阳太守张咨，引兵从（袁）术。刘表上（袁）术为南阳太守，术又表（孙）坚领豫州刺史，使率荆、豫之卒，击破董卓于阳人。"这段史料极其简单，没有前因只有后果。但是，这里存在一个问题，即孙坚为何在取得南阳之后，很快将这块地盘拱手送给袁术，是什么原因促使孙坚采取这种违反常规、让人难以理解的行为呢？还有一个问题，即表面上看，似乎孙坚、袁术、刘表之间并无任何矛盾可言，但事实是这样吗？

前面提到，王叡属于当时及以后显赫世家琅邪王氏，因此，在关东世家大族眼里，孙坚是没有地位的。《三国志·吴书·孙破虏讨逆传》注引《英雄记》说："（张）咨字子议，颍川人，亦知名。"说明张咨不仅是当地的豪族，而且还属于清流名士，即所谓的"幽滞"之士之一，与韩馥、刘岱、孔伷等人同时出任关东牧守，并同时起兵讨伐董卓，同属关东集团中的代表人物。更为重要的是，王叡和张咨是关东大族集团安插在荆州的代理人。孙坚的行为，必然会引起关东大族的忌恨和警觉，袁术和刘表也不例外。

当孙坚杀死南阳太守张咨时，袁术已经抵达南阳。袁术属于汝南袁氏这一显赫世族，是与袁绍并列的著名人物。《后汉书·刘表传》记载，刘表也是当时的名士，党锢之祸中，"与同郡张俭等俱被讪议，号为'八顾'。诏书捕案党人，（刘）表亡走得免……初平八年（197），长沙太守孙坚杀荆州刺史王叡，诏书以表为荆州刺史"。说明，袁术和刘表同属关东集团的代表人物，二人是有矛盾的，但在对待孙坚问题上，却出奇的一致，因为他们有共同的利益诉求。

前面提到，孙坚杀死王叡后，基本上可以控制荆州了。杀死张咨，夺取南阳后，在孙坚看来，实现全面夺取荆州，更是轻而易举的事情。没有料到，刘表却抢先一步，在王叡死后，被东汉政府正式任命为荆州刺史，并很快取得当地豪族代表人物蒯越、蔡瑁等人的支持，开始在荆州站定脚跟，扩张自己的势力范围。同时，为了抵御孙坚，刘表又示好袁术，"上术为南阳太守"；袁术为了在南方建立根据地，放下成见，暂时与刘表联合。刘表、袁术的暂时联合，显然是彼此利用，目的当然是对付孙坚。

刘表任荆州刺史，袁术任南阳太守，加上讨伐董卓的袁绍和关东牧守的敌视，瞬间使孙坚陷入了关东集团的包围之中。强敌环伺，对孙坚来说，完全处于四面楚歌的危险境地。应该说，孙坚将南阳地盘拱手让与袁术，部分是出于被迫的举动。但从孙坚"轻侠狡杰"的性格中,又可以看出,这也是一种以退为进的策略,因为只有这样,才能保全自己的军事力量。这既是一种客观的选择,也是一种理性的抉择。事实证明,孙坚的抉择是正确的。

孙坚与关东集团的第一次较量,似乎打了个平手。关东集团暂时抑制了孙坚在荆州地区的疯狂扩张;孙坚以退为进,不仅保住了自己的军事力量,还与袁术建立了长期而稳固的同盟关系,为其进一步扩张势力打下了坚实的基础。

袁术:一个特立独行的关东"气侠"

《三国志·吴书·孙破虏讨逆传》注引《江表传》记载,袁术占据南阳后,开始与孙坚建立起长期同盟结好的关系。这个政治联盟整整维系了六年之久,直到孙策与袁术反目,开启夺取扬州的战争,这个联盟才宣告解体。那么这位袁术是何许人也?袁术与他的堂兄袁绍齐名,当时被称为"二袁"。

《后汉书·何进传》说:"(何进)以袁氏累世宠贵,海内所归,而袁绍素善养士,能得豪杰用,其从弟虎贲中郎将(袁)术,亦尚气侠,故并厚待之。"袁绍、袁术兄弟两人,凭借"汝南袁氏"的名望和号召力,得到天下豪杰名士的归服。而且袁绍是"豪侠",袁术也"尚气侠",两人都属于游侠阶层。说明在何进心目中,"二袁"是并重的。何进是当时控制朝廷的外戚大将军,炙手可热,也是策动反宦官斗争的领导人物。袁绍、袁术得到何进的重用,积极投身于这次政治斗争。

这是同一阵营,即关东集团对"二袁"的看法;而来自敌对阵营的评价,也同样如此。

宦官集团被消灭后,政权被凉州集团的领袖董卓篡取,包括"二袁"在内的关东大族当然不会甘心,迅速集结力量,发动了讨伐董卓的战争。《后汉书》卷二十六记载,当时,董卓曾认为"但杀二袁儿,则天下自服矣"。其实,参加反董战争的关东牧首很多,渤海太守袁绍、后将军袁术不用说,冀州牧韩馥、豫州刺史孔伷、兖州刺史刘岱、河内太守王匡、陈留太守张邈、东郡太守桥瑁、山阳太守袁遗、济北相鲍信,以及行奋武将军曹操等,都是当时关东集团的著名人物。

但是董卓没有将其他关东将领放在眼里，在他心目中，仅袁绍、袁术是具有号召力的人物，只要"杀二袁儿"，天下即可降服。看来，董卓对袁氏兄弟的重视程度，与何进完全相同。

尽管"二袁"并列，名望不分伯仲，但是，兄弟之间，却相互敌对，除了上面提到的袁绍出身"傅婢"，从而被袁术轻视外，"二袁"的性格与才能也有极大的差异。纵观袁术的一生，他的兴衰成败，尤其是最后覆亡，都与他的"气侠"性格有关。因此，要想深入了解袁术的一生，首先要解读什么是"气侠"。

《三国志·魏书·袁术传》说："袁术字公路，司空（袁）逢子，（袁）绍之从弟也。以侠气闻。举孝廉，除郎中，历职内外，后为折冲校尉、虎贲中郎将。"由于家世显赫，袁术从"举孝廉"到"虎贲中郎将"，一帆风顺，很快便跻身东汉政府的高位，与袁绍、曹操一起，成为当时朝廷的少壮派高级官员，这是袁术的一个方面。另一方面，袁术著称于当时，并不完全得益于他的出身，"以侠气闻"，这才是袁术闻名于世的主要原因。

《后汉书·何进传》和《三国志·袁术传》对袁术的评价中，都出现了"气侠"。那么，"气"的含义是什么呢？其实"气"这个字，战国时代就出现了。《吕氏春秋·审时》注说："气，力也。"但是，游侠中的"气侠"又不完全以气力为特点，它的含义更为广泛，两汉时代就有很多这样的"气侠"。

《史记·季布列传》记载西汉初年的游侠季布"为气任侠，有名于楚"，楚人中流传着谚语"得黄金百，不如得季布一诺"。《后汉书·王涣传》说："（王）涣少好侠，尚侠气，食客常三四百人"，当时还流传着"关东大豪戴子高"。《后汉书·张堪传》说："张堪、廉范皆以气侠立名，观其振危急，赴险厄，有足壮者。"

从以上史料中可以勾画出"气侠"的两个特点，一个就是"气力，"即"为气任侠""好侠尚气力""尚侠气"。同时，"季布一诺"超过"黄金百"，王涣"食客常三四百人"，而张堪、廉范"振危急，赴险厄"，这些又构成了"气侠"的另一特点，即下可以济百姓之难，上可以赴国家之急。从这两个特点可以看出，在游侠群体中，"气侠"的层次应该是很高的，与"豪侠"属于同一层级，戴遵被称为"关东大豪"即可佐证。作为东汉末年"气侠"的代表人物袁术，也具有这两个特点。

《北堂书钞》卷六十一设官部记"公路（袁术）以气高人"条目时，引用《魏书》说："袁术字公路，为长水校尉，好奢淫，骑盛车马，以气高人"，当时的谚语称"路中捍鬼袁长水"。可以看出，袁术"以气高人"，与季布的"为气任侠"，王涣的"尚气力"完全一致；与前面提到的袁术"尚气侠""以侠气闻"，也如出一辙。这是"气侠"袁术的一个方面。

作为"以气高人"的袁术，还有另外一面。前面提到，东汉末年是一个游侠横行的时代，"以救时难而济同类"，成为游侠群体的最高价值理念。当时，东汉政府危机四伏，权力派系争斗不止。尤其是通过控制内廷，进而左右外朝的宦官集团，更是横行无忌，迫害忠良，这是当时东汉王朝灾难的根源。反对宦官，这就是"救时难"；而拯救参加反宦官斗争而受到迫害的名士党人，就是"济同类"。因此"以救时难而济同类"，与"气侠"的"振危急，赴险厄"具有相同的价值取向。当消灭宦官的计划泄露后，何进被害，反宦官斗争陷入危机时，袁术挺身而出，配合何进的部曲将吴匡、张璋向宦官集团发起了进攻。尽管这次行动没有成功，但袁术积极践行了"振危急，赴险厄"的最高准则，表现了自己"气侠"的性格本色。从这时起，关东"气侠"袁术不但开始崭露头角，而且为自己的政治生涯揭开了新的一页，逐渐成为汉末颇具实力的割据领主之一。在袁术新的生涯中，与他关系最为密切的人，或者说盟友，就是孙坚和孙策父子。

失荆得豫：孙坚军事力量的壮大

前面提到，当董卓控制东汉政权后，"（袁）术亦畏（董）卓之祸，出奔南阳"。南阳郡属荆州，不仅战略位置重要，而且"户口数百万"，富裕殷实。不言而喻，袁术的目的首先是夺取南阳，然后以其为根据地，实现割据荆州的企图。如果不排除偶然因素，以袁术的声望和实力，这个战略设想可能实现。但是，一个向来为关东大族所轻视和敌视的江南"土豪"孙坚，却率领一支劲旅打乱了袁术的计划。

孙坚审时度势，打着讨伐董卓的旗号，先进攻同一阵营的荆州刺史王叡，逼迫其自杀，然后又诱杀了太守张咨，抢先一步夺取了南阳，可以说顺风顺水，实际上已经控制了整个荆州。但是孙坚虽手握重兵，却缺少高层次的社会地位，加上害死了关东大族代表人物王叡、张咨，引起了关东集团的极大不满。这时，东汉政府任命的荆州刺史刘表已经上任，利用蒯越、蔡瑁等人的支持，刘表已经在荆州立足。局势的突变，又使孙坚处于四面楚歌之中。对袁术来说，这正是占据南阳的大好时机，于是，袁术联络刘表，再借刘表之力，轻而易举地取得了南阳太守职位。孙坚为了保存实力，被迫放弃荆州，但这只是孙坚放弃荆州的一个原因。

东汉时期，关东大族集团把持着政府权柄，社会地位是这个群体十分看重的因素。具体来说，孙坚有两个致命短板：首先是其江南人的身份和低微的出身，处处受到关东集团的轻视和敌视；其次，就是缺少一个社会地位极高，并且闻名关东的盟友。而袁术恰好具备掩盖孙坚短板的条件，因此，孙坚放弃荆州，将南阳拱手让给袁术，是被迫中包含着主动，因为要想"得"，必须先学会"舍"。

袁术占据南阳后，摆在他面前的一个难题是如何对待孙坚？袁术在联合刘表迫使孙坚离开荆州后，知道孙坚不会就此甘心，只有将他引离荆州，这里才能太平。当然对于袁术而言，他还有更为深远的打算。袁术出奔南阳，完全是迫不得已，一方面是担心被董卓加害，但更为重要的，是受到以袁绍为首的关东集团的排挤，使其难以在关东立足。他来到南阳，也希望借助强有力的地方武装，在南方开辟根据地，积蓄力量，以便与董卓、袁绍抗衡，而孙坚是最佳人选。

袁术在取得南阳太守后，为了拉拢孙坚，作为交换条件，又推荐孙坚为豫州刺史，促使其进攻董卓，并利用孙坚夺取豫州。从此袁术和孙坚集团建立了长期"同盟结好"的关系。

袁术和孙坚本来是毫无交集的人物，而且两人的目标也不尽相同。但一个需要得到社会地位，一个需要获取军力支持，并且他们都有一个共同的敌人，即以袁绍为首的关东集团。于是袁术和孙坚各取所需，相互弥补，形成了你中有我、唇亡齿寒的依存关系。可以说，如果离开孙坚，袁术割据南阳，进而据有豫州，窥伺荆州，将难于实现。后来袁术兵败封丘，却能转危为安，割据淮南，也是靠着孙氏集团的大力支持。当然，孙坚借助袁术的支持，打着讨伐董卓的旗号，师出有名地进攻豫州，其军事力量也如雪球越滚越大。

《后汉书·袁术传》说："术又表坚领豫州刺史，使率荆、豫之卒，击破董卓于阳人。"同书《董卓传》也说："时长沙太守孙坚亦率豫州诸郡兵讨卓。卓先遣将徐荣、李蒙四出虏掠，荣遇（孙）坚于梁，与战破坚，生禽（擒）颍川太守李旻，亨（烹）之。"这两条史料说明，孙坚这次进军豫州、攻打董卓，得到了豫州诸郡的响应，特别是获得了豫州当地豪族的支持，如为董卓烹杀的颍川太守李旻，就是其中的核心人物之一。《太平御览》卷六四五引《英雄记》说："董卓攻得李旻、张安，毕圭苑中生烹之，二人临入鼎，相谓曰：'不同日生，乃同日烹。'"这个与李旻同时被俘的张安，身份不详，但可能也是豫州的郡守之一。由此可见，在孙坚迫近洛阳前，他基本上控制了豫州大部。

豫州管辖着六个郡国，颍川、汝南、梁国、沛国、陈国、鲁国。据分散在《后汉书》和《三国志》中的记载，在孙坚生前和死后，担任诸郡守和国相的人依次是：

颍川郡：太守李旻是孙坚的支持者，后被董卓烹杀。《三国志·魏书·夏侯渊传》说："（夏侯渊）迁陈留、颍川太守"，这是建安初年袁术败走、曹操取得豫州后的任命。其间豫州出现了短暂的政治真空，吕布曾被控制东汉政府的李催、郭汜任命为颍川太守。

汝南郡：《三国志·吴书·孙贲传》注引《江表传》说："（孙）策族兄（孙）香亦为（袁）术所用，作汝南太守。"孙香的父亲孙孺是孙坚的再从弟，"香从坚征伐有功，拜郎中"。孙香任汝南太守，虽然是出于袁术的任命，但主要原因是他是孙坚的亲属和旧部。

沛国：《后汉书·袁术传》说："时舒仲应为（袁）术沛相，术以米十万斛与为军粮，仲应悉散以给饥民。"舒仲应出任沛相，是袁术的任命。

陈国：《三国志·魏书·武帝纪》说："建安元年（196）春正月，太祖（曹操）军临武平，袁术所置陈相袁嗣降。"《后汉书·孝明八王传》记载，当关东牧守讨伐董卓时，陈王刘宠也起兵响应，自称辅汉大将军。孙坚进军豫州、攻打董卓，刘宠也应该是响应孙坚的诸郡国之一。不久，刘宠被袁术诱杀，袁嗣被任命为陈相。

上述史料可以证明，孙坚生前至少控制了颍川、汝南、沛国、陈国四个主要郡国。即使在孙坚死后，袁术还以与孙氏家族"同盟结好"的关系，继续控制着汝南、沛国、陈国等三个郡国，名义上占据着豫州一部。

孙坚占据豫州后，所掌握的部队，既有从长沙带出的荆州军团，又组建了豫州军团，即"豫州诸郡兵"。这样，在袁术和豫州当地豪族的支持下，以孙坚为首的民间武装集团建立起来了。这个集团以豫州为根据地，以当地的豪族为依托，以孙贲、孙静、吴景、徐琨、程普、黄盖、韩当、朱治等为核心将领，以荆州军团、豫州军团为主力，成为当时颇具实力的领主势力。

但是，就在孙坚控制豫州、进逼洛阳的时候，袁绍却企图夺取孙坚的地盘，从而引发了孙坚与关东集团的第二次较量，所不同的是，这次斗争更加复杂和扑朔迷离。

豫州保卫战：孙坚与关东集团的第二次较量

孙坚在袁术的支持下挺近中原，得到豫州各郡的响应，不仅占据了豫州，还一直打到洛阳近郊。这时的袁术又"尽有南阳之众"。袁、孙联盟，北危关东、南震荆扬，瞬间打破了天下原有的政治格局，袁、孙也成为这一地区的重要领主势力。

前面提到，在汉末反宦官斗争中，袁绍组成了一股政治势力，与袁绍具有同等号召力的袁术应该也组建了类似的政治集团。《三国志·魏书·曹真传》注引《魏略》曾提到"袁术部党"。所谓"部党"，据《后汉书·党锢列传》说："张俭乡人朱并，承望中常侍侯览意旨，上书告俭与同乡二十四人别相署号，共为部党，图危社稷。"显然，"部党"就是政治集团。

由于"二袁"之间的对立和敌视，两个政治集团在京师洛阳便展开了争斗，而且此起彼伏，相续不绝。《三国志·魏书·曹真传》注引《魏略》对两个集团的争斗有着详细的记载："（曹）真本姓秦，养曹氏。或云其父伯南夙与太祖（曹操）善。兴（中）平末，袁术部党与太祖攻劫，太祖出，为寇所追，走入秦氏，伯南开门受之。寇问太祖所在，（伯南）答云：'我是也。'遂害之。由此太祖思其功，故变其姓。"这段史料说明，袁术在洛阳时不但组建了政治集团，而且与袁绍集团中的核心人物曹操"攻劫"，以兵戎相见，可见两个集团的斗争十分激烈。与其他政治集团一样，袁术集团也是由大量游侠构成的，属于游侠性质的集团。当袁、孙结盟后，作为"豪侠"的孙坚，成为这个政治联盟中地位仅次于袁术的领袖级人物。

反董战争夭折后，领主之间的矛盾迅速转化，由关东集团与关西集团的斗争，转化为割据势力之间新的兼并战争。主要表现为两大政治联盟之间的互相敌视，袁术、孙坚为一方，袁绍、曹操为另一方（即关东集团），这两大政治联盟在中原展开了争夺地盘的战争。首先挑起争端的是袁绍和曹操。

《三国志·吴书·孙破虏讨逆传》注引《吴录》说："是时关东州郡，务相兼并以自强大。袁绍遣会稽周喁为豫州刺史，来袭取（豫）州。"袁绍任命周喁为豫州刺史，就是不承认孙坚的刺史职位，并企图乘孙坚主力远屯洛阳的时机，一举夺取豫州。这个举动，对孙坚的同盟者袁术来说，当然不能容忍，袁术立刻联合孙坚将袁绍任命的豫州刺史击走。

这里有一个特别重要的问题需要说明，即袁绍任命的豫州刺史到底是谁？这个问题对解答这次行动的谋主至关重要。《后汉书·袁术传》说："（袁）术怒，击（周）昕走之。"《三国志·魏书·公孙瓒传》说："（袁）术遣孙坚屯阳城拒卓，（袁）绍使周昂夺其处。"因此，袁绍所任命的豫州刺史，就有周喁、周昕、周昂三种不同说法，尽管三人是兄弟，但从《资治通鉴》成书以来，就对谁是袁绍所派遣的有所争议。清代学者钱大昕认为是周喁，赵一清赞同钱的看法。可以说，两位学者的见解是富有远见的。因为周喁是一个极其特殊的人物，他与袁绍相识，但和曹操的关系却非同寻常，被派遣当然不是偶然的。

《三国志·吴书·孙破虏讨逆传》注引《会稽典录》说："初曹公（曹操）兴义兵，遣人要（周）喁，喁即收合兵众，得二千人，从公征伐，以为军师。后与（孙）坚争豫州，屡战失利。"这说明，周喁虽然与袁绍相识，但关系并不密切。相反，从曹操起兵讨伐董卓开始，周喁即跟随曹操作战，而且还被任命为军师，看来周喁与曹操的关系十分密切。《三国志·吴书·孙静传》注引《会稽典录》记载，周喁的哥哥周昕在曹操起兵时，也曾"前后遣兵万余人助公（曹操）征伐"。

可以看出，会稽周氏兄弟与曹操的关系非同寻常。

袁绍和曹操当时属于同一政治联盟，与袁、孙联盟处于敌对状态，由于曹操既企图占据兖州，同时也在窥伺豫州。可以推断，这次争夺豫州之战，谋主显然是曹操。周喁是曹操的亲信，推荐其为刺史，也是出自曹操的意思，袁绍不过以关东集团领袖和"盟主"的身份出面任命，并给予积极的支持而已。

这次关东集团与孙坚争夺豫州的战争，以周喁的"屡战失败"而告终。孙坚仍然继续控制着豫州，成为当时实力较为强大的领主之一。孙坚巩固了根据地后，随即转变战略方向，将军锋指向了刘表割据的荆州，一场新的领主战争即将上演。

风萧萧兮易水寒，壮士一去兮不复还

孙坚不但占据了豫州，他和盟友袁术还念念不忘荆州。当袁术和孙坚建立起"同盟结好"的关系后，袁术便开始窥伺刘表的荆州。南阳本来是荆州的属郡，可以说，作为南阳太守，袁术已经占据了荆州的一部分，而且是一块战略之地。尽管荆州刺史刘表是东汉政府所任命的，但实际上，当时的荆州属于刘表和袁术两人共治。

《三国志·魏书·袁术传》说："（袁术）既与（袁）绍有隙，又与刘表不平，而北连公孙瓒，绍与瓒不和，而南连刘表。"袁术对荆州虎视眈眈，他的盟友孙坚又手握重兵占据豫州，在这样的局面下，首先不放心的当然是近在咫尺的刘表，其次是袁绍和曹操。这样，一个新的对峙局面形成了，一方依然是袁术和孙坚，远在幽州的公孙瓒也加入了这个联盟；另一方仍然是袁绍和曹操，远在荆州的刘表成为新的盟友。两个政治联盟彼此敌对，势同水火。如何应对这种两面受敌的局面，对袁术和孙坚来说，是当时亟待解决的任务，而主动出击，不失为良策。

当时曹操刚刚占据兖州，内部还不稳定，不能分兵夺袭豫州；袁绍和公孙瓒刚刚打完界桥之战，尚在恢复中。因此，袁术和孙坚决定首先集中力量对付刘表，攻占荆州，切断袁绍与荆州的联系。这个战略原本是合理的，也有实现的可能，但又是一次历史的偶然，使这个计划功亏一篑，将不幸降临到孙坚和袁术身上。

《后汉书·刘表传》说："袁术与其从兄（袁）绍有隙，而绍与（刘）表相结，故（袁）术共孙坚合从袭表。表败，坚遂围襄阳。会表将黄祖救至，（孙）坚为流矢所中死，余众退走。"《三国志·吴书·孙坚传》说："初平三年（192），（袁）术使（孙）坚征荆州，击刘表。表遣黄祖逆于樊、邓之间，（孙）坚击破之，追渡汉水，遂围襄阳。（孙坚）单马行岘山，为祖军士所射杀。"

孙坚进攻荆州之际，刘表的盟友袁绍、曹操无力支援，孙坚本来是节节胜利的，荆州看似唾手可得，但由于孙坚单骑出行，为流矢所中，剧情突然反转，以孙坚和袁术的大败落幕。孙坚的失败是出于偶然，不是战略或战术上的失利，但是偶然中又包含着必然。

孙坚作为全军统帅，应该是运筹帷幄，但"单马行岘山"这种鲁莽的行为，却与其统帅的地位大不相称。孙坚之所以做出这种违反指挥常识的举动，只能用他"轻侠狡桀"的性格来解释。这种不拘小节的性格本来是孙坚独特的领导风格，也使孙坚能在风云突变的乱世脱颖而出。但是作为一名优秀的军事统帅，如果不注意约束和锤炼自己的性格优势，而是过度使用这种优势，那么，优势反而会变成劣势，在关键时刻释放它的破坏作用。

《三国志·魏书·刘表传》说："（孙）坚为流矢所中死，军败，术遂不能胜表。"孙坚之死，对袁术来说，也是个重大的打击，不但使他放弃了夺取荆州的企图，而且导致他在中原与曹操决战中的失败，从此袁术被曹操和袁绍牢牢地压制在南方，只能据守而难以攻进。

焉知非福？ 袁术在九江的成功逆袭

汉献帝初平四年，即公元193年，袁术在没有孙坚部队的参与下，冒失鲁莽地北上中原，与曹操大战于封丘，以惨败结束，丢失了南阳根据地，只能退到九江。这里有一个历史问题值得推敲，即为什么袁术折兵封丘后，能够在九江安定下来，并以此为基础组建了淮南集团，据有扬州和豫州大部，重新成为实力较强的一方领主呢？

《三国志·魏书·袁术传》注引《英雄记》说："(陈)瑀既领(扬)州，而(袁)术败于封丘，南向寿春，瑀拒术不纳(接纳)。术退保阴陵，更合军攻瑀，瑀惧，走归下邳。"《三国志·吴书·吕范传》注引《九州春秋》说："袁术使(陈)瑀领扬州牧，后术为曹公所败于封丘，南人叛瑀(应为袁术)，瑀拒之。术走阴陵，好辞以下瑀，瑀不知权，而又怯，不即攻术。术于淮北集兵向寿春。瑀惧，使其弟公琰请和于术。术执之而进，瑀走归下邳。"

袁术在封丘损兵折将，退守阴陵，为何有能力"合军""集兵"？他集合的兵力是从哪里来的？史料中没有正面记载，但对《三国志》中的其他史料以及当时的情形分析来看，这支武装力量只能来自孙坚旧部。袁术的成功逆袭，依然绕不开来自孙氏家族的支持。

《三国志·吴书·潘濬传》注引《吴书》说："父(芮)祉，字宣嗣，从孙坚征伐有功，坚荐祉为九江太守，后转吴郡，所在有声(声望)。"这条史料证明九江属于孙坚的势力范围。同书《孙贲传》说："(袁)术从兄(袁)绍用会稽周昂为九江太守，绍与术不协(不和)，术遣(孙)贲攻破(周)昂于阴陵。"这说明，袁绍派周暐为刺史夺取豫州的同时，又派周昂为九江太守，其意图很明显，即企图夺取孙坚控制的九江，一方面打通进入扬州的通道，一方面扼守孙坚东进扬州的孔道。因此，在阴陵与周昂作战的，是孙坚集团所属的孙贲部队。孙贲攻破周昂后，将部队屯驻在阴陵，既巩固了其在九江的统治，又为下一步夺取扬州建立了据点，还实现了防御袁绍和曹操南下的战略目的。

《三国志·吴书·孙贲传》说："坚薨，(孙)贲摄帅余众，扶送灵柩。"说明孙坚死后，留下的部队也由孙贲暂时统率。

袁术在遭受兵败封丘、丢失南阳地盘、为陈瑀所拒这一连串打击后，"走九江""退保阴陵"，正是为了借助孙坚旧部的力量，以九江为根据地，重新组建集团，建立新的势力范围。最终，这个目的达到了，袁术不仅得以割据江淮，继承了孙坚的根据地豫州，还暂时掌握了孙坚所遗留的军事力量，这些都成为他抵御袁、曹，割据江淮的资本。

袁术据有扬州后，还自封为徐州伯，又有夺取徐州的企图。前面提到，徐州户口百万，是一个殷实富饶的大州。徐州牧陶谦死前，传言留有遗嘱，请屯驻小沛的刘备继承州牧。实际上，这是空穴来风，刘备是在徐州豪族麋竺、陈登等人的拥戴下据有徐州的。但刘备自己的实力有限，又得不到徐州丹杨集团的支持，因此对虎视徐州的袁术特别警惕。

《三国志·蜀书·先主传》刘备曾经对陈登谦让说："袁公路（袁术）近在寿春，此君四世五公，海内所归，君可以州与之。"陈登认为袁术"骄豪……非治乱之主"，并派遣使者到袁绍处游说，利用"二袁"之间的矛盾，将袁术称为"奸雄"，以袁术可能乘陶谦亡故之机攻占徐州为诱饵，说服袁绍支持刘备。在取得了袁绍的支持后，刘备名正言顺地据有了徐州。

刘备被拥戴为徐州牧，还得到了袁绍的支持，这个举动，袁术当然不能容忍，他写信给吕布说："术生年以来，不闻天下有刘备"，明显是没有将刘备放在眼里，然后派兵进攻徐州。《三国志·吴书·妃嫔传》说："（袁）术方与刘备争徐州，以（吴）景为广陵太守。"广陵是徐州的属郡，说明当时袁术已经占有徐州一部分。当袁术与刘备相互敌对之际，寄居刘备处的吕布乘机袭取了徐州。从此，袁术与刘备互战徐州的局面，由袁术与吕布的对峙代替，袁、吕为了各自的利益，时战时和，直至分道扬镳，最终被曹操分而消灭为止。

袁术占据扬州后，北方的劲敌依然是曹操和袁绍，徐州的吕布亦敌亦友，也成为袁术的心头大患。而袁术在扬州的统治也很不稳固，能直接控制的只有九江、庐江二郡。吴郡、会稽郡被东汉政府任命的官吏控制；丹杨郡先是被袁绍和曹操控制，后来处于周瑜与其从父周尚的控制之下。在这样的局面下，袁术急需有能力的将领帮他消灭各路军阀，而"同盟结好"的孙氏家族自然成为首选。但让袁术没有料到的是，孙坚的长子孙策，最终给自己带来了厄运，可以说，袁术的淮南集团，是在曹操与孙策的联合夹击下走向覆亡的。

"明果独断，勇盖天下"的少帅

《三国志·吴书·孙破虏讨逆传》说："坚四子：策、权、翊、匡。"同书注引《志林》说："坚有五子：策、权、翊、匡，吴氏所生；少子朗，庶生也，一名仁。"

孙策是孙坚的长子，年轻时便负有众望，展现出了用人使能的才干。《三国志·吴书·孙破虏讨逆传》说："策字伯符。（孙）坚初兴义兵，策将母徙居舒，与周瑜相友，收合士大夫，江、淮间人咸向之。"同书注引《江表传》又说："（孙）坚为朱儁所表，为佐军，留家著寿春。策年十余岁，已交结知名，声誉发闻。有周瑜者，与策同年，亦英达夙成，闻策声闻，自舒来造焉。便推结分好，义同断金，劝策徙居舒，策从之。"孙策在江、淮间"声誉发闻"，以及与周瑜的相识，为其平定江东打下了坚实的基础。

《三国志·吴书·孙破虏讨逆传》注引《吴历》记载，当孙策平定江东时，他的对手吴郡太守许贡曾评论说："孙策骁雄，与项籍相似。"能与项羽比拟，这仅是孙策的一面，即当时公认的"有骁勇之名"。但孙策的才能决不限于此。《三国志·吴书·吴主传》注引《傅子》中，对孙策有过比较全面的评论，不但看到孙策"勇盖天下"的一面，更看到孙策还有"明果独断"的另一面，即孙策在运筹决策上，眼光明锐而果断。

刘劭在《人物志·英雄八》中说："是故聪明秀出谓之英，胆力过人谓之雄。"同书刘昞注说："胆者雄之分，智者英之分。英有聪明，须胆而后成，雄有胆力，须知（智）而后立。"孙策既具有"勇盖天下"的胆力，又兼具"明果独断"的智力，与曹操、袁绍、孙坚一样，是时势造就的英雄。

孙策之所以能平定江东，在军事上不断取得胜利，除了"勇盖天下"之外，主要还在于他具有"明果独断"的才能。这种才能在英雄辈出的乱世似乎显得更为重要。傅玄在《傅子》中将"明果独断"四字置于"勇盖天下"之前，就是证明，这个评论不仅全面，而且符合实情。孙策"明果独断"的才能不但表现在军事斗争上，更反映在其政治决策上，"为朝廷外藩"的战略就是这种才能的直接体现。

孙坚的突然阵亡，对孙氏集团来说，是一场严酷的打击，何去何从，对年轻的孙策来说，更是一次攸关前途、生死未卜的严峻抉择。如果按照孙坚生前的战略部署，奉行不替，就是继续联合袁术，先夺取荆州，然后蚕食扬州，进而以此为资本与袁、曹对抗，最终称雄中原。但是，从当时的天下形势来看，这是一种不现实的假想，好比一场看不到前景的政治赌博，弊大于利。

首先，在这个动乱年代，军队是扩展势力的资本，而孙坚遗留下来的部队，暂时掌握在袁术手里。其次，中原地区基本上是曹操和袁绍的势力范围，两人同属关东集团，在袁、曹军事力量面前，孙策根本没有插手的可能；刘表依靠当地豪族的支持，已经在荆州站稳脚跟，又与北方的曹、袁遥相呼应，不是当前进攻的最佳目标。最后，袁术在封丘之战中被曹操重创后，依靠孙坚的旧部退守九江，在淮南一隅立足，力量大为削弱，绝不是可以长期依靠的对象。只有结合实际情况，避重就轻，走出一条适合自己的道路，才能自存图强。在面临生与死的重大抉择时，孙策充分显示了其"明果独断"的才能，"为朝廷外藩"战略呼之欲出了！

孙策"为朝廷外藩"战略的形成

中原是袁、曹的势力范围，徐州还有吕布的威胁。荆州被刘表占据，内部尚且和睦。只有扬州，政治局势相当复杂，袁术也难以真正控制这个地区，这正是分而治之，用兵的首要之地。

《三国志·吴书·孙破虏讨逆传》注引《吴历》说："初，（孙）策在江都时。张纮有母丧。策数诣纮，咨以世务。"孙策对张纮说："方今汉祚中微，天下扰攘，英雄俊杰各拥众营私，未有能扶危济乱者也。先君（孙坚）与袁氏共破董卓，功业未遂，卒为黄祖所害。策虽暗稚，窃有微志，欲从袁扬州（袁术）求先君余兵，就舅氏（吴景）于丹杨，收合流散，东据吴会，报仇雪耻，为朝廷外藩，君以为何如？"孙策在张纮面前所说的这个计划，有目标、有步骤，非常具体，应该不是突发奇想，而是经过长期周密思考的设想。这是孙策的既定计划。

计划的第一步，"欲从袁扬州求先君余兵"，即从袁术手里索回孙坚余部。这是实现既定目标的起点，也是必须要走的一步。第二步，"就舅氏于丹杨，收合流散"，即带领孙坚的旧部前往丹杨，与担任丹杨太守的舅舅吴景会合，再以丹杨为根据地，扩充兵源，增强军事力量。第三步，"东据吴会"，即快速占据吴郡和会稽郡（今江苏南部和浙江、福建大部），扩大势力范围。第四步，"报仇雪耻"，即打着替父报仇的旗号，讨伐刘表。第五步，"为朝廷外藩"，即在长江以南建立孙吴政权。

孙策这个计划宏大而具体，由索兵，据丹杨，夺吴、会，讨黄祖，建政权五步组成。而且这个计划应该是在吴景担任丹杨太守之后形成的，因为占据丹杨，是这个计划能否实现的关键。据有丹杨后，孙策不但在江东有了自己的地盘，可以不再寄居淮南，脱离袁术的控制，而且丹杨是当时的"精兵之地"，"丹杨兵"素来以劲勇闻名，是最好的兵源。

占据丹杨后，下一步就是夺取吴、会，因为在孙策看来，吴、会属于当时扬州地区最为薄弱的环节。当时，吴郡和会稽郡名义上属袁术管辖，实际上地方官员都由东汉朝廷委派，导致二郡管理上的混乱。而且这些官员仅能勉强自保，缺乏军事才能，更缺少强大的武装力量。更为重要的是，孙策是吴郡富春人，在这个地区，孙氏还拥有一定的武装力量和群众基础。《三国志·吴书·孙静传》说："孙静字幼台，（孙）坚季弟也。坚始举事，静纠合乡曲及宗室五六百人以为保障，众咸附焉。（孙）策破刘繇，定诸县，进攻会稽，遣人请静，静将家属与策会于钱唐。"说明孙坚离开故乡后，孙氏家族有的仍留在当地，并拥有武装。

当时扬州管辖着六郡，九江、丹杨、吴郡、会稽是扬州主要的属郡，庐江、豫章地广人稀，属于边郡，实力较弱，只要占据了四郡，扬州可定。如果孙策的计划实施顺利，占据丹杨、吴郡、会稽后，九江就会变成孤郡，夺取九江只是时间早晚的问题。因而，占据三郡，就能为全面夺取扬州奠定基础。

孙策的计划肯定不是他自己空想出的，必然是他与孙氏亲族和孙坚旧部将领共同商议的结果，曾"随孙坚征伐"的朱治就是其中之一。但是，毋庸置疑，这个计划的最后成型，孙策是其中起决定作用的核心人物。孙策向张纮吐露了这个计划，向其征求意见，同时也表达了孙策对张纮的重视和信任。张纮也直言不讳地回应了孙策。

《三国志·吴书·孙破虏讨逆传》注引《吴历》记载张纮回答孙策说："昔周道陵迟，齐、晋并兴，王室已宁，诸侯贡职。今君（孙策）绍先侯（孙坚）之轨，有骁武之名，若投丹杨，收兵吴会，则荆、扬可一，仇敌可报。据长江，奋威德，诛除群秽，匡辅汉室，功业侔于桓、文，岂徒外藩而已哉！"张纮对孙策的计划，既给予了肯定和总结，也有所补充和发展。

首先，张纮完全同意孙策的既定计划，而且进一步加以补充和发挥，比孙策更加明显。在吐露这个计划时，孙策还不敢正面提到消灭袁术，全部占据扬州，以及夺取刘表的荆州。但张纮则毫无隐讳地说"荆、扬可一"，即在"收兵吴会"后，立刻消灭袁术，并乘胜进攻刘表，夺取荆州。其次，张纮还不满足孙策既定计划的最后目标，即仅在长江以南建议一个割据性质的地方政权，就是孙策所说的"外藩"。而是有所发展，提出"据长江"，然后攻灭异己，统一南方，进而打着"匡辅汉室"的旗帜，北上中原，统一天下。

其实张纮和孙策的设想大同小异，基本一致。孙策作为计划的制订和实施者，位置比较特殊，因此在阐述计划时，比较谨慎，采取了欲盖弥彰、含蓄婉转的表述方式。孙策的最终目标必然也是占据扬州，夺取荆州，然后一统天下，只是这属于更宏大、更长远的目标，不便说出而已。

张纮的建议，有的属于当前，有的属于远景规划，但无论是近略还是远图，都是对孙策既定计划理论上的总结和补充。孙策接受了这些意见，并加以完善，最终形成了"退可自保长江、进可一匡天下"的战略构想，即"为朝廷外藩"的战略，因为只有先鼎足一方，才有实力争霸天下。从此，这个战略成为孙吴政权并行不悖、奉行不替的基本国策，而且，张纮也成为孙策的重要谋士之一。

如果将孙策的计划和孙坚的军事行动加以比较，可以推测，孙坚也具有同样的设想。孙坚占据豫州后，在袁术的支持下，进攻刘表，目的很明确，就是要夺取荆州，下一步必然是扬州。前面提到，孙贲在阴陵攻破周昂后，进一步巩固了这块根据地。阴陵属九江郡，孙贲将部队屯驻此地，正是为了建立战略据点，等孙坚夺取荆州后，以此为跳板，进攻扬州诸郡，最终的目标，必然是占据扬州，从而将荆、扬连为一体，为下一步北上争霸创造条件。这样看，孙坚的策略是先荆后扬，孙策的计划是先扬后荆，最终的效果都是为了达到张纮所说的"荆、扬可一"，只是两个策略的实施路径不同而已。

战略已定，下一步就是如何付诸实施了，而且实现既定战略远比制定战略要困难得多，但对于孙策而言，如箭在弦上，已不能不发了。

"精兵之地"的丹杨

孙策"为朝廷外藩"战略的关键是"就舅氏（吴景）于丹杨"，然后以此丹杨为根据地，作为平定江东，进而统一扬州的跳板。孙策对丹杨如此重视，不是出于偶然，而是战略上的必然选择。

丹杨是扬州的重要属郡，战略位置仅次于九江，管辖的范围大致相当于现在安徽省长江以南地区，江苏省大茅山和浙江省天目山脉以西，以及浙江省新安江支流武强溪以北地区。丹杨境内群山起伏，连绵叠翠，地形复杂多变，具有极其特殊的地理位置。

《三国志·吴书·诸葛恪传》对丹杨地区的特点，以及丹杨人的性格特征，做过栩栩如生的描述："丹杨山险，民多果劲……丹杨地势险阻，与吴郡、会稽、新都、鄱阳四郡邻接，周旋数千里，山谷万重，其幽邃民人，未尝入城邑，对长吏，皆仗兵野逸，白首于林莽。逋亡宿恶，咸共逃窜。山出铜铁，自铸甲兵。俗好武习战，高尚气力，其升山赴险，抵突丛棘，若鱼之走渊，猿狖之腾木也。时观间隙，出为寇盗，每致兵征伐，寻其窟藏，其战则蜂至，败则鸟窜，自前世以来，不能羁也。"

丹杨是一个广袤的山区，而且出产铜铁，给铸造兵器提供了丰富的资源。由于这种特殊的环境，当地民众没有进过城邑，生活在偏僻的深山中，见到进山的官兵，则拿着兵器在野外乱窜，这些"山民"就是前面提到的，世代居住在山中包括越族在内的"山越"。除此之外，一些被官府视为逃犯、恶徒、盗寇的平原居民，为了逃避压迫和惩罚，也带着家人进山，多数人都成为当地豪族的部曲或田客。为了自卫和反抗，无论原居深山还是从平原迁徙而来的民众，都"好武习战，高尚气力"。他们"升山赴险，抵突丛棘"，犹如鱼在深渊畅游，猿猴在树上腾跃一般，特别富有反抗精神，也有较强的战斗力。这些山中的常住居民，在山中豪族的率领下，一有机会就"出为寇盗"。当官兵前来讨伐时，胜则蜂拥而至，败则如"鸟窜"，仍退守深山潜藏。

丹杨丛山中的居民，由于具备"好武习战"的特性，便成为最好的兵源之一。

《三国志·吴书·孙破虏讨逆传》注引《江表传》记载孙策到寿春见袁术索兵，袁术就提到"彼（指丹杨）精兵之地，可还依召募"。这里的"精兵"即指著称于时的"丹杨兵"。

"丹杨兵"一词，在《三国志·魏书·吕布传》注引《英雄记》，以及《三国志·蜀书·先主传》中出现过。其他地方也多次出现到扬州募兵，显然招募的是"丹杨兵"。汉灵帝时，大将军何进曾派都尉毋丘毅到丹杨募兵。曹操与夏侯惇等曾到扬州募兵，刺史陈温、丹杨太守周昕给曹操提供了四千余人，这些人都属于"丹杨兵"。以后，周昕还不断给曹操输送"丹杨兵"，总计达万余人之多，直到周昕被吴景挤出丹杨为止。此外，徐州刺史陶谦曾将自己的四千"丹杨兵"交刘备指挥，陶谦是丹杨人，这批"丹杨兵"应该是从家乡招募来的。

这样看，据有丹杨，掌控一支"好武习战"的"丹杨兵"，对当时的割据领主来说，是极具吸引力的。孙策要想实现平定江东的计划，丹杨就成为必不可少的一个主要环节，这是孙策如此看重丹杨的根本原因。因此，"精兵之地"的丹杨，以及"丹杨兵"就成为孙策既定战略能否实现的关键。不仅孙策，北方的曹操、袁绍，以及袁术，对丹杨的战略地位也非常看重，一场争夺丹杨的战争爆发了。

关东集团与孙袁联盟在丹杨的角逐

汉献帝兴平元年，即公元194年，丹杨之战爆发。《三国志·吴书·吴夫人传》说："孙破虏（孙坚）吴夫人，吴主（孙）权母也。本吴人，徙钱唐（塘），早失父母，与弟（吴）景居……景常随（孙）坚征伐有功，拜骑都尉。袁术上景领丹杨太守，讨故太守周昕，遂据其郡。"吴景是吴夫人的亲弟弟，也是孙策的亲舅父，而且一直追随孙坚南征北战，当然是孙策"为朝廷外藩"计划的主要策划者之一。前面提到，孙策的计划，具有明确的实施步骤，其中有一个先决条件，就是必须首先占据丹杨，可以说，这是整个计划的基石。有了丹杨这块根据地，不但孙策索回的孙坚旧部有立锥之地，更为重要的是，可以凭借这块"精兵之地"，发起平定江东的战争，使既定计划顺利实施。因此，丹杨掌握在谁手里，谁就能占据先机，为全面攻占扬州打下基础。

当时丹杨太守是东汉政府任命的，会稽周氏兄弟之一的周昕，如前所说，周氏三兄弟属于以袁绍、曹操为代表的关东集团，尤其与曹操的关系更是非同寻常。周喁曾被曹操派往夺取孙坚的豫州；周昂在袁绍的授意下，曾夺取孙坚的地盘九江；周昕被任命为太守后，依然听命于曹、袁。

《三国志·吴书·孙静传》注引《会稽典录》说："（周）昕字大明。少游京师，师事太傅陈蕃，博览群书，明于风角，善推灾异。辟太尉府，举高第，稍迁丹杨太守。曹公（曹操）起义兵，昕前后遣兵万余人助公征伐。袁术之在淮南，（周）昕恶其淫虐，绝不与通。"说明，周昕不仅是会稽的大姓豪族，而且与其兄周喁、周昂一样，是当时的名士，在江东颇有声望。

周昕出任丹杨太守，虽然是出于东汉政府的任命，但他与曹操的关系却非常亲密，曾前后支援曹操万余名丹杨兵，丹杨就成为曹操前期军事生涯重要的兵源之地。这些都是袁术不能容忍的，也是孙策十分担忧的。因而，夺取丹杨，拔掉关东集团在扬州的这个据点，对袁术，包括他的同盟者孙策、吴景等人来说，都是刻不容缓的大事。

袁术要将关东集团挤出扬州，于是，他将这个任务交给了吴景。而对孙策、吴景来说，占有"精兵之地"的丹杨，更是关系到孙氏集团未来命运的大事。这样看，袁术与孙策的目标虽然不同，但都有一个共同的敌人，即关东集团，只有联合，才能将袁绍与曹操的势力彻底挤出扬州。

《吴夫人传》对丹杨之战的叙述极为简单，仅记载袁术任命吴景为丹杨太守，吴景击败周昕，攻占了丹杨。《孙静传》注引《献帝春秋》对这场战争补充说："袁术遣吴景攻（周）昕（丹杨），未拔，景乃募百姓敢从周昕者死不赦。"周昕听闻后说："我则不德，百姓何罪？"这才遣散士卒，然后逃回家乡会稽。可以看出，攻克丹杨，并不是轻而易举的，战争初期，吴景处于劣势。而且支持周昕的"百姓"，并非一般平民，应该是当地的豪族，直到吴景切断了豪族和周昕的联系后，周昕这才放弃丹杨，但是并没有死心。《孙静传》记载后来孙策进攻会稽，周昕仍率领军队进行顽强抵抗，最终被孙策所杀。

丹杨之战的胜利，不但对孙策，而且对孙吴政权的建立，都是至关重要的事件。吴景攻占丹杨后，被袁术任命为太守，这又是孙策的一大胜利，为既定计划的实施奠定了坚实的基础。《吴夫人传》说："袁术上（吴）景领丹杨太守，讨故太守周昕，遂据其郡。"接着又说："孙策与孙河、吕范依（吴）景，合众共讨泾县山贼祖郎，郎败走。"说明吴景刚刚据有丹杨后，孙策便迫不及待地率领心腹大将赶来，这是为什么呢？

《三国志·吴书·孙河传》及注所引《吴书》记载，孙河是孙坚族子，出生后过继给姑母俞氏，改姓俞，"少从坚征讨，常为前驱……典知内事，待以腹心之任"，孙策十分喜爱孙河，于是"赐姓为孙，列之属籍"。同书《吕范传》记载吕范"避乱寿春，孙策见而异之……时唯（吕）范与孙河常从（孙）策，跋涉辛苦，危难不避，策亦亲戚待之"。可以看出，孙河、吕范当时是孙策极其信赖的将领，也是孙策参与机密的左右手。孙策率领二人赶赴丹杨，必然有军机大事需要与吴景商议。从当时的形势，以及后来孙策等人的军事行动推断，应该是商议既定计划和实施的步骤。所以说，孙策"为朝廷外藩"计划，应该是在吴景取得丹杨这块根据地后形成的。

"求先君余兵"：孙策索兵之旅

吴景据有丹杨后，孙策的既定计划随即形成，后经张纮的完善，最终形成了"为朝廷外藩"的战略。根据这个战略，向袁术"索兵"是第一步，因为在这个战乱年代，军队是自存图强的资本。

《三国志·吴书·孙破虏讨逆传》注引《江表传》记载孙策到寿春去见袁术，哭着说道："亡父昔从长沙入讨董卓，与明使君（袁术）会于南阳，同盟结好，不幸遇难，勋业不终。策感惟先人旧恩，欲自凭结，愿明使君垂察其诚。"袁术"甚贵异之"，但是不肯归还孙坚的余兵，并对孙策说："孤始用贵舅（吴）景为丹杨太守，贤从伯阳（孙贲）为都尉，彼精兵之地，可还依召募。"不久，孙策第二次去见袁术，袁术才"以（孙）坚余兵千余人还策"。这样看，孙策曾两次向袁术索兵，第一次遭拒绝，第二次虽如愿，但也仅索回千余人。为什么孙坚战死荆州后，余部会掌握在袁术手中？史料记载不详，只能根据零星的叙述加以推测了。

《三国志·吴书·孙贲传》说："孙贲字伯阳，父（孙）羌字圣台，（孙）坚同产兄也……坚于长沙举义兵，贲去吏从征伐。坚薨，（孙）贲摄帅余众，扶送灵柩。"后来，袁术兵败封丘后，"退保阴陵"，借助孙坚旧部的力量，割据江淮，建立起淮南集团。"袁术徒寿春，（孙）贲又依之……术表贲领豫州刺史，转丹杨都尉。"

孙坚死后，孙策年轻，孙贲不但以亲侄儿身份暂时统率孙坚留下的余部，并且继承了孙坚豫州刺史的职位，按照当时的惯例，这是合乎情理的。很显然，孙坚留下的部队，一直由孙贲统领，并曾为孙氏亲族作战，说明袁术当时并没有直接插手这支军队的管理。但是，在何时，发生了什么变故，使孙坚余部转移到袁术手里？

《孙贲传》中对军队的易手没有作正面回答，其他史料同样如此。同时，又引出一个问题，即孙贲为什么要放弃豫州刺史这个高位，去做丹杨都尉这样一个中级武官？而且豫州刺史是孙贲继承孙坚的，按理应该是取得了孙策和孙氏族人一致同意的。这些违反常理的行为，必然是由重大原因引发的，由于史料缺乏，只能根据当时的政治形势做合理推论。

前面提到，孙贲离开淮南，前赴丹杨之后，孙策曾两次向袁术索回孙坚余部，而在此之前，孙坚余部掌握在孙贲手里，袁术并未直接掌握这支军队。这支军队何时转移到袁术手里？从当时的政治形势来看，应该是在孙贲离开淮南，前赴丹杨之时。当时吴景已经占据丹杨，孙策"为朝廷外藩"战略已经形成，孙贲迫切需要前往丹杨，与吴景会合，并得到袁术的允诺，担任丹杨都尉。同时，孙贲将军队交付袁术，也应该是有条件的。作为交换条件，孙策及孙氏族人同意，孙贲放弃豫州刺史职位，并将孙坚余部暂时交付袁术，但是其治军主权仍属孙氏。

这个政治策略，对孙氏家族来说，是富有远见的。

首先，都尉是郡守的佐官，属于武职，负责统率一郡兵马，孙贲之所以放弃豫州刺史，正是要得到丹杨都尉的官职。吴景是郡守，孙贲是都尉，这样，丹杨的军政大权就能牢牢地掌握在孙氏家族手里，为孙策在丹杨扩充实力创造条件。

其次，放弃豫州刺史的职位，换来了孙坚余部的主权独立。正因为如此，孙策才有足够理由，名正言顺地两次向袁术索回孙坚的余部。尽管出于勉强，袁术还是不得不将这支军队交还孙坚。

孙策索回了父亲的余部，丹杨又在孙氏家族的控制下，这都为孙策既定战略的顺利推进铺平了道路。但这里又引出了一个新的问题，即孙坚余部究竟有多少，这个被人们忽视的问题，与庐江之战有着密切的关系。

庐江之战：孙、袁失和的序幕

《三国志·吴书·孙破虏讨逆传》注引《江表传》中说，孙策索回的军队仅"千余人"，事实是这样吗？同书的另一条史料却给出了不同的叙述。

《三国志·吴书·太史慈传》注引《江表传》记载孙策对太史慈说："刘牧（刘繇）往责吾为袁氏（袁术）攻庐江，其意颇猥，理恕不足。何者？先君（孙坚）手下兵数千余人，尽在公路（袁术）许。孤志在立事，不得不屈意于公路，求索故兵，再往才得千余人耳。仍令孤攻庐江，尔时事势，不得不为行。"从孙策这番话中，可以看出，袁术暂时统率的孙坚余部，总数达"数千余人"，但两次索取，"才得千余人"，并非全部。孙策为袁术进攻陆康，引发了庐江之战，从而遭到太史慈上司扬州刺史刘繇的指责。

孙坚"余兵"是"数千余人"，孙策仅索回了"千余人"，这是孙策辩解的第一点；孙策进攻庐江，是出于袁术的命令，即完全是被迫的行为，这是孙策辩解的第二点。两个辩解要达到同一个目的，即将失信和发动战争的罪名完全归结于袁术。孙策这番话，显然带有自我辩解的意思，很可能与事实有出入。为了揭开孙策辩解的真相，必须要从庐江之战谈起。

《后汉书·陆康传》说："时袁术屯兵寿春，部曲饥饿，遣使求委输兵甲。（陆）康（庐江太守）以其叛逆，闭门不通，内修战备，将以御之。术大怒，遣其将孙策攻康，围城数重。康固守，吏士有先受休假者，皆遁伏还赴，暮夜缘城而入。受敌二年，城陷。"孙策围攻庐江，持续了两年之久，这无疑是一场规模不小且消耗极大的持久战。

《三国志·吴书·程普传》说："程普字德谋，右北平土垠人也……从孙坚征伐，讨黄巾于宛、邓，破董卓于阳人，攻城野战，身被创夷。坚薨，复随孙策在淮南，从攻庐江，拔之，还俱东渡。"程普属于孙坚"余部"中的重要将领，当孙策从袁术手中索回这支部队时，程普当然也在其中，并随孙策参与了庐江之战。说明，孙策攻打庐江的部队，应该就是孙坚余部。

这支劲旅，由孙坚一手缔造，死后由侄子孙贲暂时统率，虽一度转入袁术之手，但很快又回到孙策手中，随即投入庐江之战，并初战告捷，取得胜利。这支部队，不久便成为孙策平定江东的主要力量。澄清了这个问题，孙策的辩解便不攻自破了。

第一个问题，孙策从袁术手里索回的孙坚余部，究竟是"千余人"，还是"数千余人"？庐江之战可以回答这个问题。如果按孙策所说"才得千余人"的话，那么攻打庐江的部队也就是这些，仅这点士卒，如何能"围城数重"？而且战争总是有伤亡的，还不包括非战斗性减员，仅靠这支部队，又如何能坚持两年之久？退一步说，即便有吴景从丹杨持续不断地补充兵源，要想支撑这场持久战，不仅难以想象，也是不合理的。况且，史料中并没有当时吴景输送兵源的任何记载。因此，从庐江之战可以推测，孙策索回的应该是孙坚全部的"余兵"，即"数千余人"，这样才能与庐江之战的规模相匹配。

第二个问题，孙策攻打庐江，果真是完全出于袁术的命令，是被迫进行的吗？《三国志·吴书·孙破虏讨逆传》说："（袁）术初许（孙）策为九江太守，已而更用丹杨陈纪。后术欲攻徐州，从庐江太守陆康求米三万斛。康不与，（袁）术大怒。（孙）策昔曾诣（陆）康，康不见，使主簿接之，策尝衔恨。"袁术派孙策攻打陆康，并许诺说："前错用陈纪，每恨本意不遂。今若得康，庐江真卿有也。"于是，孙策率军攻打陆康，并取得了胜利。但是袁术尽失前言，"复用其故吏刘勋为（庐江）太守，策益失望"。

这样看，孙策攻打庐江，虽然是出于袁术的派遣，但完全是顺水推舟，表现得积极而且主动，既有私怨也有私利。怀着私怨，即"康不见，策尝衔恨"；怀着私利，即"今若得康，庐江真卿有也"。袁术用利益诱惑孙策，利用其火中取栗，没有料到，却引火上身，加剧了双方的矛盾。

当初袁术许诺孙坚做九江太守，却失信了；孙策索要父亲的余兵，第一次遭拒，第二次虽勉强同意，但已经引起了孙策的不满。更为重要的是，袁术是孙策实现既定战略最大的绊脚石，必须要消灭，袁、孙反目，只是时间上的问题。这次袁术又尽食其言，利用和欺骗孙坚，使孙、袁关系更为紧张。因此，孙策的两个辩解，前一个是混淆视听，后一个是欲盖弥彰，都是针对袁术，目的很单纯：为发动战争制造舆论上的攻势。所以说，庐江之战是孙、袁失和的序幕。

孙策与袁术在丹杨的明争与暗斗

袁、孙失和后，孙策加紧了既定战略的推进，因为当时扬州的形势非常复杂，正是用兵的大好时机。

《三国志·吴书·孙破虏讨逆传》记载了当时扬州的政治局势："先是，刘繇为扬州刺史，州旧治寿春。寿春，（袁）术已据之，繇乃渡江治曲阿（属吴郡）。时吴景尚在丹杨，策从兄孙（贲）又为丹杨都尉，繇至，皆迫逐之。景、贲退舍历阳。繇遣樊能、于麋东屯横江津，张英屯当利口，以距术。术自用故吏琅邪惠衢为扬州刺史，更以（吴）景为督军中郎将，与（孙）贲等共将兵击英等，连年不克。"

吴景、孙贲被扬州刺史刘繇迫逐后，退守九江郡的历阳，刘繇据有吴郡，吴景等只得在横江、当利与刘繇的军队对峙，袁术乘机据有丹杨，改派吴景为督军中郎将。说明，当时吴景、孙贲已被迫离开丹杨，吴景也接受了新的任命，不再担任丹杨太守。丢掉丹杨根据地，这对孙策既定战略的顺利推进极为不利，为了变被动为主动，孙策采取了主动进攻的策略，提前进军江东。

《三国志·吴书·孙破虏讨逆传》注引《江表传》记载孙策游说袁术："家有旧恩在东，愿助舅（吴景）讨横江，横江拔，因投本土召募，可得三万兵，以佐明使君匡济汉室。"前面提到，袁术尽食其言，没有任命孙策为庐江太守，双方的矛盾加剧。袁术当然知道孙策对自己心怀不满，但当时东汉政府任命的扬州刺史刘繇驻军吴郡曲阿，会稽郡又被东汉朝廷委派的太守王朗所控制，袁术认为孙策不可能战败他们，从而勉强同意，企图让双方互相残杀，借机铲除异己。孙策得到袁术的同意后，时不我待，立即进军江东。

按孙策的既定战略，"就舅氏于丹杨"是关键的一步，孙策索回孙坚余部后，立刻投入了庐江之战，还没有时间前往丹杨与吴景会合。这时，丹杨已经丢失，这一步固然无法实现，以下的"东据吴会"等步骤，更无从谈起。对孙策来说，当时的形势是非常严峻的。但是，为什么孙策在丢失丹杨的形势下，仍然按既定战略进军江东？答案只有一个，丹杨虽然易主，但内部的斗争却十分激烈，而且有利于孙策，这个在丹杨暗中支持孙策的人就是周瑜。

《三国志·吴书·周瑜传》："坚子（孙）策与（周）瑜同年，独相友善，瑜推道南大宅以舍策，升堂拜母，有无通共。瑜从父（周）尚为丹杨太守，瑜往省之。会策将东渡，到历阳，驰书报瑜，瑜将兵迎策。"孙策高兴地对周瑜说："吾得卿，谐（成功）也。"于是，周瑜跟随孙策攻打横江、当利，大获全胜。接着又渡江进攻秣陵，战败了刘繇的部将笮融、薛礼，转而又攻下湖孰、江乘，进入曲阿，迫使刘繇败走。这时孙策的部队已经发展到数万人，孙策对周瑜说："吾以此众取吴会、平山越已足，卿还镇丹杨。"可以看出，周瑜与孙策的关系非同一般。

前面提到，吴景、孙贲被刘繇迫逐后退到历阳，丹杨被袁术占据，袁术立刻委任周尚为丹杨太守。但是，这次人事安排，袁术却失算了，他不知道周尚的侄子周瑜是孙策的同年好友，视同兄弟，关系密切。周瑜在丹杨"将兵迎策"，并随孙策进攻江东，直到攻下曲阿，将刘繇挤走。说明，周尚虽是袁术任命的太守，但丹杨的军事大权却掌握在周瑜手里，他才能率领"丹杨兵"随同孙策转战江东。孙策驱逐刘繇后，命周瑜"还镇丹杨"，进一步证明丹杨大权掌握在周瑜手中，周瑜在丹杨不仅可以发兵，也能镇守，周尚仅是个挂名太守而已。

孙策"明果独断"，绝不可能在吴景离开丹杨后，贸然东进。因为丹杨掌握在周瑜手中，孙策才敢按既定战略行事，进兵江东，即以丹杨为根据地，东取吴会。

《周瑜传》注引《江表传》接着说："（孙）策又给（周）瑜鼓吹，为治馆舍，赠赐莫与为比。"孙策还下令道："周公瑾英俊异才，与孤有总角之好，骨肉之分。如前在丹杨，发众及船粮以济大事，论德酬功，此未足以报者也。"这段史料说明，当周瑜返回丹杨后，仍继续给孙策输送兵源，并不断供应舟船和粮草，支持孙策的大业。

周瑜暗中支持孙策的行为，不久被袁术发现了。《三国志·吴书·周瑜传》："顷之，袁术遣从弟（袁）胤代（周）尚为太守，而瑜与尚俱还寿春。"袁术发现上当后，立刻派从弟袁胤代周尚为丹杨太守，将周瑜、周尚调回寿春。但是，这时孙策的力量已经壮大，对袁术的举动当然不会置之不理，孙策夺取丹杨只是时间上的问题。

大进军：孙策平定江东之战

汉献帝兴平二年，即公元195年，孙策开始实施既定战略的第三步，发起了平定江东的战争。前面提到，孙策主动向袁术提出，愿意协助吴景等讨伐刘繇，其实是想借此"东据吴会"，平定江东。

《三国志·吴书·孙破虏讨逆传》说："术表策为折冲校尉、行殄寇将军。"孙策立即率领袁术拨给的一千士兵，几十匹战马，以及几百名愿意跟随自己的宾客前往江东，到了历阳，队伍已经发展到五六千人。

前面提到，孙策抵达历阳后，"驰书报（周）瑜"，周、孙合兵，共击刘繇。孙策将刘繇挤出曲阿后，声望威震江东。刘繇为了避开孙策的锋芒，听从许劭的建议，打算逃亡豫章郡，便派豫章太守朱皓进攻袁术任命的豫章太守诸葛玄。不想，部将笮融用诡计杀死朱皓，接管了豫章郡务。刘繇率军讨伐笮融，夺取了豫章郡，东汉朝廷任命前太傅掾华歆为豫州太守。与此同时，孙策的部将朱治战败了吴郡太守许贡，吴郡被孙策占据。

汉献帝建安元年，即公元196年，吕布夺取了刘备的徐州。同时，曹操开始从北面打击袁术，蚕食豫州，袁术陷入曹操和孙策的夹击中。

不久，孙策便挥师南下，攻打会稽。《孙破虏讨逆传》说："（孙策）遂引兵渡浙江，据会稽……尽更置长吏，策自领会稽太守，复以吴景为丹杨太守，以孙贲为豫章太守；分豫章为庐陵郡，以贲弟（孙）辅为庐陵太守，丹杨朱治为吴郡太守。彭城张昭、广陵张纮、秦松、陈端等为谋主。"孙策占据吴郡和会稽郡后，军事力量不断壮大，有了夺取扬州的实力，从孙策的人事安排来看，也是这样。

当时，袁术打算在淮南称帝，孙策听说后，让张纮代自己写信给袁术，"以书责而绝之"，断绝了自孙坚以来与袁术"同盟结好"的关系，走向独立发展的道路。其实，袁、孙反目只是时间早晚的问题，这时，孙策已经具备与袁术抗衡的实力，无非是借题发挥，寻找夺取扬州的借口而已。

汉献帝建安二年，即公元197年，在陈珪、陈登父子的策划下，袁术与吕布反目。《后汉书·袁术传》说："建安二年，（袁术）因河内张炯符命，遂果僭号，自称'仲家'。"曹操乘机拉拢孙策，以东汉朝廷的名义，任命孙策为骑都尉，承袭孙坚乌程侯的爵位，并兼任会稽太守。随后，命令孙策与吕布共同讨伐袁术。袁术派张勋、桥蕤攻打吕布，袁军战败，曹操乘机东征袁术，袁术只得退守江、淮。袁术被曹操、吕布、孙策南北夹攻，淮南集团开始衰落。

孙策占据吴会后，立刻将军锋指向了丹杨。前面提到，袁术撤换了周尚，任命袁胤为丹杨太守，孙策对袁术的举动不会置之不理。只是当时孙策的主攻方向是吴会，暂时放弃了夺取丹杨的打算。当孙策据有吴会后，丹杨是否继续占有，以及是否巩固，对稳定孙策政权来说，仍然是极其重要的大事。

《三国志·吴书·徐夫人传》注引《江表传》说："初，袁术遣从弟（袁）胤为丹杨（太守），策令（徐）琨讨而代之。会（吴）景还，以景前在丹杨，宽仁得众，吏民所思，而（徐）琨手下兵多，策嫌其太重，且方攻伐，宜得琨众，乃复用景，召琨还吴。"

孙策用武力将袁胤挤出了丹杨，并任命徐琨为太守。徐琨是孙策的表弟，又是随从孙坚、孙策"征伐有功"的核心将领。尽管是至亲关系，但孙策刚刚占据江东，其统治尚不稳固，而徐琨手握重兵，任丹杨太守，必然会引起孙策的担心。正好吴景从袁术那里归来，孙策就将徐琨调回吴郡，任命吴景为丹杨太守。吴景是孙策的舅父，一贯忠心耿耿，而且在丹杨"宽仁得众，吏民所思"，很有威信，孙策对吴景是极为放心的。

经过三年的苦战，孙策夺取了吴郡、会稽郡、丹杨郡，江东地区成为孙氏家族的地盘，下一步就是挥师北上，消灭袁术，夺取九江，然后西进，夺取庐江、豫章，讨伐荆州的黄祖。最终，实现"为朝廷外藩"的战略，而帮助孙策统一扬州的关键人物，又是周瑜。

大追击: 周瑜与孙吴立国

孙坚与袁术建立起"同盟结好"的关系后，长期并肩作战，共同对抗袁绍和曹操。《三国志·吴书·孙破虏讨逆传》注引《江表传》说："（孙）坚为朱儁所表，为佐军，留家著寿春。策年十余岁，已交结知名，声誉发闻。有周瑜者，与策同年，亦英达夙成，温策声闻，自舒来造焉。"此后，孙策在周瑜的辅助下，平定了江东。

《三国志·吴书·周瑜传》说："周瑜字公瑾，庐江舒人也。从祖父景，景子忠，皆为汉太尉。父异，洛阳令。"《后汉书·周荣传》记载，周景之前，尚有周荣、周兴两代，周忠之子周晖，"兄弟好宾客，雄江淮间，出入从车常百余乘"。说明，庐江周氏是扬州一带的世家大族，周瑜就出生在这样一个高门冠族的家庭里。

袁术割据江淮时，周氏一族不可避免地与其发生联系，周瑜的叔父周尚曾被袁术任命为丹杨太守。《三国志·魏书·王朗传》注引《汉晋春秋》记载，由于周瑜才能突出，被人们称为"江淮之杰"。《周瑜传》记载周尚被袁术罢免后，周瑜和周尚返回寿春，袁术"欲以瑜为将，瑜观术终无所成，故求为居巢长，虞假途东归，术听之"。尽管袁术与割据河北的袁绍被称为"二袁"，声冠天下，但周瑜慧眼识人，"观术终无所成"，为了摆脱袁术另谋发展，周瑜求袁术任命自己为居巢长，其实是想"假途东归"，投靠已经占据江东的孙策。这应该是周瑜蓄谋已久的打算。

汉献帝建安三年，即公元198年，孙策拜周瑜建威中郎将。当时，尽管孙策已经取得江东，但亟须解决的问题很多。首先，是需要得到东汉政府的承认，为其割据江东，以及下一步的军事行动创造合法性基础。其次，是需要脱离袁术的控制。最后，是进攻刘表，报杀父之仇。这三个问题一环套一环，不可分割。

《孙破虏讨逆传》说："时袁术僭号，策以书责而绝之。曹公（曹操）表策为讨逆将军，封为吴侯。"对孙策来说，这是一个绝佳的机会，第一、第二个问题同时迎刃而解了。

汉献帝建安四年，即公元199年，袁术吐血而死，孙策和周瑜率兵攻打庐江。《孙破虏讨逆传》注引《江表传》说："会（袁）术死，术从弟胤、女婿黄猗等畏惧曹公（曹操），不敢守寿春，乃共舁术棺柩，扶其妻子及部曲男女，就刘勋于皖城……（孙策）自与周瑜率二万人步袭皖城，即克之，得术百工及鼓吹部曲三万余人……（刘勋）闻策等已克皖，乃投西塞，至沂，筑垒自守，告急于刘表，求救于黄祖。祖遣太子射（黄射）船军五千人助勋。策复就攻，大破勋。"庐江太守刘勋战败后，向北投降了曹操。

这次皖城之战，孙策取得了巨大的胜利，不仅占据了庐江郡，而且获得东汉政府讨逆将军的称号，被封为吴侯，并得到东汉政府的"诏敕"，对袁术残余力量进行讨伐。攻破皖城后，孙策上表推荐汝南人李术担任庐江太守。而且，孙策还获得了一个意外的惊喜，即还没有主动对刘表、黄祖发动进攻，由于刘勋向刘表求救，刘表竟派黄祖发兵救援，这是孙策既定目标的第三步，即"报仇雪耻"可以提前实施了。

《江表传》接着说："策收得勋兵二千余人，船千艘，遂前进夏口攻黄祖。时刘表遣从子虎（刘虎）、南阳韩晞将长矛五千，来为黄祖前锋。策与战，大破之。"这次又是孙策大获全胜。《孙破虏讨逆传》注引《吴录》记载孙策上东汉政府的《表》中列举"所领"诸将的第一名，就是"江夏太守、行建威中郎将周瑜"，说明这次夺取庐江、击败黄祖，周瑜功不可没。

孙策从平定江东到威震扬州，都与周瑜的辅佐分不开，可以说，周瑜是孙吴立国的第一功臣，从而成为仅次于孙策的孙吴集团的第二号人物。占据庐江，大破黄祖后，孙策、周瑜率军攻打豫章郡，豫章太守华歆投降。夺取豫章，宣告扬州基本被孙策控制，以及"为朝廷外藩"战略的基本实现。

袁术之死与"淮南集团"的覆亡

前面提到，汉献帝建安元年，即公元196年，当袁术与刘备互战之时，徐州被寄居的吕布乘机袭取。从此，袁术与吕布对峙徐州局面开启了，双方时战时和，直到彼此被曹操消灭为止。

汉献帝建安二年，即公元 197 年，袁术在九江寿春称帝，《后汉书》《三国志》的《袁术传》都记载袁术建号"仲家"或"仲氏"。但《三国志·魏书·武帝纪》注引《魏武故事》所载曹操的《己亥令》，对袁术称帝的情况，却有着不同的表述："袁术僭号于九江，下皆称臣，名门曰建号门，衣被皆为天子之制，两妇预争为皇后。志计已定，人有劝术使遂即帝位，露布天下，（袁术）答言'曹公（曹操）尚在，未可也'。后孤（指曹操本人）讨擒其四将，获其人众，遂使术穷亡解沮，发病而死。"

从这段常常被人们忽视的史料中可以看出，尽管袁术"僭号"，但因为畏惧曹操，始终不敢通告天下，登基称帝。这段史料出自曹操之口，应该是可信的。但是，在曹操的支持下，吕布、孙策都抓住"僭号"问题不放，为了各自的利益，大肆攻击袁术。

《三国志·吴书·孙破虏讨逆传》注引《江表传》说："定得使持节平东将军领徐州牧温侯（吕）布上（袁）术所造惑众妖妄，知术鸱枭之性，遂其无道，修治王宫，署置公卿，郊天祀地，残民害物，为祸深酷。"这是东汉朝廷对袁术的指责。孙策之前也以"袁术僭号，以书责而绝之"，彻底与袁术反目。曹操当然不会放过这个机会，除自己东征袁术外，又以"诏敕"的名义，命令吕布、孙策夹攻袁术。可以说，袁术和"淮南集团"是在曹操和孙策的联合夹击下走向覆亡的。

《三国志·魏书·袁术传》注引《吴书》记载袁术临终前说的最后一句话："袁术至于此乎！"这句话道出，在曹操的追击下，已经穷途末路的袁术，尚无自知之明，临死前还不明白自己失败的原因。这个遗言，反映了袁术"气侠"性格上的短板，即"勇而无断"，说明袁术仅有匹夫之勇，远不是深谋远虑的军事家和政治家。

作为"气侠"之士的袁术，在事业的某些时期取得了一些成功，这是他充分发挥了"气侠"的优势。但是，在事业的关键时刻，袁术过度使用这些优势，终于使优势变成劣势，走向末路。可以说，袁术的成功和失败都是必然的，因为在某种程度上，性格可能决定人生。但在东汉末年的战争年代，作为历史人物的袁术，也曾是拥有强劲武装力量的一方领主，扮演过重要角色，他的历史地位不应被人们忽视和抹杀。

开基立业：孙氏"开发领主制"集团的形成

《史记·货殖列传》记载，在西汉时代楚越是"地广人稀"的落后地带，耕种方式也是原始的"火耕水耨"。这里"不待贾而足"，即交换关系不频繁。同时，江淮以南"无冻馁之人，亦无千金之家"，说明江南的生产状况是比较落后的，贫富差距也不是特别显著。一直到东汉，江南的社会经济有了很大发展，主要表现在人口的增长与县邑的分置，也就是劳动力的增加与耕地面积的扩大。伴随着江南地区经济的发展，吴、会地区出现了不少地方豪族。

《文选》卷二八引陆机《吴趋行》中说："八族未足侈，四姓实名家。"这四姓、八族仅指吴郡。《文选》卷五引左思《吴都赋》也说："虞、魏之昆，顾、陆之裔，岐嶷继体，老成奕世。"虞、魏、孔、贺是会稽四姓，朱、张、顾、陆是吴郡四姓。以此推断，其他各郡也各有著称的大姓冠族，比如丹杨朱氏、纪氏，阳羡周氏等。这些大姓豪族固然是在孙吴统治时期培养壮大的，但他们的形成应该是在东汉初期。

这些大族之所以能著称地方，不仅由于其家族枝叶繁茂，更重要的是他们在经济上能获得特殊利益，即占有广大土地与劳动力，从而成为一股政治上的势力。逐渐，这些豪族对土地的占有从平地发展到山区，对劳动力的占有也就包括这些"山民"，而控制这些山民的大族，就是我们前面提到的"山越"，这些地方武力集团，也可以成为"宗部"。

这些分散的宗族组织阻碍了孙策统一的步伐，因此孙吴建国首先要对付的就是这些宗部。孙吴创业时，夺取了原来由若干大族控制的劳动力而取得军事和经济上的优势，从而在长江以南建立起吴国。就是孙吴建国后，内部的首要敌人依然是这些"山越集团"。可以说，孙吴的历史就是以孙氏为代表的江南地方豪族，不断击破与他们竞争的其他宗族组织。当然，在解决内部矛盾的同时，这个豪族联盟，也要抗击以曹操为首的北方关东集团的侵入。为了保卫胜利果实，在孙吴政权的培育下，长江以南地区，逐渐形成了开发领主制的社会形态，因此，孙吴政权是典型意义上的开发领主制集团。

要想了解什么是开发领主制，首先要从孙吴特有的世兵制谈起。世兵制是孙吴政权赖以存在的一种特殊制度，即吴国的将领们，父子兄弟可以世袭继承麾下的军队。在东吴，这种制度持续了半个世纪以上。如果将领们可以世袭继承自己所率领的军队，显而易见，这支部队就有明显的私兵性质，具有较强的独立性。世兵制作为一项制度被孙吴政权承认，也就意味着以武力作为基础的孙氏集团除了具有游侠和豪族的性质外，也具有私兵集团联盟性质。

当时的华北地区，没有这种制度上的世袭性军团，但是在某个特殊时期却是存在的，比如乘县豪族李氏，李乾、李整、李典之间相继世袭的私兵部队。在曹操统一华北之前，这种世袭部队应该是大量存在的，从而使华北地区开始出现豪族领主化倾向。不过，在曹操即将平定华北之时，李典放弃了自己的世袭优势，从而开启了曹操打击地方豪族政治斗争的序幕，对华北地区抵制"豪族领主化"起到了推波助澜的巨大作用。可是在江南，世袭军队作为一项政治制度得到承认，从而使孙吴政权成为推动"豪族领主化"的助推器，江南地区抵制"豪族领主化"的力量远没有华北强大。

世兵制是一种政治制度，而支撑世袭军团的经济基础，主要是奉邑制。奉邑制是孙氏给予主要将领一县或数县，以保证麾下军队能得到足够的给养，这些将领可以自由支配从奉邑上收取的租赋。而且，还可以自由任命奉邑的"长吏"，即令、长、尉等。这些得到奉邑的将领，可以视作该地的领主。

但是，根据《三国志·吴书》的记载，能获得奉邑的将领，在吴国众多将领中，仅仅只是一部分。这些人的出身，除了孙氏一族外，几乎全是江北出身将领。江南出身的只有巴郡临江（四川省忠县）的甘宁与丹杨故鄣的朱治两人而已。这说明，在赏赐奉邑作为世袭军团给养方面，优先考虑的是从江北流入的"侨寓大姓豪族"。而江南土著，如吴郡四姓和会稽四姓豪族等，已经拥有了充足的资本，可以供给自己的私兵部队，无须等待赏赐的奉邑。

其实，孙吴政权，特别是在孙权时期，为制衡南方大族的权势，也曾扶植、培养了若干非南方将领，给予种种特权，可是这些侨姓将领在江南却生不了根，因为土著宗族的结合对这些外来侨民是排斥的。比如北来的豪族张昭、周瑜、诸葛瑾的后代都倒了霉，不是获重罪，就是被流放。而鲁肃、吕蒙的后人也无著名人物。到了孙皓时代，三公之位几乎全被南方大族把持。可以说，江南地区的土著豪族领主化倾向明显超过华北。

孙吴奉邑制主要分布在三个地区：首都建业东部一带；荆州一带（今武汉以西的长江与汉水沿线以及武汉以东长江中游沿岸）；丹杨郡，即进入今安徽省南部山地的入口附近。

这样看，孙吴通过奉邑制给养世袭军团，主要目的有三个：护卫首都及环伺东部；防卫魏、蜀；镇压江南内地的山越。但是，孙吴建国后不久，即撤废了奉邑制，而以屯田制代替，即世袭军团自身的屯田，这是孙吴世袭军团长期使用的给养方式，目的就是自给自足，只是各个军团的自给程度有所差异而已。

孙吴世袭军团屯田的分布大致与奉邑制一样，如果各个世袭军团基本上是以屯田来自给的话，那么就可以认为当时南方存在着广阔的荒地以及尚未开垦的土地。《三国志·吴书·濮阳兴传》记载，在首都丹杨等地，已经通过挖凿沟渠而排水造"湖田"了。虽然今苏州一带及绍兴附近很早便得到开发，但当时江南还有众多未开垦的荒地等待开发。而配置于各地的屯田军在土地开发方面发挥了重要作用，可以说是开发的尖兵。

世袭军团的兵士并非单管打仗，还要肩负农耕任务，即带有极强的从事开发的劳力性质，可是，这些劳动力从何而来呢？答案很简单，就是山越。因此，这些世袭军团讨伐山越的战争，不仅攻占土地，还有"猎人战争"的性质，即获得土地上的人。而且，这些被征服或者降服的"山民"，会被分给征讨将军及其部将，其中强壮者被派作士兵，成为屯田军。

《三国志·吴书·诸葛恪传》记载，诸葛讨山越，将老幼相携而出的"山民"，除自己留万人外，其余封给诸将，即"强者为兵，羸者补户"。《三国志·吴书·陆逊传》记载，吴郡陆逊讨伐丹杨山越，就曾获精兵数万，此外，他还被会稽太守告发"枉取民人"。看来，不仅来自江北的侨姓将领，就连江南土著豪族对"猎人战争"也情有独钟。

屯田制的终极目的与奉邑制一样，都有护卫首都、防御外敌、镇压山越的作用，只是多了"屯田"一项。

有一个问题需要说明，作为土著豪族的开发领主化，只是在吴郡以及会稽郡等先进开发地区可以寻其端倪；而在广阔的未开发地区，采取的是一种自上而下、自外而内的"君临形式"，这才是南方豪族领主化的主要形式。

通过上述分析，我们可以看出，孙吴的开发领主制具有开发与领主化的二重属性。其中世兵制和奉邑制是领主化的根基；屯田制是开发的基础。通过开发领主制，孙吴政权不但打击了内部的各个宗部组织，抵御了北方军事集团的侵入，而且开垦了广阔的荒地，促进了南方经济的发展。但是，不可否认，开发领主制在一定程度上加剧了南方豪族领主化倾向，这种倾向一直持续到南朝陈亡，可谓影响深远。

参考文献

本书主要参考了以下古代文献资料，其他译著、学术专著、学术论文在正文中都有标注，这里不一一列出。

《史记》（百衲本），［西汉］司马迁，上海：上海古籍出版社，2011。

《汉书》（百衲本），［东汉］班固，浙江：浙江古籍出版社，2000。

《后汉书》，［南朝宋］范晔，北京：中华书局，2014。

《东观汉记校注》，［东汉］刘珍，北京：中华书局，2016。

《西汉年纪》，［南宋］王益之，北京：中华书局，2018。

《汉纪》，［东汉］荀悦，北京：中华书局，2006。

《三国志》，［晋］陈寿，北京：中华书局，2015。

《资治通鉴》，［北宋］司马迁，北京：中华书局，1987。

《廿二史劄记》，［清］赵翼，上海：上海古籍出版社，2011。

《通鉴地理通释》，［宋］王应麟，北京：中华书局，2013。

《读通鉴论》，［清］王夫之，北京：中华书局，2009。

《通鉴胡注表微》，陈垣，北京：商务印书馆，2013。

《汉书窥管》，杨树达，上海：上海古籍出版社，2013。